Friedrich Schiller
Die Räuber · Kabale und Liebe · Wilhelm Tell

Die Reihe erscheint bei SWAN Buch-Vertrieb GmbH, Kehl
Editorische Betreuung: Karl-Heinz Ebnet, München
Gestaltung: Schöllhammer & Sauter, München
Satz: WTD Wissenschaftlicher Text-Dienst/pinkuin, Berlin
Umschlagbild: Ferdinand von Rayski, Die Ermordung des Thomas Becket
(Ausschnitt), Kupferstich-Kabinett, Dresden

DIE DEUTSCHEN KLASSIKER

© 1994 SWAN Buch-Vertrieb GmbH, Kehl
Gesamtherstellung: Brodard et Taupin, La Flèche
Printed in France
ISBN: 3-89507-030-0

Band Nr. 30

Friedrich Schiller

Die Räuber
Kabale und Liebe
Wilhelm Tell

Mit einer Einleitung von
Karl-Heinz Ebnet

FRIEDRICH SCHILLER

Das Theater glich einem Irrenhause, rollende Augen, geballte Fäuste, heisere Aufschreie im Zuschauerraum. Fremde Menschen fielen einander schluchzend in die Arme, Frauen wankten, einer Ohnmacht nahe, zur Türe. Es war eine allgemeine Auflösung wie im Chaos, aus dessen Nebeln eine neue Schöpfung hervorbricht.

Was an diesem Theaterabend in Mannheim – man schrieb den 13. Januar 1782 – hervorbrach, war die leidenschaftliche Rebellion gegen eine als morsch empfundene Welt. Und wie niemals zuvor und wie später kaum mehr gab sich das Publikum, ein Augenzeuge berichtete davon, frenetischem Beifall hin; unter stürmischen Tumulten feierte es das Stück, dessen Uraufführung es erlebt hatte. Das Stück hieß *Die Räuber*, und der Verfasser war ein unbekannter Regimentsmedikus aus Stuttgart, Friedrich Schiller.

Sieben Jahre vor der Französischen Revolution brachen hier all die angestaute Wut, Haß und Rachegelüste gegen die Willkür und Ungerechtigkeit des absolutistischen Staates, ja gegen die ganze bestehende Welt aus. Karl Moor, der Held des Dramas, weist nach einer von seinem Bruder Franz angezettelten Intrige, durch die sich sein Vater und die Geliebte von ihm abwenden, jegliche Ordnung von sich. Enttäuscht von den Menschen, der Welt und Gott, wird er zum Hauptmann einer Bande von Räubern und Mördern, um sein Leid an *diesem Jahrhundert* zu rächen. Er fordert Freiheit, muß freilich bald erkennen, daß grenzenlose Freiheit die verletzte göttliche Weltordnung nicht wiederherstellen kann. Durch die Untaten der Bande in immer tiefere Schuld verstrickt, löst er sich von ihr und stellt sich der Justiz: *da steh ich am Rande eines entsetzlichen Lebens, und erfahre nun mit Zähneklappern und Heulen, daß zwei Menschen wie ich den ganzen Bau der sittlichen Welt zugrund richten würden. Gnade - Gnade dem Knaben, der Dir vorgreifen wollte.*

Karl muß erkennen, daß die irdische Ordnung immer nur das unvollkommene Abbild der in ihrer Vollkommenheit niemals zu verwirklichenden göttlichen Ordnung darstellt. Trotz dieser idealistischen Lösung des Konflikts wurde Karl Moors Aufbegehren als das verstanden, was es war: ein politisch-revolutionärer Aufschrei gegen tyrannische Staatsgewalt.

Willkür, Korruption und Ungerechtigkeit des absolutistischen Fürsten hatte Schiller am Stuttgarter Hof aus nächster Nähe beobachten können.

Am 10. November 1759 in Marbach als Sohn eines herzoglich-württembergischen Offiziers geboren, hatte Schiller in Lorch und Ludwigsburg eine glückliche, idyllische Kindheit verbracht.

1773 aber trat ein Ereignis ein, das seine Jugend fortan bestimmte.

Der württembergische Herzog Karl Eugen hatte zur Rekrutierung geeigneten Offiziers- und Beamtennachwuchses eine militärische Pflanzschule gegründet; um sie mit Schülern zu füllen, erging in selbstherrlicher Manier an seine Offiziere und Beamten die Weisung, begabte Söhne dafür abzustellen. Am 16. Januar 1773 lieferte der Hauptmann Schiller seinen Sohn in der bei Stuttgart gelegenen Solitude ab.

Sieben Jahre lang war Schiller in das Korsett penibelster Ordnung gepreßt; es gab keine Schulferien, keinen Urlaub, kaum freie Stunden, Spaziergänge mit den Eltern wurden unter militärischer Bewachung vorgenommen. Sieben Jahre der militärischen Disziplin, der Entwürdigung – da dem Herzog Schillers rotes Haar nicht gefiel, mußte er es weiß pudern! –, der Demütigung. Am Ende, 1780, konnte Schiller auf ein abgeschlossenes Medizinstudium zurückblicken, zwei Jahre noch lebte er als ein für seine Rezepte berüchtigter Regimentsmedikus in Stuttgart, seinem *Loch der Prüfung*.

Das Gefühl, vieles versäumt zu haben, wurde Schiller sein Leben lang nicht los. Seine Dynamik, geistige wie körperliche, erwuchsen daraus, aber auch stetige Unrast, der Drang, alles was versäumt, was ihm verwehrt worden war, mit ungeheurem Aufwand an Energie doch noch zu erzwingen. *Kein Deutscher ist wie er so ganz Bewegung* ... schrieb dazu 1905 Hugo von Hofmannsthal. *Sein Leben und sein Tod gleicht dem des Fackelläufers, der in sich verzehrt aber mit brennendem Licht ans Ziel kam, sterbend hinstürzte und so stürzend, so sterbend ein ewiges Sinnbild blieb.*

Trotz seiner Krankheiten und Gebrechen, trotz der Hinfälligkeit des Leibes, die er selbst schmerzlichst erfahren mußte, forderte er von und für sich Gerechtigkeit und Menschlichkeit. Epigramme wie das folgende sprechen es lakonisch aus: *Würde des Menschen. Nichts mehr davon, ich bitt euch. Zu essen gebt ihm, zu wohnen. Habt ihr die Blöße bedeckt, gibt sich die Würde von selbst.*

Bereits 1777, noch als Zögling der Stuttgarter Militärakademie, begann er die *Räuber*. Getrieben vom Haß auf Herzog Karl Eugen, das Schicksal des Dichters Schubart vor Augen, der insgesamt zehn Jahre lang auf der Festung Hohenasperg eingekerkert war – und dem er den Stoff zu den *Räubern* verdankte –, sollte es ein Buch werden, *das aber durch den Schinder absolut verbrannt werden muß!*

1781 schließlich war es beendet. Auf eigene Kosten ließ er es drucken, über den Buchhändler und Kammerrat Schwan in Mannheim gelangte es zu von Dalberg, dem Intendanten des Mannheimer Hof- und Nationaltheaters. Von Dalberg zeigte sich interessiert, und nach einigen Umarbeitungen fand dort schließlich die Uraufführung statt.

Schiller war mit einem Schlag berühmt.

Im Juli dieses Jahres allerdings wurde er für vierzehn Tage in Arrest genommen, da er sich – wie schon bei der Uraufführung – ohne Urlaub nach Mannheim begeben hatte. Im August schließlich untersagte der Herzog Schiller das »Komödienschreiben«.

Schiller floh aus Württemberg. Mit seinem Freund, dem Musiker Andreas Streicher, von dessen Geld er hauptsächlich lebte, quartierte er sich nach kurzen Aufenthalten in Mannheim und Frankfurt inkognito in Oggersheim ein. Den *Fiesko*, den er mittlerweile fertig hatte, lehnte von Dalberg ab. Als vermeintliche Häscher des württembergischen Herzogs auftauchten, drängte man erneut zur Flucht. Eine mütterliche Freundin aus Stuttgart, Frau von Wolzogen, stellte ihr kleines Gutshaus im thüringischen Bauerbach zur Verfügung.

Bis Mitte des nächsten Jahres blieb Schiller dort, entwarf Pläne für *Don Carlos* und *Maria Stuart* und schrieb *Kabale und Liebe*, eine scharfe Anklage gegen die leeren Konventionen einer ehrlosen Adelsschicht, deren Intrigenspiel zwei Liebende zum Opfer fallen.

1783 war er wieder in Mannheim, wo von Dalberg ihm die Stelle des Theaterdichters angetragen hatte. Nach Ablauf des einjährigen Kontraktes war Schiller mit Schulden überhäuft, seine Gesundheit schwer angeschlagen; das »kalte« Fieber, eine Seuche aus den versumpften Festungsgräben der Stadt, das er sich kurz nach der Ankunft zugezogen hatte, ließ ihn den gesamten Winter nicht los. Von Gläubigern und dem Fieber gepeinigt, wurde das Leben ihm zur Qual.

In dieser Situation erinnerte er sich an einen Brief, den vier ihm unbekannte Verehrer, der Konsistorialrat Körner, der Lektor Huber und ihre Verlobten, zwei Schwestern, bereits sieben Monate vorher geschrieben hatten. Er antwortete und erhielt prompt die Einladung, nach Leipzig zu kommen.

Die folgenden zwei Jahre, 1785 bis 1787, verbrachte Schiller als Gast Christian Gottfried Körners in Leipzig und Dresden. Eingebettet in den schwärmerischen Freundeskreis, getragen von den Finanzen Körners, entstanden hier die Prosaerzählungen, begann er die Arbeit am *Geisterseher* und seine historischen Studien.

1787 allerdings drängte es ihn weiter, in das intellektuell weit reizvollere Weimar, wo Goethe – der sich gerade nach Italien beurlaubt hatte – und Herder und Wieland lebten.

In den nächsten Jahren schrieb er vor allem an historischen Darstellungen, der *Geschichte des Abfalls der vereinigten Niederlande von der Spanischen Regierung* und der *Geschichte des Dreißigjährigen Krieges*, die ihm 1788 eine Professur für Geschichte in Jena eintrugen. Zuvor allerdings hatte er bei einem Besuch in Rudolstadt die Familie von Lengefeld kennengelernt; im Februar 1790 heiratete er die jüngere Tochter Charlotte. Und er war, am 7. September 1788, Goethe begegnet, der, geprägt noch von seinem Italienerlebnis, mit dem leidenschaftlichen Schiller wenig anzufangen wußte. *Schiller war mir verhaßt*, lautete sein mißgestimmtes und voreiliges Urteil.

Erst im Sommer 1794 kam es zur erneuten und nun dauerhaften Annäherung der beiden Dichter.

Dazwischen lagen Schillers ästhetische Studien, die Schriften *Über das Erhabene, Anmut und Würde* und *Über die ästhetische Erziehung des Menschen*, seine Beschäftigung mit der Philosophie Kants und ein schwerer gesundheitlicher Rückschlag, wahrscheinlich Folge des Mannheimer Fiebers; Fieberdelirien, Brust- und Unterleibskrämpfe, er gab Eiter und Blut von sich, zeitweilig setzte sogar der Puls aus. Anhand der Symptome diagnostizierte man eine Lungenentzündung mit Rippenfelleiterung; daß er überlebte, glich einem Wunder, er sollte sich davon jedoch nie mehr erholen.

Ein Gespräch mit Goethe über die Urpflanze und ein anschließender Brief Schillers begründeten im Sommer 1794 die Freundschaft zwischen den Dichtern. Nach sieben Jahren, in denen er ausschließlich historische und philosophische Werke verfaßt hatte, kehrte er nun zur Dichtung zurück. Gemeinsam mit Goethe schrieb er für den von ihm herausgegebenen *Musenalmanach* die *Xenien*, 1797 entstanden im Wettstreit mit Goethe die Balladen (u.a. *Der Taucher, Der Handschuh, Die Kraniche des Ibykus*). Und er begann die Arbeit am *Wallenstein*, der 1799 beendet wurde.

Im Dezember dieses Jahres siedelte die Familie Schiller nach Weimar über. Kaum ein Tag verging, an dem sich Goethe und Schiller nicht getroffen und gesprochen haben. Und mit der ihm eigenen Energie, bereits im Zeichen des Todes lebend, machte er sich nun an die Dramenproduktion der letzten Jahre; 1800 schloß er *Maria Stuart* ab, 1801 *Die Jungfrau von Orleans*, 1803 *Die Braut von Messina*, 1804 schließlich, sein letztes vollendetes Stück, den *Wilhelm Tell*.

Das Stück, *ein herrliches Werk, schlicht, edel und groß, effektvoll und bewegend prachtvolles Theater und vornehmstes dramatisches Gedicht*, so Thomas Mann, wurde zum volkstümlichsten aller Werke Schillers. Die Idee der Freiheit erfährt hier ihre Verwirklichung in der Welt. Das unterdrückte Volk der Schweizer schüttelt die tyrannische Herrschaft des kaiserlichen Landvogts Geßler ab. Stellvertretend für das Volk begeht Tell aus

Einsicht in die sittliche Notwendigkeit den Tyrannen-mord, Menschlichkeit und Freiheit werden möglich.

> *Es hebt die Freiheit siegend ihre Fahne.*
> *Drum haltet fest zusammen – fest und ewig –*
> *Kein Ort der Freiheit sei dem andern fremd –*
> *Hochwachen stellt aus auf euren Bergen,*
> *Daß sich der Bund zum Bunde rasch versammle,*
> *Seid einig – einig – einig …*

Im Winter 1804, kurz vor der Geburt seiner zweiten Tochter, zog sich Schiller eine Erkältung zu; die Fieberanfälle setzten wieder ein, Darmkoliken und Ohnmachten kamen hinzu. Die Bauchfellentzündung, an der er seit zehn Jahren litt, war wohl in eine Darmverschlingung übergegangen.

Am 9. Mai 1805 starb Friedrich Schiller im Alter von 46 Jahren.

DIE RÄUBER

Ein Trauerspiel

PERSONEN

MAXIMILIAN, *regierender Graf von Moor*
KARL ⎫ *seine Söhne*
FRANZ ⎭
AMALIA, *seine Nichte*
SPIEGELBERG ⎫
SCHWEIZER ⎪
GRIMM ⎪ *Libertiner, nachher*
SCHUFTERLE ⎪ *Banditen*
ROLLER ⎪
RAZMANN ⎪
KOSINSKY ⎭
HERMANN, *Bastard eines Edelmannes*
EINE MAGISTRATSPERSON
DANIEL, *ein alter Diener*
EIN BEDIENTER
RÄUBER
VOLK

Der Ort der Handlung ist Deutschland.
Das Stück spielt in der Zeit als der ewige Landfriede in
Deutschland errichtet ward.

ERSTER AUFZUG

ERSTER AUFTRITT

Franken.
Saal im Moorischen Schloß.

FRANZ. DER ALTE MOOR.

FRANZ: Aber ist Euch auch wohl, Vater? Ihr seht so blaß.

DER ALTE MOOR: Ganz wohl, mein Sohn – was hattest du mir zu sagen?

FRANZ: Die Post ist angekommen – ein Brief von unserm Korrespondenten in Leipzig –

DER ALTE MOOR *begierig*:
Nachrichten von meinem Sohne Karl?

FRANZ: Hm! Hm! – So ist es. Aber ich fürchte – wenn Ihr krank seid – nur die leiseste Ahndung habt es zu werden, so laßt mich – ich will zu gelegener Zeit zu Euch reden. *Halb vor sich:* Diese Zeitung ist nicht für einen zerbrechlichen Körper.

DER ALTE MOOR: Gott! Gott! was werd ich hören?

FRANZ: Laßt mich vorerst auf die Seite gehen, und eine Träne des Mitleids vergießen, um meinen verlornen Bruder. – Ich sollte schweigen auf ewig – denn er ist Euer Sohn; ich sollte seine Schande verhüllen auf ewig – denn er ist mein Bruder. – Aber Euch zu gehorchen ist meine erste traurige Pflicht – darum vergebt mir.

DER ALTE MOOR: O Karl! Karl! wüßtest du wie deine Aufführung das Vaterherz foltert! Wie eine einzige frohe Nachricht von dir meinem Leben zehen Jahre zusetzen würde – da mich nun jede, ach! – einen Schritt näher ans Grab rückt!

FRANZ: Ist es das, alter Mann, so lebt wohl – wir alle würden noch heute die Haare ausraufen über Euerem Sarge.

DER ALTE MOOR: Bleib! – Es ist noch um den kleinen kurzen Schritt zu tun – laß ihm seinen Willen. *Indem er sich niedersetzt.* Die Sünden seiner Väter werden heimgesucht im dritten und vierten Glied – laß ihn's vollenden.

FRANZ *nimmt den Brief aus der Tasche*: Ihr kennt unsern Korrespondenten! Seht! den Finger meiner rechten Hand wollt ich drum geben, dürft ich sagen, er ist ein Lügner, ein schwarzer giftiger Lügner. – Faßt Euch! Ihr vergebt mir, wenn ich Euch den Brief nicht selbst lesen lasse – noch dürft Ihr nicht alles hören.

DER ALTE MOOR: Alles, alles – mein Sohn, du ersparst mir die Krücke.

FRANZ *liest*: »Leipzig vom 1. Mai. Dein Bruder scheint nun das Maß seiner Schande gefüllt zu haben; ich wenigstens kenne nichts über dem was er würklich erreicht hat, wenn nicht sein Genie das meinige hierin übersteigt. Gestern um Mitternacht hatte er den großen Entschluß, nach vierzigtausend Dukaten Schulden – ein hübsches Taschengeld Vater – nachdem er zuvor die Tochter eines reichen Bankiers allhier entehrt, und ihren Galan, einen braven Jungen von Stand, im Duell auf den Tod verwundet, mit sieben andern, die er mit in sein Luderleben gezogen, dem Arm der Justiz zu entlaufen« – Vater! Um Gotteswillen Vater! wie wird Euch?

DER ALTE MOOR: Es ist genug – Laß ab mein Sohn!

FRANZ: Ich schone Eurer – »man hat ihm Steckbriefe nachgeschickt, die Beleidigte schreien laut um Genugtuung; ein Preis ist auf seinen Kopf gesetzt – der Name Moor« – Nein! meine arme Lippen sollen nimmermehr einen Vater ermorden! *Zerreißt den Brief.* Glaubt es nicht Vater! glaubt ihm keine Silbe!

DER ALTE MOOR *weint bitterlich*: Mein Name! Mein ehrlicher Name!

FRANZ: O daß er Moors Namen nicht trüge! daß mein Herz nicht so warm für ihn schlüge! Die gottlose Liebe, die ich nicht vertilgen kann, wird mich noch einmal vor Gottes Richterstuhl anklagen!

DER ALTE MOOR: Oh – meine Aussichten! Meine goldenen Träume!

FRANZ: Das weiß ich wohl. Das ist es ja was ich eben sagte. Der feurige Geist, der in dem Buben lodert, sagtet Ihr immer, der ihn für jeden Reiz von Größe und Schönheit so empfindlich macht; diese Offenheit die seine Seele auf dem Auge spiegelt, diese Weichheit des Gefühls, dieser männliche Mut, dieser kindische Ehrgeiz, dieser unüberwindliche Starrsinn, und alle diese schöne glänzende Tugenden, die im Vatersöhnchen keimten, werden ihn dereinst zu einem warmen Freund eines Freundes, zu einem trefflichen Bürger, zu einem Helden, zu einem großen großen Manne machen – – Seht Ihr's nun Vater! – Der feurige Geist hat sich entwickelt, ausgebreitet, herrliche Früchte hat er getragen. Seht diese Offenheit, wie hübsch sie sich zur Frechheit herumgedreht hat; seht diese Weichheit, wie zärtlich sie für Koketten girret, wie so empfindsam für die Reize einer Phryne! Seht dieses feurige Genie, wie es das Öl seines Lebens in sechs Jährchen so rein weggebrannt hat, daß er bei lebendigem Leibe umgeht, und da kommen die Leute, und sind so unverschämt und sagen: c'est l'amour qui a fait ça! Ah! seht doch diesen kühnen unternehmenden Kopf, wie er Plane schmiedet und ausführt, vor denen die Heldentaten eines Cartouches und Howards verschwinden! – Und wenn erst diese prächtigen Keime zur vollen Reife erwachsen – was läßt sich auch von einem so zarten Alter Vollkommenes erwarten? – Vielleicht Vater erlebet Ihr noch die Freude, ihn an der Fronte eines Heeres zu erblicken, das in der heiligen Stille der Wälder residieret, und dem müden Wanderer seine Reise um die Hälfte der Bürde erleichtert. – Vielleicht könnt Ihr noch, eh Ihr zu Grabe geht, eine Wallfahrt nach seinem Monumente tun, das er sich zwischen Himmel und Erden errichtet. – Vielleicht, o Vater, Vater, Vater – seht Euch nach einem andern Namen um, sonst deuten Krämer und Gassenjungen mit Fingern auf Euch, die Euren Herrn Sohn auf dem Leipziger Marktplatz im Porträt gesehen haben.

DER ALTE MOOR: Und auch du mein Franz, auch du? O meine Kinder! wie sie nach meinem Herzen zielen!

FRANZ: Ihr seht, ich kann auch witzig sein; aber mein Witz ist Skorpionstich. – Und dann der trockne Alltagsmensch, der kalte, hölzerne Franz, und wie die Titelchen alle heißen mögen, die Euch der Kontrast zwischen ihm und mir mochte eingegeben haben, wann er Euch auf dem Schoße saß oder in die Backen zwickte – der wird einmal zwischen seinen Grenzsteinen sterben, und modern und vergessen werden, wenn der Ruhm dieses Universalkopfs von einem Pole zum andern fliegt – ha! mit gefaltnen Händen dankt dir o Himmel! der kalte, trockne, hölzerne Franz – daß er nicht ist wie dieser!

DER ALTE MOOR: Vergib mir mein Kind; zürne nicht auf einen Vater, der sich in seinen Planen betrogen findet. Der Gott, der mir durch Karln Tränen zusendet, wird sie durch dich mein Franz aus meinen Augen wischen.

FRANZ: Ja Vater, aus Euren Augen soll er sie wischen.

Euer Franz wird sein Leben dran setzen, das Eurige zu verlängern. Euer Leben ist das Orakel, das ich vor allem zu Rate ziehe, über dem was ich tun will, der Spiegel durch den ich alles betrachte. – Keine Pflicht ist mir so heilig die ich nicht zu brechen bereit bin, wenn's um Euer kostbares Leben zu tun ist. – Ihr glaubt mir das?

DER ALTE MOOR: Du hast noch große Pflichten auf dir mein Sohn – Gott segne dich für das was du mir warst und sein wirst!

FRANZ: Nun sagt mir einmal – wenn Ihr diesen Sohn nicht den Euren nennen müßtet, Ihr wäret ein glücklicher Mann?

DER ALTE MOOR: Stille! o stille! da ihn die Wehmutter mir brachte, hub ich ihn gen Himmel und rief: bin ich nicht ein glücklicher Mann?

FRANZ: Das sagtet Ihr. Nun habt Ihr's gefunden? Ihr beneidet den schlechtesten Eurer Knechte, daß er nicht Vater ist zu diesem – Ihr habt Kummer solang Ihr diesen Sohn habt. Dieser Kummer wird wachsen mit Karln. Dieser Kummer wird Euer Leben untergraben.

DER ALTE MOOR: Oh! er hat mich zu einem achtzigjährigen Manne gemacht.

FRANZ: Nun also – wenn Ihr dieses Sohnes Euch entäußertet?

DER ALTE MOOR *auffahrend*: Franz! Franz! was sagst du? Du willst ich soll meinen Sohn verfluchen?

FRANZ: Nicht doch! nicht doch! Euren Sohn sollt Ihr nicht verfluchen. Was heißt Ihr Euren Sohn? – Dem Ihr das Leben gegeben habt, wenn er sich auch alle ersinnliche Mühe gibt, das Eurige zu verkürzen?

DER ALTE MOOR: Ein unzärtliches Kind! Ach! aber mein Kind doch! mein Kind doch!

FRANZ: Ein allerliebstes köstliches Kind, dessen ewiges

Studium ist, keinen Vater zu haben. – O daß Ihr's begreifen lerntet! daß Euch die Schuppen fielen vom Auge! Aber Eure Nachsicht muß ihn in seinen Liederlichkeiten befestigen; Euer Vorschub ihnen Rechtmäßigkeit geben. Ihr werdet freilich den Fluch von seinem Haupte laden; aber auf Euch, Vater, auf Euch wird der Fluch der Verdammnis fallen.

DER ALTE MOOR: Gerecht! sehr gerecht! – Mein, mein ist alle Schuld!

FRANZ: Wie viele Tausende, die voll sich gesoffen haben vom Becher der Wollust, sind durch Leiden gebessert worden. Und ist nicht der körperliche Schmerz, der jedes Übermaß begleitet, ein Fingerzeig des göttlichen Willens. Sollte ihn der Mensch durch seine grausame Zärtlichkeit verkehren? Soll der Vater das ihm anvertraute Pfand auf ewig zugrund richten? Bedenkt Vater, wenn Ihr ihn seinem Elend auf einige Zeit preisgeben werdet, wird er nicht entweder umkehren müssen, und sich bessern? Oder er wird auch in der großen Schule des Elends ein Schurke bleiben, und dann – wehe dem Vater der die Ratschlüsse einer höheren Weisheit durch Verzärtlung zernichtet! – Nun Vater?

DER ALTE MOOR: Ich will ihm schreiben, daß ich meine Hand von ihm wende.

FRANZ: Da tut Ihr recht und klug daran.

DER ALTE MOOR: Daß er nimmer vor meine Augen komme.

FRANZ: Das wird eine heilsame Wirkung tun.

DER ALTE MOOR *zärtlich*: Bis er anders worden.

FRANZ: Schon recht, schon recht; – aber, wenn er nun kommt mit der Larve des Heuchlers, Euer Mitleid erweint, Eure Vergebung sich erschmeichelt, und morgen hingeht und Eurer Schwachheit spottet, im Arm seiner Huren? – Nein Vater! Er wird freiwillig wiederkehren, wenn ihn sein Gewissen rein gesprochen hat.

DER ALTE MOOR: So will ich Ihm das auf der Stelle schreiben.

Er will gehen.

FRANZ: Halt! noch ein Wort! Vater! Eure Entrüstung, fürchte ich, möchte Euch zu harte Worte in die Feder werfen, die ihm das Herz zerspalten würden – und, dann – glaubt Ihr nicht, daß er das schon für Verzeihung nehmen werde, wenn Ihr ihn noch eines eigenhändigen Schreibens wert haltet? Darum wird's besser sein, Ihr überlasset das Schreiben mir.

DER ALTE MOOR: Tu das mein Sohn. – Ach! es hätte mir doch das Herz gebrochen! Schreib ihm –

FRANZ *schnell*: Dabei bleibt's also?

DER ALTE MOOR: Schreib ihm, daß ich tausend blutige Tränen, tausend schlaflose Nächte – aber bring meinen Sohn nicht zur Verzweiflung.

FRANZ: Wollt Ihr Euch nicht zu Bette legen Vater? Es griff Euch hart an.

DER ALTE MOOR: Schreib ihm, daß die väterliche Brust – ich sage dir, bring meinen Sohn nicht zur Verzweiflung.

Geht kummervoll ab.

FRANZ *begleitet ihn mit spöttischen Blicken*: Tröste dich Alter! – Du wirst ihn nimmer an diese Brust drücken! Der Weg darzu ist ihm verrammelt, wie der Himmel der Hölle. Er war aus deinen Armen gerissen, ehe du wußtest, daß du es wollen könntest. – Ich muß doch diese Papiere zusammenlesen, wie leicht könnte jemand meine Handschrift kennen? *Er liest die zerrissenen Briefstücke zusammen.* Da müßt ich ein erbärmlicher Stümper sein, wenn ich's nicht einmal so weit gebracht hätte, einen Sohn vom Herzen des Vaters abzulösen, und wär er mit ehernen Banden daran geklammert – Glück zu Franz! weg ist das Schoßkind! – Ein Riesenschritt zum Ziele! – Und ihr muß ich diesen Karl aus dem Herzen reißen, und wenn das Herz mitgehen sollte. *Auf und ab gehend mit großen Schritten.* Ich habe große Rechte, mit der Natur zu grollen, und bei meiner Ehre! ich will sie geltend machen! Warum mußte sie mir diese Bürde von Häßlichkeit aufladen? Warum gerade nur mir? *Auf den Boden stampfend.* Mord und Tod! Warum nur mir! Nicht anders als ob sie bei meiner Geburt einen Rest gesetzt hätte! – Sie verschwor sich wider mich schon in der Stunde meines Werdens – Wohlan! so verschwör ich mich hier wider sie auf ewig. – Ihre schönsten Werke will ich zerstören, da ich sie nicht kann Bruder und Schwester nennen. – Den Bund der Seelen will ich zerreißen, da er mich ausschließt. Sie versagte mir das süße Spiel des Herzens, der Liebe überredendes Geschwätze – so will ich meine Wünsche ertrotzen mit herrischer Gewalt, so will ich ausrotten um mich her, was mich einschränkt, daß ich nicht Herr bin. –

Zweiter Auftritt

Amalia *kommt langsam durch die hintern Zimmer.*

FRANZ: Sie kömmt! – Aha! meine Arzneien würken! – Das lehrt mich ihr Gang – ich liebe sie nicht – – aber ich will nicht haben, daß ein anderer durch so viel Reize glücklich werde. – In meinem Arm sollen sie ihr Grab finden und niemand geblüht haben. – Holla! sieh doch! was macht sie da?

AMALIA *hat ohne ihn bemerkt zu haben, einen Blumenstrauß zerrissen, und zertritt ihn mit Füßen.*

FRANZ. *Er tritt näher, hämisch*: Was wohl diese arme Violen ausbaden müssen ...

AMALIA *fährt zusammen und mißt ihn mit einem langen Blick*: Du hier? Erwünscht! – Dich wollt ich eben haben, dich allein! – Dich in der ganzen weiten Schöpfung allein!

FRANZ: Glücklich! glücklich! Und ich allein dir jetzt alles in der ganzen weiten Schöpfung?

AMALIA: Du! Einzig du – heiß und hungrig hab ich nach dir gelechzt! Bleib, ich beschwöre dich! – Ich mache mir Luft, wenn ich meinen Schmerz in dein Angesicht geifern kann, Giftmischer!

FRANZ: Mir diese Begegnung? Kind, du bist am Unrechten; geh zum Vater.

AMALIA: Vater? – Ha, ein Vater der seinen Sohn auftischt der Verzweiflung! daheim labt er sich mit süßem, köstlichem Wein, und pflegt seiner morschen Glieder in Kissen von Eider, während sein großer herrlicher Sohn darbt. – Schämt euch, ihr Unmenschen! schämt euch, ihr Drachenseelen, ihr Schande der Menschheit! – Sein einziger Sohn!

FRANZ: Ich dächte, er hätt ihrer zween.

AMALIA: Ja, er verdient solche Söhne zu haben, wie du bist. Auf seinem Todbette wird er umsonst die welken Hände ausstrecken nach seinem Karl, und schaudernd zurückfahren, wenn er die eiskalte Hand seines Franzes faßt. – Oh! es ist süß, es ist köstlich süß, von deinem Vater verflucht zu werden!

FRANZ: Du schwärmst, meine Liebe, du bist zu bedauren.

AMALIA: Oh! ich bitte dich – bedaurest du deinen Bruder? – Nein, Unmensch, du hassest ihn! Du hassest mich doch auch?

FRANZ: Ich liebe dich wie mich selbst, Amalia.

AMALIA: Wenn du mich liebst, kannst du mir wohl eine Bitte abschlagen?

FRANZ: Keine, keine! wenn sie nicht mehr ist als mein Leben.

AMALIA: Oh, wenn das ist! Eine Bitte, die du so leicht, so gern erfüllen wirst – *stolz:* Hasse mich! Ich müßte feuerrot werden vor Scham, wenn ich an Karln denke, und mir eben einfiele, daß du mich nicht hassest. Du versprichst mir's doch? Jetzt geh, und laß mich.

FRANZ: Allerliebste Träumerin! wie sehr bewundere ich dein sanftes liebevolles Herz. *Ihr auf die Brust klopfend.* Hier, hier herrschte Karl wie ein Gott in seinem Tempel, Karl stand vor dir im Wachen, Karl regierte in deinen Träumen, die ganze Schöpfung schien dir nur in den einzigen zu zerfließen, den einzigen widerzustrahlen, den einzigen dir entgegenzutönen.

AMALIA *bewegt:* Ja wahrhaftig, ich gesteh es. Euch Barbaren zum Trutz will ich's vor aller Welt gestehen – ich lieb ihn!

FRANZ: Unmenschlich, grausam! diese Liebe so zu belohnen! die zu vergessen. –

AMALIA *auffahrend:* Was, mich vergessen?

FRANZ: Hattest du ihm nicht einen Ring an den Finger gesteckt? Einen Diamantring zum Unterpfand deiner Treue! – Freilich nun, wie kann auch ein Jüngling den Reizen einer Metze Widerstand tun? Wer wird's ihm auch verdenken, da ihm sonst nichts mehr übrig war wegzugeben – und bezahlte sie ihn nicht mit Wucher dafür mit ihren Liebkosungen, ihren Umarmungen?

AMALIA *aufgebracht:* Meinen Ring einer Metze?

FRANZ: Pfui, pfui! das ist schändlich. Wohl aber, wenn's nur das wäre! – Ein Ring, so kostbar er auch ist, ist im Grunde bei jedem Juden wiederzuhaben – vielleicht mag ihm die Arbeit daran nicht gefallen haben – vielleicht hat er einen schönern dafür eingehandelt.

AMALIA *heftig*: Aber meinen Ring – ich sage meinen Ring?

FRANZ: Keinen andern, Amalia – Ha! solch ein Kleinod, und an meinem Finger – und von Amalia! – Von hier sollt ihn der Tod nicht gerissen haben – nicht wahr, Amalia? Nicht die Kostbarkeit des Diamantes, nicht die Kunst des Gepräges – die Liebe macht seinen Wert aus. – Liebstes Kind, du weinest? Wehe über den, der diese köstliche Tropfen aus so himmlischen Augen preßt! – ach! und wenn du erst alles wüßtest, ihn selbst sähest, ihn unter der Gestalt sähest?

AMALIA: Ungeheuer! wie, unter welcher Gestalt?

FRANZ: Stille, stille, gute Seele, frage mich nicht aus! *Wie vor sich, aber laut:* Wenn es doch wenigstens nur einen Schleier hätte, das garstige Laster, sich dem Auge der Welt zu entstehlen! aber da blickt's schrecklich durch den gelben bleifarbenen Augenring; – da verrät sich's im totenblassen eingefallenen Gesicht, und dreht die Knochen häßlich hervor – da stammelt's in der halb verstümmelten Stimme – da predigt's fürchterlich laut vom zitternden hinschwankenden Gerippe – da durchwühlt es der Knochen innerstes Mark, und nistet abscheulich in den Gruben der viehischen Schande. – Pfui, pfui! mir ekelt. – Du hast jenen Elenden gesehen, Amalia, der in unserem Siechenhause seinen Geist auskeuchte, die Scham schien ihr scheues Auge vor ihm zuzublinzen – du ruftest Wehe über ihn aus. Ruf dies Bild noch einmal ganz in deine Seele zurück, und Karl steht vor dir! – Seine Küsse sind Pest, seine Lippen vergiften die deinen!

AMALIA: Schamloser Lästerer! *Sich abwendend.*

FRANZ: Graut dir vor diesem Karl? Ekelt dir schon vor dem matten Gemälde? Geh, gaff ihn selbst an, deinen schönen, englischen, göttlichen Karl! Geh,

sauge seinen balsamischen Atem ein, und laß dich
von den Ambrosiadüften begraben, die aus seinem
Rachen dampfen! *Amalia verhüllt sich das Gesicht.*
Welches Aufwallen der Liebe! welche Wollust in
der Umarmung – Aber ist es nicht ungerecht einen
Menschen um seiner siechen Außenseite willen zu
verdammen? Auch im elendesten Krüppel kann
eine große liebenswürdige Seele, wie ein Rubin aus
dem Schlamme glänzen. *Boshaft lächelnd.* Auch
aus blattrichten Lippen kann ja die Liebe – Freilich, wenn das Laster auch die Festen des Charak-
ters erschüttert, wenn mit der Keuschheit auch die
Tugend davonfliegt, wie der Duft aus der welken
Rose verdampft – wenn mit dem Körper auch der
Geist zum Krüppel verdirbt –

AMALIA *froh aufspringend*: Ha! Karl! Nun erkenn ich
dich wieder! du bist noch ganz! ganz! alles war
Lüge! – Weißt du nicht, Bösewicht, daß Karl unmöglich das werden kann?

FRANZ *steht einige Zeit tiefsinnig, dann dreht er sich
plötzlich um zu gehen.*

AMALIA: Wohin so eilig, fliehst du vor deiner eigenen
Schande?

FRANZ *mit verhülltem Gesicht*: Laß mich, laß mich! –
meinen Tränen den Lauf lassen – tyrannischer Vater! den besten deiner Söhne so hinzugeben dem
Elend – der rings umgebenden Schande – Laß mich,
Amalia! ich will ihm zu'n Füßen fallen, auf den
Knien will ich ihn beschwören, den ausgesproche-
nen Fluch auf mich, auf mich zu laden – mich zu
enterben – mich – mein Blut – mein Leben – alles –

AMALIA *fällt ihm um den Hals*: Bruder meines Karls,
bester, liebster Franz!

FRANZ: O Amalia! wie lieb ich dich um dieser uner-
schütterten Treue gegen meinen Bruder. – Verzeih, daß ich es wagte, deine Liebe auf diese harte

Probe zu setzen! – Wie schön hast du meine Wünsche gerechtfertigt!– Mit diesen Tränen, diesen
Seufzern, diesem himmlischen Unwillen – auch
für mich, für mich – unsere Seelen stimmten so
zusammen.

AMALIA *schüttelt den Kopf*: Nein, nein, bei jenem keu-
schen Lichte des Himmels! kein Äderchen von
ihm, kein Fünkchen von seinem Gefühle –

FRANZ: Es war ein stiller heiterer Abend, der letzte, eh
er nach Leipzig abreiste, da er mich mit sich in
jene Laube nahm, wo ihr so oft zusammensaßet in
Träumen der Liebe – stumm blieben wir lang –
zuletzt ergriff er meine Hand und sprach leise mit
Tränen: ich verlasse Amalia, ich weiß nicht – mir
ahndet's, als hieß es auf ewig – verlaß sie nicht,
Bruder! sei ihr Freund – ihr Karl – wenn Karl –
nimmer – wiederkehrt – *Er stürzt vor ihr nieder,
und küßt ihr die Hand mit Heftigkeit.* Nimmer,
nimmer, nimmer wird er wiederkehren, und ich
hab's ihm zugesagt mit einem heiligen Eide!

AMALIA *zurückspringend*: Verräter, wie ich dich ertap-
pe! In ebendieser Laube beschwur er mich, keiner
andern Liebe – wenn er sterben sollte – siehst du,
wie gottlos, wie abscheulich du – geh aus meinen
Augen!

FRANZ: Du kennst mich nicht, Amalia, du kennst mich
gar nicht!

AMALIA: O ich kenne dich, von jetzt an kenne ich dich
– und du wolltest ihm gleich sein? Vor dir sollt er
um mich geweinet haben? Vor dir? Ehe hätt er meinen Namen auf den Pranger geschrieben! Geh den
Augenblick!

FRANZ: Du beleidigst mich!

AMALIA: Geh, sag ich. Du hast mir eine kostbare Stunde gestohlen, sie werde dir an deinem Leben abge-
zogen.

FRANZ: Du hassest mich.

AMALIA: Ich verachte dich, geh!

FRANZ *mit den Füßen stampfend*: Wart! so sollst du vor mir zittern! Mich einem Bettler aufopfern! *Zornig ab*.

AMALIA: Geh Lotterbube! – Jetzt bin ich wieder bei Karln. – Bettler, sagt er? So hat die Welt sich umgedreht, Bettler sind Könige, und Könige sind Bettler! – Ich möchte die Lumpen, die er anhat, nicht mit dem Purpur der Gesalbten vertauschen; – der Blick, mit dem er bettelt, das muß ein großer, ein königlicher Blick sein – ein Blick, der die Herrlichkeit, den Pomp, die Triumphe der Großen und Reichen zernichtet! In den Staub mit dir, du prangendes Geschmeide! *Sie reißt sich die Perlen vom Hals*. Seid verdammt, Gold und Silber und Juwelen zu tragen, ihr Großen und Reichen! Seid verdammt, an üppigen Mahlen zu zechen! Verdammt, euren Gliedern wohlzutun auf weichen Polstern der Wollust! Karl! Karl! so bin ich dein wert. – *Ab*.

DRITTER AUFTRITT

An den Grenzen von Sachsen.
Gasthof.

KARL MOOR *unmutig auf und nieder*.

Wo die Kerls auch herumschlendern? – Gewiß haben sie einen Ritt gemacht. – He! noch mehr Wein her! – Und es wird Abend und keine Post noch da – *Die Hand vor die Brust*. Knabe! Knabe! Wie dir's hier klopft! – Wein! Wein! Ich brauche heut meinen Mut zwiefach – sei's zur Freud oder zur Verzweiflung. *Man wartet auf, er trinkt und setzt das*

Glas ungestüm nieder. Über die verfluchte Un-
gleichheit in der Welt! – Das Geld verrostet in den
Kisten ausgedörrter Pickelheringe und Armut legt
Blei an die kühnste Unternehmung der Jugend. –
Kerls die zehenmal krepieren, eh sie ihre Zinsen
überrechnen, trippelten mir die Schwelle ab, eine
Handvoll elende Schulden einzutreiben – so warm
ich ihnen die Hand drückte – Nur noch einen Tag
– Umsonst! Bitten – Schwüre – Tränen prallten ab
von ihrer bocklhernen Seele.

VIERTER AUFTRITT

SPIEGELBERG *mit Briefen*. VORIGER.

SPIEGELBERG: Pest! Pest! Ein Streich auf den andern!
Vermaledeit! Weißt du Moor? Weißt du? – Man
möchte rasend werden.

MOOR: Was denn wieder?

SPIEGELBERG: Du fragst? – Lies – lies selbst – Niederge-
legt ist unsere Wirtschaft – Friede in Deutschland –
der Teufel hole die Pfaffen.

MOOR: Friede in Deutschland!

SPIEGELBERG: Es ist zum Aufhängen – Und das
Faustrecht abgeschafft für immer. – Alle Fehden
bei Todesstraf verboten. – Mord und Tod! – Krepier Moor! – Federn werden kritzeln, wo sonst unsre Schwerter durchhauten.

MOOR *wirft sein Schwert nieder*: So mögen denn Memmen und Schurken das Regiment führen, und Männer ihre Schwerter zerbrechen. – Friede in Deutschland! – Geh, diese Zeitung hat dich auf ewig schwarz
gebrandmarkt. – Gänsekiele für Schwerter – Nein!
ich mag nicht daran denken – Ich soll meine Lippen
pressen in eine Schnürbrust, und meinen Willen in

Gesetze schnüren. – Friede in Deutschland! Fluch über den Frieden der zum Schneckengang verderbt, was Adlerflug geworden wäre. – Der Friede hat noch keinen großen Mann gebildet, aber der Krieg brütet Kolosse und Helden aus. – *Bedeutend.* – Ah! daß der Geist Hermanns noch in der Asche glimmte – Stelle mich vor ein Heer Kerls wie ich, und aus Deutschland – aus Deutschland – Doch! Nein! nein! Laß! Es soll herunter! Seine Stunde ist gekommen. – Kein freier Aderschlag in Barbarossas Enkel mehr übrig – Ich will's Fechten verlernen in meinen väterlichen Hainen.

SPIEGELBERG: Wie zum Teufel? Du wirst doch den verlornen Sohn nicht spielen wollen? – Ein Kerl wie du, der mit dem Degen mehr auf die Gesichter geschrieben hat als drei Schreiber in einem Schaltjahr ins Befehlbuch sudeln. Pfui! schäm dich! – Das Unglück muß einen großen Mann nicht zur Memme machen.

MOOR: Ich will ihn spielen Moritz, und ich schäme mich nicht. Nenn es Schwäche daß ich meinen Vater ehre – es ist die Schwäche eines Menschen, und wer sie nicht hat, muß entweder ein Gott oder – ein Vieh sein. Laß mich immer mitten inne bleiben.

SPIEGELBERG: Geh, geh! Du bist nicht mehr Moor. Weißt du noch wie tausendmal du die Flasche in der Hand den alten Filzen hast aufgezogen, und gesagt: Er soll nur drauflosschaben und -scharren, du wollest dir dafür die Gurgel absaufen – weißt du noch? He? weißt du noch? O du heilloser, erbärmlicher Prahlhans! Das war noch männlich gesprochen und edelmännisch, aber –

MOOR: Verflucht seist du, daß du mich dran erinnerst! Verflucht ich, daß ich es sagte! Aber es war nur im Dampfe des Weins, und mein Herz hörte nicht was meine Zunge prahlte.

SPIEGELBERG *schüttelt den Kopf*: Nein! nein! Nein! das kann nicht sein. Unmöglich Bruder, das kann dein Ernst nicht sein. Sag, Brüderchen, ist es nicht die Not die dich so stimmt. Oh! so laß dir nicht bange sein, wenn's auch aufs Äußerste kommt. Der Mut wächst mit der Gefahr; die Kraft erhebt sich im Drang. Das Schicksal muß große Männer aus uns haben wollen, weil's uns so quer durch den Weg streicht.

MOOR *ärgerlich*: Ich wüßte nicht worzu wir den Mut noch haben sollten, und noch nicht gehabt hätten.

SPIEGELBERG: So? und du willst also deine Gaben in dir verwittern lassen? dein Pfund vergraben? Meinst du, deine Stinkereien in Leipzig machen die Grenzen des menschlichen Witzes aus? Da laß uns erst in die große Welt kommen. Paris und London! – wo man Ohrfeigen einhandelt, wenn man einen mit dem Namen eines ehrlichen Mannes grüßt. Da ist es auch ein Seelenjubilo, wenn man das Handwerk ins Große praktiziert. – Du wirst gaffen! Du wirst Augen machen! Wart, wie man Handschriften nachmacht, Würfel verdreht, Schlösser aufbricht, und den Koffern das Eingeweide ausschüttet. – Das sollst du noch von Spiegelberg lernen! Den Schuft soll man an den nächsten besten Galgen knüpfen, der bei geraden Fingern verhungern will.

MOOR *beißend*: Wie? Du hast es so weit gebracht?

SPIEGELBERG: Ich glaube gar, du setzest ein Mißtrauen in mich. Wart, laß mich erst warm werden; du sollst Wunder sehen; dein Gehirnchen soll sich im Schädel umdrehen, wenn mein kreißender Witz in die Wochen kommt. *Auf den Tisch schlagend*. Aut Caesar, aut nihil! Du sollst eifersüchtig über mich werden.

MOOR *sieht ihn an*: Moritz!

SPIEGELBERG *steht auf, hitzig*: Ja! eifersüchtig – giftig

sollst du, sollt ihr alle über mich werden. Ich will Pfiffe ausspinnen, darüber euch der Verstand stillestehen soll. – Wie es sich aufhellt in mir! Große Gedanken dämmern auf in meiner Seele! Riesenplane gären in meinem schöpfrischen Schädel. Verfluchte Schlafsucht! *Sich vor'n Kopf schlagend.* die bisher meine Kräfte in Ketten schlug, meine Aussichten sperrte und spannte; ich erwache, fühle wer ich bin – wer ich werden muß! Geh, laß mich! Ihr alle sollt noch von mir das Gnadenbrot haben!

MOOR: Du bist ein Narr. Der Wein bramarbasiert aus deinem Gehirne.

SPIEGELBERG *hitziger*: »Spiegelberg«, wird es heißen, »kannst du hexen Spiegelberg? Es ist schade, daß du kein General worden bist, Spiegelberg, wird der König sagen, du hättest die Türken durch ein Knopfloch gejagt. Ja, hör ich die Doktors jammern, es ist unverantwortlich, daß der Mann nicht die Medizin studiert hat, er hätte ein neues Kropfpulver erfunden. Ach! und daß er das Kamerale nicht zum Fach genommen hat, werden die Sullys in ihren Kabinetten seufzen, er hätte aus Steinen Louisdor hervorgezaubert.« Und Spiegelberg wird es heißen in Osten und Westen – und in den Kot mit euch ihr Memmen, ihr Kröten, indes Spiegelberg mit ausgespreiteten Flügeln zum Tempel des Nachruhms emporsteigt.

MOOR: Glück auf den Weg! Steig du auf Schandsäulen zum Gipfel der Ehre. Im Schatten meiner väterlichen Haine, in den Armen meiner Amalia lockt mich ein edler Vergnügen. Schon die vorige Woche hab ich meinem Vater um Vergebung geschrieben, hab ihm nicht den kleinsten Umstand verschwiegen, und wo Aufrichtigkeit ist, ist auch Mitleid und Hülfe. Laß uns Abschied nehmen Moritz. Wir sehen uns heut, und nie mehr. Die Post ist angelangt. Die Verzeihung meines Vaters ist schon innerhalb dieser Stadtmauren.

FÜNFTER AUFTRITT

SCHWEIZER. GRIMM. ROLLER. SCHUFTERLE *treten auf.*

ROLLER: Wißt ihr auch, daß man uns auskundschaftet? –

GRIMM: Daß wir keinen Augenblick sicher sind, aufgehoben zu werden?

MOOR: Mich wundert's nicht. Es gehe wie es will! Saht ihr den Razmann nicht? sagt er euch von keinem Brief, den er an mich hätte?

ROLLER: Schon lang sucht er dich, ich vermute so etwas.

MOOR: Wo ist er? wo, wo? *Will eilig fort.*

ROLLER: Bleib! wir haben ihn hieher beschieden. Du zitterst? –

MOOR: Ich zittre nicht. Warum sollt ich auch zittern? Kameraden! Dieser Brief – freut euch mit mir! Ich bin der Glücklichste unter der Sonne, warum sollt ich zittern?

SCHWEIZER *setzt sich an Spiegelbergs Platz, und trinkt seinen Wein aus.*

SECHSTER AUFTRITT

RAZMANN *tritt auf.*

MOOR *fliegt ihm entgegen*: Bruder, Bruder, den Brief! den Brief!

RAZMANN *gibt ihm den Brief, den er hastig aufbricht*: Was ist dir? wirst du nicht wie die Wand?

MOOR: Meines Bruders Hand!

ROLLER: Was treibt denn der Spiegelberg?

GRIMM: Der Kerl ist unsinnig. Er macht Gestus, wie beim St.-Veitstanz.

SCHUFTERLE: Sein Verstand geht im Ring herum. Ich glaub er macht Verse.

ROLLER: Spiegelberg! He Spiegelberg! – Die Bestie hört nicht.

GRIMM *schüttelt ihn*: Kerl! träumst du, oder? –

SPIEGELBERG *der sich die ganze Zeit über mit den Pantomimen eines Projektmachers im Stubeneck abgearbeitet hat, springt wild auf*: La bourse ou la vie! *und packt Schweizern an der Gurgel, der ihn gelassen an die Wand wirft; alle lachen. Moor läßt den Brief fallen, und will hinausrennen. Alle fahren auf.*

ROLLER *ihm nach*: Moor! wohinaus, Moor? was beginnst du?

GRIMM: Was hat er, was hat er? Er ist bleich wie die Leiche.

MOOR: Verloren, verloren! *Rennt hinaus.*

GRIMM: Das müssen schöne Neuigkeiten sein! Laß doch sehen!

ROLLER *nimmt den Brief von der Erde, und liest*: »Unglücklicher Bruder!« Der Anfang klingt lustig. »Nur kürzlich muß ich dir melden, daß deine Hoffnung vereitelt ist – du sollst hingehen, läßt dir der Vater sagen, wohin dich deine Schandtaten führen. Auch sagt er, werdest du dir keine Hoffnung machen, jemals Gnade zu seinen Füßen zu erwimmern, wenn du nicht gewärtig sein wollest, im untersten Gewölb seiner Türme mit Wasser und Brot so lang traktiert zu werden, bis deine Haare wachsen wie Adlersfedern, und deine Nägel wie Vogelsklauen werden. Das sind seine eigene Worte. Er befiehlt mir den Brief zu schließen. Leb wohl auf ewig! Ich bedaure dich –   Franz von Moor.«

SCHWEIZER: Ein zuckersüßes Brüderchen! In der Tat! –
Franz heißt die Kanaille?

SPIEGELBERG *sachte herbeischleichend*: Von Wasser und
Brot ist die Rede? Ein schönes Leben! Da hab ich
anders für euch gesorgt! Sagt ich's nicht, ich müßt
am Ende für euch alle denken?

SCHWEIZER: Was sagt der Schafskopf? Der Esel will für
uns alle denken?

SPIEGELBERG: Hasen, Krüppel, lahme Hunde seid ihr
alle, wenn ihr das Herz nicht habt, etwas Großes zu
wagen.

ROLLER: Nun, das wären wir freilich, du hast recht –
aber wird es uns auch aus dieser vermaledeiten
Lage reißen, was du wagen wirst? Wird es? –

SPIEGELBERG *mit einem stolzen Gelächter*:
Armer Tropf! aus dieser Lage reißen? Ha ha ha! –
Aus dieser Lage reißen? – Und auf mehr raffiniert
dein Fingerhut voll Gehirn nicht? und damit trabt
deine Mähre zum Stalle? Spiegelberg müßte ein
Tropf sein, wenn er mit dem nur anfangen wollte.
Zu Helden, sag ich dir, zu Freiherrn, zu Fürsten, zu
Göttern wird's euch machen!

RAZMANN: Das ist viel auf einen Hieb, wahrlich! Aber
es wird wohl eine halsbrechende Arbeit sein, den
Kopf wird's wenigstens kosten.

SPIEGELBERG: Dich nicht Razmann! dafür steh ich dir –
es will nichts als Mut, denn was den Witz betrifft,
den nehm ich ganz über mich. Mut, sag ich,
Schweizer! Mut, Roller, Grimm, Razmann, Schufterle! Mut! –

SCHWEIZER: Mut? Wenn's nur das ist – Mut hab ich
genug um barfuß mitten durch die Hölle zu gehen.

ROLLER: Mut genug, mich unterm lichten Galgen mit
dem leibhaftigen Teufel um einen armen Sünder
zu balgen.

SPIEGELBERG: So gefällt mir's! Wenn ihr Mut habt, so

tret einer auf und sag: er habe noch etwas zu verlieren und nicht alles zu gewinnen. *Es erfolgt eine große Pause.* Keine Antwort?

ROLLER: Nun! was bedarf's des langen Geplauders? Wenn's ein Gescheiter begreifen, und ein Mann ausführen kann – heraus mit der Sprache.

SPIEGELBERG: Also denn! *Er stellt sich mitten unter sie mit beschwörendem Ton:* Wenn noch ein Tropfen deutschen Heldenbluts in euren Adern rinnt – kommt! wir wollen uns in den böhmischen Wäldern niederlassen, dort eine Räuberbande zusammenziehen, und – was gafft ihr mich an? – Ist euer bißchen Mut schon verdampft?

ROLLER: Du bist wohl nicht der erste Gauner, der über den hohen Galgen weggesehen hat – und doch – was hätten wir sonst noch für eine Wahl übrig?

SPIEGELBERG: Wahl? Was? nichts habt ihr zu wählen! Wollt ihr im Schuldturm stecken, und zusammenschnurren bis man zum Jüngsten Tag posaunt? Wollt ihr euch mit der Schaufel und Haue um einen Bissen Brot abquälen? Wollt ihr an der Leute Fenster mit einem Bänkelsängerlied ein mageres Almosen erpressen? Oder wollt ihr zum Kalbfell schwören – und da ist erst noch die Frage, ob man euren Gesichtern traut – und dort unter der milzsüchtigen Laune eines gebieterischen Korporals das Fegfeuer zum voraus abverdienen? Oder bei klingendem Spiel nach dem Takt der Trommel spazierengehen, oder im Galliotenparadies das ganze Eisenmagazin Vulkans hinterherschleifen? Seht, das habt ihr zu wählen, da ist es beisammen, was ihr wählen könnt!

ROLLER: Du bist ein Meisterredner, Spiegelberg, wenn's darauf ankommt, aus einem ehrlichen Mann einen Halunken zu machen – Aber sag doch einer, wo der Moor bleibt? –

SPIEGELBERG: Ehrlich, sagst du? Meinst du, du seiest nachher weniger ehrlich, als du itzt bist? Was heißt du ehrlich? Reichen Filzen ein Dritteil ihrer Sorgen vom Halse schaffen, die ihnen nur den goldnen Schlaf verscheuchen; das stockende Geld in Umlauf bringen, das Gleichgewicht der Güter wiederherstellen, mit einem Wort, das goldene Alter wieder zurückrufen, dem lieben Gott von manchem lästigen Kostgänger helfen, ihm Krieg, Pestilenz, teure Zeit und Doktors ersparen – und so bei jedem Braten den man ißt, den schmeichelhaften Gedanken zu haben: den haben dir deine Finten, dein Löwenmut, deine Nachtwachen erworben – von Groß und Kleinen respektiert zu werden.

ROLLER: Und endlich gar bei lebendigem Leibe gen Himmel fahren, und trotz Sturm und Wind, trotz dem gefräßigen Magen der alten Urahne Zeit unter Sonn und Mond und allen Fixsternen schweben, wo selbst die unvernünftigen Vögel des Himmels herbeigelockt, ihr himmlisches Konzert musizieren? Nicht wahr? – Und wenn Monarchen und Potentaten von Motten und Würmern verzehrt werden, die Ehre haben zu dürfen, von Jupiters königlichem Vogel Visiten anzunehmen? – Moritz, Moritz, Moritz! nimm dich in acht! nimm dich in acht, vor dem dreibeinichten Tiere.

SPIEGELBERG: Und das schröckt dich, Hasenherz? Ist doch schon manches Universalgenie, das die Welt hätte reformieren können, unter freiem Himmel verfault; und spricht man nicht von so einem jahrhunderte-, jahrtausendelang, da mancher König und Kurfürst in der Geschichte überhüpft würde, wenn sein Geschichtschreiber die Lücke in der Sukzessionsleiter nicht scheute, und sein Buch dadurch nicht um ein paar Oktavseiten größer würde, die ihm der Verleger mit barem Gelde bezahlt. – Und, wenn dich der Wanderer so hin und her fliegen sieht im Winde – der muß auch kein Wasser im Hirn gehabt haben, brummt er in den Bart, und seufzt über die elenden Zeiten.

RAZMANN: Meisterlich, Spiegelberg, meisterlich! Du hast wie ein anderer Orpheus die heulende Bestie mein Gewissen in den Schlaf gesungen. Nimm mich ganz, wie ich da bin.

GRIMM: Und laß es auch Prostitution heißen; – was folgt? – Kann man nicht auf den Fall immer ein Pülverchen mit sich führen, das einen so im stillen über den Acheron fördert, wo kein Hahn darnach kräht. – Frisch Bruder Moritz! So lautet auch Grimms Katechismus. *Er gibt ihm die Hand.*

SCHUFTERLE: Blitz! Es ist eine Auktion in meinem Kopf – Quacksalber – Lotterie, Goldmacher durcheinander und Gauner. Wer am meisten bietet der hat mich. – Nimm diese Hand Vetter!

SCHWEIZER *kommt langsam näher und reicht ihm die Hand*: Moritz – du bist ein großer Mann! oder besser: es hat ein blindes Schwein eine Eichel gefunden.

ROLLER *nach einigem Nachdenken, wobei er einen langen Blick auf Schweizern heftet*: Und auch du Freund? *Streckt ihm die rechte Hand hin mit Wärme.* Roller mit Schweizer – und ging's auch in die Hölle!

SPIEGELBERG *froh aufspringend*: Den Sternen zu, Kameraden – freie Passage zu Cäsar und Catilina! – Frisch! Stürzt die Gläser! – Es lebe der Gott Merkur!

ALLE *stürzen die Gläser*: Lebe!

SPIEGELBERG: Und nun brecht auf. Ans Werk! Heut übers Jahr muß jeder von uns eine Grafschaft überbieten können.

SCHWEIZER *in den Bart*: Wenn er nicht auf dem Rad liegt. *Sie wollen gehen.*

ROLLER: Sachte Kinder, sachte! Wohin? Das Tier muß auch seinen Kopf haben. Ohne Oberhaupt ging Rom und Sparta zugrunde.

SPIEGELBERG *geschmeidig*: Ja! haltet! Roller sagt recht – und das muß ein verschmitzter, erleuchteter Kopf sein – ein feiner politischer Kopf muß das sein – Ha! *Mit verschränkten Armen mitten unter sie hinstehend.* Wenn ich euch darum betrachte, was ihr vor wenig Augenblicken waret, was ihr jetzt seid, durch einen glücklichen Gedanken seid – Ja freilich, freilich müßt ihr einen Chef haben – und ein solcher Gedanke, sprecht selber! konnte nur aus einem verschmitzten, politischen Kopfe springen.

ROLLER: Wenn sich's hoffen ließe – träumen ließe – aber ich verzweifle an seiner Einwilligung.

SPIEGELBERG *schmeichelhaft*: Und warum verzweifeln Brüderchen? – So schwer es auch ist, das kämpfende Schiff gegen Sturm und Wellen zu lenken – so schwer sie auch drückt die Last der Kronen – sag's keck heraus Kind. Vielleicht – vielleicht – läßt er sich doch noch erweichen.

ROLLER: Und Büberei ist das Ganze, wenn er nicht an der Spitze steht – ohne den Moor sind wir Leib ohne Seele.

SPIEGELBERG *unwillig von ihm weg*: Stockfisch!

SIEBENTER AUFTRITT

MOOR *tritt herein in wilder Bewegung, und läuft heftig im Zimmer auf und nieder, mit sich selber.*

MOOR: Menschen! – Menschen! falsche, heuchlerische Krokodilbrut! Ihre Augen sind Wasser! Ihre Herzen sind Erz! Küsse auf den Lippen! Schwerter im Busen! Löwen und Leoparde füttern ihre Jungen,

Raben tischen ihren Kleinen auf dem Aas, und er, er – Bosheit hab ich dulden gelernt, kann dazu lächeln, wenn mein erboster Feind mir mein eigen Herzblut zutrinkt – aber wenn Vaterliebe zur Megäre wird; o so fange Feuer männliche Gelassenheit, verwildere zum Tiger sanftmütiges Lamm, und jede Faser recke sich auf zu Grimm und Verderben.

ROLLER: Höre Moor! was denkst du davon? Ein Räuberleben ist doch auch besser, als bei Wasser und Brot im untersten Gewölbe der Türme?

MOOR: Warum ist dieser Geist nicht in einen Tiger gefahren, der sein wütendes Gebiß in Menschenfleisch haut? Ist das Vatertreue? Ist das Liebe für Liebe? Ich möchte ein Bär sein, und die Bären des Nordlands wider dies mörderische Geschlecht anhetzen – Reue, und keine Gnade! O ich möchte das Weltmeer vergiften, daß sie den Tod aus allen Quellen saufen! Vertrauen, unüberwindliche Zuversicht, und kein Erbarmen!

ROLLER: So höre doch, Moor, was ich dir sage!

MOOR: Es ist unglaublich, es ist ein Traum – So eine rührende Bitte, so eine lebendige Schilderung des Elends und der zerfließenden Reue – die wilde Bestie wär in Mitleid zerschmolzen! Steine hätten Tränen vergossen, und doch – man würde es für ein boshaftes Pasquill aufs Menschengeschlecht halten, wenn ich's aussagen wollte – und doch, doch – oh! daß ich durch die ganze Natur das Horn des Aufruhrs blasen könnte, Luft, Erde und Meer wider das Hyänengezücht ins Treffen zu führen!

GRIMM: Höre doch, höre! Vor Rasen hörst du ja nicht.

MOOR: Weg! weg von mir! Ist dein Name nicht Mensch? Hat dich das Weib nicht geboren? – Aus meinen Augen du mit dem Menschengesicht! – Ich hab ihn so unaussprechlich geliebt! So liebte kein

Sohn, ich hätte tausend Leben für ihn – *Schäumend auf die Erde stampfend.* Ha! – wer mir jetzt ein Schwert in die Hand gäbe, dieser Otterbrut eine brennende Wunde zu versetzen! Wer mir sagte, wo ich das Herz ihres Lebens erzielen, zermalmen, zernichten – Er sei mein Freund, mein Engel, mein Gott – ich will ihn anbeten!

ROLLER: Ebendiese Freunde wollen wir ja sein, laß dich doch weisen!

GRIMM: Komm mit uns in die böhmischen Wälder; wir wollen eine Räuberbande sammeln, und du –
Moor stiert ihn an.

SCHWEIZER: Du sollst unser Hauptmann sein! Du mußt unser Hauptmann sein!

SPIEGELBERG *wirft sich wild in einen Sessel*: Sklaven und Memmen!

MOOR: Wer blies dir das Wort ein? Höre, Kerl! *Indem er Grimm hart ergreift.* Das hast du nicht aus deiner Menschenseele hervorgeholt! Wer blies dir das Wort ein? Ja, bei dem tausendarmigen Tod! Das wollen wir, das müssen wir! Der Gedanke verdient Vergötterung! – Räuber und Mörder! – So wahr meine Seele lebt, ich bin euer Hauptmann!

ALLE *mit lärmendem Geschrei*: Es lebe der Hauptmann!

SPIEGELBERG *aufspringend vor sich*: Bis ich ihm hinhelfe!

MOOR: Siehe, da fällt's wie der Star von meinen Augen! Was für ein Tor ich war, daß ich ins Keficht zurück wollte! – Mein Geist dürstet nach Taten, mein Atem nach Freiheit – Mörder und Räuber! – Mit diesem Wort war das Gesetz unter meine Füße gerollt. – Menschen haben Menschheit vor mir verborgen, da ich an Menschheit appellierte; weg dann von mir Sympathie und menschliche Schonung! – Ich habe keinen Vater mehr, ich habe keine Liebe mehr, und Blut und Tod soll mich ver-

gessen lehren, daß mir jemals etwas teuer war!
Kommt! kommt! – Oh! ich will mir eine fürchterliche Zerstreuung machen – Es bleibt dabei, ich bin
euer Hauptmann! und Glück zu dem Meister unter
euch, der am wildesten sengt, am gräßlichsten mordet, denn ich sage euch, er soll königlich belohnet
werden. – Tretet her um mich ein jeder, und
schwöret mir Treu und Gehorsam zu, bis in den
Tod.

ALLE *geben ihm die Hand*: Bis in den Tod!
Spiegelberg wütend auf und nieder.

MOOR: Und nun bei dieser männlichen Rechte, schwör
ich euch hier, treu und standhaft euer Hauptmann
zu bleiben bis in den Tod! Den soll dieser Arm
gleich zur Leiche machen, der jemals zagt oder
zweifelt, oder zurücktritt! Ein gleiches widerfahre
mir von jedem unter euch, wenn ich meinen
Schwur verletze! Seid ihr's zufrieden?

ALLE *mit aufgeworfenen Hüten*: Wir sind's zufrieden.

SPIEGELBERG *lacht ergrimmt in die Faust.*

MOOR: Nun dann, so laßt uns gehen! Fürchtet euch
nicht vor Tod und Gefahr, denn über uns waltet
ein unbeugsames Fatum! Jeden ereilet endlich sein
Tag, es sei auf dem weichen Küssen von Pflaum,
oder im rauhen Gewühl des Gefechts, oder auf offnem Galgen und Rad. Eins davon ist unser Schicksal.

Sie gehen ab.

SPIEGELBERG *der zurückblieb*: Dein Register hat ein
Loch! Du hast Verräterei weggelassen.

Geht ab. Der Vorhang fällt.

ZWEITER AUFZUG

Erster Auftritt

Franz von Moor
nachdenkend in seinem Zimmer.

Der Arzt macht mir so lange. – Das Leben eines Alten ist doch eine Ewigkeit. – Müssen denn aber meine hochfliegenden Plane den Schneckengang der Lebenskraft halten? Wer es verstünde dem Tod einen neuen Weg in das Schloß des Lebens zu bahnen? – Den Körper vom Geist aus zu verderben – Ha! ein Originalwerk! Wer das zustand brächte. – Ein zweiter Kolumbus in das Reich des Todes! – Sinne nach, Moor – das wäre eine Kunst würdig dich zum Erfinder zu haben ... Und wie ich nun werde zu Werk gehen müssen? ... Welche Gattung von Empfindungen wohl die Lebenskraft am grimmigsten anfeinden? – Zorn? – Dieser heißhungrige Wolf überfrißt sich so gern ... Gram? – Dieser Wurm schleicht mir zu langsam ... Furcht? – Die Hoffnung läßt sie nicht umgreifen ... *Boshaft fragend*: Sind das all die Henker des Menschen? – Ist das Arsenal des Todes so bald erschöpft? – Hum! hum! *Tief sinnend*: Wie? ... Nun? ... Was? – Ha! *Auffahrend*: Schreck! was kann der Schreck nicht? Was kann Vernunft, Hoffnung, Religion wider dieses Giganten eiskalte Umarmung? – Und doch? doch? Wenn er auch diesem Sturme stünde? – Oh! so komm du mir zu Hülfe Jammer und du Reue höllische Furie, grabende Schlange, die ihren Fraß wiederkäut, und du heulende Selbstverklagung, die du dein eigen Haus verwüstest, und deine eigene Mutter

verwundest – Und kommt auch ihr mir zu Hülfe
wohltätige Grazien selbst, sanftlächelnde Vergangenheit, und du mit dem überquellenden Füll-
horn blühende Zukunft, haltet ihm in euren
Spiegeln die Freuden des Himmels vor, wenn euer
fliehender Fuß seinen geizigen Armen entgleitet –
So fall ich Streich auf Streich, Sturm auf Sturm
dieses zerbrechliche Leben an, bis den Furien-
trupp zuletzt schließt – die Verzweiflung! Triumph! Triumph! – Der Plan ist fertig.

Zweiter Auftritt

Franz. Hermann.

FRANZ *entschlossen*: Wohlan denn! *Hermann tritt auf.*
Ha! Deus ex machina! Hermann!

HERMANN: Zu Euren Diensten gnädiger Junker!

FRANZ *gibt ihm die Hand*: Die du keinem Undankbaren erweisest.

HERMANN: Ich hab Proben davon.

FRANZ: Du sollst mehr haben mit nächstem – mit nächstem, Hermann! – Ich habe dir etwas zu sagen, Hermann.

HERMANN: Ich höre mit tausend Ohren.

FRANZ: Ich kenne dich; du bist ein entschlossener Kerl
– Soldatenherz – Haar auf der Zunge! – Mein Vater
hat dich sehr beleidigt, Hermann!

HERMANN: Der Teufel hole mich, wenn ich's vergesse!

FRANZ: Das ist der Ton eines Mannes! Rache geziemt
einer männlichen Brust. Du gefällst mir, Hermann. Nimm diesen Beutel, Hermann. Er sollte
schwerer sein, wenn ich erst Herr wäre.

HERMANN: Das ist ja mein ewiger Wunsch, gnädiger
Junker; ich dank Euch.

FRANZ: Wirklich, Hermann? Wünschest du wirklich, ich wäre Herr? – Aber mein Vater hat das Mark eines Löwen, und ich bin der jüngere Sohn.

HERMANN: Ich wollt, Ihr wäret der ältere Sohn, und Euer Vater hätte das Mark eines schwindsüchtigen Mädchens.

FRANZ: Ha! wie dich der ältere Sohn dann belohnen wollte! Wie er dich aus diesem unedlen Staub, der sich so wenig mit deinem Geist und Adel verträgt, ans Licht emporheben wollte! – Dann solltest du, ganz wie du da bist, mit Gold überzogen werden, und mit vier Pferden durch die Gassen dahinrasseln; wahrhaftig das solltest du! – Aber ich vergesse wovon ich dir sagen wollte – Hast du das Fräulein von Edelreich schon vergessen, Hermann?

HERMANN: Wetter Element! was erinnert Ihr mich an das?

FRANZ: Mein Bruder hat sie dir weggefischt.

HERMANN: Er soll dafür büßen!

FRANZ: Sie gab dir einen Korb. Ich glaube gar, er warf dich die Treppen hinunter.

HERMANN: Ich will ihn dafür in die Hölle stoßen.

FRANZ: Er sagte: man raune sich einander ins Ohr, dein Vater habe dich nie ansehen können, ohne an die Brust zu schlagen und zu seufzen: Gott sei mir Sünder gnädig!

HERMANN *wild*: Blitz, Donner und Hagel, seid still!

FRANZ: Er riet dir, deinen Adelbrief im Aufstreich zu verkaufen, und deine Strümpfe damit flicken zu lassen.

HERMANN: Alle Teufel! ich will ihm die Augen mit den Nägeln auskratzen.

FRANZ: Was? du wirst böse? Was kannst du böse auf ihn sein? Was kannst du ihm Böses tun? Was kann so eine Ratze gegen einen Löwen? Dein Zorn versüßt ihm seinen Triumph nur. Du kannst nichts tun, als deine Zähne zusammenschlagen, und deine Wut an trocknem Brote auslassen.

HERMANN *stampft auf den Boden*: Ich will ihn zu Staub zerreiben.

FRANZ *klopft ihm auf die Achsel*: Pfui! Hermann, du bist ein Kavalier. Du mußt den Schimpf nicht auf dir sitzen lassen. Du mußt das Fräulein nicht fahrenlassen, nein, das mußt du um alle Welt nicht tun, Hermann! Hagel und Wetter! Ich würde das Äußerste versuchen, wenn ich an deiner Stelle wäre.

HERMANN: Ich ruhe nicht, bis ich ihn und ihn unterm Boden habe.

FRANZ: Nicht so stürmisch, Hermann! komm näher – du sollst Amalia haben!

HERMANN: Das muß ich, trotz dem Teufel! das muß ich!

FRANZ: Du sollst sie haben, sag ich dir, und das von meiner Hand. Komm näher, sag ich – du weißt vielleicht nicht, daß Karl so gut als enterbt ist?

HERMANN *näher kommend*: Unbegreiflich, das erste Wort, das ich höre.

FRANZ: Sei ruhig, und höre weiter! du sollst ein andermal mehr davon hören – ja, ich sage dir, seit eilf Monaten so gut als verbannt. Aber schon bereut der Alte den voreiligen Schritt, den er doch, *Lachend*. will ich hoffen, nicht selbst getan hat. Auch liegt ihm die Edelreich täglich hart an mit ihren Vorwürfen und Klagen. Über kurz oder lang wird er ihn in allen vier Enden der Welt aufsuchen lassen, und gute Nacht, Hermann! wenn er ihn findet. Du kannst ihm ganz demütig die Kutsche halten, wenn er mit ihr in die Kirche zur Trauung fährt.

HERMANN: Ich will ihn am Altar erwürgen!

FRANZ: Der Vater wird ihm bald die Herrschaft abtreten, und in Ruhe auf seinen Schlössern leben. Itzt

hat der stolze Strudelkopf den Zügel in Händen,
itzt lacht er seiner Hasser und Neider – und ich, der
ich dich zu einem wichtigen großen Mann machen
wollte, ich selbst Hermann, werde tief gebückt vor
seiner Türschwelle –

HERMANN *in Hitze*: Nein! so wahr ich Hermann heiße,
das sollt Ihr nicht! Wenn noch ein Fünkchen Verstand in diesem Gehirne glimmt! das sollt Ihr nicht.

FRANZ: Wirst du es hindern? Auch dich, mein lieber
Hermann, wird er seine Geißel fühlen lassen, wird
dir ins Angesicht speien, wenn du ihm auf der Straße begegnest, und wehe dir dann, wenn du die
Achsel zuckst oder das Maul krümmst – siehe, so
steht's mit deiner Anwerbung ums Fräulein, mit
deinen Aussichten, mit deinen Entwürfen.

HERMANN *entschlossen*: Sagt mir! was soll ich tun?

FRANZ: Höre dann, Hermann! daß du siehst, wie ich
mir dein Schicksal zu Herzen nehme als ein redli-
cher Freund – geh – kleide dich um – mach dich
ganz unkenntlich, laß dich beim Alten melden, gib
vor, du kämest geradenwegs aus Ungarn, hättest
mit meinem Bruder dem letzten Treffen beige-
wohnt – hättest ihn auf der Walstatt den Geist auf-
geben sehen –

HERMANN: Wird man mir glauben?

FRANZ: Hoho! dafür laß mich sorgen! Nimm dieses
Paket. Hier findest du deine Kommission ausführ-
lich, und Dokumente darzu, die den Zweifel selbst
glaubig machen sollen. – Mach itzt nur, daß du
fortkommst, und ungesehen! Spring durch die
Hintertüre in den Hof, von da über die Garten-
mauer – Die Katastrophe dieser Tragikomödie
überlaß mir!

HERMANN: Und die wird sein: Vivat der neue Herr,
Franziskus von Moor!

FRANZ *streichelt ihm die Backen*: Wie schlau du bist? –

Denn siehst du, auf diese Art erreichen wir alle
Zwecke zumal und bald. Amalia gibt ihre Hoffnung auf ihn auf. Der Alte mißt sich den Tod seines Sohnes bei, und – er kränkelt – ein schwanken-
des Gebäude braucht des Erdbebens nicht, um
übern Haufen zu fallen – er wird die Nachricht
nicht überleben – dann bin ich sein einiger Sohn –
Amalia hat ihre Stützen verloren, und ist ein Spiel
meines Willens, da kannst du leicht denken – kurz
alles geht nach Wunsch – aber du mußt dein Wort
nicht zurücknehmen.

HERMANN: Was sagt Ihr? *Frohlockend.* Eh soll die Kugel in ihren Lauf zurückkehren, und in dem Eingeweid ihres Schützen wüten – Rechnet auf mich! laßt
nur mich machen – Adieu!

FRANZ *der ihm noch nachruft*: Was du tust, das tust du
dir. – *Folgt ihm mit den Augen bis ans Ende der
Bühne, und bricht dann in ein weinerlich Lachen
aus.* Ganz Eifer! Ganz Wille! Wie bereitwillig der
übertölpelte Tor itzt über die Linien des braven
Mannes hinwegvoltigiert, ein Gut zu erhaschen,
dessen Unmöglichkeit ausfindig zu machen, nichts
weiter braucht, als nur nicht wahnwitzig zu sein. – –
Ärgerlich. Nein es ist unverzeihlich! dieser hier ist
selbst ein Schurke und doch traut er dem ehrlichen
Gesicht eines andern. – Sorglos geht er hin, einen
redlichen Mann zu betrügen, und wird es in Ewigkeit nicht vergeben, daß man ihn hat betrügen
können. – Ist das der gepriesene Unterkönig der
Schöpfung? So vergib mir mütterliche Natur, daß
ich mit dir um sein Ebenbild zankte, und hilf mir
auch gütigst noch von dem wenigen Überrest. –
Meine Achtung hast du verloren, Mensch, und mit
dieser auch das einzige erhebende Bewußtsein, daß
sich jemandes Bosheit an dir versündigen könne.
Geht ab.

Dritter Auftritt

Des alten Moors Schlafzimmer.

Der alte Moor. Amalia.

AMALIA: Leise – leise – er schlummert! *Sie stellt sich vor den Schlafenden.* Wie lieb! wie ehrwürdig! – Ehrwürdig, wie man die Heiligen malt – Nein! ich kann dir nicht zürnen! weißlockigtes Haupt! dir kann ich nicht zürnen! – Schlummere im Rosenduft – *Indem sie Rosen um ihn streut.* Im Rosenduft erscheine Karl deinen Träumen – erwache im Rosenduft, ich will hingehen und unter Rosmarin entschlummern. *Sie will sich entfernen.*

DER ALTE MOOR *träumend*: Mein Karl! mein Karl! mein Karl!

AMALIA *steht still, und kommt langsam zurück*: Horch! erhört hat die Bitte sein Engel. – *Sehr nah zu ihm tretend.* Süße zu atmen ist die Luft, mit der sein Name sich mischet – Ich will hierbleiben.

DER ALTE MOOR *immer im Traum*: Bist du da? Bist du's wirklich? – Ach! – Sieh mich nicht an mit dem Jammerblick! – Ich bin elend genug. *Bewegt sich unruhig.*

AMALIA *weckt ihn schnell*: Steht auf, Oheim. Es war nur ein Traum.

DER ALTE MOOR *halb wach*: Er war nicht da? Drückt ich nicht seine Hände? Zieh ich nicht den Duft seiner Rosen? Garstiger Franz, willst du ihn auch meinen Träumen entreißen?

AMALIA *zurückfahrend*: Merkst du's Amalia?

DER ALTE MOOR *ermuntert sich*: Wo bin ich? Du hier meine Nichte?

AMALIA: Ihr schlieft einen beneidenswürdigen Schlummer.

DER ALTE MOOR: Mir träumte von meinem Karl. Warum hab ich nicht fortgeträumt? Vielleicht hätt ich Verzeihung erhalten aus seinem Munde.

AMALIA *mit verschönertem Gesicht*: Engel grollen nicht – Er verzeiht Euch. *Sanft seine Hand drückend.* Vater Karls! ich verzeih Euch.

DER ALTE MOOR: Nein meine Tochter! Die Totenfarbe deiner Wangen zeugt wider dein Herz. Armes Mädchen! ich zerstörte die Freuden deiner Jugend. Vergib nicht – nur verfluche mich nicht.

AMALIA: Die Liebe hat nur einen Fluch gelernt. Diesen mein Vater. *Sie küßt seine Hand mit Zärtlichkeit.*

DER ALTE MOOR *der aufgestanden ist*: Was find ich da? Rosen, Mädchen? Rosen streust du dem Mörder deiner Liebe?

AMALIA: Rosen dem Vater meines Geliebten *Ihm um den Hals fallend.* dem ich sie itzt nicht streuen kann.

DER ALTE MOOR: Und gerner gestreuet hättest – Doch meine Liebe hast du's unwissend getan – Kennst du dieses Gemälde? *Indem er den Vorhang von einer Malerei hinwegnimmt.*

AMALIA *die darauf zustürzt*: Karls!

DER ALTE MOOR: So sah er, als er ins sechszehnte Jahr ging. Itzt ist er anders. O es wütet in meinem Innern. Diese Milde ist Menschenhaß, dieses Lächeln Verzweiflung. Nicht wahr Amalia? Es war an seinem Geburtstage – in der Jasminlaube, als du ihn maltest?

AMALIA: O nie vergessen werd ich diesen Tag! Nie erleben werd ich ihn wieder! wie er mir gegenübersaß; der rote Widerstrahl der Abendsonne brannte in seinem Gesicht, seine braunen Locken flogen mutwillig im Winde. Bei jedem Pinselstrich überstürzte das Mädchen die Malerin; der Pinsel fiel, meine zitternden Lippen tranken die Züge durstig hinweg. Die ganze Fülle des Originals wuchs in mein Herz ein – auf dem Tuch lagen die Splitter dieses Bildes, matt und sterbend, wie die Erinnerung an das gestrige Adagio.

DER ALTE MOOR: Fahre fort, fahre fort. Deine Phantasien verjüngen mich wieder. O meine Tochter! eure Liebe machte mich so glücklich.

AMALIA *verweilt mit dem Aug auf dem Gemälde*: Nein! nein! Er ist's nicht! Bei Gott! das ist Karl nicht – Hier, hier *Auf Herz und Stirne zeigend*. So ganz, so anders. Die träge Farbe reicht nicht den himmlischen Geist nachzuspiegeln, der in seinem feurigen Auge herrschte. Weg damit, dies ist so menschlich! Ich war eine Stümperin.

VIERTER AUFTRITT

DANIEL.

DANIEL: Es wartet draußen ein Mann auf Euch. Er bittet vorgelassen zu werden; er hab an Euch eine wichtige Zeitung.

DER ALTE MOOR: Mir ist auf der Welt nur etwas wichtig, du weißt's Amalia – Ist's ein Unglücklicher, der meiner Hülfe bedarf? Er soll nicht mit Seufzen von hinnen gehen.

Daniel ab.

AMALIA: Ist's ein Bettler, er soll eilig heraufkommen.

DER ALTE MOOR: Amalia, Amalia! schone meiner!

Fünfter Auftritt

Franz, Hermann *verkappt*, Daniel. Vorige.

FRANZ: Hier ist der Mann. Schröckliche Botschaften, sagt er, warten auf Euch. Könnt Ihr sie hören?

DER ALTE MOOR: Ich kenne nur eine. Tritt her mein Freund, und schone mein nicht! Reicht ihm einen Becher Wein!

HERMANN *mit veränderter Stimme*: Gnädiger Herr! laßt es einen armen Mann nicht entgelten, wenn er wider Willen Euer Herz durchbohrt. Ich bin ein Fremdling in diesem Lande, aber Euch kenn ich sehr gut, Ihr seid der Vater Karls von Moor.

DER ALTE MOOR: Woher weißt du das?

HERMANN: Ich kannte Euren Sohn –

AMALIA *auffahrend*: Er lebt? Lebt? Du kennst ihn? Wo ist er, wo, wo? *Will hinwegrennen.*

DER ALTE MOOR: Du weißt von meinem Sohn?

HERMANN: Er studierte auf der hohen Schule zu Leipzig. Von da zog er, ich weiß nicht wie weit, herum. Er durchschwärmte Deutschland in die Runde, und, wie er mir sagte, mit unbedecktem Haupte, barfuß, und erbettelte sein Brot vor den Türen. Fünf Monate darauf brach der leidige Krieg zwischen Polen und den Türken wieder aus, und da er auf der Welt nichts mehr zu hoffen hatte, zog ihn der Hall von König Matthias von Ungarn siegreicher Trommel nach Pest. Erlaubt mir, sagte er, zum König, daß ich den Tod sterbe auf dem Bette der Helden, ich hab keinen Vater mehr! –

DER ALTE MOOR: Sieh mich nicht an, Amalia!

HERMANN: Man gab ihm eine Fahne. Er flog Matthias' Siegesflug mit. Wir kamen zusammen unter ein Zelt zu liegen. Er sprach viel von seinem alten Vater und von bessern vergangenen Tagen – und von vereitelten Hoffnungen – uns standen die Tränen in den Augen.

DER ALTE MOOR *verhüllt sein Haupt in das Kissen*: Stille, o stille!

HERMANN: Acht Tage darauf war ein heißes Treffen – ich darf Euch sagen, Euer Sohn hat sich gehalten wie ein wackerer Kriegsmann. Er tat Wunder vor den Augen der Armee. Fünf Regimenter mußten neben ihm wechseln, er stand. Feuerkugeln fielen rechts und links, Euer Sohn stand. Eine Kugel zerschmetterte ihm die rechte Hand, Euer Sohn nahm die Fahne in die Linke, und stand –

AMALIA *in Entzückung*: Und stand, Vater und stand –

HERMANN: Ich traf ihn am Abend der Schlacht, niedergesunken unter Kugelgepfeife; mit der Linken hielt er das stürzende Blut, die Rechte hatte er in die Erde gegraben. Bruder! rief er mir entgegen, es lief ein Gemurmel durch die Glieder, der General sei vor einer Stunde gefallen – Er ist gefallen, sagt ich und du? – Nun, wer ein braver Soldat ist, rief er, und ließ die linke Hand los, der folge seinem General wie ich! Bald darauf hauchte er seine große Seele dem Helden zu.

FRANZ *wild auf Hermann losgehend*: Daß der Tod deine verfluchte Zunge versiegle! Bist du hieher kommen, unserm Vater den Todesstoß zu geben? – Vater! Amalia! Vater!

HERMANN: Es war der letzte Wille meines sterbenden Kameraden. Nimm dies Schwert, röchelte er, du wirst's meinem alten Vater überliefern, das Blut seines Sohnes klebt daran, er ist gerochen, er mag sich weiden. Sag ihm, sein Fluch hätte mich gejagt in Kampf und Tod, ich sei gefallen in Verzweiflung! Sein letzter Seufzer war Amalia.

AMALIA *wie aus einem Todesschlummer aufgejagt*: Sein letzter Seufzer, Amalia!

DER ALTE MOOR *gräßlich schreiend, sich die Haare ausraufend*: Mein Fluch hat ihn gejagt in den Tod! Gefallen in Verzweiflung!

HERMANN: Hier ist das Schwert, und hier ist auch ein Porträt, das er zu gleicher Zeit aus dem Busen zog! Es gleicht diesem Fräulein auf ein Haar. Dies soll meinem Bruder Franz, sagte er – ich weiß nicht was er damit sagen wollte.

FRANZ *wie erstaunt*: Mir? Amalias Porträt? Mir, Karl, Amalia? Mir?

AMALIA *heftig auf Hermann losgehend*: Feiler, bestochener Betrüger! *Faßt ihn hart an.*.

HERMANN: Das bin ich nicht, gnädiges Fräulein. Sehet selbst, ob's nicht Euer Bild ist – Ihr mögt's ihm wohl selbst gegeben haben.

FRANZ: Bei Gott! Amalia, das deine! Es ist wahrlich das deine!

AMALIA *gibt ihm das Bild zurück*: Mein, mein! O Himmel und Erde.

DER ALTE MOOR *schreiend, sein Gesicht zerfleischend*: Wehe, Wehe! mein Fluch ihn gejagt in den Tod! Gefallen in Verzweiflung!

FRANZ: Und er gedachte meiner in der letzten schweren Stunde des Scheidens – meiner! Englische Seele – da schon das schwarze Panier des Todes über ihm rauschte – meiner! –

DER ALTE MOOR *lallend*: Mein Fluch ihn gejagt in den Tod, gefallen mein Sohn in Verzweiflung! –

HERMANN *unruhig und bewegt*: Den Jammer steh ich nicht aus. Lebt wohl, alter Herr! *Leise zu Franz:* Warum habt Ihr auch das gemacht, Junker?
Geht schnell ab.

AMALIA *aufspringend, ihm nach*: Bleib, bleib! Was waren seine letzte Worte?

HERMANN *zurückrufend*: Sein letzter Seufzer war Amalia. *Ab.*

AMALIA: Sein letzter Seufzer war Amalia! – Nein, du bist kein Betrüger! So ist es wahr – wahr – er ist tot! – Tot! – *Hin und her taumelnd, bis sie umsinkt.* Tot – Karl ist tot –

FRANZ: Was seh ich? Was steht da auf dem Schwert? Geschrieben mit Blut – Amalia!

AMALIA: Von Ihm?

FRANZ: Seh ich recht, oder träum ich? Sieh da mit blutiger Schrift: Franz, verlaß meine Amalia nicht! Sieh doch, sieh doch! und auf der andern Seite: Amalia! deinen Eid zerbrach der allgewaltige Tod. – Siehst du nun, siehst du nun! Er schrieb's mit erstarrender Hand, schrieb's mit dem warmen Blut seines Herzens, schrieb's an der Ewigkeit feierlichem Rande!

AMALIA: Heiliger Gott! es ist seine Hand. – Er hat mich nie geliebt! *Schnell ab.*

FRANZ *auf den Boden stampfend*: Verzweifelt! meine ganze Kunst erliegt an dem Starrkopf.

DER ALTE MOOR: Wehe, Wehe! verlaß mich nicht meine Tochter! – Franz, Franz! gib mir meinen Sohn wieder!

FRANZ: Wer war's, der ihm den Fluch gab? Wer war's, der seinen Sohn jagte in Kampf und Tod und Verzweiflung? – Oh! er war ein trefflicher Jüngling – Fluch über seine Henker!

DER ALTE MOOR *schlägt mit geballter Faust wider Brust und Stirn*: Fluch! Fluch! Verderben! Fluch über mich selber! Ich bin der Vater, der seinen großen Sohn erschlug. Mich liebt' er bis in Tod! Mich zu rächen rannte er in Kampf und Tod! Ungeheuer! Ungeheuer! *Wütet wider sich selber.*

FRANZ: Er ist dahin, was helfen späte Klagen! *Höhnisch lachend.* Es ist leichter morden, als lebendig machen.

DER ALTE MOOR: Und du hast mir den Fluch aus dem

Herzen geschwätzt, du – du – Meinen Sohn mir
wieder!

FRANZ: Reizt meinen Grimm nicht. Ich verlaß Euch im
Tode! –

DER ALTE MOOR: Scheusal! Scheusal! schaff mir meinen Sohn wieder!

*Fährt aus dem Sessel, will Franzen an der Gurgel
fassen, der ihm entspringt. Ab.*

SECHSTER AUFTRITT

DER ALTE MOOR.

Tausend Flüche donnern dir nach! Du hast mir
meinen Sohn aus den Armen gestohlen. *Voll Verzweiflung hin und her geworfen im Sessel.* Wehe,
Wehe! verzweiflen, aber nicht sterben! – Sie fliehen, verlassen mich im Tode – meine gute Engel
fliehen von mir, weichen alle die Heilige vom eisgrauen Mörder. – Wehe! Wehe! will mir keiner das
Haupt halten, will keiner die ringende Seele ent-
binden? Keine Söhne! keine Töchter! keine
Freunde! – Menschen nur – will keiner – allein –
verlassen – Wehe! Wehe! – Verzweiflen aber nicht
sterben! *Er sinkt entkräftet auf den Sessel zurück.*

AMALIA *tritt langsam näher, erblickt ihn, mit einem
plötzlichen Schrei:* Tot! Alles tot! *Ab, in Verzweiflung.*

Siebenter Auftritt

Die böhmischen Wälder.

RAZMANN *von der einen Seite.* SPIEGELBERG *mit einem Räubertrupp von der andern.*

RAZMANN: Willkommen Kriegskamerad! Willkommen in den böhmischen Wäldern! *Sie fallen sich um den Hals.* Wo schlug dich der Blitz in der Welt herum? Wo führt dich das Wetter her, mein teurer Kollega?

SPIEGELBERG: Siedendwarm von der Messe zu Leipzig. Das war ein Jux. Frag nur den Schufterle. Er läßt dich herzlich grüßen zur glücklichen Retour – hat sich unterwegs zur großen Bande eures Hauptmanns geschlagen. *Indem er sich auf die Erde wirft.* Und wie habt ihr gelebt die Zeit über? Wie geht die Hantierung? – O ich könnte dir Streiche auftischen den langen Tag, daß du's Fressen drüber vergäßest.

RAZMANN: Das glaub ich – das glaub ich. Du hast von dir hören lassen in den Blättern. Aber zum Henker; wo treibst du all das Geschmeiß zusammen? – Hagel und Wetter! Bringst ja Rekruten mit eine ganze Herde; du trefflicher Werber.

SPIEGELBERG: Gelt! Und das ist dir eine Pastete zusammen – du kannst deinen Hut an die Sonne hängen, Bruder, und ich wette sie stehlen ihn dir herunter, als ob das Auge der Welt den schwarzen Star gehabt hätte!

RAZMANN *lacht*: Du wirst dem Hauptmann mit den Herren willkommen sein – Er hat auch schon brave Kerl angelockt.

SPIEGELBERG *giftig*: Geh mir mit deinem Hauptmann – und die meinen dagegen – Pah –

RAZMANN: Nun ja! Sie mögen hübsche Fingerchen haben – aber ich sage dir der Ruf unsers Hauptmanns hat auch schon ehrliche Kerls in Versuchung geführt.

SPIEGELBERG: Desto schlimmer.

ACHTER AUFTRITT

GRIMM *im vollen Lauf.* VORIGE.

RAZMANN: Wer da? Was gibt's da? Passagiers im Wald?

GRIMM: Hurtig, hurtig! wo sind die andern? – Tausendsapperment! ihr steht da, und plaudert! Wißt ihr denn nicht – wißt ihr denn gar nicht? – Und Roller –

RAZMANN: Was denn, was denn?

GRIMM: Roller ist gehangen, noch vier andre mit. –

RAZMANN: Roller? Was? Seit wann? – Woher weißt du's?

GRIMM: Schon über drei Wochen sitzt er, und wir erfahren nichts; schon drei Rechtstäge sind über ihn gehalten worden, und wir hören nichts; man hat ihn auf der Tortur examiniert, wo der Hauptmann sei? – Der wackere Pursche hat nichts bekannt; gestern ist ihm der Prozeß gemacht worden, diesen Morgen ist er dem Teufel mit Extrapost zugefahren.

RAZMANN: Vermaledeit! weiß es der Hauptmann?

GRIMM: Erst gestern erfährt er's. Er schäumt wie ein Eber. Du weißt, er hat immer am meisten gehalten auf Roller, und nun die Tortur erst – Strick und Leiter sind schon an den Turm gebracht worden, es half nichts; er selbst hat sich schon in Kapuzinerskutte zu ihm geschlichen, und die Person mit ihm wechseln wollen; Roller schlug's hartnäckig ab; itzt

hat er einen Eid geschworen, daß es uns eiskalt
über die Leber lief, er wolle ihm eine Todesfackel
anzünden, wie sie noch keinem König geleuchtet
hat, die ihnen den Buckel braun und blau brennen
soll. Mir ist bang für die Stadt. Er hat schon lang
eine Pike auf sie, weil sie so schändlich bigott ist,
und du weißt, wenn er sagt: Ich will's tun! so ist's
soviel als wenn's unsereiner getan hat.

RAZMANN: Aber ach! Der arme Roller! der arme Roller! –

SPIEGELBERG: Memento mori! Aber das regt mich nicht
an. *Trillert ein Liedchen.*

> Geh ich vorbei am Rabensteine,
> So blinz ich nur das rechte Auge zu
> Und denk, du hängst mir wohl alleine;
> Wer ist ein Narr, ich oder du?

RAZMANN *aufspringend*: Horch ein Schuß.

Schießen und Lärmen.

SPIEGELBERG: Noch einer!

RAZMANN: Wieder einer! Der Hauptmann!

Hinter der Szene gesungen.

> Die Nürenberger henken keinen,
> Sie hätten ihn dann vor.

Da Capo.

SCHWEIZER. ROLLER *hinter der Szene*: Holla ho! Holla
ho!

RAZMANN: Roller! Roller! Holen mich zehen Teufel!

SCHWEIZER. ROLLER *hinter der Szene*:
Razmann! Grimm! Spiegelberg! Razmann!

RAZMANN: Roller! Schweizer! Blitz, Donner, Hagel
und Wetter!

Fliegen ihm entgegen.

Neunter Auftritt

Räuber Moor *zu Pferd.* Schweizer, Roller,
Schufterle, Räubertrupp *mit Kot und Staub bedeckt,*
treten auf.

RÄUBER MOOR *vom Pferd springend:* Freiheit! Freiheit!
– – Du bist im trocknen, Roller! – Führt meinen
Rappen ab, und wascht ihn mit Wein. *Wirft sich auf*
die Erde. Das hat gegolten!

RAZMANN *zu Roller:* Nun bei der Feueresse des Plutos!
Bist du vom Rad auferstanden?

SPIEGELBERG: Bist du sein Geist? Oder bin ich ein
Narr? Oder bist du's würklich?

ROLLER *in Atem:* Ich bin's, leibhaftig. Ganz. Wo
glaubst du, daß ich herkomme?

GRIMM: Da frag die Hexe! Der Stab war schon über
dich gebrochen?

ROLLER: Das war er freilich, und noch mehr. Ich komme recta vom Galgen her, laß mich nur erst zu
Atem kommen. Der Schweizer wird dir erzählen.
Gebt mir ein Glas Brandenwein! – Du auch wieder
da, Moritz? Ich dachte dich anderswo wiederzuse-
hen – Gebt mir doch ein Glas Brandenwein! Meine
Knochen fallen auseinander – O mein Hauptmann! Wo ist mein Hauptmann?

RAZMANN: Gleich, gleich! – So sag doch, so schwätz
doch! Wie bist du davonkommen? Wie haben wir
dich wieder? Der Kopf geht mir um. Vom Galgen
her, sagst du?

ROLLER *stürzt ein Glas Brandenwein hinunter:* Ah, das
schmeckt, das brennt ein! Geradesweges vom Galgen her! sag ich. Ihr steht da, und gafft, und
könnt's nicht träumen – ich war auch nur drei
Schritte von der Sakermentsleiter, auf der ich in
den Schoß Abrahams steigen sollte – so nah, so

nah – hättest mein Leben um eine Prise Schnupf-
tabak haben können. Dem Hauptmann dank ich
Luft, Freiheit und Leben.

SCHWEIZER: Es war ein Spaß, der sich hören läßt. Wir
hatten den Tag vorher durch unsere Spionen Wind
bekommen, der Roller liege tüchtig im Salz, und
wenn der Himmel nicht beizeit noch einfallen
wollte, so werde er morgen am Tag – das war als
heut – den Weg alles Fleisches gehen müssen. –
Auf! sagt der Hauptmann; was wagt ein Freund
nicht. – Wir retten ihn oder retten ihn nicht, so
wollen wir ihm wenigstens doch eine Todesfackel
anzünden, wie sie noch keinem König geleuchtet
hat, die ihnen den Buckel braun und blau brennen
soll. Die ganze Bande wird aufgeboten. Wir schik-
ken einen Expressen an ihn, der's ihm in einem
Zettelchen beibrachte, das er ihm in die Suppe
warf.

ROLLER: Ich verzweifelte an dem Erfolg.

SCHWEIZER: Wir paßten die Zeit ab, bis die Passagen
leer waren. Die ganze Stadt zog dem Spektakel
nach; Reuter und Fußgänger durcheinander und
Wagen; der Lärm und der Galgenpsalm johlten
weit. Itzt, sagt der Hauptmann, brennt an! Die
Kerl flogen wie Pfeile, steckten die Stadt an dreiunddreißig Ecken zumal in Brand, warfen feurige
Lunden in die Nähe des Pulverturms in Kirchen
und Scheunen – Mordbleu! es war keine Viertel-
stunde vergangen, der Nordostwind, der auch seinen Zahn auf die Stadt haben muß, kam uns trefflich zustatten, und half die Flamme bis hinauf in
die obersten Giebel jagen. Wir indes Gasse auf,
Gasse nieder, wie Furien – Feuerjo! Feuerjo!
durch die ganze Stadt – Geheul – Geschrei – Ge-
polter – fangen an die Brandglocken zu brummen,
knallt der Pulverturm in die Luft als wär die Erde

mitten entzweigeborsten, und der Himmel zerplatzt, und die Hölle zehentausend Klafter tiefer versunken.

ROLLER: Und itzt sah mein Gefolge zurück – da lag die Stadt wie Gomorrha und Sodom; der ganze Horizont war Feuer, Schwefel und Rauch; vierzig Gebürge brüllen den infernalischen Schwank, in die Runde herum nach; ein panischer Schreck schmeißt alle zu Boden – itzt nutz ich den Zeitpunkt, und risch, wie der Wind! – ich war losgebunden, so nah war's dabei – da meine Begleiter versteinert wie Lots Weib zurückschauen, Reißaus! zerrissen die Haufen! Davon! Sechzig Schritte weg werf ich die Kleider ab, stürze mich in den Fluß, schwimm unterm Wasser fort, bis ich glaubte ihnen aus dem Gesichte zu sein. Mein Hauptmann schon parat mit Pferden und Kleidern – so bin ich entkommen. Moor! Moor! möchtest du bald auch in den Pfeffer geraten, daß ich dir Gleiches mit Gleichem vergelten kann!

RAZMANN: Ein bestialischer Wunsch, für den man dich hängen sollte. – Aber es war ein Streich zum Zerplatzen.

ROLLER: Es war Hülfe in der Not; ihr könnt's nicht schätzen. Ihr hättet sollen – den Strick um den Hals – mit lebendigem Leibe zu Grabe marschieren wie ich, und die sakermentalischen Anstalten und Schinderszeremonien, und mit jedem Schritt, den der scheue Fuß vorwärts wankte, näher und fürchterlich näher die verfluchte Maschine, wo ich einlogiert werden sollte, im Glanz der schröcklichen Morgensonne steigend, und die laurenden Schindersknechte, und die gräßliche Musik – noch raunt sie in meinen Ohren – und das Gekrächz hungriger Raben, die von meinem halbfaulen Antezessor zu dreißigen aufflogen, und alles das, alles – und obendrein noch der Vorschmack der Seligkeit, die mir blühete! Nein, bei allen Schätzen des Mammons! ich möchte das nicht zum zweitenmal erleben. Sterben ist etwas mehr als Harlekins Sprung, und Todesangst ist ärger als sterben.

SPIEGELBERG: Und der hüpfende Pulverturm – Drum stank auch die Luft so nach Schwefel, stundenweit, als würde die ganze Garderobe des Molochs unter dem Firmament ausgelüftet –

SCHWEIZER: Macht sich die Stadt eine Freude daraus, meinen Kameraden wie ein verhetztes Schwein abtun zu sehen, was zum Henker! sollen wir uns ein Gewissen daraus machen, unserem Kameraden zulieb die Stadt draufgehen zu lassen? Weißt du nicht Schufterle, wieviel es Tote gesetzt hat?

SCHUFTERLE: Dreiundachtzig sagt man. Der Turm allein hat ihrer sechzig zu Staub zerschmettert.

RÄUBER MOOR *sehr ernst*: Roller, du bist teuer bezahlt.

SCHUFTERLE: Pah! pah! Was heißt aber das? – Ja, wenn's Männer gewesen wären – aber da waren's Wickelkinder, die ihre Laken vergolden; eingeschnurrte Mütterchen, die ihnen die Mücken wehrten; ausgedürrte Ofenhocker, die keine Türe mehr finden konnten – Was leichte Beine hatte, war ausgeflogen der Komödie nach, und nur der Bodensatz der Stadt blieb zurück, die Häuser zu hüten.

RÄUBER MOOR: O der armen Gewürme! Greise sagst du, und Kinder? –

SCHUFTERLE: Ja zum Teufel! Und Kranke, Kindbetterinnen darzu, und hochschwangere Weiber. Wie ich von ohngefähr so an einer Baracke vorbeigehe, hör ich drinnen ein Gezeter; ich guck hinein, und wie ich's beim Licht besehe, was war's? Ein Kind war's, noch frisch und gesund, das lag auf dem Boden unterm Tisch, und der Tisch wollte eben angehen – Armes Tierchen! sagt ich, du verfrierst ja hier, und warf's in die Flamme – /

RÄUBER MOOR: Wirklich, Schufterle? – Und diese Flamme brenne in deinem Busen, bis die Ewigkeit grau wird! – Fort Ungeheuer! Laß dich nimmer unter meiner Bande sehen! *Es entsteht ein Gemurmel.* Murrt ihr? Überlegt ihr? – Wer überlegt, wann ich befehle? – Fort mit ihm, sag ich! – Es sind noch mehr unter euch, die meinem Grimm reif sind. Ich kenne dich, Spiegelberg. Aber ich will nächstens unter euch treten, und fürchterlich Musterung halten.

Sie gehen zitternd ab.

ZEHNTER AUFTRITT

RÄUBER MOOR *allein, heftig auf und ab gehend.*

Höre sie nicht, Rächer im Himmel! – Was kann ich dafür? Was kannst du dafür, wenn deine Pestilenz, deine Teuerung, deine Wasserfluten, den Gerechten mit dem Bösewicht auffressen? Wer kann der Flamme befehlen, daß sie nicht auch durch die gesegneten Saaten wüte, wenn sie das Genist der Hornissel zerstören soll? – Da steht der Knabe, schamrot und ausgehöhnt vor dem Auge des Himmels, der sich anmaßte mit Jupiters Keile zu spielen, und Pygmäen niederwarf, da er Titanen zerschmettern sollte – Geh, geh! Du bist der Mann nicht, das Rachschwert Gottes zu regieren, du erlagst bei dem ersten Griffe; – hier entsag ich dem frechen Plane, gehe, mich in irgendeine Kluft der Erde zu verkriechen, wo der Tag vor meiner Schande zurücktritt.

Er will fliehen.

EILFTER AUFTRITT

ROLLER *eilig*. VORIGER.

ROLLER: Sieh dich vor, Hauptmann! Es spukt! Ganze
Haufen böhmischer Reuter schwadronieren im
Holz herum – Der höllische Blaustrumpf muß ih-
nen verkrätscht haben –

ZWÖLFTER AUFTRITT

GRIMM. VORIGE.

GRIMM: Hauptmann, Hauptmann! Sie haben uns die
Spur abgelauert – rings ziehen ihrer etliche Tausend einen Kordon um den mittlern Wald.

DREIZEHNTER AUFTRITT

SPIEGELBERG. VORIGE.

SPIEGELBERG: Weh, Weh, Weh! Wir sind gefangen, wir
sind gerädert, wir sind gevierteilt! Viele tausend
Husaren, Dragoner und Jäger sprengen um die
Anhöhe, und halten die Luftlöcher besetzt.
Räuber Moor geht ab.

VIERZEHNTER AUFTRITT

SCHWEIZER, RAZMANN, SCHUFTERLE, RÄUBERTRUPP
von der andern Seite hereinkommend.
VORIGE DREI.

SCHWEIZER: Haben wir sie aus den Federn geschüttelt?
Freu dich doch Roller! Das hab ich mir lang ge-

wünscht, mich mit so Kommißbrotrittern herumzu-
hauen. – Wo ist der Hauptmann? Ist die ganze Bande beisammen? Wir haben doch Pulver genug?

RAZMANN: Pulver die schwere Menge. Aber unser sind
achtzig in allem, und so immer kaum einer gegen
ihrer zwanzig.

SCHWEIZER: Desto besser! Sie setzen ihr Leben an zehen Kreuzer, fechten wir nicht für Hals und Freiheit? – Wir wollen über sie her wie die Sündflut
und auf ihre Köpfe herabfeuren wie Wetterleuch-
ten. – Wo, zum Teufel! ist denn der Hauptmann?

SPIEGELBERG: Er verläßt uns in dieser Not. Können wir
denn nicht mehr entwischen?

SCHWEIZER: Entwischen? So wollt ich doch, daß du im
Kot ersticktest, feige Seele du! Hast immer ein großes Maul; aber wenn du zwei Fäuste siehst – Memme, zeige dich itzt, oder man soll dich in eine Sau-
haut nähen, und durch Hunde verhetzen lassen.

RAZMANN: Der Hauptmann, der Hauptmann!

FÜNFZEHNTER AUFTRITT

RÄUBER MOOR *langsam vor sich.* VORIGE.

RÄUBER MOOR: Ich habe sie vollends ganz einschließen
lassen; itzt müssen sie fechten wie Verzweifelte.
Laut. Kinder! Nun gilt's! wir sind verloren, oder
wir müssen fechten wie angeschossene Eber.

SCHWEIZER: Ha! ich will ihnen mit meinen Fangern
den Bauch schlitzen. Führ uns an, Hauptmann!
Wir folgen dir in den Rachen des Todes.

RÄUBER MOOR: Ladet alle Gewehre! Es fehlt doch an
Pulver nicht?

SCHWEIZER *springt auf*: Pulver genug, die Erde gegen
den Mond zu sprengen!

RAZMANN: Jeder hat fünf Paar Pistolen geladen, jeder noch drei Kugelbüchsen darzu.

RÄUBER MOOR: Gut, gut. Und nun muß ein Teil auf die Bäume klettern, oder sich ins Dickicht verstecken, und Feuer auf sie geben im Hinterhalt –

SCHWEIZER: Da gehörst du hin, Spiegelberg!

RÄUBER MOOR: Wir andern, wie Furien, fallen ihnen in die Flanken.

SCHWEIZER: Darunter bin ich, ich!

RÄUBER MOOR: Zugleich muß jeder sein Pfeifchen hören lassen, im Wald herumjagen, daß unsere Anzahl schröcklicher werde: auch müssen alle Hunde los, und in ihre Glieder gehetzt werden, daß sie sich trennen, zerstreuen, und euch in den Schuß rennen: Wir drei, Roller, Schweizer und ich fechten im Gedränge.

SECHSZEHNTER AUFTRITT

Es kommt ein KOMMISSARIUS. VORIGE.

GRIMM: Seht! Da kommt schon so ein Hetzhund der Gerechtigkeit angestiegen.

SCHWEIZER: Schmeißt ihn nieder. Laßt ihn nicht zum Wort kommen.

RÄUBER MOOR: Stille doch! ich will hören.

DER KOMMISSAR: Mit eurer Erlaubnis ihr Herren. Ich bin ein Bevollmächtigter des Gerichts, und draußen achthundert, die jedes Haar auf meinem Kopfe bewachen.

SCHWEIZER: Eine herzbrechende Klausel, sich den Magen hier warm zu halten.

RÄUBER MOOR: Schweig Kamerad! Sagen Sie kurz mein Herr! Was haben Sie anzubringen?

DER KOMMISSAR: Mich sendet die hohe Obrigkeit, die

über Leben und Tod spricht. Ein Wort an dich –
zwei an die Bande.

RÄUBER MOOR *an seinen Degen gestemmt*:
Zum Exempel –

KOMMISSAR: Entsetzlicher Mensch! Picht nicht das Blut
des ermordeten Reichsgrafen an deinen verfluchten Fingern? Hast du nicht das Heiligtum des
Herrn mit diebischen Händen durchbrochen, und
mit einem Schelmengriff die geweihten Gefäße des
Nachtmahls entwandt? Wie? hast du nicht Feuerbrände in unsere gottesfürchtige Stadt geworfen?
und den Pulverturm über die Häupter guter Christen herabgestürzt? *Mit zusammengeschlagenen
Händen*: Greuliche, greuliche Frevel, die bis zum
Himmel hinaufstinken, das Jüngste Gericht waff-
nen, daß es reißend daherbricht! Reif zur Vergeltung, zeitig zur letzten Posaune.

RÄUBER MOOR: Meisterlich geraten bis hieher! Aber
zur Sache! Was läßt mir der hochlöbliche Magistrat
durch Sie kundmachen?

KOMMISSAR: Was du nie wert bist zu empfangen –
Schau um dich, Mordbrenner! Was nur dein
Auge absehen kann, bist du eingeschlossen von
unsern Reutern – hier ist kein Raum zum Entrin-
nen mehr – So gewiß Kirschen auf diesen Eichen
wachsen, und diese Tannen Pfirsiche tragen, so
gewiß werdet ihr unversehrt diesen Eichen und
diesen Tannen den Rücken kehren.

RÄUBER MOOR: Hört ihr's wohl, Schweizer und Roller? – Aber nur weiter!

KOMMISSAR: Höre dann, wie gütig, wie langmütig das
Gericht mit dir Böswicht verfährt. Wirst du itzt
gleich zum Kreuz kriechen, und um Gnade und
Schonung flehen, siehe, so wird dir die Strenge
selbst Erbarmen, die Gerechtigkeit eine liebende
Mutter sein – sie drückt das Auge bei der Hälfte

deiner Verbrechen zu, und läßt es – denk doch! –
Und läßt es bei dem Rade bewenden.

SCHWEIZER: Hast du's gehört, Hauptmann? Soll ich
hingehen und diesem abgerichteten Schäferhund
die Gurgel zusammenschnüren, daß ihm der rote
Saft aus allen Schweißlöchern sprudelt? –

ROLLER: Hauptmann! – Sturm! Wetter und Hölle! –
Hauptmann! – Wie er die Unterlippe zwischen die
Zähne klemmt! Soll ich diesen Kerl das oberst zu-
unterst unterm Firmament wie einen Kegel aufsetzen.

RÄUBER MOOR: Weg von ihm! Wag es keiner ihn anzurühren! – *Zum Kommissarius*: Sehen Sie, mein
Herr! Hier stehen neunundsiebenzig, deren
Hauptmann ich bin, und weiß keiner auf Wink
und Kommando zu fliegen oder nach dem Takt
der Kanonen zu tanzen, und draußen stehen achthundert unter Musketen ergraut. – Aber hören Sie
nun! so redet Moor, der Mordbrenner Hauptmann: Wahr ist's, ich habe den Reichsgrafen erschlagen, die Dominikuskirche angezündet, und
geplündert, hab Feuerbrände in eure bigotte Stadt
geworfen, und den Pulverturm über die Häupter
guter Christen herabgestürzt. – Aber das ist noch
nicht alles. Ich habe noch mehr getan. *Er streckt
seine rechte Hand aus.* Bemerken Sie die vier kostbaren Ringe, die ich an jedem Finger trage. – Diesen Rubin zog ich einem Minister vom Finger, den
ich auf der Jagd zu den Füßen seines Fürsten niederwarf. Er hatte sich aus dem Pöbelstande zu seinem ersten Günstling emporgeschmeichelt; der
Fall seines Nachbars war seiner Hoheit Schemel –
Tränen der Waisen huben ihn auf. Diesen Demant
zog ich einem Generalkassierer ab, der Ehrenstel-
len und Ämter an die Meistbietenden verkaufte
und den traurenden Patrioten von seiner Türe

stieß. – Diesen Achat trag ich einem Pfaffen zur Ehre, den ich mit eigner Hand erwürgte, als er auf offener Kanzel geweint hatte, daß die Inquisition so in Verfall käme. – Ich könnte Ihnen noch mehr Geschichten von meinen Ringen erzählen, wenn mich nicht schon die paar Worte gereuten, die ich mit Ihnen verschwendet habe.

KOMMISSAR: Daß ein Bösewicht noch so stolz sein kann!

RÄUBER MOOR: Nicht genug – itzt will ich stolz reden. Geh hin, und sage dem hochlöblichen Gericht, das über Leben und Tod würfelt – Ich bin kein Dieb, der sich mit Schlaf und Mitternacht verschwört, und auf der Leiter groß und herrisch tut – was ich getan habe, werd ich ohne Zweifel einmal im Schuldbuch des Himmels lesen; aber mit seinen erbärmlichen Verwesern will ich kein Wort mehr verlieren. Sag ihnen, mein Handwerk ist Wiedervergeltung – Rache ist mein Gewerbe.

Er kehrt ihm den Rücken zu.

KOMMISSAR: Du willst also nicht Schonung und Gnade? – Gut, mit dir bin ich fertig. *Wendet sich zu der Bande.* So höret dann ihr, was die Gerechtigkeit euch durch mich zu wissen tut! Werdet ihr itzt gleich diesen verurteilten Missetäter gebunden überliefern, seht, so soll euch die Strafe eurer Greuel bis auf das letzte Andenken erlassen sein – Die heilige Kirche wird euch verlorene Schafe mit erneuerter Liebe in ihren Mutterschoß aufnehmen, und jedem unter euch soll der Weg zu einem Ehrenamt offenstehen. Leset selbst, hier ist der Generalpardon unterschrieben. *Er reicht Schweizern ein Papier mit triumphierendem Lächeln.* Nun, nun? Wie schmeckt das, E. Majestät? – Frisch also! Bindet ihn, und seid frei!

RÄUBER MOOR: Hört ihr's auch? Hört ihr? Was stutzt

ihr? Was steht ihr verlegen da? Sie bietet euch Freiheit, und ihr seid wirklich schon ihre Gefangene. – Sie schenkt euch das Leben, und das ist keine Prahlerei, denn ihr seid wahrhaftig gerichtet. – Sie verheißt euch Ehren und Ämter, und was kann euer Los anders sein, wenn ihr auch obsieget, als Schmach und Fluch und Verfolgung. Sie kündigt euch Versöhnung vom Himmel an, und ihr seid wirklich verdammt. Es ist kein Haar an keinem unter euch, das nicht in die Hölle fährt. Überlegt ihr noch? Wählt ihr noch? Ist es so schwer zwischen Himmel und Hölle zu wählen? Helfen Sie doch mein Herr!

KOMMISSAR: Wie heißt der Teufel, der aus ihm spricht? Der Kerl macht mich wirbeln.

RÄUBER MOOR: Wie? noch keine Antwort? Denkt ihr wohl gar mit den Waffen noch durchzureißen? Schaut doch um euch, schaut doch um euch! Das werdet ihr doch nicht denken, das wäre itzt kindische Zuversicht. – Oder schmeichelt ihr euch wohl gar, als Helden zu fallen, weil ihr saht, daß ich mich aufs Getümmel freute? – O glaubt das nicht! Ihr seid nicht Moor. – Ihr seid heillose Diebe! Elende Werkzeuge meiner größeren Plane, wie der Strick verächtlich in der Hand des Henkers! – Diebe können nicht fallen, wie Helden fallen. Diebe haben das Recht vor dem Tode zu zittern. – Höret, wie ihre Hörner tönen! Sehet, wie drohend ihre Säbel daherblinken! Wie? noch unschlüssig? Seid ihr toll? Seid ihr wahnwitzig? – Ich dank euch mein Leben nicht, ich schäme mich eures Opfers!

Man hört in der Ferne Trompeten.

KOMMISSAR *äußerst erstaunt*: Ich werde unsinnig, ich laufe davon! Hat man je von so was gehört?

RÄUBER MOOR: Oder fürchtet ihr wohl, ich werde mich selbst erstechen, und durch einen Selbstmord den

Vertrag zernichten, der nur an dem Lebendigen
haftet? Nein, Kinder! das ist eine unnütze Furcht.
Hier werf ich meinen Dolch weg, und meine Pistolen und dies Fläschchen mit Gift, das mir noch
wohl kommen sollte. – Was, noch unschlüssig?
Oder glaubt ihr vielleicht, ich werde mich zur
Wehr setzen, wenn ihr mich binden wollt? Seht!
hier bind ich meine rechte Hand an diesen Eichen-
ast, ich bin ganz wehrlos, ein Kind kann mich um-
werfen – Wer ist der erste, der seinen Hauptmann
in der Not verläßt?

ROLLER *in wilder Bewegung*: Und wenn die Hölle uns
neunfach umzingelte! *Schwenkt seinen Degen.* Wer
kein Hund ist, rette den Hauptmann!

SCHWEIZER *zerreißt den Pardon, und wirft die Stücke
dem Kommissar ins Gesicht*: In unsern Kugeln Pardon! Fort Kanaille! Sag dem Senat, der dich ge-
sandt hat, du träfst unter Moors Bande keinen einzigen Verräter an. – Rettet, rettet den Hauptmann!

ALLE *lärmen*: Rettet, rettet, rettet den Hauptmann!

RÄUBER MOOR *sich losreißend freudig*: Itzt sind wir frei –
Kameraden! Ich fühle eine Armee in meiner Faust.
– Tod oder Freiheit! Wenigstens sollen sie keinen
lebendig haben!

*Man bläst zum Angriff: Lärm und Getümmel. Sie ge-
hen ab mit gezogenen Degen.*

DRITTER AUFZUG

Erster Auftritt

AMALIA *nachdenkend im Garten.* FRANZ *tritt auf:*
Beide in tiefer Trauer.

FRANZ: Schon wieder hier, eigensinnige Schwärmerin?
Du hast dich vom frohen Mahle hinweggestohlen,
und den Gästen die Freude verdorben.

AMALIA: Schade für diese unschuldige Freuden! Das
Totenlied muß noch in deinen Ohren murmeln,
das deinem Vater zu Grabe hallte –

FRANZ: Willst du denn ewig klagen? Laß die Toten
schlafen, und mache die Lebendigen glücklich! Ich
komme –

AMALIA: Und wenn gehst du wieder?

FRANZ: O weh! kein so finsteres stolzes Gesicht! Du
betrübst mich, Amalia. Ich komme dir zu sagen –

AMALIA: Ich muß wohl hören, Franz von Moor ist ja
gnädiger Herr worden.

FRANZ: Ja recht, das war's, worüber ich dich vernehmen wollte – Maximilian ist schlafen gegangen in
der Väter Gruft. Ich bin Herr. Aber ich möchte es
vollends ganz sein, Amalia. Du weißt, was du unserm Hause warst; du warst gehalten wie Moors
Tochter, selbst den Tod überlebte seine Liebe zu
dir; das wirst du wohl niemals vergessen? –

AMALIA: Niemals, niemals. Wer das auch so leichtsinnig beim frohen Mahle hinwegzechen könnte!

FRANZ: Die Liebe meines Vaters mußt du in seinen
Söhnen belohnen; und Karl ist tot – staunst du?
Schwindelt dir? Ja wahrhaftig, der Gedanke ist
auch so schmeichelnd erhaben, daß er selbst den
Stolz eines Weibes betäubt. Franz tritt die Hoff-

nungen der edelsten Fräuleins mit Füßen; Franz kommt, und bietet einer armen ohne ihn hülflosen Waise sein Herz, seine Hand, und mit ihr all sein Gold an und all seine Schlösser und Wälder – Franz, der Beneidete, der Gefürchtete erklärt sich freiwillig für Amalias Sklaven –

AMALIA: Warum spaltet der Blitz die ruchlose Zunge nicht, die das Frevelwort ausspricht! Du hast meinen Geliebten ermordet, und Amalia soll dich Gemahl nennen! Du –

FRANZ: Nicht so ungestüm, allergnädigste Prinzessin! – Freilich krümmet Franz sich nicht, wie ein girrender Seladon vor dir – Freilich hat er nicht gelernt, gleich dem schmachtenden Schäfer Arkadiens dem Echo der Grotten und Felsen seine Liebesklagen entgegenzujammern. – Franz spricht, und wenn man nicht antwortet, so wird er – befehlen.

AMALIA: Wurm du, befehlen? Mir befehlen? – Und wenn man den Befehl mit Hohnlachen zurückschickt?

FRANZ: Das wirst du nicht. Noch weiß ich Mittel, die den Stolz eines einbildischen Starrkopfs so hübsch niederbeugen können – Kloster und Mauren!

AMALIA: Bravo! herrlich! Und in Kloster und Mauren mit deinem Basiliskenanblick auf ewig verschont, und Muße genug an Karln zu denken, zu hangen. Willkommen mit deinem Kloster! Auf, auf mit deinen Mauren!

FRANZ: Haha! ist es das? – Gib acht! itzt hast du mich die Kunst gelehrt, wie ich dich quälen soll. – Diese ewige Grille von Karln soll dir mein Anblick gleich einer feuerhaarigen Furie aus dem Kopfe geißeln; das Schreckbild Franz soll hinter dem Bilde deines Lieblings im Hinterhalt lauren, gleich dem verzauberten Hunde, der auf unterirdischen Goldkästen liegt. – An den Haaren will ich dich in die Kapelle schleifen, den Degen in der Hand, dir den ehelichen Schwur aus der Seele pressen.

AMALIA *gibt ihm eine Maulschelle*: Nimm erst das zur Aussteuer hin!

FRANZ *aufgebracht*: Ha! wie das zehnfach und wieder zehnfach geahndet werden soll! – Nicht meine Gemahlin – die Ehre sollst du nicht haben – meine Mätresse sollst du werden, daß die ehrlichen Bauerweiber mit Fingern auf dich deuten, wenn du es wagst und über die Gasse gehst. Knirsche nur mit den Zähnen – speie Feuer und Mord aus den Augen – mich ergötzt der Grimm eines Weibes; er macht dich nur schöner, begehrenswerter. Komm – dieses Sträuben wird meinen Triumph zieren und mir die Wollust in erzwungnen Umarmungen würzen. – Komm mit zum Altar – itzt gleich sollst du mit mir gehn. *Will sie fortreißen.*

AMALIA *fällt ihm um den Hals*: Verzeih mir Franz! *Wie er sie umarmen will, reißt sie ihm den Degen von der Seite und tritt hastig zurück.* Siehst du Bösewicht was ich jetzt aus dir machen kann? – Ich bin ein Weib, aber ein rasendes Weib – Wag es einmal – dieser Stahl soll deine Brust mitten durchrennen, und der Geist meines Oheims wird mir die Hand dazu führen. Fleuch auf der Stelle! *Sie jagt ihn davon.*

AMALIA: Ah! Wie mir wohl ist! – Itzt kann ich frei atmen. – Ich fühlte mich stark wie das funkensprühende Roß, grimmig wie die Tigerin dem siegbrüllenden Räuber ihrer Jungen nach. – In ein Kloster sagt er – dank dir für diese glückliche Entdeckung – Itzt hat die betrogene Liebe ihre Freistatt gefunden – das Kloster – ist die Freistatt der betrogenen Liebe. *Ab.*

Zweiter Auftritt

Gegend an der Donau.

Die Räuber *gelagert auf einer Anhöhe unter Bäumen, die Pferde weiden am Hügel hinunter.*

RÄUBER MOOR: Hier muß ich liegen bleiben. *Wirft sich auf die Erde.* Meine Glieder wie abgeschlagen. Meine Zunge trocken, wie eine Scherbe. Ich wollt euch bitten, mir eine Handvoll Wassers aus diesem Strome zu holen; aber ihr seid alle matt bis in den Tod.

Schweizer hat sich unter Moors Rede unvermerkt weggeschlichen um ihm Wasser zu holen.

GRIMM: Auch ist der Wein all in unsern Schläuchen. Wie herrlich die Sonne dort untergeht.

RÄUBER MOOR *in den Anblick verschwemmt*: So stirbt ein Held anbetenswürdig!

GRIMM: Du scheinst tief gerührt.

RÄUBER MOOR: Da ich noch ein Bube war – war's mein Lieblingsgedanke, wie sie zu leben, zu sterben wie sie. *Mit verbissenem Schmerz.* Es war ein Bubengedanke!

GRIMM: Das will ich hoffen!

RÄUBER MOOR *drückt den Hut übers Gesicht*: Es war eine Zeit – laßt mich allein Kameraden!

GRIMM: Moor! Moor! Was zum Henker! – Wie er seine Farbe verändert!

RAZMANN: Alle Teufel! Was hat er? Wird ihm übel?

RÄUBER MOOR: Es war eine Zeit, wo ich nicht schlafen konnte, wenn ich mein Nachtgebet vergessen hatte.

GRIMM: Bist du wahnsinnig? Willst du dich von deinen Bubenjahren hofmeistern lassen?

RÄUBER MOOR *legt sein Haupt auf Grimms Brust*: Bruder! Bruder!

GRIMM: Wie? Sei doch kein Kind, ich bitte dich –

RÄUBER MOOR: Wär ich's – Wär ich's wieder! –

GRIMM: Pfui! pfui! Heitere dich auf! Sieh diese malerische Landschaft – den lieblichen Abend –

RÄUBER MOOR: Ja, Freunde; diese Welt ist so schön –

GRIMM: Nun! das war wohl gesprochen.

RÄUBER MOOR: Diese Erde ist so herrlich –

GRIMM: Recht – recht – so hör ich's gerne!

RÄUBER MOOR: Und ich so häßlich, auf dieser schönen Welt! – Und ich ein Ungeheuer auf dieser herrlichen Erde! *Zurückgesunken.* Der verlorne Sohn! –

GRIMM: O weh! O weh!

RÄUBER MOOR: Meine Unschuld! Meine Unschuld! – Seht es ist alles hinausgegangen, sich im fröhlichen Strahl des Frühlings zu sonnen. Warum ich allein die Hölle saugen aus den Freuden des Himmels? – Daß alles so glücklich ist! Durch den Geist des Friedens alles so verschwistert! – Die ganze Welt eine Familie und ein Vater dort oben – mein Vater nicht! – Ich allein der Verstoßene, der verlorne Sohn! – Ich allein ausgemustert aus den Reihen der Reinen. – *Wild zurückfahrend.* Umlagert von Mördern – von Nattern umzischt – angeschmiedet an das Laster, mit eisernen Ketten –

RAZMANN *zu den übrigen:* Unbegreiflich! Ich hab ihn nie so gesehen.

RÄUBER MOOR *mit Wehmut:* Daß ich wiederkehren dürfte in meiner Mutter Leib! Daß ich ein Bettler geboren werden dürfte! Nein! ich wollte nicht mehr, o Himmel! – Daß ich werden dürfte wie dieser Taglöhner einer! – O ich wollte mich abmüden, daß mir das Blut von den Schläfen rollte – mir die Wollust eines einzigen Mittagsschlafes zu erkaufen – die Seligkeit einer einzigen Träne.

GRIMM *zu den andern:* Nur Geduld! der Paroxysmus ist schon im Fallen.

RÄUBER MOOR: Es war eine Zeit, wo sie mir so gerne

flossen! – O ihr Tage des Friedens! Du Schloß meines Vaters – ihr grünen, schwärmerischen Täler! O all ihr Elysiumsszenen meiner Kindheit! – Werdet ihr nimmer zurückkehren? – Nimmer mit köstlichem Säuseln meinen brennenden Busen kühlen? – Traure mit mir Natur! Sie werden nimmer zurückkehren; nimmer mit köstlichem Säuseln meinen brennenden Busen kühlen – Dahin! dahin! unwiederbringlich!

DRITTER AUFTRITT

DIE VORIGEN. SCHWEIZER, *der mit Wasser im Hut zurückkommt.*

SCHWEIZER: Trink Hauptmann – hier ist Wasser genug, und frisch wie Eis.

GRIMM: Du blutest ja – was hast du gemacht?

SCHWEIZER: Narr, einen Spaß der mich bald zwei Beine und einen Hals gekostet hätte. Wie ich so auf dem Sandhügel am Fluß hintrolle, glitsch, so rutscht der Plunder unter mir ab, und ich zehn rheinländische Schuh lang hinunter – da lag ich, und wie ich mir eben meine fünf Sinne wieder zurechtsetze, treff ich dir das klarste Wasser im Kies. Genug diesmal für den Tanz dacht ich, dem Hauptmann wird's wohl schmecken.

MOOR *gibt ihm den Hut zurück, und wischt ihm sein Gesicht ab*: Sonst sieht man ja die Narben nicht, die die böhmischen Reuter in deine Stirne gezeichnet haben – Dein Wasser war gut Schweizer – Diese Narben stehen dir schön.

SCHWEIZER: Pah! hat noch Platz genug für ihrer dreißig.

MOOR: Ja Kinder – es war ein heißer Nachmittag – und

nur einen Freund verloren. – Mein Roller starb einen schönen Tod. Man würde einen Marmor auf seine Gebeine setzen, wenn er nicht mir gestorben wäre. Nehmt vorlieb mit diesem. *Er wischt sich die Augen.* Wieviel waren's doch von den Feinden, die auf dem Platz blieben?

SCHWEIZER: Sechzig Husaren – dreiundneunzig Dragoner, gegen vierzig Jäger – zweihundert in allem.

MOOR: Zweihundert für einen! – Jeder von euch hat Anspruch an diesen Scheitel! *Er entblößt sich das Haupt.* Hier heb ich meinen Dolch auf! So wahr meine Seele lebt! Ich will euch niemals verlassen –

SCHWEIZER: Schwöre nicht! Du weißt nicht, ob du nicht noch glücklich werden, und bereuen wirst –

MOOR: Bei den Gebeinen meines Rollers! Ich will euch niemals verlassen!

VIERTER AUFTRITT

KOSINSKY *kommt.* VORIGE.

KOSINSKY *vor sich*: In diesem Revier herum, sagen sie, werd ich ihn antreffen – He! holla! Was sind das für Gesichter? – Sollten's – wie wenn's diese – sie sind's, sind's! – Ich will sie anreden.

GRIMM: Gebt acht, wer kommt da?

KOSINSKY: Meine Herrn verzeihen Sie! Ich weiß nicht, gehe ich recht, oder unrecht?

MOOR: Und wer müssen wir sein, wenn Sie recht gehen?

KOSINSKY: Männer!

SCHWEIZER: Ob wir das auch gezeigt haben, Hauptmann?

KOSINSKY: Männer such ich, die dem Tod ins Gesicht sehen, und die Gefahr wie eine zahme Schlange um sich spielen lassen; die Freiheit höher schätzen, als Ehre und Leben, deren bloßer Name, willkommen dem Armen und Unterdrückten, die Beherztesten feig, und Tyrannen bleich macht.

SCHWEIZER *zum Hauptmann*: Der Bursche gefällt mir. – Höre, guter Freund! Du hast deine Leute gefunden.

KOSINSKY: Das denk ich, und will hoffen, bald meine Brüder. – So könnt ihr mich dann zu meinem rechten Manne weisen, denn ich such euren Hauptmann, den großen Grafen von Moor.

SCHWEIZER *gibt ihm die Hand mit Wärme*: Lieber Junge, wir duzen einander.

MOOR *näher kommend*: Kennen Sie auch den Hauptmann?

KOSINSKY: Du bist's – in dieser Miene – Wer sollte ihn ansehen, und einen andern suchen? *Starrt ihn lang an.* Ich habe mir immer gewünscht, den Mann mit dem vernichtenden Blicke zu sehen, wie er saß auf den Ruinen von Karthago – itzt wünsch ich es nicht mehr.

SCHWEIZER: Blitzbub!

MOOR: Und was führt Sie zu mir?

KOSINSKY: O Hauptmann! Mein mehr als grausames Schicksal. – Ich habe Schiffbruch gelitten auf der ungestümen See dieser Welt, die Hoffnungen meines Lebens hab ich müssen sehen in den Grund sinken, und blieb mir nichts übrig, als die marternde Erinnerung ihres Verlustes, die mich wahnsinnig machen würde, wenn ich sie nicht durch anderwärtige Tätigkeit zu ersticken suchte.

MOOR: Schon wieder ein vom Himmel Verworfener! – Nur weiter.

KOSINSKY: Ich wurde Soldat. Das Unglück verfolgte mich auch da. – Ich machte eine Fahrt nach Ostindien mit; mein Schiff scheiterte an Klippen – nichts

als fehlgeschlagene Plane! Ich höre endlich weit
und breit erzählen von deinen Taten, Mordbrennereien, wie sie sie nannten, und bin hieher gereist
dreißig Meilen weit, mit dem festen Entschluß unter dir zu dienen, wenn du meine Dienste annehmen willst – Ich bitte dich, würdiger Hauptmann,
schlage mir's nicht ab!

SCHWEIZER *mit einem Sprung*: Heisa! heisa! So ist ja
unser Roller zehenhundertfach vergütet! Ein ganzer Mordbruder für unsere Bande.

MOOR: Wie ist dein Name.

KOSINSKY: Kosinsky.

MOOR: Wie Kosinsky? Weißt du auch, daß du ein
leichtsinniger Knabe bist, und über den großen
Schritt deines Lebens weggaukelst, wie ein unbe-
sonnenes Mädchen. – Hier wirst du nicht Bälle werfen oder Kegelkugeln schieben, wie du dir einbil-
dest.

KOSINSKY: Ich weiß, was du sagen willst – Ich bin vier-
undzwanzig Jahr alt, aber ich habe Degen blinken
gesehen, und Kugeln um mich surren gehört.

MOOR: So junger Herr? – Und hast du dein Fechten
nur darum gelernt, arme Reisende um einen
Reichstaler niederzustoßen, oder Weiber hinterrücks totzustechen? Geh, geh! Du bist deiner
Amme entlaufen, weil sie dir mit der Rute gedroht
hat.

SCHWEIZER: Was zum Henker, Hauptmann! Was
denkst du? Willst du diesen Herkules fortschicken?
Sieht er nicht gerade so drein, als wollt er den Marschall von Sachsen mit einem Kochlöffel über den
Ganges jagen?

MOOR: Weil dir deine Lappereien mißglücken,
kommst du, und willst ein Schelm, ein Meuchelmörder werden? – Mord, Knabe, verstehst du das
Wort auch? Du magst ruhig schlafen gegangen

sein, wenn du Mohnköpfe abgeschlagen hast, aber
einen Mord auf der Seele zu tragen –

KOSINSKY: Jeden Mord, den du mich begehen heißt,
will ich verantworten.

MOOR: Was? bist du so klug? Willst du dich anmaßen
einen Mann mit Schmeicheleien zu fangen? Woher
weißt du, daß ich nicht böse Träume habe, oder auf
dem Todbett nicht werde blaß werden? Wieviel
hast du schon getan, wobei du an Verantwortung
gedacht hast?

KOSINSKY: Wahrlich! noch sehr wenig; aber doch diese
Reise zu dir, edler Graf!

MOOR: Hat dir dein Hofmeister die Geschichte des
Robins in die Hände gespielt. – Man sollte dergleichen unvorsichtige Kanaillen auf die Galeere
schmieden – die deine kindische Phantasie erhitzte,
und dich mit der tollen Sucht zum großen Mann
ansteckte? Kützelt dich nach Namen und Ehre?
willst du Unsterblichkeit mit Mordbrennereien erkaufen? Merk dir's, ehrgeiziger Jüngling! Für
Mordbrenner grünet kein Lorbeer! Auf Banditen-
siege ist kein Triumph gesetzt – aber Fluch, Gefahr, Tod, Schande – siehst du auch das Hochgericht dort auf dem Hügel? –

SPIEGELBERG *unwillig auf und ab gehend*: Ei, wie
dumm! Wie abscheulich, wie unverzeihlich dumm!
Das ist die Manier nicht! Ich hab's anderst gemacht.

KOSINSKY: Was soll der fürchten, der den Tod nicht
fürchtet?

MOOR: Brav! Unvergleichlich! Du hast dich wacker in
den Schulen gehalten, du hast deinen Seneca meisterlich auswendig gelernt. – Aber lieber Freund,
mit dergleichen Sentenzen wirst du die leidende
Natur nicht beschwätzen; damit wirst du die Pfeile
des Schmerzens nimmermehr stumpf machen. –
Besinne dich recht, mein Sohn! *Er nimmt seine*

Hand. Denk, ich rate dir als ein Vater – lern erst die Tiefe des Abgrunds kennen, ehe du hineinspringst! – Wenn du noch in der Welt eine einzige Freude zu erhaschen weißt – es könnten Augenblicke kommen, wo du – aufwachst – und dann – möcht es zu spät sein. Du trittst hier gleichsam aus dem Kreise der Menschheit – entweder mußt du ein höherer Mensch sein, oder du bist ein Teufel. – Noch einmal mein Sohn! Wenn dir noch ein Funken von Hoffnung irgend anderswo glimmt, so verlaß diesen schröcklichen Bund; man kann sich täuschen – glaube mir, man kann das für Stärke des Geistes halten, was doch am Ende Verzweiflung ist. – Glaube mir, mir! und mach dich eilig hinweg.

KOSINSKY: Nein! ich fliehe itzt nicht mehr. Wenn dich meine Bitten nicht rühren, so höre die Geschichte meines Unglücks. – Du wirst mir dann selbst den Dolch in die Hände zwingen, du wirst – lagert euch hier auf dem Boden, und hört mir aufmerksam zu!

MOOR: Ich will sie hören.

KOSINSKY: Wisset also, ich bin ein böhmischer Edelmann, und wurde durch den frühen Tod meines Vaters Herr eines ansehnlichen Ritterguts. Die Gegend war paradiesisch – denn sie enthielt einen Engel – ein Mädchen geschmückt mit allen Reizen der blühenden Jugend, und keusch wie das Licht des Himmels. Doch, wem sag ich das? Es schallt an euren Ohren vorüber – ihr habt niemals geliebt, seid niemals geliebt worden –

SCHWEIZER: Sachte, sachte! Unser Hauptmann wird feuerrot.

MOOR: Hör auf! Ich will's ein andermal hören – morgen, nächstens, oder – wenn ich Blut gesehen habe.

KOSINSKY: Blut, Blut – höre nur weiter! Blut sag ich dir, wird deine ganze Seele füllen. Sie war bürgerlicher Geburt, eine Deutsche – aber ihr Anblick schmelzte die Vorurteile des Adels hinweg. Mit der schüchternsten Bescheidenheit nahm sie den Trauring von meiner Hand, und übermorgen sollte ich meine Amalia vor den Altar führen.

MOOR *steht schnell auf.*

KOSINSKY: Mitten im Taumel der auf mich wartenden Seligkeit, unter den Zurüstungen zur Vermählung – werd ich durch einen Expressen nach Hof zitiert. Ich stellte mich. Man zeigte mir Briefe, die ich geschrieben haben sollte, voll verräterischen Inhalts. Ich errötete über der Bosheit – man nahm mir den Degen ab, warf mich ins Gefängnis, alle meine Sinnen waren hinweg.

SCHWEIZER: Und unterdessen – nur weiter! Ich rieche den Braten schon.

KOSINSKY: Hier lag ich einen Monat lang, und wußte nicht, wie mir geschah. Mir bangte für meine Amalia, die meines Schicksals wegen jede Minute einen Tod würde zu leiden haben. Endlich erschien der erste Minister des Hofs, wünschte mir zur Entdeckung meiner Unschuld Glück; mit zuckersüßen Worten, liest er mir den Brief der Freiheit vor, und gibt mir meinen Degen wieder. Itzt im Triumphe nach meinem Schloß, in die Arme meiner Amalia zu fliegen. – Sie war verschwunden. In der Mitternacht sei sie weggebracht worden, wüßte niemand, wohin? und seitdem mit keinem Aug mehr gesehen. Hui! schoß mir's auf wie der Blitz. Ich fliege nach der Stadt, sondiere am Hof – alle Augen wurzelten auf mir, niemand wollte Bescheid geben – endlich entdeck ich sie durch ein verborgenes Gitter im Palast – sie warf mir ein Billettchen zu.

SCHWEIZER: Hab ich's nicht gesagt?

KOSINSKY: Hölle, Tod und Teufel! Da stand's! Man hatte ihr die Wahl gelassen, ob sie mich lieber sterben sehen, oder die Mätresse des Fürsten werden wollte. Im Kampf zwischen Ehre und Liebe entschied sie für das zweite, und *Lachend*: ich war gerettet.

SCHWEIZER: Was tatst du da?

KOSINSKY: Da stand ich, wie von tausend Donnern getroffen! – Blut! war mein erster Gedanke, Blut! mein letzter. Schaum auf dem Munde renn ich nach Haus, wähle mir einen dreispitzigen Degen, und damit in aller Hast in des Ministers Haus, denn nur er – er nur war der höllische Kuppler gewesen. Man muß mich von der Gasse bemerkt haben; denn wie ich hinauftrete, waren alle Zimmer verschlossen. Ich suche, ich frage: er sei zum Fürsten gefahren, war die Antwort. Ich mache mich geradenwegs dahin; man wollte nichts von ihm wissen. Ich gehe zurück, sprenge die Türen ein, find ihn, wollte eben – aber da sprangen fünf bis sechs Bediente aus dem Hinterhalt, und entwanden mir den Degen.

SCHWEIZER *stampft auf den Boden*: Und er kriegte nichts, und du zogst leer ab?

KOSINSKY: Ich ward ergriffen, angeklagt, peinlich prozessiert, infam – merkt's euch – aus besonderer Gnade, infam aus den Grenzen gejagt, meine Güter fielen als Präsent dem Minister zu, meine Amalia bleibt in den Klauen des Tigers, verseufzt und vertrauert ihr Leben, während daß meine Rache fasten, und sich unter das Joch des Despotismus krümmen muß.

SCHWEIZER *aufstehend, seinen Degen wetzend*: Das ist Wasser auf unsere Mühle! Hauptmann! Da gibt's was anzuzünden!

MOOR *der bisher in heftigen Bewegungen hin und her gegangen, springt rasch auf, zu den Räubern*: Ich muß sie sehen – auf! rafft zusammen – du bleibst, Kosinsky – packt eilig zusammen!

DIE RÄUBER: Wohin? Was?

MOOR: Wohin? Wer fragt wohin? *Heftig zu Schweizern:* Verräter, du willst mich zurückhalten? Aber bei der Hoffnung des Himmels! –

SCHWEIZER: Verräter ich? – Geh in die Hölle, ich folge dir!

MOOR *fällt ihm um den Hals*: Bruderherz! Du folgst mir – sie weint, sie vertrauert ihr Leben. Auf! hurtig! Alle! nach Franken! in acht Tagen müssen wir dort sein.

        Sie gehen ab.

VIERTER AUFZUG

ERSTER AUFTRITT

Galerie im Moorischen Schloß

RÄUBER MOOR. AMALIA*.
Verweilen vor einem Gemälde.

RÄUBER MOOR *sehr bewegt*: Ein fürtrefflicher Mann!

AMALIA: Graf Brand scheint viel Anteil an ihm zu nehmen.

RÄUBER MOOR *in den Anblick versunken*: O ein fürtrefflicher Mann – ein göttlicher Mann! – Und er sollte dahin sein?

AMALIA: Dahin – wie unsre besten Freuden dahingehen. *Sanft seine Hand ergreifend:* Graf! es reift keine Seligkeit unter dem Monde.

RÄUBER MOOR: Sehr wahr – sehr wahr – Und sollten Sie schon diese traurige Erfahrung gemacht haben? – Noch können Sie nicht zweiundzwanzig Jahr alt sein.

AMALIA: Und habe sie gemacht – alles lebt, um traurig wieder zu sterben – wir gewinnen nur darum – wir interessieren uns nur darum, daß wir wieder mit Schmerzen verlieren.

RÄUBER MOOR *sieht ihr scharf ins Gesicht*: Sie verloren schon etwas?

AMALIA: Nichts – Alles – Nichts –

RÄUBER MOOR: Und wollen es vergessen lernen in diesem heiligen Kleide da –

AMALIA: Morgen, hoff ich – Wollen wir weitergehen Herr Graf?

---

* Ein Nonnengewand liegt auf dem Tisch.

RÄUBER MOOR: So eilig? – Wes ist das Bild rechter Hand dort? Mir deucht, es ist eine unglückliche Physiognomie.

AMALIA: Dies Bild linker Hand ist der Sohn des Grafen, der wirkliche Herr.

RÄUBER MOOR: Der einige Sohn?

AMALIA: Kommen Sie – kommen Sie!

RÄUBER MOOR: Aber dies Bild rechter Hand?

AMALIA: Sie wollen nicht in den Garten gehn?

RÄUBER MOOR: Aber dies Bild rechter Hand? – Du weinst Amalia?

AMALIA *entfernt sich schnell.*

ZWEITER AUFTRITT

RÄUBER MOOR *allein*

Sie liebt mich! Sie liebt mich! Verräterisch rollten die Tränen von ihren Wangen! Sie liebt mich? – Ist das der Sofa, wo ich an ihrem Halse in Wonne schwamm? Sind das die väterlichen Säle? – Die goldenen Maienjahre der Knabenzeit leben wieder auf in der Seele des Elenden! – Hier solltest du wandeln, dereinst ein großer – stattlicher – gepriesener Mann – hier dein Bubenleben in Amalias aufblühenden Kindern zum zweitenmal leben – hier der Abgott deines Volkes – Nein! Ich geh in mein Elend zurück. – Lebe wohl teures Vaterhaus! Einst sahst du den Knaben Karl – und der Knabe Karl war ein glücklicher Knabe. – Itzt sahst du den Mann – und er war in Verzweiflung. *Er kehrt schnell nach dem äußersten Ende der Bühne, wo er plötzlich stille steht, mit Wehmut:* Sie nimmer sehen? – Kein Lebewohl mehr – keinen Kuß auf ihre süßen Lippen? – Nein! Sehen muß ich sie noch – umarmen muß ich

sie – Es soll mich zermalmen! – Den Gifttrunk dieser Wollust muß ich noch in mich schlürfen, und
dann fort – so weit mich ein Segel führt, und – Verzweiflung. *Er geht ab.*

DRITTER AUFTRITT

FRANZ V. MOOR *in tiefen Gedanken.*

Weg mit diesem Bild! – Weg! Feige Memme! Was
zagst du? und vor wem? Ist mir's nicht die wenige
Stunden, die dieser Graf in meinen Mauren zu-
bringt, als schlich immer ein Spion der Hölle meinen Fersen nach? – Ich sollt ihn kennen! Es ist so
etwas Großes – Oftgesehenes in seinem wilden son-
neverbrannten Gesicht, das mich beben macht. *Auf
und nieder, endlich zieht er die Glocke.* Holla! Franz!
Sieh dich vor! Dahinter steckt irgendein verderben-
trächtiges Ungeheuer!

VIERTER AUFTRITT

DANIEL *kommt.* VORIGER.

DANIEL: Was steht zu Befehl mein Gebieter?
FRANZ *nachdem er ihn lange bedeutend betrachtet*:
Nichts! Fort! Fülle einen Becher Wein – aber hur-
tig. *Daniel ab.*

FÜNFTER AUFTRITT

FRANZ.

Was gilt's? Dieser beichtet, wenn ich ihn auf die
Folter spanne. Ins Auge will ich ihn fassen, so starr,

daß sein getroffenes Gewissen mitten durch die
Larve erblassen soll. *Er steht forschend dem Porträt
Karls gegenüber.* Sein langer Gänsehals – sein
schwarzes überwachsendes, buschigtes Augen-
braun – seine feuerwerfenden Augen! *Plötzlich zu-
sammenfahrend.* Schadenfrohe Hölle: Jagst du mir
diese Ahndung ein? Es ist Karl! –

SECHSTER AUFTRITT

DANIEL *mit Wein.*

FRANZ: Stell ihn hieher – Sieh mir fest ins Auge! – Wie
deine Knie schlottern!– wie du zitterst! Gesteh Alter! was hast du getan?

DANIEL: Nichts, so wahr Gott lebt und meine arme
Seele.

FRANZ: Trink diesen Wein aus! – Was? Du zauderst?
Heraus! Schnell! Was hast du in den Wein geworfen?

DANIEL: Hilf Gott! Was? Ich? in den Wein?

FRANZ: Gift hast du in den Wein geworfen. Bist du
nicht bleich wie Schnee? Gesteh! gesteh! Wer hat's
dir gegeben? Nicht wahr der Graf – der Graf hat
dir's gegeben?

DANIEL: Der Graf? Jesus Maria! Der Graf hat mir
nichts gegeben.

FRANZ *greift ihn hart an*: Ich will dich würgen, daß du
blau wirst, eisgrauer Lügner du! Nichts? – Und
was stecket ihr denn so beisammen? Er und du
und Amalia? und was flistertet ihr immer zusammen? Läßt sie nicht so freche Blicke auf dem Buben herumlaufen, mit denen sie doch gegen alle
Welt sonst so sittsam tut? Sah ich's nicht, wie sie
ein paar diebische Tränen in den Wein fallen ließ,

den er hinter meinem Rücken so hastig in sich
stürzte, als wenn er das Glas mit hineinziehen wollte. Ja! das sah ich – durch den Spiegel sah ich's mit
diesen meinen Augen.

DANIEL: Das weiß der allwissende Gott, wenn ich von
all dem eine Silbe verstehe.

FRANZ: Willst du es leugnen? Willst du mich ins Angesicht Lügen strafen? Was für Kabalen habt ihr an-
gezettelt mich aus dem Weg zu räumen? Nicht
wahr? Mich im Schlaf zu erdrosseln? Mir beim
Bartscheren die Gurgel abzuschneiden? Mich im
Wein oder im Schokolade zu vergiften – heraus
damit! oder mir in der Suppe den ewigen Schlaf zu
geben? Heraus! geschwind! ich weiß alles.

DANIEL: So helfe mir Gott, wenn ich in Not bin, wie ich
Euch jetzt nicht anders sage, als die reine lautere
Wahrheit.

FRANZ: Diesmal will ich dir verzeihen. Aber gelt! Er
steckte dir gewiß Geld in deinen Beutel? Er drückte
dir die Hand stärker als der Brauch ist? So unge-
fähr, wie man sie seinen alten Bekannten zu drük-
ken pflegt?

DANIEL: Niemals, mein Gebieter.

FRANZ: Er sagte dir zum Exempel: daß er dich etwa
schon kenne – daß du ihn fast kennen solltest – daß
dir einmal die Decke von den Augen fallen würde
– daß – was? davon sollt er dir niemals gesagt haben?

DANIEL: Nicht das mindeste.

FRANZ: Daß er sich rächen wolle – aufs grimmigste
rächen wolle?

DANIEL: Nicht einen Laut davon.

FRANZ: Was? Gar nichts? Besinne dich recht – daß er
den alten Herrn sehr genau – besonders genau
gekannt – daß er ihn liebe – ungemein liebe, wie
ein Sohn liebe.

DANIEL: Etwas dergleichen erinnere ich mich von ihm
gehört zu haben.

FRANZ *erschrocken*: Hat er? Hat er wirklich? Er sagte,
er sei mein Bruder?

DANIEL: Nein! das sagte er nicht. Aber wie ihn das
Fräulein in der Galerie herumführte – ich horchte
an der Türe – stand er beim Porträt des Herrn
selig plötzlich still wie vom Donner gerührt – Das
Fräulein deutete drauf hin und sagte: »Ein fürtrefflicher Mann!« »Ja ein fürtrefflicher Mann«,
gab er zur Antwort, indem er sich die Augen
wischte.

FRANZ: Genug. Geh! Lauf! Spring! Hole mir Hermann.

Daniel ab.

SIEBENTER AUFTRITT

FRANZ.

Es ist am Tag. Es ist Karl! – Er wird auftreten und
fragen: Wo ist mein Erbe? – Hab ich darum meine
Nächte verpraßt, darum Felsen hinweggeräumt,
und Abgründe eben gemacht? bin ich darum gegen alle Instinkte der Menschheit rebellisch worden, daß mir zuletzt dieser unstete Landstreicher
durch meinen künstlichsten Wirbel tölple? Sachte!
nur sachte! Es ist nur noch Spielarbeit übrig – so
eine Art von Mord – der ist ein Stümper, der sein
Werk nur auf die Hälfte bringt, und dann weggeht,
und müßig zugafft, wie es weiter damit werden
wird.

ACHTER AUFTRITT

HERMANN *kommt.*

FRANZ: Ha! willkommen mein Euryalus! meiner Künste rüstiges Werkzeug!

HERMANN *kurz und störrig*: Ihr ließet mich holen Graf.

FRANZ: Daß du das Siegel drückest auf dein Meisterstück –

HERMANN *in den Bart*: Wirklich?

FRANZ: Den letzten Pinselstrich ans Gemälde.

HERMANN: Potz!

FRANZ *stutzt*: Soll ich etwa den Wagen vorfahren lassen? Wollen wir's auf der Spazierfahrt ins reine bringen?

HERMANN *trotzig*: Ohne Umstände, wenn's Euch gefällig ist. – Zu dem, was wir heute miteinander ins reine bringen werden, mag wohl dieser Quadratschuh Raumes hinreichen. – Allenfalls könnt ich ein paar Worte vorausschicken, Eurer Lunge für die Zukunft zu schonen.

FRANZ *zurückgezogen*: Hm! – und was wär dieses?

HERMANN *hämisch*: »Du sollst Amalien haben – haben von meiner Hand –«

FRANZ *erstaunt*: Hermann!

HERMANN *wie oben, immer den Rücken gegen Franz gekehrt*: »Amalia ist ein Spiel meines Willens – da kannst du leicht denken – kurz! alles geht nach Wunsch –« *Bricht in ein wütendes Lachen aus – darauf trotzig zu Franz:* Was habt Ihr mir zu sagen Graf Moor?

FRANZ *ausweichend*: Nichts dir – ich schickte nach Hermann.

HERMANN: Ohne Seitensprung! – warum ward ich hieher gesprengt? – Wieder der Narr zu sein wie vordem, und dem Diebe beim Einbrechen die Lei-

97

ter zu halten? Mich zu Eurem Bärnhäuter zu verdingen um einen Schilling? Oder war es nicht so?

FRANZ *besonnen*: Ja recht! – daß wir die Hauptsache
nicht verplaudern – Mein Kammerdiener wird dir
schon gesteckt haben – Ich wollte dich nur über die
Aussteuer hören.

HERMANN: Ich glaube, Ihr foppt mich – oder schlimmer – schlimmer sage ich, wenn's nicht gefoppt ist.
– Moor nehmt Euch in acht – macht mich nicht
rasend Moor. Wir sind allein; hab ich doch ohne-
hin noch einen ehrlichen Namen mit Euch wett zu
spielen. Trauet dem Teufel nicht, den Ihr selbst
warbet.

FRANZ *mit Ehre*: Gilt diese Begegnis deinem gnädigen
gebietenden Herrn? – Zittre Sklave!

HERMANN *mit Spott*: Doch wohl nicht gar vor Eurer
Ungnade? – Eure Ungnade dem, der mit sich
selbst grollt! Pfui Moor! Schon verabscheu ich den
Schurken in Euch, macht nicht, daß ich auch noch
den Gecken belache. Ich kann Gräber sprengen,
und Tote auferstehen heißen – Wer ist nun Sklave?

FRANZ *sehr geschmeidig*: Freund! sei vernünftig und
nicht treulos.

HERMANN: Schweigt. Hier ist Fluch die beste Vernunft,
und Aberwitz hieß hier die Treue. Treue! Wem?
Treue dem ewigen Lügner? – O meine Zähne werden klappern um diese Treue, wenn eine kleine
Dosis von Untreue damals mich zum Heiligen
gemacht hätte – Doch! Geduld! Geduld! Die Rache
ist pfiffig.

FRANZ: Ah gut! recht gut daß ich mich erinnere. Du
hast neulich einen Beutel mit hundert Louis in diesem Zimmer verloren. Fast wäre das vergessen worden. Nimm zurück, Kamerad, was dein ist. *Dringt
ihm einen Beutel auf.*

HERMANN *wirft ihm solchen verächtlich vor die Füße*: Den Fluch über die Ischariotsmünze! Es ist das Handgeld der Hölle – Schon einmal dachtet Ihr, meine Armut zur Kupplerin meines Herzens zu machen – aber gefehlt Graf, unendlich gefehlt – Jener Beutel voll Gold kommt mir trefflich zustatten – gewisse Leute zu verköstigen.

FRANZ *erschrocken*: Hermann! Hermann! Laß mich gewisse Dinge nicht träumen von dir – wenn du mehr tätest als du solltest – Du wärst entsetzlich, Hermann!

HERMANN *frohlockend*: Wär ich? Wär ich wirklich? Nun dann, zur Nachricht, Graf! *Bedeutend:* Ich mäste Eure Schande, und füttere Euer Gericht. Einst will ich's Euch auftischen zum Schmaus, und die Völker der Erde zur Tafel laden. *Höhnisch:* Ihr versteht mich doch mein souveräner, gnädiger gebietender Herr?

FRANZ *springt auf außer Fassung*: Ha! Teufel, falscher Spieler! *Die Faust wider die Stirn.* Und mein Glück zu knüpfen an die Launen eines Schwindelkopfs! – das war dumm!

Wirft sich sprachlos in einen Sessel.

HERMANN *pfeift durch die Finger*: Fi! des verschmitzten Künstlers! –

FRANZ *beißend*: So ist es doch wahr, und abermal wahr! Kein Faden ist so fein gesponnen unter der Sonne, der so schnell risse als die Bande des Bubenstücks! – –

HERMANN: Sachte! sachte! Sind denn die Engel aus der Art geschlagen, daß die Teufel anfangen zu moralisieren?

FRANZ *steht schnell auf, zu Hermann mit hämischen Lächeln*: Und bei dieser Entdeckung werden gewisse Leute wohl auch viel Ehre aufheben?

HERMANN *klatscht in die Hände*: Meisterlich! Unver-

gleichlich! Ihr spielt Eure Rolle zum Küssen! Erst
den leichtgläubigen Toren in den Sumpf gezogen,
und darauf fein das hämische Weh über dir Sünder! – *Mit Lächeln und Zähnknirschen*: O wie fein
die Beelzebub raffinieren! – Doch Graf! *Indem er
ihn auf die Achsel klopft*. Ausgelernt haben wir
noch nicht – bei Gott! du mußt erst hören was der
Verlierer wagt. – Feuer ins Pulvermagazin sagt der
Kaper und hinauf in die Luft – Freund und
Feind!

FRANZ *geht schnell nach der Wand und greift nach einer
Pistole*: Hier ist Verräterei, Entschlossenheit –

HERMANN *zieht ebenso schnell eine Terzerole aus der
Tasche und schlägt an*: Gebt Euch keine Müh. Auf
den Fall versieht man sich bei Euch.

FRANZ *läßt die Pistole fallen und wirft sich sinnlos in
den Sessel*: Doch nur so lang reinen Mund, bis ich –
mich näher bedacht habe!

HERMANN: Bis Ihr ein Dutzend Meuter gedungen, mir
die Zunge zu lähmen auf lange? Nicht wahr? Aber
Ihm ins Ohr: das Geheimnis liegt im Papiere, und –
meine Erben brechen es auf. *Er geht ab*.

NEUNTER AUFTRITT

FRANZ *aufgestanden*.

Franz! Franz! was war das? Wo blieb dein Mut, dein
sonst so fertiger Witz? – Weh! Weh! auch meine
Kreaturen verraten mich. – Die Pfeiler meines
Glücks fangen an mürbe zu werden, und herein
bricht wütend der Feind. – Wohl! es gilt einen raschen Entschluß! – Wie? wenn ich selbst hinginge –
ihm den Degen in den Leib bohrte hinterrücks? ...
Ein verwundeter Mann ist ein Knabe. – Frisch! Ich

will's wagen *Er geht starken Schritts nach dem Ende der Bühne, bleibt aber plötzlich in schröckhafter Erschlaffung stehen* ... Wer schleicht hinter mir? *Die Augen gräßlich rollend* ... Gesichter wie ich noch keine sah – schneidende Triller – Mut hab ich gewiß – Mut, wie einer – Wenn mich ein Spiegel verriete? Oder mein Schatten? Oder der Wind meiner mörderischen Bewegung? – Huh! huh! – Schrekken grieselt in meinen Locken – Durch meine Knochen Zermalmung *Er läßt den Dolch aus dem Kleide fallen.* Feig bin ich nicht – allzu weichherzig bin ich – Ja! so ist es! – Es sind die Zuckungen der sterbenden Tugend – Ich bewundre sie – Ein Ungeheuer müßt ich sein, wollt ich die Hand legen an meinen leiblichen Bruder – Nein! nein! nein! das sei ferne! – Diese Reliquien der Menschheit in mir will ich in Ehren halten – Ich will nicht töten – Du hast gesiegt Natur – auch ich fühle noch etwas, das der Liebe gleicht – Er lebe. *Ab.*

ZEHNTER AUFTRITT

*Ein Garten. Vorn eine Laube, zu der verschiedne
Bogengänge führen.*

AMALIA *allein.*

Du weinst Amalia? – – Und das sprach er mit einem Ausdruck – einem Ausdruck – Mir war's, als ob die Zeit sich verjüngte – die goldnen Frühlinge der Liebe blüheten auf in den Worten – die Nachtigall schlug wie damals, die Blumen dufteten wie damals, und ich lag wonnetrunken an seinem Halse. – Gewiß! wenn die Geister der Abgeschiedenen unter den Lebenden wandeln, so ist dieser Fremd-

ling Karls Engel! – Siehst du, falsches treuloses
Herz, wie schlau du deinen Meineid beschönigst? –
Nein! nein! Weg aus meiner Seele, du Frevelbild!
Hinweg ihr verräterischen gottlosen Wünsche! –
Im Herzen wo Karl begraben liegt, soll kein Er-
densohn nisten. – Doch! doch! Warum meine Gedanken so ewig, so allmächtig nach diesem Unbekannten? Verwachsen in das Bild meines Einzigen? Zerschmolzen – untergegangen in das Bild
meines Einzigen? Du weinst Amalia? – – Ha! flieh!
flieh! Morgen bin ich eine Heilige. *Sie steht auf.*
Heilige? Armes Herz! welch ein Wort war das?
Einst in mein Ohr flötend so süß – Itzt! itzt! – Du
hast geheuchelt mein Herz! Überredetest mich:
Überwindung wär's! Lügnerisch Herz! Es war Verzweiflung.

*Sie setzt sich auf das Kanapee und verhüllt sich das
Gesicht.*

EILFTER AUFTRITT

HERMANN *kommt durch einen Bogengang.*

HERMANN *vor sich*: Der Anfang ist gemacht – Nun mag
der Sturm weiter wüten, und sollt er mir auch bis
an die Gurgel schwellen. *Laut:* Fräulein Amalia!
Fräulein Amalia!

AMALIA *schrickt zusammen*: Ein Auflauscher! was
suchst du hier?

HERMANN: Bringe Zeitungen, spaßhaft, lustig und
fürchterlich. Seid Ihr aufgelegt Beleidigungen zu
vergeben, so sollt Ihr Wunderdinge hören.

AMALIA: Für Beleidigungen hab ich kein Gedächtnis;
mit Neuigkeiten verschone!

HERMANN: Beweint Ihr nicht einen Geliebten?

AMALIA *mißt ihn mit einem großen Blick*: Kind des Unglücks! Was berechtiget dich zu der Frage?

HERMANN *düster vor sich nieder*: Haß und Liebe.

AMALIA *bitter*: Liebt denn unter diesem Himmelsstrich jemand?

HERMANN *wild umschauend*: Bis zum Schelmenstück! – – – Starb Euch nicht kürzlich ein Oheim?

AMALIA *zärtlich*: Ein Vater seiner Tochter!

HERMANN: Sie leben. *Er stürzt hinaus.*

Zwölfter Auftritt

RÄUBER MOOR *durch den Bogengang.*

AMALIA *die wie versteinert gestanden fährt halb rasend auf*: Karl lebt!

Sie will ihm nachstürzen, und stößt - auf den Räuber.

RÄUBER MOOR: Wohin so stürmisch mein Fräulein?

AMALIA *prallt bebend zurück*: Krach unter mir, Erde! – Dieser!

RÄUBER MOOR: Ich kam um Abschied zu nehmen. Doch! – Himmel! – Auf welcher Wallung muß ich Ihnen begegnen?

AMALIA: Gehen Sie Graf – Bleiben Sie – O mir Glücklichen, wären Sie nur itzt nicht gekommen! – Wären Sie nie gekommen!

RÄUBER MOOR: Glücklich wären Sie dann gewesen? – Leben Sie wohl! *Dreht sich plötzlich um zu gehn.*

AMALIA *hält ihn auf*: Um Gottes willen! Bleiben Sie. – Das war nicht meine Meinung. *Die Hände ringend.* Gott! und warum war sie das nicht? – Graf! was tat Ihnen das Mädchen, das Sie zur Verbrecherin machen? Was tat Ihnen die Liebe, die Sie zerstören?

RÄUBER MOOR: Sie ermorden mich Fräulein.

AMALIA: Mein Herz so rein, eh meine Augen Sie sahen. – O daß sie verblindeten diese Augen, die mein Herz verunreinet haben!

RÄUBER MOOR: Mir! – mir diesen Fluch mein Engel! Ihre Augen sind unschuldig, wie Ihr Herz –

AMALIA: Ganz seine Blicke! – Graf ich bitte Sie – kehren Sie diese Blicke von mir, die mein Innerstes empören. Ihn – ihn selbst heuchelt sie mir in diesen Blicken vor, Phantasie die Verräterin. – Gehen Sie, kommen Sie in Krokodilgestalt wieder, und mir ist besser.

RÄUBER MOOR *mit dem vollen Blick der Liebe*: Du lügst Mädchen!

AMALIA *zärtlicher*: Und solltest du falsch sein Graf? Solltest du kurzweilen mit meinem schwachen weiblichen Herzen? – Doch! wie kann Falschheit in einem Auge wohnen, das seinen Augen aus dem Spiegel gleicht – Ach! und erwünscht wenn es so wäre! Glücklich! wenn ich dich hassen müßte! – Weh mir! wenn ich dich nicht lieben könnte.

RÄUBER MOOR *preßt ihre Hand wütend an den Mund.*

AMALIA: Deine Küsse brennen wie Feuer.

RÄUBER MOOR: Meine Seele brennt in ihnen.

AMALIA: Geh – noch ist es Zeit! – Noch! Stark ist die Seele des Mannes. – Leuchte mir vor mit deinem Mute, Mann mit der starken Seele.

RÄUBER MOOR: Dein Zittern entnervet den Starken. Ich wurzle hier, *Sein Gesicht an ihren Busen verbergend.* und hier will ich sterben.

AMALIA *sehr zerstört*: Weg – Laß mich – was hast du gemacht Mann? – Weg mit deinen Lippen – *Sie kämpft ohnmächtig gegen seine Bestürmung.* Gottloses Feuer schleicht in meinen Adern – *Zärtlich und unter Tränen:* Und mußtest du kommen aus fernen Landen eine Liebe zu stürzen die dem Tode trotzte? *Sie drückt ihn fester an die Brust.* Gott vergebe dir's Jüngling!

RÄUBER MOOR *an ihrem Halse gefesselt*: Wenn das die Trennung der Seele vom Körper ist, so ist Sterben das Meisterstück des Lebens – –

AMALIA *mit Wehmut und schwärmend*: Hier wo du itzt stehst, stand er tausendmal, und neben ihm die, die neben ihm Himmel und Erde vergaß. – Hier durchhüpfte sein Aug die um ihn prangende Natur; sie schien den großen belohnenden Blick zu empfinden; und sich unter dem Wohlgefallen ihres Fürsten zu verschönen. – Hier hielt er mit himmlischer Musik die Nachtigallen gefangen – hier an diesem Busch pflückte er Rosen, und pflückte die Rosen für mich – hier, hier lag er an meinem Halse – brannte sein Mund auf dem meinen – *Räuber Moor seiner nicht mehr mächtig, berührt ihren Mund, und ihre Küsse begegnen sich. Moor hängt stürmisch an ihren Lippen, sie sinkt halb ohnmächtig auf das Kanapee.* Strafe mich Karl! Mein Eid ist gebrochen!

RÄUBER MOOR *tritt halb wahnwitzig von ihr hinweg*: Irgendeine Hölle muß auf mich lauern! Ich bin so glücklich! *Starrt sie an.*

AMALIA *hat ihren Ring erblickt und fährt ungestüm auf vom Kanapee*: Was? Du noch am Finger der Verbrecherin! Solltest du Zeuge sein, wie Amalia ihrer Eide spottet? – Herab mit dir! *Sie reißt den Ring vom Finger, und gibt ihn dem Räuber.* Nimm ihn – nimm ihn geliebter Verführer – Und mit ihm mein Heiligstes, mein Alles – meinen Karl! *Sie stürzt in den Sofa zurück.*

RÄUBER MOOR *erblaßt*: Du dort oben! war das deine Meinung? – Das ist ebender Ring, den ich ihr selber gab, zum Zeichen des Bundes – Fahr in die Hölle Liebe! Ich hab meinen Ring wieder!

AMALIA *erschrocken*: Gott! was ist dir? – Wild rollen deine Augen – Bleich wie Schnee deine Lippen! –

Weh mir! Rauscht sie so schnell dahin die Wonne des Verbrechens!

RÄUBER MOOR *mit Überwindung*: Nichts! nichts! – *Starr in die Höhe*: Noch bin ich ein Mann! – *Er zieht seinen Ring herab, und steckt ihn Amalien an den Finger*. Nimm auch diesen – diesen, süße Furie meines Herzens – und mit ihm mein Heiligstes, mein Alles – meine Amalia!

AMALIA *aufgesprungen*: Deine Amalia?

RÄUBER MOOR *mit Wehmut*: Oh! sie war ein so liebes Mädchen und treu, wie ein Engel. Einen Demant gab sie mir beim Abschied – einen Brillantring ließ ich ihr zurück zum Zeugen des Bundes. Sie hörte, ich sei gestorben, und blieb treu dem Gestorbenen. Sie hörte wieder, ich lebe, und wird treulos dem Lebendigen. Ich fliege in ihre Arme – Meine Wollust war wie der Unsterblichen – Fühle den Donnerschlag, der mein Herz traf, Amalia! Meinen Brillanten gibt sie mir wieder. Ich – gab ihr den Demant.

AMALIA *starrt verwundernd in den Boden*: Seltsam! Fürchterlich seltsam!

RÄUBER MOOR: Wohl fürchterlich und seltsam! Gutes Kind, viel – sehr viel hat der Mensch noch zu lernen, eh er das Wesen über ihm auslernt, das seiner Eide lacht, und weint über seine Plane – Meine Amalia ist ein unglückliches Mädchen!

AMALIA: Unglücklich – weil sie dich von sich stieß.

RÄUBER MOOR: Unglücklich – weil sie mich zwiefach umarmet.

AMALIA *mit sanftem Schmerz*: Oh! dann gewiß unglücklich! Das liebe Mädchen! Sie sei meine Schwester! – Aber noch gibt es eine bessere Welt. –

RÄUBER MOOR: Wo die Schleier fallen, und die Liebe mit Entsetzen zurückprallt. – Ewigkeit heißt ihr Name. – Meine Amalia ist ein unglückliches Mädchen!

AMALIA *etwas leichtfertig*: Sind es alle die dich lieben und Amalia heißen?

RÄUBER MOOR: Alle – wenn sie wähnen einen Engel zu umhalsen, und – einen Totschläger in den Armen finden. – Meine Amalia ist ein unglückliches Mädchen!

AMALIA *im Ausbruch der schmerzlichsten Empfindung*: Ich beweine sie!

RÄUBER MOOR *nimmt ihre Hand, und hält ihr den Ring vor die Augen*: Weine über dich selber! *Er stürzt hinaus.*

AMALIA *hat den Ring erkannt*: Karl! Karl! O Himmel und Erde!

Sinkt nieder.

DREIZEHNTER AUFTRITT

Wald; Mond; Nacht.
Ein altes verfallenes Raubschloß vorn auf der Bühne.

DIE RÄUBERBANDE *gelagert auf dem Boden.*
SPIEGELBERG, RAZMANN *kommen in ein Gespräch.*

RAZMANN: Es wird Nacht – und der Hauptmann noch nicht da?

SPIEGELBERG: Ein Wort im Vertrauen Razmann. – Hauptmann sagst du? Wer hat ihn zum Hauptmann über uns gesetzt? oder hat er nicht diesen Titel usurpiert, der von Rechts wegen mein ist? – Wie? setzen wir darum unser Leben auf den Sprung eines Würfels? Baden wir darum alle Milzsuchten des Schicksals aus, daß wir am Ende noch von Glück sagen, die Leibeignen eines Sklaven zu sein? – Leibeigne, da wir Fürsten sein könnten! – Bei Gott, Razmann! Das hat mir niemals gefallen.

RAZMANN: Beim Donner! Mir auch nicht – aber was machen?

SPIEGELBERG: Fragst du mich das, und bist doch der Spitzbuben einer? – Razmann, wenn du bist wofür ich dich immer hielt – Razmann – man vermißt ihn – gibt ihn halb verloren – Razmann – mich deucht, seine schwarze Stunde schlägt. Wie? Nicht in die Luft springst du, da dir die Glocke zur Freiheit läutet? Hast nicht einmal so viel Mut, einen kühnen Wink zu verstehen?

RAZMANN: Ha Satan! worin verstrickst du meine Seele?

SPIEGELBERG: Hat's gefangen? – Gut! so folge! Ich hab mir's gemerkt, wohin er geschlichen ist. Komm! Zwei Pistolen fehlen selten, und dann –

SCHWEIZER *der in die Höhe springt*: Ha! Bestie! Eben recht erinnerst du mich an die böhmischen Wälder! – Warst du nicht die Memme die anhob zu schnadern als sie riefen der Feind kommt? – Ich habe damals bei meiner Seele geflucht – Fahr hin Meuchelmörder!

Sie ziehen ihre Degen und kommen ins Handgemeng.

RÄUBER *in Bewegung*: Mordjo! Mordjo! – Schweizer – Spiegelberg – Reißt sie auseinander.

SCHWEIZER *der ihn erstochen hat*: Da! – Und so krepier du! – Friede Kameraden – Laßt euch die Hasenjagd nicht aufwecken – die Bestie ist dem Hauptmann immer giftig gewesen, und hat keine Narbe auf ihrer ganzen Haut. – Ha! über den Racker! von hinten her will er Männer zuschanden schmeißen? Männer von hinten her! – Ist uns darum der helle Schweiß über die Backen gelaufen, daß wir aus der Welt schleichen wie Schurken? Bestie du! haben wir uns darum unter Feuer und Rauch gebettet, daß wir zuletzt wie Ratten verrecken?

GRIMM: Aber zum Teufel! Der Hauptmann wird rasend werden.

SCHWEIZER: Dafür laß mich sorgen. – Der Schufterle hat's auch so gemacht, aber dafür hängt er itzt auch in der Schweiz, wie's ihm mein Herr prophezeit hat.

Man hört schießen.

GRIMM: *aufspringend*: Horch ein Pistolschuß! *Man schießt zum zweitenmal.* Noch einer! Holla! der Hauptmann!

KOSINSKY: Nur Geduld! Er muß zum drittenmal schießen.

Man hört noch einen Schuß.

GRIMM: Er ist's! Ist's! Salvier dich, Schweizer! Laßt uns ihm antworten.

Sie blasen in die Hörner.

VIERZEHNTER AUFTRITT

RÄUBER MOOR *tritt auf.* VORIGE.

SCHWEIZER *ihm entgegen*: Sei willkommen mein Hauptmann! – Ich bin ein bißchen vorlaut gewesen seit du weg bist. *Er führt ihn an die Leiche.* Sei du Richter zwischen mir, und diesem. – Von hinten hat er dich ermorden wollen.

RÄUBER MOOR *in den Anblick verloren, bricht heftig aus*: O unbegreiflicher Finger der rachekundigen Nemesis! War's nicht dieser, der mir das Sirenenlied trillerte? – Weihe dies Schwert der dunklen Vergelterin – Das hast du nicht getan Schweizer.

SCHWEIZER: Bei Gott ich hab's wahrlich getan und es ist beim Teufel nicht das Schlechteste, was ich in meinem Leben getan habe. *Wirft den Degen über ihn und geht unwillig ab.*

RÄUBER MOOR *nachdenkend*: Ich verstehe – Lenker im Himmel! – Ich verstehe – die Blätter fallen vom

Stamme – Mein Herbst ist kommen – Schafft mir diesen aus den Augen.

Spiegelbergs Leiche wird hinweggetragen.

GRIMM: Gib uns Ordre Hauptmann! was sollen wir weiter tun?

RÄUBER MOOR: Bald – bald ist alles erfüllet. Ich habe mich selbst verloren, seit ich dort war – Nehmt eure Hörner und spielt – Ich muß mich zurückwiegen in die Tage meiner Kraft. – Spielt!

KOSINSKY: Es ist Mitternacht Hauptmann. Wie Blei liegt der Schlaf in uns – seit drei Tagen kein Auge zu.

RÄUBER MOOR: Sinkt denn der balsamische Schlaf auch auf die Augen der Schelmen? Warum fliehet er mich? – Ich bin nie ein Feiger gewesen, oder ein schlechter Kerl. – Spielt, befehl ich! – Musik muß ich hören, daß mein schlafender Genius wieder aufwacht.

Sie spielen einen Marsch.

RÄUBER MOOR *der während der Musik tief in sich gekehrt auf und nieder gegangen, unterbricht sie schnell*: Hinweg! Gute Nacht! Morgen höret ihr weiter.

RÄUBER *legen sich auf die Erde*: Gute Nacht Hauptmann! *Sie schlafen ein.*

FÜNFZEHNTER AUFTRITT

RÄUBER MOOR *allein wach.*
Tiefe Stille.

Eine lange – lange gute Nacht; kein Morgen wird sie mehr röten! – – – Glaubt ihr, ich werde zittern? Geister meiner Erwürgten! Ich werde nicht zittern. – Euer banges Sterbegewinsel, euer schwarz gewürgtes Gesicht, eure fürchterlich klaffenden Wunden sind ja nur Glieder einer unzerbrechlichen Kette des Schicksals, und hängen zuletzt an meinen Feierabenden, an den Launen meiner Ammen und Hofmeister, am Temperament meines Vaters, am Blut meiner Mutter. – Warum hat mein Perillus einen Ochsen aus mir gemacht, daß die Menschheit in meinem glühenden Bauche bratet? *Er setzt die Pistole an.* Zeit und Ewigkeit! – über diesem Rohr sich umarmend!– Grauser Schlüssel! der das Gefängnis des Lebens hinter mir schließt, und vor mir aufriegelt die Behausung der ewigen Freiheit. – Sage mir, o sage mir! – Wohin? Wohin wirst du mich führen? Fremdes, nie umsegeltes Land! – Siehe, die Menschheit erschlappt unter diesem Bilde – die Spannkraft des Endlichen läßt nach, und die Phantasie, der mutwillige Affe der Sinne, gaukelt unserem Kleinmut seltsame Schatten vor. – Nein! Nein! ein Mann muß nicht straucheln. – Sei wie du willst, namenloses Jenseits! – Bleibt mir nur dieses mein Selbst getreu. – Sei wie du willst, wenn ich nur mich selbst mit hinübernehme. – Außendinge sind nur die Farbe des Geistes – Ich selbst bin mein Himmel und meine Hölle! *Den Blick starr hinausgeheftet:* Wenn du mir irgendeinen eingeäscherten Weltkreis allein ließest, den du aus deinen Augen verbannt hast, wo die einsame Nacht, und die ewige Wüste meine Aussichten sind? – – Ich würde dann das schweigende Leere mit meinen Träumen bevölkern, und hätte die Ewigkeit zur Muße, das verworrene Bild des allgemeinen Elends zu zergliedern. – – – Oder willst du mich durch immer neue Geburten, und immer neue Schauplätze des Elends von Stufe zu Stufe – zur Vernichtung? – führen? Kann ich nicht die Lebensfäden die mir jenseits gesponnen sind, so leicht zerreißen wie diesen? – Du kannst mich zu nichts machen – Diese Freiheit kannst du mir nicht nehmen. *Er lädt die Pistole. Plötzlich hält er ein.* Und soll ich für Furcht eines qualvollen Lebens sterben? Soll ich dem Elend den Sieg über mich einräumen? – Nein! ich will's dulden! *Er wirft die Pistole weg.* Die Qual erlahme an meinem Stolz! Ich will's vollenden!

Immer finstrer; es schlägt zwölf Uhr.

Sechszehnter Auftritt

Hermann *kommt durch den Wald. Hernach die*
Stimme des Alten Moors *im Turm.*

Hermann: Horch! Horch! grausig heulet der Kauz! – Zwölf schlägt's drüben im Dorf – Wohl! Wohl! alles liegt schlafen – nur das böse Gewissen wacht, und – die Rache. – *Er tritt an den Turm und pocht.* Komm herauf Jammermann! – Turmbewohner! Deine Mahlzeit ist bereitet.

Räuber Moor *tritt bebend zurück*: Was soll das bedeuten?

Eine Stimme *aus dem Turm*: Wer pocht da? He? Bist du's Hermann mein Rabe?

Hermann: Bin's, Hermann dein Rabe. Steig herauf ans Gitter und iß. – Fürchterlich trillern deine Schlafkameraden. Alter – – dir schmeckt's?

Die Stimme: Hungerte mich sehr. Habe Dank, Rabensender fürs Brot in der Wüste! – Und wie geht's meinem lieben Kind, Hermann?

Hermann: Stille! – Horch! – Geräusch, wie von Schnarchenden – Hörst du nichts?

Stimme: Wie? Hörst du etwas?

Hermann: Den Wind pfeifen durch die Ritzen des

Turmes. – Eine Nachtmusik davon einem die Zähne klappern und die Nägel blau werden. – Horch! Noch einmal! – Immer ist mir als hört ich ein Schnarchen. Du hast Gesellschaft Alter – Hu! hu! hu!

STIMME: Siehst du etwas?

HERMANN: Leb wohl! Leb wohl! – Grausig ist diese Wüste. – Steig hinunter ins Loch – Nahe dein Retter! dein Rächer – *Er will fliehen.*

RÄUBER MOOR *tritt mit Entsetzen hervor:* Steh!

HERMANN *steht still:* Wer da?

RÄUBER MOOR: Steh! Rede! Wer bist du? Was hast du hier zu tun? Rede!

HERMANN *kommt vorwärts:* Gewiß! seiner Auflaurer einer! Ich fürchte nichts mehr. *Zieht den Degen:* Wehre dich Schurke! Du hast deinen Mann vor dir.

RÄUBER MOOR *schlägt ihm den Degen weit weg:* Antwort will ich. Wofür das bübische Degenspiel? – Von Rache sprachst du? – Rache kömmt mir zu – unter diesem Monde! Wer will mir ins Handwerk greifen.

HERMANN *bebt erschrocken zurück:* Bei Gott! den gebar das Weib nicht! – Sein Betasten entnervt wie der Tod.

DIE STIMME *im Turm:* Weh! Weh! bist du's Hermann, der da redet? Mit wem redest du Hermann?

RÄUBER MOOR: Drunten noch jemand? was geht hier vor? – *Läuft dem Turme zu.* Irgendein Ungeheuer von Geheimnis liegt in diesem Turme verlarvt – Mit dem Degen will ich's entlarven.

HERMANN *kommt schüchtern näher:* Furchtbarer Fremdling! Bist du vielleicht der satanische Poltergeist dieser Wüste? – oder bist du der Sbirren der dunkeln Vergeltung einer, die durch die Unterwelt patrouillieren gehen, und die Geburten der Mitter-

nacht mustern – Oh! wenn du der bist, so sei willkommen an diesem Turme!

RÄUBER MOOR: Erraten Nachtwanderer. Würgengel ist
mein Name. Fleisch und Blut hab ich wie du? Ist's
ein Gefangener, den die Menschen abschüttelten?
ich will seine Ketten lösen. – Stimme! noch einmal!
Wo ist die Türe?

HERMANN: Ebenso leicht sprengt Beelzebub die Tore
des Himmels, als du diese – Geh heim Starker! der
Witz der Lotterbuben geht über die Sennen der
Männer.

Schlägt mit dem Degen an den Turm.

RÄUBER MOOR: Aber nicht über den Witz der Diebe! *Er
zieht Hauptschlüssel heraus.* Ich danke dir Gott, daß
du mich stelltest an die Spitze der Beutelschneider!
– Diese Schlüssel verlachen die Fürsicht der Hölle –
*Er nimmt einen Schlüssel und öffnet den Turm. Aus
dem Grund steigt ein Alter ausgemergelt wie ein Gerippe. Moor springt erschrocken zurück.* Entsetzliches Blendwerk! Mein Vater!

SIEBENZEHNTER AUFTRITT

DER ALTE MOOR. VORIGE.

DER ALTE MOOR: Habe Dank o Gott! Erschienen ist die
Stunde der Erlösung.

RÄUBER MOOR: Geist des alten Moors! Was hat dich
beunruhigt in deinem Grabe? Hast du eine Sünde
in jene Welt geschleppt, die dir den Eingang in die
Pforten des Paradieses verrammelt? Ich will beten,
ich will Messen lesen lassen, den irrenden Geist in
seine Heimat zu senden. Hast du das Gold der Wit-
wen und Waisen unter die Erde gegraben, das dich
zu dieser mitternächtlichen Stunde heulend her-

umtreibt? Ich will den unterirdischen Schatz aus den Klauen des Zauberhundes reißen, und wenn er tausend rote Flammen auf mich speit, und seine spitzen Zähne gegen meinen Degen bleckt. Oder kommst du, auf meine Frage, die Rätsel der Ewigkeit zu entfalten? Rede! Rede! Ich bin der Mann der bleichen Furcht nicht.

DER ALTE MOOR: Ich bin kein Geist. Taste mich an. Ich lebe. O ein elendes erbärmliches Leben!

RÄUBER MOOR: Was? Du bist nicht begraben worden?

DER ALTE MOOR: Ich bin begraben worden. Das heißt: Ein toter Hund liegt in meiner Väter Gruft – Und ich – drei volle Monde schmacht ich schon in diesem finstern Turme, von keinem Strahle beschienen, von keinem warmen Lüftchen angeweht, wo wilde Raben krächzen, und mitternächtliche Uhue heulen.

RÄUBER MOOR: Himmel und Erde! Wer hat das getan?

HERMANN *mit grimmiger Freude*: Ein Sohn!

DER ALTE MOOR: Verfluch ihn nicht!

RÄUBER MOOR: Ein Sohn? *Wütend gegen Hermann stürzend*. Schlangenzüngiger Lügner! Ein Sohn? Sprich das: Sohn nochmal, und ich bohre zehen Schwerter in deine lästernde Gurgel! Ein Sohn?

HERMANN: Und wenn die Hölle dabei bankerott würde! Sein Sohn, sag ich!

RÄUBER MOOR *erstarrt wie eine Statue*: O ewiges Chaos!

DER ALTE MOOR: Wenn du ein Mensch bist, und ein menschliches Herz hast – Erlöser! den ich nicht kenne, oh! so höre den Jammer eines Vaters, den ihm seine Söhne bereitet haben. – Drei Monde schon hab ich's tauben Felsenwänden zugewinselt; aber ein hohler Widerhall äffte meine Klagen nur nach. – Darum wenn du ein Mensch bist und ein menschliches Herz hast –

RÄUBER MOOR: Diese Beschwörung könnte die Wölfe auffordern.

DER ALTE MOOR: Ich lag eben auf dem Siechbette, hatte kaum einige Kräfte nach einer harten Krankheit gesammelt, so brachte man einen Mann zu mir, der meldete, mein Erstgeborner sei gefallen in der Schlacht, und sein letztes Lebewohl, und daß ihn mein Fluch gejagt hätte in Kampf, und Tod, und Verzweiflung.

HERMANN: Gelogen! Garstig gelogen! Dieser Schurke war ich selbst – erkauft von ihm mit Gold und Versprechungen, Euch das Nachsuchen zu legen, und den Garaus zu machen durch die Trauerpost.

DER ALTE MOOR: Du? du? O Himmel! Und es war abgekartet – und ich war betrogen?

RÄUBER MOOR *tritt außer sich auf die Seite*: Hörst du's Moor? Hörst du's? Es fängt an zu tagen! Fürchterlich! fürchterlich!

HERMANN: Tretet mich breit wie eine Natter! Ich war sein Helfershelfer; unterdrückte die Briefe Eures Karls; verfälschte die Eurigen und unterschob andere feindseligen Inhalts. So hinterging man Euch – so zwackte man ihn aus Eurem Testament und Herzen.

RÄUBER MOOR *in der entsetzlichsten Bedrängnis*: Und darum Räuber und Mörder! *Die Faust wider Brust und Stirne.* O ich blöder! blöder! blöder Tor! – Spitzbübische Künste! Und darum Mordbrenner und Mörder!

   Halb rasend auf und nieder.

DER ALTE MOOR *mit gemildertem Zorn*: Franz! Franz! – doch ich will nicht fluchen! – Und daß ich nichts sah, nichts merkte! Weh über den blinden Verzärtler!

RÄUBER MOOR *plötzlich stillstehend*: Und im Turme der Vater? *Den Schmerz in sich pressend.* Ich habe hier nichts zu zürnen. *Zum alten Moor mit erzwungner Ruhe.* Redet weiter.

DER ALTE MOOR: Ich ward ohnmächtig, bei der Botschaft. Man muß mich für tot gehalten haben, denn als ich wieder zu mir selber kam, lag ich schon in der Bahre, und ins Leichentuch gewickelt wie ein Toter. Ich kratzte an dem Deckel der Bahre. Er ward aufgetan. Es war finstere Nacht, mein Sohn Franz stand vor mir. – Was? rief er mit entsetzlicher Stimme, willst du denn ewig leben? – und gleich flog der Sargdeckel wieder zu. Der Donner dieser Worte hatte mich meiner Sinne beraubt; als ich wieder erwachte, fühlt ich den Sarg erhoben und fortgeführt in einem Wagen eine halbe Stunde lang. Endlich ward er geöffnet – ich stand am Eingang dieses Gewölbes, mein Sohn vor mir, und der Mann, der mir das blutige Schwert von Karln gebracht hatte. – Zehnmal umfaßt ich seine Knie, und bat und flehte, und umfaßte sie und beschwur – das Flehen seines Vaters reichte nicht an sein Herz – Hinab mit dem Balg! donnerte es von seinem Munde, er hat genug gelebt, und hinab ward ich gestoßen ohne Erbarmen, und mein Sohn Franz schloß hinter mir zu.

RÄUBER MOOR: Es ist nicht möglich, nicht möglich! Ihr müßt Euch geirrt haben.

DER ALTE MOOR: Ich kann mich geirrt haben. Höre weiter, aber zürne doch nicht! So lag ich zwanzig Stunden, und kein Mensch gedachte meiner Not. Auch hat keines Menschen Fußtritt je diese Einöde betreten, denn die allgemeine Sage geht, daß die Gespenster meiner Väter in diesen Ruinen rasselnde Ketten schleifen, und in mitternächtlichen Stunden ihr Totenlied raunen. Endlich hört ich die Tür wieder aufgehen; dieser Mann brachte mir Brot und Wasser, und entdeckte mir, wie ich zum Tod

des Hungers verurteilt gewesen, und wie er sein
Leben in Gefahr setze, wenn es herauskäme, daß er
mich speise. So ward ich kümmerlich erhalten diese lange Zeit; aber der unaufhörliche Frost – die
faule Luft meines Unrats – der grenzenlose Kummer – meine Kräfte wichen, mein Leib schwand;
tausendmal bat ich Gott mit Tränen um den Tod –
aber das Maß meiner Strafe muß noch nicht gefül-
let sein – oder muß noch irgendeine Freude meiner
warten, daß ich so wunderbarlich erhalten bin.
Aber ich leide gerecht – Mein Karl! mein Karl! –
und er hatte noch keine graue Haare.

RÄUBER MOOR: Es ist genug. Auf! ihr Klötze, ihr Eis-
klumpen! Ihr trägen fühllosen Schläfer! Auf! will
keiner erwachen?

Er tut einen Pistolschuß über die schlafenden Räuber.

ACHTZEHNTER AUFTRITT

DIE VORIGEN *und* DIE RÄUBER, *die aus dem Schlaf
aufspringen.*

DIE RÄUBER *aufgejagt:* He, holla! holla! was gibt's da?

MOOR: Hat euch die Geschichte nicht aus dem Schlummer gerüttelt? Der ewige Schlaf würde wach worden sein! Schaut her! schaut her! die Gesetze der
Welt sind Würfelspiel worden; das Band der Natur
ist entzwei; die alte Zwietracht ist los; der Sohn hat
seinen Vater erschlagen.

DIE RÄUBER: Was sagt der Hauptmann?

MOOR: Nein, nicht erschlagen! Das Wort ist Beschöni-
gung! – der Sohn hat den Vater tausendmal gerädert, gespießt, gefoltert, geschunden! die Worte
sind mir zu menschlich – worüber die Sünde rot
wird, worüber der Kannibale schaudert, worauf

seit Äonen kein Teufel gekommen ist. – Der Sohn
hat seinen eigenen Vater – o seht her, seht her! er
ist in Ohnmacht gesunken – in diesen Turm hat der
Sohn seinen Vater – Frost – Blöße – Hunger – Durst
– o seht doch, seht doch! – es ist mein eigner Vater,
ich will's nur gestehn.

DIE RÄUBER *springen herbei und umringen den Alten*:
Dein Vater? dein Vater?

SCHWEIZER *tritt ehrerbietig näher, fällt vor ihm nieder*:
Vater meines Hauptmanns! Ich küsse dir die Füße!
du hast über meinen Dolch zu befehlen.

MOOR: Rache! Rache! Rache dir! grimmig beleidigter,
entheiligter Greis! So zerreiß ich von nun an auf
ewig das brüderliche Band. *Er zerreißt sein Kleid
von oben an bis unten.* So verfluch ich jeden Tropfen brüderlichen Bluts im Antlitz des offenen
Himmels! Höre mich Mond und Gestirne! Höre
mich mitternächtlicher Himmel, der du auf die
Schandtat herunterblicktest! Höre mich drei-
malschrecklicher Gott, der da oben über dem Monde waltet, und rächt und verdammt über den Sternen, und feuerflammt über der Nacht! Hier knie
ich – hier streck ich empor die drei Finger in die
Schauer der Nacht – hier schwör ich, und so speie
die Natur mich aus ihren Grenzen wie eine bösarti-
ge Bestie aus, wenn ich diesen Schwur verletze,
schwör ich das Licht des Tages nicht mehr zu grüßen, bis des Vatermörders Blut, vor diesem Steine
verschüttet, gegen die Sonne dampft! *Er steht auf.*

DIE RÄUBER: Es ist ein Belialsstreich! Sag einer, wir
seien Schelmen! Nein bei allen Drachen! So bunt
haben wir's nie gemacht!

MOOR: Ja! und bei allen schrecklichen Seufzern derer,
die jemals durch eure Dolche starben, derer, die
meine Flamme fraß und mein fallender Turm zer-
malmte – eh soll kein Gedanke von Mord oder

Raub Platz finden in eurer Brust, bis euer aller
Kleider von des Verruchten Blute scharlachrot gezeichnet sind. – Das hat euch wohl niemals geträu-
met, daß ihr der Arm höherer Majestäten seid? Der
verworrene Knäul unsers Schicksals ist aufgelöst!
Heute, heute hat eine unsichtbare Macht unser
Handwerk geadelt! Betet an vor dem, der euch dies
erhabene Los gesprochen, der euch hieher geführt,
der euch gewürdiget hat die schreckliche Engel seines finstern Gerichtes zu sein! Entblößet eure
Häupter! Kniet hin in den Staub, und stehet gehei-
liget auf!

Sie knien.

SCHWEIZER: Gebeut Hauptmann! was sollen wir tun?

MOOR: Steh auf Schweizer, und rühre diese heilige
Locken an! *Er führt ihn zu seinem Vater und gibt
ihm eine Locke in die Hand.* Du weißt noch, wie du
einsmals jenem böhmischen Reuter den Kopf spal-
tetest, da er eben den Säbel über mich zuckte, und
ich atemlos und erschöpft von der Arbeit in die
Knie gesunken war? dazumal verhieß ich dir eine
Belohnung, die königlich wäre; ich konnte diese
Schuld bisher niemals bezahlen.

SCHWEIZER: Das schwurst du mir, es ist wahr, aber laß
mich dich ewig meinen Schuldner nennen!

MOOR: Nein, itzt will ich bezahlen. Schweizer, so ist
noch kein Sterblicher geehrt worden wie du! – Rä-
che meinen Vater!

Schweizer steht auf.

SCHWEIZER: Großer Hauptmann! Heut hast du mich
zum erstenmal stolz gemacht! – Gebeut, wo, wie,
wann soll ich ihn schlagen?

MOOR: Die Minuten sind gezählt, du mußt eilends
gehn. – Lies dir die würdigsten aus der Bande, und
führe sie gerade nach des Edelmanns Schloß! Zerr
ihn aus dem Bette, wenn er schläft, oder in den

Armen der Wollust liegt; schlepp ihn vom Mahle weg, wenn er besoffen ist; reiß ihn vom Kruzifix, wenn er betend davor auf den Knien liegt! Aber ich sage dir, ich schärf es dir hart ein, liefre ihn mir nicht tot! Dessen Fleisch will ich in Stücken reißen, und hungrigen Geiern zur Speise geben, der ihm nur die Haut ritzt, oder ein Haar kränkt! Ganz muß ich ihn haben, und wenn du ihn ganz und lebendig bringst, so sollst du eine Million zur Belohnung haben; ich will sie einem Könige mit Gefahr meines Lebens stehlen, und du sollst frei ausgehn, wie die weite Luft. – Hast du mich verstanden, so eile davon!

SCHWEIZER: Genug Hauptmann – Hier hast du meine Hand darauf: Entweder, du siehst zwei zurückkommen, oder gar keinen. Schweizers Würgengel kommt.

Ab mit einem Geschwader und Hermann.

MOOR: Ihr übrigen zerstreut euch im Wald – Ich bleibe.

FÜNFTER AUFZUG

ERSTER AUFTRITT

Aussicht von vielen Zimmern.
FRANZ *im Schlafrock hereingestürzt. Sogleich* DANIEL.

FRANZ: Verraten! Verraten! Geister ausgespien aus Gräbern – Losgerüttelt das Totenreich aus dem ewigen Schlaf brüllt wider mich Mörder! Mörder! – wer regt sich da?

DANIEL *ängstlich*: Hilf Himmel! Seid Ihr's gestrenger Herr, der so gräßlich durch die Gewölbe schreit, daß alle Schläfer auffahren?

FRANZ: Schläfer? Wer heißt euch schlafen? Es soll niemand schlafen in dieser Stunde. Hörst du? Alles soll aufsein – in Waffen – alle Gewehre geladen. – Sahst du sie dort im Bogengang hinschweben?

DANIEL: Wen gnädiger Herr?

FRANZ: Wen? Dummkopf! wen? So kalt, so leer fragst du, wen? hat mich's doch angepackt wie der Schwindel! wen? Eselskopf! wen? Geister und Teufel! Wie weit ist's in der Nacht?

DANIEL: Eben itzt ruft der Nachwächter zwei an.

FRANZ: Was? will diese Nacht währen bis an den Jüngsten Tag? Hörtest du keinen Tumult in der Nähe? Kein Siegsgeschrei? Kein Geräusch galoppierender Pferde? wo ist Karder Graf, will ich sagen?

DANIEL: Ich weiß nicht, mein Gebieter.

FRANZ: Du weißt's nicht? Du bist auch unter der Rotte? Ich will dir das Herz aus den Rippen stampfen! mit deinem verfluchten: ich weiß nicht! Was? auch Bettler wider mich verschworen? Himmel, Hölle! alles wider mich verschworen?

DANIEL: Mein Gebieter –

FRANZ: Nein! ich zittere nicht! Es war ledig ein Traum. Die Toten stehen noch nicht auf – Wer sagt, daß ich zittre und bleich bin? Es ist mir ja so leicht, so wohl.

DANIEL: Ihr seid totenbleich, Eure Stimme ist bang und lallet.

FRANZ: Ich habe das Fieber; ich will morgen zur Ader lassen.

DANIEL: O Ihr seid ernstlich krank.

FRANZ: Ja freilich, freilich! das ist's alles. – Und Krankheit verstöret das Gehirn, und brütet tolle und wunderliche Träume aus. – Träume bedeuten nichts – nicht wahr Daniel? Träume kommen ja aus dem Bauche und Träume bedeuten nichts. – Ich hatte soeben einen lustigen Traum.

Er sinkt ohnmächtig nieder.

DANIEL: Gott was ist das! Georg! Konrad! Bastian! Martin! so gebt doch nur eine Urkund von euch! *Rüttelt ihn.* So nehmt doch nur Vernunft an! So wird's heißen, ich habe ihn tot gemacht. Gott erbarme sich meiner!

FRANZ *verwirrt*: Weg!– weg! was rüttelst du mich so, scheußliches Totengerippe? – Die Toten stehen noch nicht auf –

DANIEL: O du ewige Güte! Er hat den Verstand verloren.

FRANZ *richtet sich matt auf*: Wo bin ich? – Du Daniel? was hab ich gesagt? Merke nicht drauf! Ich hab eine Lüge gesagt, es sei was es wolle – Komm! hilf mir auf! – Es ist nur ein Anstoß von Schwindel – weil ich – weil ich – nicht ausgeschlafen habe.

DANIEL: Ich will Hülfe rufen, ich will nach Ärzten rufen.

FRANZ: Bleib! setz dich neben mich auf diesen Sofa – So – du bist ein gescheuter, ein guter Mann. Laß dir's erzählen.

DANIEL: Itzt nicht, ein andermal! Ich will Euch zu Bette bringen. Ruhe ist Euch besser.

FRANZ: Nein, ich bitte dich, laß dir erzählen, und lache mich derb aus! – Siehe, mir deuchte, ich hätte ein königlich Mahl gehalten, und mein Herz wäre guter Dinge, und ich läge berauscht im Rasen des Schloßgartens, und plötzlich – plötzlich, aber ich sage dir, lache mich derb aus! –

DANIEL: Plötzlich?

FRANZ: Plötzlich traf ein ungeheurer Donner mein schlummerndes Ohr; ich taumelte bebend auf, und siehe, da war mir's, als säh ich aufflammen den ganzen Horizont in feuriger Lohe, und Berge und Städte und Wälder, wie Wachs im Ofen zerschmelzen, und eine heulende Windsbraut fegte von hinnen Meer, Himmel und Erde. –

DANIEL: Das ist ja das leibhafte Konterfei vom Jüngsten Tag.

FRANZ: Nicht wahr? das ist tolles Zeug? Da trat einer hervor, der hatte in seiner Hand eine eherne Waage, die hielt er zwischen Aufgang und Niedergang, und sprach: Tretet herzu, ihr Kinder des Staubes. – Ich wäge die Gedanken!

DANIEL: Gott erbarme sich meiner!

FRANZ: Schneebleich stunden alle; ängstlich klopfte die Erwartung in jeglicher Brust. Da war mir's, als hört ich meinen Namen zuerst genannt aus den Wettern des Berges, und mein innerstes Mark gefror in mir, und meine Zähne klapperten laut.

DANIEL: O Gott vergeb Euch!

FRANZ: Das tat er nicht! – Siehe, plötzlich erschien ein alter Mann, schwer gebeugt von Gram, angebissen den Arm von wütendem Hunger; aller Augen wandten sich scheu vor dem Mann; ich kannte den Mann; er schnitt eine Locke von seinem silbernen Haupthaar, warf sie hin – hin – und – da hört ich eine Stimme schallen aus dem Rauche des Felsen: Gnade! Gnade jedem Sünder der Erde und des Abgrunds! Du allein bist verworfen! – *Tiefe Pause.* Nun warum lachst du nicht?

DANIEL: Kann ich lachen, wenn mir die Haut schaudert? Träume kommen von Gott.

FRANZ: Pfui doch, pfui doch! sage das nicht! Heiß mich einen Narren, einen aberwitzigen, abgeschmackten Narren! Tue das, lieber Daniel, ich bitte dich drum, spotte mich tüchtig aus!

DANIEL: Träume kommen von Gott. Ich will für Euch beten. *Ab.*

FRANZ: Pöbelweisheit! Pöbelfurcht! – Es ist ja noch nicht ausgemacht, ob das Vergangene nicht vergangen ist, oder ein Auge findet über den Sternen – Hum! hum! – Wer raunte mir das ein? Rächet denn droben über den Sternen einer? – Nein, nein! – Ja, ja! fürchterlich zischelt's um mich: Richtet droben einer über den Sternen? Entgegengehen dem Rächer über den Sternen diese Nacht noch! Nein! sag ich – Elender Schlupfwinkel, hinter den sich deine Feigheit verstecken will – öd, einsam, taub ist's droben über den Sternen – Wenn's aber doch etwas mehr wäre? Nein, nein, es ist nicht! Ich will's, es ist nicht! Wenn's aber doch wäre? Weh mir, wenn's nachgezählt worden wäre! wenn's dir vorgezählt würde diese Nacht noch! – Warum schaudert mir's so durch die Knochen? – Sterben! warum packt mich das Wort so? Rechenschaft geben dem Rächer droben über den Sternen – und wenn er gerecht ist – wenn er gerecht ist?

ZWEITER AUFTRITT

Ein Bedienter *eilig*.

BEDIENTER: Amalia ist entsprungen, der Graf ist plötzlich verschwunden.

DRITTER AUFTRITT

Daniel *kommt ängstlich*.

DANIEL: Gnädiger Herr, es jagt ein Trupp feuriger Reuter die Steig herab, schreien Mordjo, Mordjo – das ganze Dorf ist in Alarm.

FRANZ: Geh, laß alle Glocken zusammen läuten, alles soll in die Kirche – auf die Knie fallen alles – beten für mich – alle Gefangene sollen los sein und ledig; ich will den Armen alles doppelt und dreifach wiedergeben; ich will – so geh doch – so ruf doch den Beichtvater, daß er mir meine Sünden hinwegsegne – Bist du noch nicht fort?

> *Das Getümmel wird hörbarer.*

DANIEL: Gott verzeih mir meine schwere Sünde! Wie soll ich das wieder reimen? Ihr habt ja immer das liebe Gebet über alle Häuser hinausgeworfen, habt mir so manche – –

FRANZ: Nichts mehr davon – Sterben! siehst du? Sterben? Es wird zu spät. *Man hört Schweizern toben*. Bete doch! Bete!

DANIEL: Ich sagt's Euch immer – Ihr verachtet das liebe Gebet so – aber gebt acht, gebt acht! Wenn die Not an Mann geht, wenn Euch das Wasser an die Seele geht – –

SCHWEIZER *auf der Gasse*: Stürmt! Schlagt tot! Brecht ein! Ich sehe Licht, dort muß er sein.

FRANZ *auf den Knien*: Höre mich beten Gott im Himmel! -- Es ist das erste Mal – Erhöre mich Gott im Himmel!

SCHWEIZER *immer auf der Gasse*: Schlag sie zurück Kamerad – der Teufel ist's und will euren Herrn holen – wo ist der Schwarze mit seinen Haufen? – Postier dich ums Schloß Grimm – Lauf Sturm wider die Ringmauer!

GRIMM: Holt ihr Feuerbrände – wir hinauf oder er herunter – ich will Feuer in seine Säle schmeißen.

FRANZ *betet*: Ich bin kein gemeiner Mörder gewesen mein Herr Gott! – hab mich nie mit Kleinigkeiten abgegeben mein Herr Gott! –

DANIEL: Gott sei uns gnädig! Auch seine Gebete werden zu Sünden.

Es fliegen Steine und Feuerbrände. Die Scheiben fallen. Das Schloß brennt.

FRANZ: Ich kann nicht beten – hier, hier! *Auf Brust und Stirn schlagend.* Alles so öd – so verdorret. *Steht auf.* Nein, ich will auch nicht beten –

DANIEL: Jesus Maria! Helft – rettet – das ganze Schloß steht in Flammen!

FRANZ: Hier nimm diesen Degen. Hurtig – jag mir ihn hinterrücks in den Bauch, daß nicht diese Buben kommen und treiben ihren Spott mit mir.

Das Feuer nimmt überhand.

DANIEL: Bewahre! bewahre! Ich mag niemand zu früh in den Himmel fördern, viel weniger zu früh – *Er entrinnt.*

VIERTER AUFTRITT

FRANZ *ihm graß nachstierend, nach einer Pause.*

In die Hölle willst du sagen? – Wirklich! ich wittere so etwas – Sind das ihre hellen Triller? Hör ich euch zischen ihr Nattern des Abgrunds? – Sie dringen herauf – belagern die Türe – warum zag ich so vor dieser bohrenden Spitze? – Die Türe kracht – stürzt – unentrinnbar.

Er springt in die Flamme. Die eindringenden Räuber ihm nach.

FÜNFTER AUFTRITT

Der Schauplatz, wie in dem letzten Auftritt des vorigen Aufzugs.

DER ALTE MOOR *auf einem Stein sitzend.* RÄUBER MOOR *gegenüber.* RÄUBER *hin und her im Wald.*

RÄUBER MOOR: Er war Euch lieb Euer andrer Sohn?

DER ALTE MOOR: Du weißt es, o Himmel! Warum ließ ich mich doch durch die Ränke eines bösen Sohnes betören? Ein gepriesener Vater ging ich einher unter den Vätern der Menschen. Schön um mich blühten meine Kinder voll Hoffnung. Aber – O der unglückseligen Stunde! – Der böse Geist fuhr in das Herz meines zweiten, ich traute der Schlange – verloren meine Kinder beide! *Verhüllt sich das Gesicht.*

RÄUBER MOOR *geht weit von ihm weg.*

DER ALTE MOOR: O ich fühl es tief was mir Amalia sagte; der Geist der Rache sprach aus ihrem Munde. Vergebens ausstrecken deine sterbenden Hände wirst du nach einem Sohn; vergebens wähnen zu umfassen die warme Hand deines Karls, der nimmermehr an deinem Bette steht.

RÄUBER MOOR *reicht ihm die Hand mit abgewandtem Gesicht.*

DER ALTE MOOR: Wärst du meines Karls Hand! – Aber er liegt fern im engen Hause, schläft schon den

eisernen Schlaf, höret nimmer die Stimme meines
Jammers – weh mir! sterben in den Armen eines
Fremdlings – Kein Sohn mehr – kein Sohn mehr,
der mir die Augen zudrücken könnte –

RÄUBER MOOR *in der heftigsten Bewegung*: Itzt muß es
sein – itzt – Verlaßt mich *Zu den Räubern*: Und doch
– kann ich ihm denn seinen Sohn wiederschenken –
Ich kann ihm seinen Sohn doch nicht mehr schenken – Nein, ich will's nicht tun.

DER ALTE MOOR: Wie Freund? Was hast du da gemurmelt?

RÄUBER MOOR: Dein Sohn – ja alter Mann – *Stammelnd:*
Dein Sohn – ist – ewig verloren.

DER ALTE MOOR: Ewig?

RÄUBER MOOR *in der fürchterlichsten Beklemmung gen*
Himmel sehend: Oh! nur diesmal – laß meine Seele
nicht matt werden – nur diesmal halte mich aufrecht!

DER ALTE MOOR: Ewig sagst du?

RÄUBER MOOR: Frage nichts weiter. Ewig, sagt ich.

DER ALTE MOOR: Fremdling! Fremdling! warum zogst
du mich aus dem Turm?

RÄUBER MOOR: Und Wie? – Wenn ich itzt seinen Segen
weghaschte – haschte wie ein Dieb, und mich davonschliche mit der göttlichen Beute – *Stürzt vor*
ihm nieder. Ich zerbrach die Riegel deines Turmes
– Küsse mich göttlicher Greis!

DER ALTE MOOR *drückt ihn wider sein Herz*: Denk es sei
Vaters Kuß; so will ich denken, ich küsse meinen
Karl! – Du kannst auch weinen?

RÄUBER MOOR *sehr gerührt*: Ich dacht, es sei Vaters Kuß.
An seinem Hals. Pause. Man hört ein verwirrtes Getöse, und erblickt den Schein von Fackeln. Moor
springt auf. Horch! die Rache ruft! Sie kommen! *Er*
wirft einen vollen Blick auf den Alten, und schaut
grimmiger auf. Flamme mich in tigrische Mord-

sucht, leidendes Lamm; dir will ich ein Opfer bringen, daß die schauende Sterne über mir sollen dun-
kel werden, und in Todesschauer erstarren soll die
Natur.

Fackeln sichtbarer. Der Lärm hörbarer. Wiederholte
Pistolenschüsse.

DER ALTE MOOR: Weh! Weh! Wes ist das wilde Getöse?
– Sind's die Handlanger meines Sohnes? Wollen sie
mich vom Turme schleppen zum Blocke?

RÄUBER MOOR *auf der andern Seite. Die Hände gefaltet*
mit Inbrunst: Höre die Andacht des Mordbrenners,
Richter im Himmel! – Mach ihn unsterblich! – Raff
ihn nicht weg beim ersten Streich. Mach jeden
Herzstoß zu einem Labsal – jeden Schwertstoß zu
einem Erquicktrunk!

DER ALTE MOOR: Weh! was murmelst du, Fremdling? –
Fürchterlich! Fürchterlich!

RÄUBER MOOR: Ich bete.

Wilde Musik der kommenden Räuber.

DER ALTE MOOR: Oh! auch meines Franzen gedenke in
deinem Gebet! –

RÄUBER MOOR *mit verbißnem Rasen*: Ich gedenke.

DER ALTE MOOR: Aber ist das der Ton eines Beters?
Hör auf – hör auf – Mir schaudert vor deiner Andacht.

SECHSTER AUFTRITT

SCHWEIZER *voran*. EIN ZUG RÄUBER, FRANZ VON
MOOR, *Ketten schleifend in der Mitte.*

SCHWEIZER: Triumph Hauptmann! – Hier ist der Bube
– Meine Ehre ist gelöst.

GRIMM: Gerissen aus den Flammen seines Schlosses –
Seine Vasallen geflohen –

KOSINSKY: Sein Schloß hinter ihm in Asche – Versunken seines Namens Gedächtnis.

Es erfolgt eine grauenvolle Pause auf dem Schauplatz. Räuber Moor tritt langsam hervor.

RÄUBER MOOR *zu Franz mit dumpfer gelassener Stimme*: Kennst du mich?

FRANZ VON MOOR *steht, den Blick in den Boden gewurzelt, keine Antwort.*

RÄUBER MOOR *wie oben, indem er ihn zu seinem Vater führt*: Kennst du diesen?

FRANZ VON MOOR *taumelt durchdonnert zurück*: Zermalmet mich Donner des Himmels! Mein Vater!

DER ALTE MOOR *wendet sich bebend ab*: Geh – Gott vergebe dir – Ich vergesse –

RÄUBER MOOR *fürchterlich streng*: Und mein Fluch hänge sich tausendpfündig an diese Bitte, und lähme ihren Flug zum Erhörer! – Kennst du diesen Turm auch?

FRANZ VON MOOR *heftig zu Hermann*: Was Ungeheuer? Bis zu diesem Turm verfolgte dein Familienhaß meinen Vater?

HERMANN: Bravo! bravo! So ist doch kein Teufel so lüderlich seinen Vasallen in der letzten Lüge zu verlassen!

RÄUBER MOOR: Genug. Diesen Alten führt tiefer in den Wald. Zu dem, was ich itzt tun werde, bedarf ich keiner Vatertränen. *Sie führen den alten Grafen, der wie betäubt ist, vom Schauplatz.* Näher, Banditen! *Sie formieren einen halben Mond um die beiden und hängen schauernd über ihren Flinten.* Nun! keinen Laut weiter – so wahr ich Vergebung der Sünden hoffe! Dem ersten der nur die Zunge rührt, eh ich's befehle, kracht diese gezogene Pistole. – Stille!

FRANZ VON MOOR *zu Hermann im Ausbruch der äußersten Wut*: Ha Schandbube! daß ich nicht all mein

Gift in diesem Schaum auf dein Angesicht geifern kann! – O es ist bitter! *Weinend in die Ketten beißend.*

RÄUBER MOOR *in majestätischer Stellung*: Ein Bevollmächtigter des Weltgerichts steh ich da. – Einen Rechtshandel will ich schlichten, den kein Reiner schlichtet – Sünder sitzen zu Gerichte – Ich der größeste obenan!– Dolche seien die Lose – Wer neben diesem nicht rein steht wie ein Heiliger, trete ab vom Gerichte, und zerbreche seinen Dolch – Laßt fallen! *Die Räuber werfen alle ihre Dolche unzerbrochen auf die Erde. Räuber Moor zu Franz:* Sei stolz! du hast heute Missetäter zu Engeln gemacht! – Noch einen Dolch vermißt ihr? *Er zieht den seinigen. Große Pause.* Seine Mutter war auch meine Mutter – *Zu Kosinsky und Schweizer*: Richtet ihr! *Er zerbricht seinen Dolch, und tritt tiefgerührt auf die Seite.*

SCHWEIZER *nach einer Pause*: Steh ich nicht da wie ein Schulbube und zermartre mein Gehirn mit Erfindung? – So reich an Freuden das Leben, so arm an Qualen der Tod! *Auf den Boden stampfend.* Sprich du! ich erlahme.

KOSINSKY: Denk an den Graukopf! Blick seitwärts nach diesem Turm und begeistre dich. Ich bin ein Schüler; schäme dich Meister!

SCHWEIZER: Bin ich doch grau worden in Auftritten des Jammers, und soll nun zum Bettler verarmen an diesem! – Frevelte er nicht an diesem Turme? Richten wir nicht an diesem Turme? Hinunter mit ihm! – In diesem Turm verfaul er lebendig!

DIE RÄUBER *beistimmend mit Getöse*: Hinunter! hinunter! *Stürmen auf Franz zu.*

FRANZ VON MOOR *springt seinem Bruder in die Arme*: Rette mich von den Klauen der Mordbrenner! Rette mich Bruder!

RÄUBER MOOR *sehr ernst*: Du hast mich zu ihrem Für-

sten gemacht! – *Franz stürzt erschrocken zurück.*
Wirst du mich noch bitten?

RÄUBER *lärmen ungestümer*: Hinunter! hinunter!

RÄUBER MOOR *tritt zu ihm edel und mit Schmerz*: Sohn
meines Vaters! Du hast mir meinen Himmel gestohlen. Diese Sünde sei dir genommen – Fahr in
die Hölle Rabensohn!– Ich vergebe dir Bruder! *Er
umarmt ihn und eilt von dem Schauplatz. Franz
wird hinabgestoßen, und über ihm Gelächter.*

RÄUBER MOOR *kommt nachdenkend zurück*: Es ist vollendet! Lenker der Dinge habe Dank! Es ist vollendet! – *Verweilt über einen großen Gedanken.* Wenn
dieser Turm wäre das Ziel gewesen, zu dem
du mich führtest auf blutvollen Wegen? Wenn
ich darum das Haupt der Sünder bin worden?
– – – Ewige Vorsicht! hier schaudre ich – und bete
an! – Wohl! ich vertraue dir, und mach Feierabend
am Ziele. – In seiner schönsten Schlacht fällt der
Sieger so schön – In diesem Abendrot will ich erlöschen! Laßt mir den Vater kommen.

*Einige Räuber gehen und bringen den alten Grafen
geführt.*

DER ALTE MOOR: Wohin wollt ihr mit mir? Wo ist mein
Sohn?

RÄUBER MOOR *mit Würde und Gelassenheit ihm entgegen*: Planet und Sandkorn haben ihren gemessenen
Platz in der Schöpfung – auch dein Sohn hat den
seinen. Sei ruhig, und setz dich nieder.

DER ALTE MOOR *bricht in Tränen aus*: Kein Kind mehr?
Kein Kind mehr?

RÄUBER MOOR: Sei ruhig, und setz dich nieder.

DER ALTE MOOR: O der gutherzigen Barbaren! Aus
dem Turm reißen sie einen sterbenden Greisen ihn
zu grüßen: deine Kinder sind geschlachtet! O ich
bitte euch, vollendet eure Barmherzigkeit und
stoßt mich wieder hinunter.

RÄUBER MOOR *ergreift seine Hand mit Heftigkeit und hält sie mit Wärme gen Himmel*: Lästre nicht! alter Mann! Lästre den Gott nicht, vor dem ich heute freudiger bete. Schlimmere, als du bist, haben ihn heute von Angesicht zu Angesicht gesehen.

DER ALTE MOOR *scharf*: Und würgen gelernt?

RÄUBER MOOR *böse*: Sechzigjähriger! kein solch Wort mehr *Sanfter und mit Schmerz:* Wenn seine Gottheit selbst die Sünder erwärmt, sollen die Heilige sie zurückstoßen? Und wo würdest du Worte finden, ihm Abbitte zu tun, wenn er dir heute – einen Sohn getauft hätte?

DER ALTE MOOR *bitter*: Tauft man heute mit Blut?

RÄUBER MOOR *stutzend*: Wie sagst du? – Redet denn auch Verzweiflung die Wahrheit – Ja, alter Mann, auch mit Blut kann die Vorsicht taufen – Mit Blut hat sie dir heute getauft – Ihre Wege seltsam und fürchterlich – aber Freudentränen am Ziele!

DER ALTE MOOR: Wo werd ich sie weinen?

RÄUBER MOOR *der ihm in die Arme stürzt*: Am Herzen deines Karls!

DER ALTE MOOR *im Ausbruch der höchsten Freude*: Mein Karl lebt!

RÄUBER MOOR: Dein Karl lebt! – Dir vorausgeschickt zum Retter, zum Rächer! So lohnte dir dein begünstigter Sohn! *Auf den Turm zeigend.* – So rächet sich dein verlorener Sohn!

> *Er drückt ihn wärmer an die Brust.*

RÄUBER: Volk im Wald! Stimmen!

RÄUBER MOOR *fährt auf*: Ruft die andern. *Die Räuber ab. Moor mit sich selber.* Es ist Zeit mein Herz – den Wollustbecher vom Mund, eh er vergiftet.

DER ALTE MOOR: Sind diese Männer deine Freunde? Fast fürchte ich ihre Blicke.

RÄUBER MOOR: Alles mein Vater! – dieses frage mich nicht.

Siebenter Auftritt

AMALIA *mit fliegenden Haaren.* DIE GANZE BANDE *folgt hinter ihr, und sammelt sich im Hintergrunde der Bühne.*

AMALIA: Die Toten, schreit man, seien erstanden auf seine Stimme – Mein Oheim lebendig – aus diesem Turme – Karl! Oheim! wo find ich sie?

RÄUBER MOOR *zurückbebend*: Wer bringt dies Bild vor meine Augen?

DER ALTE MOOR *rafft sich zitternd auf*: Amalia! Meine Nichte! Amalia!

AMALIA *stürzt dem Alten in die Arme*: Dich wieder mein Vater – und meinen Karl – und alles!

DER ALTE MOOR: Mein Karl lebt – du – ich – lebt alles! Alles! Mein Karl lebt!

RÄUBER MOOR *rasend zu der Bande*: Brecht auf Brüder! der Erzfeind hat mich verraten.

AMALIA *entspringt dem Vater und eilt auf den Räuber zu, und umschlingt ihn, entzückt*: Ich hab ihn! o ihr Sterne! ich hab ihn!

RÄUBER MOOR: Reißt sie von meinem Halse! – Tötet sie! Tötet ihn! Mich! Euch! Alles! Die ganze Welt geh zugrunde!

AMALIA: Bräutigam! Bräutigam! Du rasest! Ha! vor Entzückung! Warum bin ich auch so fühllos? Mitten im Wonnewirbel so kalt?

DER ALTE MOOR: Kommt Kinder! Deine Hand Karl – deine, Amalia – O ich hoffte nie, daß mir vor dem Grabe die Wollust würde! – Ich will sie zusammenfügen auf ewig.

AMALIA: Ewig sein! Ewig! Ewig! Ewig mein! O ihr Mächte des Himmels! entlastet mich dieser tödlichen Wollust, daß ich nicht unter dem Zentner vergehe!

RÄUBER MOOR *losgerissen von Amalien*: Weg! Weg! – Unglückseligste der Bräute! – Schau selbst! frage selbst! höre! – Unglückseligster der Väter! laß mich immer ewig davonrennen.

AMALIA: Wohin? Was? Liebe! Ewigkeit! Wonne Unendlichkeit! und du fliehst?

DER ALTE MOOR: Mein Sohn flieht? Mein Sohn flieht?

RÄUBER MOOR: Zu spät! Vergebens! – Dein Fluch Vater! – frage mich nichts mehr – ich bin – ich habe – dein Fluch – dein vermeinter Fluch! *Gefaßter:* So vergeh dann, Amalia! Stirb Vater! stirb durch mich zum zweitenmal! diese deine Retter sind Räuber und Mörder! Dein Sohn ist – ihr Hauptmann!

DER ALTE MOOR: Gott! Meine Kinder! *Er stirbt.*

AMALIA *stumm und starr wie eine Bildsäule.*

DIE GANZE BANDE *in fürchterlicher Pause.*

RÄUBER MOOR *wider eine Eiche rennend*: Die Seelen derer, die ich erdrosselte im Genusse der Liebe – derer die ich zerschmetterte im heiligen Schlafe – derer – Hahaha! hört ihr den Pulverturm knallen über dem Stuhl der Gebärerin? Seht ihr die Flammen lecken an den Wiegen der Säuglinge? Das ist Brautfackel! das ist Hochzeitmusik! – Oh! er vergißt nicht – er weiß zu mahnen! Darum von mir die Wonne der Liebe! darum mir zum Gerichte die Liebe! – das ist Vergeltung!

AMALIA *wie erwacht aus einem Donnerschlag, lallend*: Es ist wahr! Herrscher im Himmel! Er sagt: es ist wahr! – Was hab ich getan, ich unschuldiges Lamm? – Ich hab diesen geliebt!

RÄUBER MOOR: Das ist mehr als ein Mann erduldet. Hab ich doch den Tod aus mehr denn tausend Röhren auf mich zupfeifen gehört, und bin ihm keinen Fußbreit gewichen; soll ich itzt erst lernen beben wie ein Weib? beben vor einem Weibe? – Nein! ein Weib erschüttert meine Mannheit nicht,

Blut! Blut! – Es wird vorübergehen. Blut will ich
saufen – und ich poche dem Tyrannen Verhängnis. *Er will davon.*

AMALIA *fällt ihm in die Arme*: Mörder! Teufel! Ich
kann dich Engel nicht lassen.

RÄUBER MOOR *steht verwundernd still*: Träum ich? Ras
ich? Hat die Hölle eine neue Finte ersonnen, ihr
satanisches Kurzweil mit mir zu treiben? – Sie liegt
am Halse des Mordbrenners!

AMALIA: Ewig! Unzertrennlich!

RÄUBER MOOR: Noch liebt sie mich! Noch! – rein bin
ich wie das Licht! Sie liebt mich mit all meinen
Sünden. *In Freude geschmolzen.* Die Kinder des
Lichts weinen am Halse begnadigter Teufel – Meine Furien erdrosseln hier ihre Schlangen – die Hölle ist zernichtet – Ich bin glücklich!

*Er verbirgt sein Gesicht an ihrem Busen. Eine Gruppe
voll Rührung. Pause.*

GRIMM *grimmig hervortretend*: Halt ein Verräter!
gleich laß diesen Arm fahren – oder ich will dir ein
Wort sagen, daß dir die Ohren gellen und deine
Zähne vor Entsetzen klappern.

SCHWEIZER *streckt das Schwert zwischen beede*: Denk an
die böhmischen Wälder! hörst du? zagst du? An die
böhmischen Wälder sollst du denken. Treuloser!
wo sind deine Schwüre? Vergißt man Wunden so
bald – da wir Glück – Ehre und Leben in die Schanze schlugen für dich? da wir dir stunden wie Mauren – Hubst du da nicht deine Hand zum eisernen
Eid auf, schwurst uns nie zu verlassen, wie wir dich
nicht verlassen haben? Ehrloser! Treuvergessener!
und du willst abfallen, wenn ein Weib weint?

DIE RÄUBER *durcheinander, reißen ihre Kleider auf*:
Schau her! Schau! Kennst du diese Narben? Mit
unserm Herzblut haben wir dich zum Leibeignen
angekauft – Unser bist du, und wenn der Erzen-

gel Michael mit dem Moloch ins Handgemeng darüber kommen sollte! Marsch mit uns! Opfer um Opfer! Liebe um Treue! Ein Weib um die Bande!

RÄUBER MOOR *läßt Amalien fahren*: Es ist aus! – Ich wollte umkehren und zu meinem Vater gehen; aber der im Himmel sagt: Nein! – Rolle doch deine Augen nicht so Amalia – Er bedarf ja meiner nicht – Hat er nicht Geschöpfe die Fülle – Einen kann er so leicht missen. Dieser Eine nun bin ich. Kommt Kameraden. *Er dreht sich nach der Bande.*

AMALIA *reißt ihn zurück*: Halt! Halt! einen Stoß! Einen Todesstoß! Neu verlassen! Zieh den Degen und erbarme dich.

RÄUBER MOOR: Das Erbarmen ist in die Bären gefahren. Ich töte dich nicht.

AMALIA *seine Knie umfassend*: O um Gotteswillen! um aller Erbarmungen willen! Ich will ja nicht Liebe mehr – weiß ja wohl, daß droben unsere Sterne feindlich voneinander fliehen – Tod ist meine Bitte nur. Sieh! meine Hand zittert. Ich habe das Herz nicht – zu stoßen. Mir bangt vor der blitzenden Schneide. Dir ist's so leicht, du bist Meister im Morden. Zieh den Degen, und ich bin glücklich.

RÄUBER MOOR *sehr streng*: Willst du allein glücklich sein? Fort! Ich töte kein Weib.

AMALIA: Ha Würger! du kannst nur die Glücklichen töten, die Lebenssatten gehst du vorüber. *Flehend gegen die Bande:* So erbarmet euch meiner ihr Schüler des Henkers. Es ist ein so blutdürstiges Mitleid in euren Blicken, das den Elenden Trost ist. Drückt ab – Euer Meister ist ein feigherziger Prahler.

Einige Räuber zielen.

RÄUBER MOOR *außer Fassung*: Zurück Harpyien! *Er tritt mit Majestät darzwischen.* Wag es einer in mein Heiligtum zu brechen! Sie ist mein – *Indem er sie mit starken Armen umfaßt.* Und nun ziehe an ihr der Himmel, die Hölle an mir – Die Liebe über den Eiden! *Er hebt sie hoch auf und schwingt sie in dieser Gruppe unerschrocken gegen die ganze Bande.* Was die Natur aneinanderschmiedet – wer wird es scheiden?

RÄUBER *schlagen an*: Wir.

RÄUBER MOOR *bitter lachend*: Ohnmächtige! *Er läßt Amalien halb entseelt auf den Stein nieder.* Blick auf, meine Verlobte! Priestersegen wird uns nicht vereinen, aber ich weiß etwas Bessers. *Er nimmt Amaliens Halstuch hinweg, und entblößt ihr den Busen - zu der Bande gelassener.* Schaut diese Schönheit, ihr Männer – *Zärtlich traurig.* Schmelzt sie Banditen nicht? *Nach einer Pause sanfter.* Schaut mich an Banditen – Jung bin ich, und liebe – hier werd ich geliebt – angebetet. Bis ans Tor des Paradieses bin ich gekommen – *Weich und bittend.* Sollten mich meine Brüder zurückschleudern?

RÄUBER *stimmen ein Gelächter an.*

RÄUBER MOOR *entschlossen*: Genug! bis hieher Natur! Itzt fängt der Mann an! – Auch ich bin der Mordbrenner einer – und *Ihnen entgegen mit unbeschreiblicher Hoheit.* euer Hauptmann! Mit dem Schwert wollt ihr mit eurem Hauptmann rechten, Banditen? *Mit gebietender Stimme:* Streckt die Gewehre! Euer Herr spricht mit euch!

RÄUBER *werfen erschrocken ihre Waffen zur Erde.*

RÄUBER MOOR: Seht! nun seid ihr nichts mehr, als Kinder, und ich – bin frei. Frei muß Moor sein, wenn er groß sein will. Um ein Elysium der Liebe ist mir dieser Triumph nicht feil. *Er zieht den Degen.* Nennt es nicht Wahnwitz Banditen, was ihr das Herz nicht habt Größe zu nennen. Der Witz der Verzweiflung überflügelt den Schneckengang der ruhigen Weisheit. – Taten, wie diese, überlegt man, wenn sie getan sind – Ich will hernach davon reden. *Er stürzt auf Amalien zu, und wirft sie mit einem Degenstoß nieder.*

RÄUBER *klatschen lärmend in die Hände*: Bravo! bravo! Das heißt seine Ehre lösen wie ein Räuberfürst! Bravo!

RÄUBER MOOR *stellt sich vor Amalien und bewacht sie mit ausgestrecktem Degen*: Nun ist sie mein! – Mein! – Oder die Ewigkeit ist die Grille eines Dummkopfs gewesen. Eingesegnet mit dem Schwert, hab ich heimgeführt meine Braut, vorüber an all den Zauberhunden meines Feindes Verhängnis. *Von ihr weg mit stolzen Schritten.* Noch manchen Tanz darf die Erde um die Sonne tun, eh sie eine zweite Tat wie diese erschwingt. *Zärtlich zu Amalien.* Und er muß süß gewesen sein der Tod von Bräutigams Händen? Nicht wahr Amalia?

AMALIA *sterbend im Blut*: Süße. *Sie streckt ihre Hand aus und stirbt.*

RÄUBER MOOR *zu der Bande mit Majestät*: Nun ihr erbärmlichen Gesellen? Nicht wahr? So hoch schwindelte eure Schurkenforderung nie? – Ein Leben habt ihr mir geopfert, ein Leben das schon verfallen war – ein Leben voll Abscheulichkeit und Schande – Ich hab euch einen Engel geschlachtet, *Wirft den Degen mit Verachtung unter sie.* Banditen! Wir sind quitt – Über dieser Leiche liegt meine Handschrift zerrissen – Euch schenk ich die eurige.

RÄUBER *drängen sich zu*: Deine Leibeigenen wieder bis in den Tod.

RÄUBER MOOR: Nein! nein! nein! Gewiß sind wir fertig. Leise flüstert mein Genius: »Geh nicht weiter Moor. Hier ist der Markstein des Menschen – und der deine. – Nehmt ihn zurück diesen blutigen Busch. *Er wirft seinen Busch auf die Erde.* Wer

Lust hat, Hauptmann zu sein nach mir, mag ihn aufheben.

RÄUBER: Ha! Mutloser! wo sind deine hochfliegenden Plane? Sind's Seifenblasen gewesen, die beim Todesröcheln eines Weibes zerplatzen?

RÄUBER MOOR *mit Würde*: Untersucht nicht, wo Moor handelt, das ist mein letzter Befehl – Kommt! schließt einen Kreis um mich, und vernehmt das Testament eures sterbenden Hauptmanns. *Er heftet einen verweilenden Blick auf die Bande.* Ihr seid treu an mir gehangen. – Treu ohne Beispiel – hätt euch die Tugend so fest verbrüdert als die Sünde – ihr wäret Helden worden, und die Menschheit spräch eure Namen mit Wonne. Gehet hin, und opfert eure Gaben dem Staate. Dienet einem Könige, der für die Rechte der Menschheit streitet – Mit diesem Segen seid entlassen. *Zu Schweizer und Kosinsky*: Ihr bleibet.

Die übrigen Räuber gehen langsam und bewegt von der Bühne.

ACHTER AUFTRITT

RÄUBER MOOR. SCHWEIZER. KOSINSKY.

RÄUBER MOOR: Gib mir deine Rechte, Kosinsky; Schweizer, deine Linke. *Er nimmt ihre Hände und steht mitten zwischen beiden. Zu Kosinsky:* Du bist noch rein junger Mann – unter den Unreinen der einzige Reine! *Zu Schweizern*: Tief hab ich diese Hand getaucht in Blut – Ich bin's, der's getan hat. Mit diesem Händedruck nehm ich zurück was mein ist. Schweizer! du bist rein. *Er hält ihre Hände mit Inbrunst gen Himmel.* Vater im Himmel! hier geb ich sie dir wieder – Sie werden wärmer an dir han-

gen, als deine Niemalgefallenen – das weiß ich gewiß.

Schweizer und Kosinsky fallen sich von beiden Seiten
herüber um den Hals.

RÄUBER MOOR: Itzt nicht – nur itzt nicht meine Lieben.
Schonet meines Muts in dieser richtenden Stunde. – Eine Grafschaft ist mir heute zugefallen – ein
Schatz, worauf noch kein Fluch den Harpyien-
flügel schlug – Teilt sie unter euch Kinder, werdet
gute Bürger, und wenn ihr gegen zehn, die ich
zugrund richtete, nur einen glücklich macht,
so wird meine Seele gerettet. – Geht – kein Lebewohl – dort sehen wir uns wieder – oder auch nicht
wieder – Fort! Schnell! Eh ich weich werde.

Beide gehen ab mit verhüllten Gesichtern.

NEUNTER AUFTRITT

RÄUBER MOOR *allein, sehr heiter.*

Und auch ich bin ein guter Bürger – Erfüll ich
nicht das entsetzlichste Gesetz? Ehr ich es nicht?
Räch ich es nicht? – Ich erinnere mich, einen armen Offizier gesprochen zu haben, als ich herüber-
kam, der im Taglohn arbeitet, und eilf lebendige
Kinder hat – Man hat hundert Dukaten geboten,
wer den großen Räuber lebendig liefert – Dem
Mann kann geholfen werden. *Er geht ab.*

KABALE UND LIEBE

Ein bürgerliches Trauerspiel

PERSONEN

PRÄSIDENT VON WALTER, *am Hof eines deutschen Fürsten*

FERDINAND, *sein Sohn, Major*

HOFMARSCHALL VON KALB

LADY MILFORD, *Favoritin des Fürsten*

WURM, *Haussekretär des Präsidenten*

MILLER, *Stadtmusikant, oder wie man sie an einigen Orten nennt, Kunstpfeifer*

DESSEN FRAU

LUISE, *dessen Tochter*

SOPHIE, *Kammerjungfer der Lady*

EIN KAMMERDIENER DES FÜRSTEN

VERSCHIEDENE NEBENPERSONEN

ERSTER AKT

ERSTE SZENE

Zimmer beim Musikus.

MILLER *steht eben vom Sessel auf, und stellt seine Violoncell auf die Seite. An einem Tisch sitzt* FRAU MILLERIN *noch im Nachtgewand, und trinkt ihren Kaffee.*

MILLER *schnell auf und ab gehend*: Einmal für allemal. Der Handel wird ernsthaft. Meine Tochter kommt mit dem Baron ins Geschrei. Mein Haus wird verrufen. Der Präsident bekommt Wind, und – kurz und gut, ich biete dem Junker aus.

FRAU: Du hast ihn nicht in dein Haus geschwatzt – hast ihm deine Tochter nicht nachgeworfen.

MILLER: Hab ihn nicht in mein Haus geschwatzt – hab ihm's Mädel nicht nachgeworfen; wer nimmt Notiz davon? – Ich war Herr im Haus. Ich hätt meine Tochter mehr koram nehmen sollen. Ich hätt dem Major besser auftrumpfen sollen – oder hätt gleich alles Seiner Exzellenz dem Herrn Papa stecken sollen. Der junge Baron bringt's mit einem Wischer hinaus, das muß ich wissen, und alles Wetter kommt über den Geiger.

FRAU *schlürft eine Tasse aus*: Possen! Geschwätz! Was kann über dich kommen? Wer kann dir was anhaben? Du gehst deiner Profession nach, und raffst Scholaren zusammen, wo sie zu kriegen sind.

MILLER: Aber, sag mir doch, was wird bei dem ganzen Kommerz auch herauskommen? – Nehmen kann er das Mädel nicht – Vom Nehmen ist gar die Rede nicht, und zu einer daß Gott erbarm? – Guten Mor-

gen! – Gelt, wenn so ein Musje von, sich da und
dort, und dort und hier schon herumbeholfen hat,
wenn er, der Henker weiß was als? gelöst hat,
schmeckt's meinem guten Schlucker freilich, einmal auf süß Wasser zu graben. Gib du acht! gib du
acht! und wenn du aus jedem Astloch ein Auge
strecktest, und vor jedem Blutstropfen Schildwache
ständest, er wird sie, dir auf der Nase, beschwatzen,
dem Mädel eins hinsetzen, und führt sich ab, und
das Mädel ist verschimpfiert auf ihr Leben lang,
bleibt sitzen, oder hat's Handwerk verschmeckt,
treibt's fort. *Die Faust vor die Stirn.* Jesus Christus!

FRAU: Gott behüt uns in Gnaden!

MILLER: Es hat sich zu behüten. Worauf kann so ein
Windfuß wohl sonst sein Absehen richten? – Das
Mädel ist schön – schlank – führt seinen netten Fuß.
Unterm Dach mag's aussehen, wie's will. Darüber
kuckt man bei euch Weibsleuten weg, wenn's nur
der liebe Gott Parterre nicht hat fehlen lassen –
Stöbert mein Springinsfeld erst noch dieses Kapitel
aus – heh da! geht ihm ein Licht auf, wie meinem
Rodney, wenn er die Witterung eines Franzosen
kriegt, und nun müssen alle Segel dran, und drauf-
los, und – ich verdenk's ihm gar nicht. Mensch ist
Mensch. Das muß ich wissen.

FRAU: Solltest nur die wunderhübsche Billetter auch
lesen, die der gnädige Herr an deine Tochter als
schreiben tut. Guter Gott! Da sieht man's ja sonnen-
klar, wie es ihm pur um ihre schöne Seele zu tun ist.

MILLER: Das ist die rechte Höhe. Auf den Sack schlagt
man; den Esel meint man. Wer einen Gruß an das
liebe Fleisch zu bestellen hat, darf nur das gute
Herz Boten gehen lassen. Wie hab ich's gemacht?
Hat man's nur erst so weit im reinen, daß die Ge-
müter topp machen, wutsch! nehmen die Körper
ein Exempel; das Gesind macht's der Herrschaft

nach und der silberne Mond ist am End nur der Kuppler gewesen.

FRAU: Sieh doch nur erst die prächtigen Bücher an, die der Herr Major ins Haus geschafft haben. Deine Tochter betet auch immer draus.

MILLER *pfeift*: Hui da! Betet! Du hast den Witz davon. Die rohe Kraftbrühen der Natur sind Ihro Gnaden zartem Makronenmagen noch zu hart. – Er muß sie erst in der höllischen Pestilenzküche der Bellatristen künstlich aufkochen lassen. Ins Feuer mit dem Quark. Da saugt mir das Mädel – weiß Gott was als für? – überhimmlische Alfanzereien ein, das läuft dann wie spanische Mucken ins Blut und wirft mir die Handvoll Christentum noch gar auseinander, die der Vater mit knapper Not soso noch zusammenhielt. Ins Feuer sag ich. Das Mädel setzt sich alles Teufelsgezeug in den Kopf; über all dem Herumschwänzen in der Schlaraffenwelt findet's zuletzt seine Heimat nicht mehr, vergißt, schämt sich, daß sein Vater Miller der Geiger ist, und verschlägt mir am End einen wackern ehrbaren Schwiegersohn, der sich so warm in meine Kundschaft hineingesetzt hätte – – Nein! Gott verdamm mich *Er springt auf, hitzig*: Gleich muß die Pastete auf den Herd, und dem Major – ja ja dem Major will ich weisen, wo Meister Zimmermann das Loch gemacht hat.

Er will fort.

FRAU: Sei artig Miller. Wie manchen schönen Groschen haben uns nur die Präsenter – –

MILLER *kommt zurück und bleibt vor ihr stehen*: Das Blutgeld meiner Tochter? – Schier dich zum Satan infame Kupplerin! – Eh will ich mit meiner Geig auf den Bettel herumziehen, und das Konzert um was Warmes geben – eh will ich mein Violoncello zerschlagen, und Mist im Sonanzboden führen, eh ich mir's schmecken laß von dem Geld, das mein einziges Kind mit Seel und Seligkeit abverdient. – Stell den vermaledeiten Kaffee ein, und das Tobakschnupfen, so brauchst du deiner Tochter Gesicht nicht zu Markt zu treiben. Ich hab mich satt gefressen, und immer ein gutes Hemd auf dem Leib gehabt, eh so ein vertrackter Tausendsassa in meine Stube geschmeckt hat.

FRAU: Nur nicht gleich mit der Tür ins Haus. Wie du doch den Augenblick in Feuer und Flammen stehst! Ich sprech ja nur, man müß den Herrn Major nicht disguschtüren, weil Sie des Präsidenten Sohn sind.

MILLER: Da liegt der Has im Pfeffer. Darum, just eben darum, muß die Sach noch heut auseinander. Der Präsident muß es mir Dank wissen, wenn er ein rechtschaffener Vater ist. Du wirst mir meinen roten plüschenen Rock ausbürsten, und ich werde mich bei Seiner Exzellenz anmelden lassen. Ich werde sprechen zu Seiner Exzellenz: Dero Herr Sohn haben ein Aug auf meine Tochter; meine Tochter ist zu schlecht zu Dero Herrn Sohnes Frau, aber zu Dero Herrn Sohnes Hure ist meine Tochter zu kostbar, und damit basta! – Ich heiße Miller.

ZWEITE SZENE

SEKRETÄR WURM. DIE VORIGEN.

FRAU: Ah guten Morgen, Herr Sekertare. Hat man auch einmal wieder das Vergnügen von Ihnen?

WURM: Meinerseits, meinerseits, Frau Base. Wo eine Kavaliersgnade einspricht, kommt mein bürgerliches Vergnügen in gar keine Rechnung.

FRAU: Was Sie nicht sagen, Herr Sekertare! Des

Herrn Majors von Walter hohe Gnaden machen uns wohl je und je das Bläsier, doch verachten wir darum niemand.

MILLER *verdrüßlich*: Dem Herrn einen Sessel, Frau. Wollen's ablegen, Herr Landsmann?

WURM *legt Hut und Stock weg, setzt sich*: Nun! Nun! Und wie befindet sich denn meine Zukünftige – oder Gewesene? – Ich will doch nicht hoffen – kriegt man sie nicht zu sehen – Mamsell Luisen?

FRAU: Danken der Nachfrage Herr Sekertare. Aber meine Tochter ist doch gar nicht hochmütig.

MILLER *ärgerlich, stößt sie mit dem Ellnbogen*: Weib!

FRAU: Bedauern's nur, daß sie die Ehre nicht haben kann vom Herrn Sekretare. Sie ist eben in die Meß, meine Tochter.

WURM: Das freut mich, freut mich. Ich werd einmal eine fromme christliche Frau an ihr haben.

FRAU *lächelt dumm-vornehm*: Ja – aber Herr Sekertare –

MILLER *in sichtbarer Verlegenheit kneipt sie in die Ohren*: Weib!

FRAU: Wenn Ihnen unser Haus sonst irgendwo dienen kann – Mit allem Vergnügen Herr Sekertare –

WURM *macht falsche Augen*: Sonst irgendwo! Schönen Dank! Schönen Dank – Hem! hem! hem!

FRAU: Aber – wie der Herr Sekertare selber die Einsicht werden haben –

MILLER *voll Zorn seine Frau vor den Hintern stoßend*: Weib!

FRAU: Gut ist gut, und besser ist besser, und einem einzigen Kind mag man doch auch nicht vor seinem Glück sein. *Bäurisch-stolz*: Sie werden mich je doch wohl merken Herr Sekertare?

WURM *rückt unruhig im Sessel, kratzt hinter den Ohren und zupft an Manschetten und Chapeau*: Merken? Nicht doch – O ja – Wie meinen Sie denn?

FRAU: Nu – Nu – ich dächte nur – ich meine. *Hustet.*
Weil eben halt der liebe Gott meine Tochter barrdu
zur gnädigen Madam will haben –

WURM *fährt vom Stuhl:* Was sagen Sie da? Was?

MILLER: Bleiben sitzen! Bleiben sitzen Herr Sekretarius. Das Weib ist eine alberne Gans. Wo soll eine
gnädige Madam herkommen? Was für ein Esel
streckt sein Langohr aus diesem Geschwätze?

FRAU: Schmäl du solang du willst. Was ich weiß, weiß
ich – und was der Herr Major gesagt hat, das hat er
gesagt.

MILLER *aufgebracht, springt nach der Geige:* Willst du
dein Maul halten? Willst das Violoncello am Hirnkasten wissen? – Was kannst du wissen? Was kann
er gesagt haben? – Kehren sich an das Geklatsch
nicht Herr Vetter – Marsch du in deine Küche –
Werden mich doch nicht für des Dummkopfs leiblichen Schwager halten, daß ich obenaus woll mit
dem Mädel? Werden doch das nicht von mir denken Herr Sekretarius?

WURM: Auch hab ich es nicht um Sie verdient Herr
Musikmeister. Sie haben mich jederzeit den Mann
von Wort sehen lassen, und meine Ansprüche auf
Ihre Tochter waren so gut, als unterschrieben. Ich
habe ein Amt das seinen guten Haushälter nähren
kann, der Präsident ist mir gewogen, an Empfeh-
lungen kann's nicht fehlen, wenn ich mich höher
poussieren will. Sie sehen, daß meine Absichten
auf Mamsell Luisen ernsthaft sind, wenn Sie vielleicht von einem adelichen Windbeutel herumge-
holt – –

FRAU: Herr Sekertare Wurm! Mehr Respekt, wenn
man bitten darf –

MILLER: Halt du dein Maul sag ich – Lassen Sie es gut
sein, Herr Vetter. Es bleibt beim alten. Was ich Ihnen verwichenen Herbst zum Bescheid gab, bring

ich heut wieder. Ich zwinge meine Tochter nicht. Stehen Sie ihr an – wohl und gut, so mag sie zusehen, wie sie glücklich mit Ihnen wird. Schüttelt sie den Kopf – noch besser – – in Gottes Namen wollt ich sagen – so stecken Sie den Korb ein, und trinken eine Bouteille mit dem Vater – Das Mädel muß mit Ihnen leben – ich nicht – warum soll ich ihr einen Mann, den sie nicht schmecken kann, aus purem klarem Eigensinn an den Hals werfen? – Daß mich der böse Feind in meinen eisgrauen Tagen noch wie sein Wildpret herumhetze – daß ich's in jedem Glas Wein zu saufen – in jeder Suppe zu fressen kriege: Du bist der Spitzbube der sein Kind ruiniert hat!

FRAU: Und kurz und gut – ich geb meinen Konsenz absolut nicht; meine Tochter ist zu was Hohem gemünzt, und ich lauf in die Gerichte, wenn mein Mann sich beschwatzen läßt.

MILLER: Willst du Arm und Bein entzwei haben, Wettermaul?

WURM *zu Millern*: Ein väterlicher Rat vermag bei der Tochter viel, und hoffentlich werden Sie mich kennen, Herr Miller?

MILLER: Daß dich alle Hagel! 's Mädel muß Sie kennen. Was ich alter Knasterbart an Ihnen abkucke, ist just kein Fressen fürs junge naschhafte Mädel. Ich will Ihnen aufs Haar hin sagen, ob Sie ein Mann fürs Orchester sind – aber eine Weiberseel ist auch für einen Kapellmeister zu spitzig. – Und dann von der Brust weg, Herr Vetter – ich bin halt ein plumper gerader teutscher Kerl – für meinen Rat würden Sie sich zuletzt wenig bedanken. Ich rate meiner Tochter zu keinem – aber Sie mißrat ich meiner Tochter, Herr Sekretarius. Lassen mich ausreden. Einem Liebhaber, der den Vater zu Hilfe ruft, trau ich – erlauben Sie – keine hohle Haselnuß zu. Ist er was, so wird er sich schämen, seine Talente durch diesen altmodischen Kanal vor seine Liebste zu bringen – Hat er 's Courage nicht, so ist er ein Hasenfuß, und für den sind keine Luisen gewachsen – – Da! hinter dem Rücken des Vaters muß er sein Gewerb an die Tochter bestellen. Machen muß er, daß das Mädel lieber Vater und Mutter zum Teufel wünscht, als ihn fahrenläßt – oder selber kommt, dem Vater zu Füßen sich wirft, und sich um Gottes willen den schwarzen gelben Tod, oder den Herzeinzigen ausbittet. – Das nenn ich einen Kerl! Das heißt lieben! – und wer's bei dem Weibsvolk nicht so weit bringt, der soll – – auf seinem Gänsekiel reiten.

WURM *greift nach Hut und Stock, und zum Zimmer hinaus:* Obligation, Herr Miller.

MILLER *geht ihm langsam nach:* Für was? Für was? Haben Sie ja doch nichts genossen, Herr Sekretarius. *Zurückkommend:* Nichts hört er und hin zieht er – – Ist mir's doch wie Gift und Operment, wenn ich den Federnfuchser zu Gesichte krieg. Ein konfiszierter widriger Kerl, als hätt ihn irgendein Schleichhändler in die Welt meines Herrgotts hineingeschachert – Die kleinen tückischen Mausaugen – die Haare brandrot – das Kinn herausgequollen, gerade als wenn die Natur für purem Gift über das verhunzte Stück Arbeit meinen Schlingel da angefaßt, und in irgendeine Ecke geworfen hätte – Nein! Eh ich meine Tochter an so einen Schuft wegwerfe, lieber soll sie mir – Gott verzeih mir's –

FRAU *spuckt aus, giftig:* Der Hund! – Aber man wird dir's Maul sauber halten.

MILLER: Du aber auch mit deinem pestilenzialischen Junker – Hast mich vorhin auch so in Harnisch gebracht – Bist doch nie dummer, als wenn du um Gottes willen gescheit sein solltest. Was hat das Geträtsch von einer gnädigen Madam und deiner Tochter da vorstellen sollen? Das ist mir der Alte. Dem muß man so was an die Nase heften, wenn's morgen am Marktbrunnen ausgeschellt sein soll. Das ist just so ein Musje, wie sie in der Leute Häusern herumriechen, über Keller und Koch räsonieren, und springt einem ein nasenweises Wort übers Maul – Bumbs! haben's Fürst und Matreß und Präsident, und du hast das siedende Donnerwetter am Halse.

DRITTE SZENE

LUISE MILLERIN *kommt, ein Buch in der Hand.*
VORIGE.

LUISE *legt das Buch nieder, geht zu Millern und drückt ihm die Hand*: Guten Morgen lieber Vater.

MILLER *warm*: Brav meine Luise – Freut mich, daß du so fleißig an deinen Schöpfer denkst. Bleib immer so, und sein Arm wird dich halten.

LUISE: O ich bin eine schwere Sünderin, Vater – War er da Mutter?

FRAU: Wer mein Kind?

LUISE: Ah! ich vergaß, daß es noch außer ihm Menschen gibt – Mein Kopf ist so wüste – Er war nicht da? Walter?

MILLER *traurig und ernsthaft*: Ich dachte, meine Luise hätte den Namen in der Kirche gelassen?

LUISE *nachdem sie ihn eine Zeitlang starr angesehen*: Ich versteh Ihn Vater – fühle das Messer, das Er in mein Gewissen stößt; aber es kommt zu spät. – Ich hab keine Andacht mehr Vater – der Himmel und Ferdinand reißen an meiner blutenden Seele, und ich fürchte – ich fürchte – *Nach einer Pause:* Doch

nein, guter Vater. Wenn wir ihn über dem Gemälde vernachlässigen, findet sich ja der Künstler am
feinsten gelobt. – Wenn meine Freude über sein
Meisterstück mich ihn selbst übersehen macht, Vater, muß das Gott nicht ergötzen?

MILLER *wirft sich unmutig in den Stuhl*: Da haben
wir's! Das ist die Frucht von dem gottlosen Lesen.

LUISE *tritt unruhig an ein Fenster*: Wo er wohl jetzt ist? –
Die vornehmen Fräulein, die ihn sehen – ihn hören
– ich bin ein schlechtes vergessenes Mädchen. *Erschrickt an dem Wort, und stürzt ihrem Vater zu.*
Doch nein! nein! verzeih Er mir. Ich beweine mein
Schicksal nicht. Ich will ja nur wenig – an ihn denken – das kostet ja nichts. Dies bißchen Leben –
dürft ich es hinhauchen in ein leises schmeicheln-
des Lüftchen, sein Gesicht abzukühlen! – Dies
Blümchen Jugend – wär es ein Veilchen, und er
träte drauf, und es dürfte bescheiden unter ihm
sterben! – Damit genügte mir, Vater. Wenn die
Mücke in ihren Strahlen sich sonnt – kann sie das
strafen, die stolze majestätische Sonne?

MILLER *beugt sich gerührt an die Lehne des Stuhls, und
bedeckt das Gesicht*: Höre Luise – Das bissel Bodensatz meiner Jahre, ich gäb es hin, hättest du den
Major nie gesehen.

LUISE *erschrocken*: Was sagt Er da? Was? Nein! Er
meint es anders der gute Vater. Er wird nicht wissen, daß Ferdinand mein ist, mir geschaffen, mir
zur Freude vom Vater der Liebenden. *Sie steht
nachdenkend.* Als ich ihn das erstemal sah – *Rascher:* und mir das Blut in die Wangen stieg, froher
jagten alle Pulse, jede Wallung sprach, jeder Atem
lispelte: er ist's, und mein Herz den Immerman-
gelnden erkannte, bekräftigte, er ist's, und wie das
widerklang durch die ganze mitfreuende Welt. Damals – o damals ging in meiner Seele der erste Mor-

gen auf. Tausend junge Gefühle schossen aus meinem Herzen, wie die Blumen aus dem Erdreich, wenn's Frühling wird. Ich sah keine Welt mehr, und doch besinn ich mich, daß sie niemals so schön war. Ich wußte von keinem Gott mehr, und doch hatt ich ihn nie so geliebt.

MILLER *eilt auf sie zu, drückt sie wider seine Brust*: Luise – teures – herrliches Kind – Nimm meinen alten mürben Kopf – nimm alles – alles! – den Major – Gott ist mein Zeuge – ich kann dir ihn nimmer geben. *Er geht ab.*

LUISE: Auch will ich ihn ja jetzt nicht mein Vater. Dieser karge Tautropfe Zeit – schon ein Traum von Ferdinand trinkt ihn wollüstig auf. Ich entsag ihm für dieses Leben. Dann, Mutter – dann, wenn die Schranken des Unterschieds einstürzen – wenn von uns abspringen all die verhaßte Hülsen des Standes – Menschen nur Menschen sind – Ich bringe nichts mit mir, als meine Unschuld, aber der Vater hat ja so oft gesagt, daß der Schmuck und die prächtigen Titel wohlfeil werden wenn Gott kommt, und die Herzen im Preise steigen. Ich werde dann reich sein. Dort rechnet man Tränen für Triumphe, und schöne Gedanken für Ahnen an. Ich werde dann vornehm sein Mutter – Was hätte er dann noch für seinem Mädchen voraus?

FRAU *fährt in die Höhe*: Luise! Der Major! Er springt über die Planke. Wo verberg ich mich doch?

LUISE *fängt an zu zittern*: Bleib Sie doch Mutter.

FRAU: Mein Gott! Wie seh ich aus. Ich muß mich ja schämen. Ich darf mich nicht vor Seiner Gnaden so sehen lassen. *Ab.*

Vierte Szene

Ferdinand von Walter. Luise.
*Er fliegt auf sie zu - sie sinkt entfärbt und matt auf
einen Sessel - er bleibt vor ihr stehn - sie sehen sich eine
Zeitlang stillschweigend an.*
Pause.

FERDINAND: Du bist blaß Luise?

LUISE *steht auf und fällt ihm um den Hals*: Es ist nichts.
Nichts. Du bist ja da. Es ist vorüber.

FERDINAND *ihre Hand nehmend und zum Munde führend*: Und liebt mich meine Luise noch? Mein Herz
ist das gestrige, ist's auch das deine noch? Ich fliege
nur her, will sehn ob du heiter bist, und gehn und
es auch sein – Du bist's nicht.

LUISE: Doch, doch, mein Geliebter.

FERDINAND: Rede mir Wahrheit. Du bist's nicht. Ich
schaue durch deine Seele, wie durch das klare Wasser dieses Brillanten. *Er zeigt auf seinen Ring.* Hier
wirft sich kein Bläschen auf; das ich nicht merkte –
kein Gedanke tritt in dies Angesicht, der mir ent-
wischte. Was hast du? Geschwind! Weiß ich nur
diesen Spiegel helle, so läuft keine Wolke über die
Welt. Was bekümmert dich?

LUISE *sieht ihn eine Weile stumm und bedeutend an,
dann mit Wehmut*: Ferdinand! Ferdinand! Daß du
doch wüßtest, wie schön in dieser Sprache das bür-
gerliche Mädchen sich ausnimmt –

FERDINAND: Was ist das? *Befremdet*: Mädchen! Höre!
Wie kommst du auf das? – Du bist meine Luise.
Wer sagt dir, daß du noch etwas sein solltest. Siehst
du Falsche, auf welchem Kaltsinn ich dir begegnen
muß. Wärest du ganz nur Liebe für mich, wann
hättest du Zeit gehabt eine Vergleichung zu machen. Wenn ich bei dir bin, zerschmilzt meine Ver-

nunft in einen Blick – in einen Traum von dir,
wenn ich weg bin, und du hast noch eine Klugheit
neben deiner Liebe? – Schäme dich! Jeder Augenblick, den du an diesem Kummer verlorst, war deinem Jüngling gestohlen.

LUISE *faßt seine Hand indem sie den Kopf schüttelt*: Du
willst mich einschläfern Ferdinand – willst meine
Augen von diesem Abgrund hinweglocken, in den
ich ganz gewiß stürzen muß. Ich seh in die Zukunft
– die Stimme des Ruhms – deine Entwürfe – dein
Vater – mein Nichts. *Erschrickt, und läßt plötzlich
seine Hand fahren*. Ferdinand! ein Dolch über dir
und mir! – Man trennt uns!

FERDINAND: Trennt uns! *Er springt auf*. Woher
bringst du diese Ahndung Luise? Trennt uns? –
Wer kann den Bund zwoer Herzen lösen, oder die
Töne eines Akkords auseinanderreißen? – Ich bin
ein Edelmann – Laß doch sehen, ob mein Adelbrief
älter ist, als der Riß zum unendlichen Weltall? oder
mein Wappen gültiger als die Handschrift des
Himmels in Luisens Augen: Dieses Weib ist für
diesen Mann? – Ich bin des Präsidenten Sohn.
Ebendarum. Wer, als die Liebe, kann mir die Flüche versüßen, die mir der Landeswucher meines
Vaters vermachen wird?

LUISE: O wie sehr fürcht ich ihn – Diesen Vater!

FERDINAND: Ich fürchte nichts – nichts – als die Grenzen deiner Liebe. Laß auch Hindernisse wie Gebürge zwischen uns treten, ich will sie für Treppen
nehmen und drüber hin in Luisens Arme fliegen.
Die Stürme des widrigen Schicksals sollen meine Empfindung emporblasen, Gefahren werden
meine Luise nur reizender machen. – Also nichts
mehr von Furcht meine Liebe. Ich selbst – ich will
über dir wachen wie der Zauberdrach über unterir-
dischem Golde – Mir vertraue dich. Du brauchst

keinen Engel mehr – Ich will mich zwischen dich
und das Schicksal werfen – empfangen für dich
jede Wunde – auffassen für dich jeden Tropfen
aus dem Becher der Freude – dir ihn bringen in der
Schale der Liebe. *Sie zärtlich umfassend.* An diesem Arm soll meine Luise durchs Leben hüpfen,
schöner als er dich von sich ließ soll der Himmel
dich wiederhaben, und mit Verwunderung einge-
stehn, daß nur die Liebe die letzte Hand an die
Seelen legte –

LUISE *drückt ihn von sich, in großer Bewegung*: Nichts
mehr! Ich bitte dich, schweig! – Wüßtest du – Laß
mich – du weißt nicht, daß deine Hoffnungen mein
Herz, wie Furien, anfallen. *Will fort.*

FERDINAND *hält sie auf*: Luise? Wie! Was! Welche An-
wandlung?

LUISE: Ich hatte diese Träume vergessen und war
glücklich – Jetzt! Jetzt! Von heut an – der Friede
meines Lebens ist aus – Wilde Wünsche – ich weiß
es – werden in meinem Busen rasen. – Geh – Gott
vergebe dir's – Du hast den Feuerbrand in mein
junges friedsames Herz geworfen, und er wird
nimmer nimmer gelöscht werden.

   Sie stürzt hinaus. Er folgt ihr sprachlos nach.

FÜNFTE SZENE

Saal beim Präsidenten.

DER PRÄSIDENT, *ein Ordenskreuz um den Hals, einen
Stern an der Seite, und* SEKRETÄR WURM *treten auf.*

PRÄSIDENT: Ein ernsthaftes Attachement! Mein Sohn?
– Nein Wurm, das macht Er mich nimmermehr
glauben.

WURM: Ihro Exzellenz haben die Gnade mir den Beweis zu befehlen.

PRÄSIDENT: Daß er der Bürgerkanaille den Hof macht – Flatterien sagt – auch meinetwegen Empfindungen vorplaudert – Das sind lauter Sachen, die ich möglich finde – verzeihlich finde – aber – und noch gar die Tochter eines Musikus sagt Er?

WURM: Musikmeister Millers Tochter.

PRÄSIDENT: Hübsch? – Zwar das versteht sich.

WURM *lebhaft*: Das schönste Exemplar einer Blondine, die, nicht zu viel gesagt, neben den ersten Schönheiten des Hofes noch Figur machen würde.

PRÄSIDENT *lacht*: Er sagt mir Wurm – Er habe ein Aug auf das Ding – das find ich. Aber sieht Er mein lieber Wurm – daß mein Sohn Gefühl für das Frauenzimmer hat, macht mir Hoffnung, daß ihn die Damen nicht hassen werden. Er kann bei Hof etwas durchsetzen. Das Mädchen ist schön, sagt Er, das gefällt mir an meinen Sohn, daß er Geschmack hat. Spiegelt er der Närrin solide Absichten vor? Noch besser – so seh ich, daß er Witz genug hat, in seinen Beutel zu lügen. Er kann Präsident werden. Setzt er es noch dazu durch? Herrlich! das zeigt mir an, daß er Glück hat. – Schließt sich die Farce mit einem gesunden Enkel – Unvergleichlich! so trink ich auf die guten Aspekten meines Stammbaums eine Bouteille Malaga mehr, und bezahle die Skortationsstrafe für seine Dirne.

WURM: Alles was ich wünsche, Ihr' Exzellenz, ist, daß Sie nicht nötig haben möchten diese Bouteille zu Ihrer Zerstreuung zu trinken.

PRÄSIDENT *ernsthaft*: Wurm, besinn Er sich, daß ich, wenn ich einmal glaube, hartnäckig glaube, rase, wenn ich zürne – Ich will einen Spaß daraus machen, daß Er mich aufhetzen wollte. Daß Er sich seinen Nebenbuhler gern vom Hals geschafft hätte, glaub ich Ihm herzlich gern. Da Er meinen Sohn bei dem Mädchen auszustechen Mühe haben möchte, soll Ihm der Vater zur Fliegenklatsche dienen, das find ich wieder begreiflich – und daß Er einen so herrlichen Ansatz zum Schelmen hat, entzückt mich sogar – Nur mein lieber Wurm, muß Er mich nicht mit prellen wollen. – Nur versteht Er mich, muß Er den Pfiff nicht bis zum Einbruch in meine Grundsätze treiben.

WURM: Ihro Exzellenz verzeihen. Wenn auch wirklich – wie Sie argwohnen – die Eifersucht hier im Spiel sein sollte, so wäre sie es wenigstens nur mit den Augen und nicht mit der Zunge.

PRÄSIDENT: Und ich dächte, sie bliebe ganz weg. Dummer Teufel, was verschlägt es denn Ihm, ob Er die Karolin frisch aus der Münze, oder vom Bankier bekommt. Tröst Er sich mit dem hiesigen Adel; – wissentlich oder nicht – bei uns wird selten eine Mariage geschlossen, wo nicht wenigstens ein halb Dutzend der Gäste – oder der Aufwärter – das Paradies des Bräutigams geometrisch ermessen kann.

WURM *verbeugt sich*: Ich mache hier gern den Bürgersmann, gnädiger Herr.

PRÄSIDENT: Überdies kann Er mit nächstem die Freude haben, Seinem Nebenbuhler den Spott auf die schönste Art heimzugeben. Eben jetzt liegt der An-
-schlag im Kabinett, daß, auf die Ankunft der neuen Herzogin, Lady Milford zum Schein den Abschied erhalten, und, den Betrug vollkommen zu machen, eine Verbindung eingehen soll. Er weiß Wurm, wie sehr sich mein Ansehen auf den Einfluß der Lady stützt – wie überhaupt meine mächtigsten Springfedern in die Wallungen des Fürsten hineinspielen. Der Herzog sucht eine Partie für die

Milford. Ein anderer kann sich melden – den Kauf schließen, mit der Dame das Vertrauen des Fürsten anreißen, sich ihm unentbehrlich machen – damit nun der Fürst im Netz meiner Familie bleibe, soll mein Ferdinand die Milford heuraten – – Ist Ihm das helle?

WURM: Daß mich die Augen beißen – – Wenigstens bewies der Präsident hier, daß der Vater nur ein Anfänger gegen ihn ist. Wenn der Major Ihnen ebenso den gehorsamen Sohn zeigt, als Sie ihm den zärtlichen Vater, so dörfte Ihre Anforderung mit Protest zurückkommen.

PRÄSIDENT: Zum Glück war mir noch nie für die Ausführung eines Entwurfes bang, wo ich mich mit einem: Es soll so sein, einstellen konnte. – Aber seh Er nun Wurm, das hat uns wieder auf den vorigen Punkt geleitet. Ich kündige meinem Sohn noch diesen Vormittag seine Vermählung an. Das Gesicht, das er mir zeigen wird, soll Seinen Argwohn entweder rechtfertigen, oder ganz widerlegen.

WURM: Gnädiger Herr, ich bitte sehr um Vergebung. Das finstre Gesicht, das er Ihnen ganz zuverlässig zeigt, läßt sich ebensogut auf die Rechnung der Braut schreiben, die Sie ihm zuführen, als derjenigen, die Sie ihm nehmen. Ich ersuche Sie um eine schärfere Probe. Wählen Sie ihm die untadelichste Partie im Land, und sagt er ja, so lassen Sie den Sekretär Wurm drei Jahre Kugeln schleifen.

PRÄSIDENT *beißt die Lippen*: Teufel!

WURM: Es ist nicht anders. Die Mutter – die Dummheit selbst – hat mir in der Einfalt zu viel geplaudert.

PRÄSIDENT *geht auf und nieder, preßt seinen Zorn zurück*: Gut! Diesen Morgen noch.

WURM: Nur vergessen Ewr. Exzellenz nicht, daß der Major – der Sohn meines Herrn ist.

PRÄSIDENT: Er soll geschont werden, Wurm.

WURM: Und daß der Dienst, Ihnen von einer unwillkommenen Schwiegertochter zu helfen –

PRÄSIDENT: Den Gegendienst wert ist, Ihm zu einer Frau zu helfen? – Auch das Wurm.

WURM *bückt sich vergnügt*: Ewig der Ihrige, gnädiger Herr. *Er will geben.*

PRÄSIDENT: Was ich Ihm vorhin vertraut habe Wurm. *Drohend:* Wenn Er plaudert –

WURM *lacht*: So zeigen Ihr' Exzellenz meine falschen Handschriften auf. *Er geht ab.*

PRÄSIDENT: Zwar du bist mir gewiß. Ich halte dich an deiner eigenen Schurkerei, wie den Schröter am Faden.

EIN KAMMERDIENER *tritt herein*: Hofmarschall von Kalb –

PRÄSIDENT: Kommt, wie gerufen. – Er soll mir angenehm sein.

Kammerdiener geht.

SECHSTE SZENE

HOFMARSCHALL VON KALB, *in einem reichen aber geschmacklosen Hofkleid, mit Kammerherrnschlüsseln, zwei Uhren und einem Degen, Chapeau-bas und frisiert à la Hérisson. Er fliegt mit großem Gekreisch auf den Präsidenten zu, und breitet einen Bisamgeruch über das ganze Parterre. PRÄSIDENT.*

HOFMARSCHALL *ihn umarmend*: Ah guten Morgen mein Bester! Wie geruht? Wie geschlafen? – Sie verzeihen doch, daß ich so spät das Vergnügen habe – dringende Geschäfte – der Küchenzettel – Visitenbilletts – das Arrangement der Partien auf die heutige Schlittenfahrt – Ah – und denn mußt ich ja auch bei dem Lever zugegen sein, und Seiner Durchleucht das Wetter verkündigen.

PRÄSIDENT: Ja Marschall. Da haben Sie freilich nicht abkommen können.

HOFMARSCHALL: Obendrein hat mich ein Schelm von Schneider noch sitzen lassen.

PRÄSIDENT: Und doch fix und fertig?

HOFMARSCHALL: Das ist noch nicht alles. – Ein Malheur jagt heut das andere. Hören Sie nur.

PRÄSIDENT *zerstreut*: Ist das möglich?

HOFMARSCHALL: Hören Sie nur. Ich steige kaum aus dem Wagen, so werden die Hengste scheu, stampfen und schlagen aus, daß mir – ich bitte Sie! – der Gassenkot über und über an die Beinkleider sprützt. Was anzufangen? Setzen Sie sich um Gottes willen in meine Lage Baron. Da stand ich. Spät war es. Eine Tagreise ist es – und in dem Aufzug vor Seine Durchleucht! Gott der Gerechte! – Was fällt mir bei? Ich fingiere eine Ohnmacht. Man bringt mich über Hals und Kopf in die Kutsche. Ich in voller Karriere nach Haus – wechsle die Kleider – fahre zurück – Was sagen Sie? – und bin noch der erste in der Antichamber – Was denken Sie?

PRÄSIDENT: Ein herrliches Impromptu des menschlichen Witzes – Doch das beiseite Kalb – Sie sprachen also schon mit dem Herzog?

HOFMARSCHALL *wichtig*: Zwanzig Minuten und eine halbe.

PRÄSIDENT: Das gesteh ich! – und wissen mir also ohne Zweifel eine wichtige Neuigkeit?

HOFMARSCHALL *ernsthaft nach einigem Stillschweigen*: Seine Durchleucht haben heute einen Merde d'Oye-Biber an.

PRÄSIDENT: Man denke – Nein Marschall, so hab ich doch eine bessere Zeitung für Sie – daß Lady Milford Majorin von Walter wird, ist Ihnen gewiß etwas Neues?

HOFMARSCHALL: Denken Sie! – Und das ist schon richtig gemacht?

PRÄSIDENT: Unterschrieben, Marschall – und Sie verbinden mich, wenn Sie ohne Aufschub dahin gehen, die Lady auf seinen Besuch präparieren, und den Entschluß meines Ferdinands in der ganzen Residenz bekanntmachen.

HOFMARSCHALL *entzückt*: O mit tausend Freuden mein Bester – Was kann mir erwünschter kommen? – Ich fliege sogleich – *Umarmt ihn.* Leben Sie wohl – In Dreiviertelstunden weiß es die ganze Stadt. *Hüpft hinaus.*

PRÄSIDENT *lacht dem Marschall nach*: Man sage noch, daß diese Geschöpfe in der Welt zu nichts taugen – – Nun muß ja mein Ferdinand wollen, oder die ganze Stadt hat gelogen. *Klingelt.* – WURM *kommt.* Mein Sohn soll hereinkommen.

Wurm geht ab. Der Präsident auf und nieder gedankenvoll.

SIEBENTE SZENE

FERDINAND. DER PRÄSIDENT. WURM, *welcher gleich abgeht.*

FERDINAND: Sie haben befohlen, gnädiger Herr Vater –

PRÄSIDENT: Leider muß ich das, wenn ich meines Sohns einmal froh werden will – Laß Er uns allein, Wurm. – Ferdinand, ich beobachte dich schon eine Zeitlang, und finde die offene rasche Jugend nicht mehr, die mich sonst so entzückt hat. Ein seltsamer Gram brütet auf deinem Gesicht – Du fliehst mich –

Du fliehst deine Zirkel – Pfui! – Deinen Jahren
verzeiht man zehn Ausschweifungen vor einer einzigen Grille. Überlaß diese mir, lieber Sohn. Mich
laß an deinem Glück arbeiten, und denke auf
nichts, als in meine Entwürfe zu spielen. – Komm!
Umarme mich Ferdinand.

FERDINAND: Sie sind heute sehr gnädig mein Vater.

PRÄSIDENT: Heute du Schalk – und dieses heute noch
mit der herben Grimasse? *Ernsthaft:* Ferdinand! –
Wem zulieb hab ich die gefährliche Bahn zum
Herzen des Fürsten betreten? Wem zulieb bin ich
auf ewig mit meinem Gewissen und dem Himmel
zerfallen? – Höre Ferdinand – (Ich spreche mit meinem Sohn) – Wem hab ich durch die Hinwegräu-
mung meines Vorgängers Platz gemacht – eine Geschichte, die desto blutiger in mein Inwendiges
schneidet, je sorgfältiger ich das Messer der Welt
verberge. Höre. Sage mir Ferdinand: Wem tat ich
dies alles?

FERDINAND *tritt mit Schrecken zurück*: Doch mir nicht
mein Vater? Doch auf mich soll der blutige Wider-
schein dieses Frevels nicht fallen? Beim allmächtigen Gott! Es ist besser, gar nicht geboren sein, als
dieser Missetat zur Ausrede dienen.

PRÄSIDENT: Was war das? Was? Doch! ich will es dem
Romanenkopfe zugut halten – Ferdinand – ich will
mich nicht erhitzen vorlauter Knabe – Lohnst du
mir also für meine schlaflosen Nächte? Also für
meine rastlose Sorge? Also für den ewigen Skorpion meines Gewissens? – Auf mich fällt die Last der
Verantwortung – auf mich der Fluch, der Donner
des Richters – Du empfängst dein Glück von der
zweiten Hand – das Verbrechen klebt nicht am Erbe.

FERDINAND *streckt die rechte Hand gen Himmel*: Feierlich entsag ich hier einem Erbe, das mich nur an
einen abscheulichen Vater erinnert.

PRÄSIDENT: Höre junger Mensch, bringe mich nicht
auf. – Wenn es nach deinem Kopfe ginge, du krö-
chest dein Leben lang im Staube.

FERDINAND: Oh, immer noch besser, Vater, als ich
kröch um den Thron herum.

PRÄSIDENT *verbeißt seinen Zorn*: Hum! – Zwingen muß
man dich, dein Glück zu erkennen. Wo zehn andre
mit aller Anstrengung nicht hinaufklimmen, wirst
du spielend, im Schlafe gehoben. Du bist im zwölften Jahre Fähndrich. Im zwanzigsten Major. Ich
hab es durchgesetzt beim Fürsten. Du wirst die
Uniform ausziehen, und in das Ministerium eintreten. Der Fürst sprach vom Geheimenrat – Gesandt-
schaften – außerordentlichen Gnaden. Eine herrliche Aussicht dehnt sich vor dir. – Die ebene Straße
zunächst nach dem Throne – zum Throne selbst,
wenn anders die Gewalt so viel wert ist, als ihre
Zeichen – das begeistert dich nicht?

FERDINAND: Weil meine Begriffe von Größe und
Glück nicht ganz die Ihrigen sind – Ihre Glückseligkeit macht sich nur selten anders als durch Verderben bekannt. Neid, Furcht, Verwünschung sind
die traurigen Spiegel, worin sich die Hoheit eines
Herrschers belächelt. – Tränen, Flüche, Verzweiflung die entsetzliche Mahlzeit, woran diese geprie-
senen Glücklichen schwelgen, von der sie betrun-
ken aufstehen, und so in die Ewigkeit vor den
Thron Gottes taumeln – Mein Ideal von Glück
zieht sich genügsamer in mich selbst zurück. In
meinem Herzen liegen alle meine Wünsche begraben. –

PRÄSIDENT: Meisterhaft! Unverbesserlich! Herrlich!
Nach dreißig Jahren die erste Vorlesung wieder! –
Schade nur, daß mein fünfzigjähriger Kopf zu zäh
für das Lernen ist! – Doch – dies seltne Talent nicht
einrosten zu lassen, will ich dir jemand an die Seite

geben, bei dem du dich in dieser buntscheckigen Tollheit nach Wunsch exerzieren kannst. – Du wirst dich entschließen – noch heute entschließen – eine Frau zu nehmen.

FERDINAND *tritt bestürzt zurück*: Mein Vater?

PRÄSIDENT: Ohne Komplimente – Ich habe der Lady Milford in deinem Namen eine Karte geschickt. Du wirst dich ohne Aufschub bequemen, dahin zu gehen, und ihr zu sagen, daß du ihr Bräutigam bist.

FERDINAND: Der Milford mein Vater?

PRÄSIDENT: Wenn sie dir bekannt ist –

FERDINAND *außer Fassung*: Welcher Schandsäule im Herzogtum ist sie das nicht! – Aber ich bin wohl lächerlich, lieber Vater, daß ich Ihre Laune für Ernst aufnehme? Würden Sie Vater zu dem Schurken Sohne sein wollen, der eine privilegierte Buhlerin heuratete?

PRÄSIDENT: Noch mehr. Ich würde selbst um sie werben, wenn sie einen Fünfziger möchte – Würdest du zu dem Schurken Vater nicht Sohn sein wollen?

FERDINAND: Nein! So wahr Gott lebt!

PRÄSIDENT: Eine Frechheit, bei meiner Ehre! die ich ihrer Seltenheit wegen vergebe –

FERDINAND: Ich bitte Sie Vater! lassen Sie mich nicht länger in einer Vermutung, wo es mir unerträglich wird, mich Ihren Sohn zu nennen.

PRÄSIDENT: Junge bist du toll? Welcher Mensch von Vernunft würde nicht nach der Distinktion geizen, mit seinem Landesherrn an einem dritten Orte zu wechseln?

FERDINAND: Sie werden mir zum Rätsel mein Vater. Distinktion nennen Sie es – Distinktion, da mit dem Fürsten zu teilen, wo er auch unter den Menschen hinunterkriecht?

PRÄSIDENT *schlägt ein Gelächter auf.*

FERDINAND: Sie können lachen – und ich will über das hinweggehen Vater. Mit welchem Gesicht soll ich vor den schlechtesten Handwerker treten, der mit seiner Frau wenigstens doch einen ganzen Körper zum Mitgift bekommt? Mit welchem Gesicht vor die Welt? Vor den Fürsten? Mit welchem vor die Buhlerin selbst, die den Brandflecken ihrer Ehre in meiner Schande auswaschen würde?

PRÄSIDENT: Wo in aller Welt bringst du das Maul her, Junge?

FERDINAND: Ich beschwöre Sie bei Himmel und Erde! Vater, Sie können durch diese Hinwerfung Ihres einzigen Sohnes so glücklich nicht werden, als Sie ihn unglücklich machen. Ich gebe Ihnen mein Leben, wenn das Sie steigen machen kann. Mein Leben hab ich von Ihnen, ich werde keinen Augenblick anstehen, es ganz Ihrer Größe zu opfern. – Meine Ehre, Vater – wenn Sie mir diese nehmen, so war es ein leichtfertiges Schelmenstück mir das Leben zu geben, und ich muß den Vater wie den Kuppler verfluchen.

PRÄSIDENT *freundlich, indem er ihn auf die Achsel klopft*: Brav, lieber Sohn. Jetzt seh ich, daß du ein ganzer Kerl bist, und der besten Frau im Herzogtum würdig. – Sie soll dir werden – Noch diesen Mittag wirst du dich mit der Gräfin von Ostheim verloben.

FERDINAND *aufs neue betreten*: Ist diese Stunde bestimmt, mich ganz zu zerschmettern?

PRÄSIDENT *einen laurenden Blick auf ihn werfend*: Wo doch hoffentlich deine Ehre nichts einwenden wird?

FERDINAND: Nein mein Vater. Friederike von Ostheim könnte jeden andern zum Glücklichsten machen. *Vor sich, in höchster Verwirrung:* Was seine Bos-

heit an meinem Herzen noch ganz ließ, zerreißt
seine Güte.

PRÄSIDENT *noch immer kein Aug von ihm wendend*: Ich
warte auf deine Dankbarkeit, Ferdinand –

FERDINAND *stürzt auf ihn zu und küßt ihm feurig die
Hand*: Vater! Ihre Gnade entflammt meine ganze
Empfindung – Vater! meinen heißesten Dank für
Ihre herzliche Meinung – Ihre Wahl ist untadelhaft
– aber – ich kann – ich darf – Bedauern Sie mich –
Ich kann die Gräfin nicht lieben.

PRÄSIDENT *tritt einen Schritt zurück*: Holla! Jetzt hab
ich den jungen Herrn. Also in diese Falle ging er,
der listige Heuchler – Also es war nicht die Ehre,
die dir die Lady verbot? – Es war nicht die Person
sondern die Heurat die du verabscheutest? –

FERDINAND *steht zuerst wie versteinert, dann fährt er
auf, und will fortrennen.*

PRÄSIDENT: Wohin? Halt! Ist das der Respekt den du
mir schuldig bist? *Der Major kehrt zurück.* Du bist
bei der Lady gemeldet. Der Fürst hat mein Wort.
Stadt und Hof wissen es richtig. – Wenn du mich
zum Lügner machst, Junge – vor dem Fürsten – der
Lady – der Stadt – dem Hof mich zum Lügner
machst – Höre Junge – oder wenn ich hinter gewisse Historien komme: – Halt! Holla! Was bläst
so auf einmal das Feuer in deinen Wangen aus?

FERDINAND *schneeblaß und zitternd*: Wie? Was? Es ist
gewiß nichts, mein Vater!

PRÄSIDENT *einen fürchterlichen Blick auf ihn heftend*:
Und wenn es was ist – und wenn ich die Spur fin-
den sollte, woher diese Widersetzlichkeit stammt? –
– Ha Junge! der bloße Verdacht schon bringt mich
zum Rasen. Geh den Augenblick. Die Wachparade
fängt an. Du wirst bei der Lady sein, sobald die
Parole gegeben ist – Wenn ich auftrete, zittert ein
Herzogtum. Laß doch sehen, ob mich ein Starrkopf

171

von Sohn meistert. *Er geht und kommt noch einmal wieder.* Junge, ich sage dir, du wirst dort sein, oder fliehe meinen Zorn. *Er geht ab.*

FERDINAND *erwacht aus einer dumpfen Betäubung*: Ist er weg? War das eines Vaters Stimme? – Ja! ich will zu ihr – will hin – will ihr Dinge sagen, will ihr einen Spiegel vorhalten – Nichtswürdige! und wenn du auch noch dann meine Hand verlangst – Im Angesicht des versammelten Adels, des Militärs und des Volks! – Umgürte dich mit dem ganzen Stolz deines Englands – Ich verwerfe dich – ein teutscher Jüngling! *Er eilt hinaus.*

ZWEITER AKT

Ein Saal im Palais der Lady Milford; Zur rechten Hand steht ein Sofa, zur linken ein Flügel.

ERSTE SZENE

LADY, *in einem freien aber reizenden Negligé, die Haare noch unfrisiert, sitzt vor dem Flügel und phantasiert;* Sophie, *die Kammerjungfer, kommt von dem Fenster.*

SOPHIE: Die Offiziers gehen auseinander. Die Wachparade ist aus – ich sehe noch keinen Walter.

LADY *sehr unruhig, indem sie aufsteht und einen Gang durch den Saal macht*: Ich weiß nicht, wie ich mich heute finde, Sophie – Ich bin noch nie so gewesen – Also du sahst ihn gar nicht? – Freilich wohl – Es wird ihm nicht eilen – Wie ein Verbrechen liegt es auf meiner Brust – Geh Sophie – Man soll mir den wildesten Renner herausführen, der im Marstall ist. Ich muß ins Freie – Menschen sehen und blauen Himmel, und mich leichter reiten ums Herz herum.

SOPHIE: Wenn Sie sich unpäßlich fühlen, Mylady – berufen Sie Assemblee hier zusammen. Lassen Sie den Herzog hier Tafel halten, oder die l'Hombretische vor Ihren Sofa setzen. Mir sollte der Fürst und sein ganzer Hof zu Gebote stehn, und eine Grille im Kopfe surren?

LADY *wirft sich in den Sofa*: Ich bitte, verschone mich. Ich gebe dir einen Demant für jede Stunde, wo ich sie mir vom Hals schaffen kann. Soll ich meine Zimmer mit diesem Volk tapezieren? – Das sind schlechte erbärmliche Menschen, die sich entset-

zen, wenn mir ein warmes herzliches Wort entwischt, Mund und Nasen aufreißen, als sähen sie
einen Geist – Sklaven eines einzigen Marionetten-
drahts, den ich leichter als mein Filet regiere. –
Was fang ich mit Leuten an, deren Seelen so
gleich als ihre Sackuhren gehen? Kann ich eine
Freude dran finden, sie was zu fragen, wenn ich
vorausweiß, was sie mir antworten werden? Oder
Worte mit ihnen wechseln, wenn sie das Herz
nicht haben, andrer Meinung als ich zu sein? –
Weg mit ihnen! Es ist verdrüßlich, ein Roß zu reiten, das nicht auch in den Zügel beißt. *Sie tritt zum
Fenster.*

SOPHIE: Aber den Fürsten werden Sie doch ausneh-
men Lady? Den schönsten Mann – den feurigsten
Liebhaber – den witzigsten Kopf in seinem ganzen
Lande!

LADY *kommt zurück*: Denn es ist sein Land – und nur
ein Fürstentum, Sophie, kann meinem Geschmack
zur erträglichen Ausrede dienen – Du sagst, man
beneide mich. Armes Ding! Beklagen soll man
mich vielmehr. Unter allen, die an den Brüsten der
Majestät trinken, kommt die Favoritin am schlechtesten weg, weil sie allein dem großen und reichen
Mann auf dem Bettelstabe begegnet – Wahr ist's, er
kann mit dem Talisman seiner Größe jeden Gelust
meines Herzens, wie ein Feenschloß, aus der Erde
rufen. – Er setzt den Saft von zwei Indien auf die
Tafel – ruft Paradiese aus Wildnissen – läßt die
Quellen seines Landes in stolzen Bögen gen Himmel springen, oder das Mark seiner Untertanen in
einem Feuerwerk hinpuffen – – Aber kann er auch
seinem Herzen befehlen, gegen ein großes feuri-
ges Herz groß und feurig zu schlagen? Kann er
sein darbendes Gehirn auf ein einziges schönes
Gefühl exequieren? – Mein Herz hungert bei all

dem Vollauf der Sinne, und was helfen mich tausend beßre Empfindungen, wo ich nur Wallungen löschen darf?

SOPHIE *blickt sie verwundernd an*: Wie lang ist es denn aber, daß ich Ihnen diene, Mylady?

LADY: Weil du erst heute mit mir bekannt wirst? – Es ist wahr, liebe Sophie – ich habe dem Fürsten meine Ehre verkauft, aber mein Herz habe ich frei behalten – ein Herz, meine Gute, das vielleicht eines Mannes noch wert ist – über welches der giftige Wind des Hofes nur wie der Hauch über den Spiegel ging – Trau es mir zu, meine Liebe, daß ich es längst gegen diesen armseligen Fürsten behauptet hätte, wenn ich es nur von meinem Ehrgeiz erhalten könnte, einer Dame am Hof den Rang vor mir einzuräumen.

SOPHIE: Und dieses Herz unterwarf sich dem Ehrgeiz so gern?

LADY *lebhaft*: Als wenn es sich nicht schon gerächt hätte? – Nicht jetzt noch sich rächte? – Sophie *Bedeutend, indem sie die Hand auf Sophiens Achsel fallen läßt:* Wir Frauenzimmer können nur zwischen Herrschen und Dienen wählen – aber die höchste Wonne der Gewalt ist doch nur ein elender Behelf, wenn uns die größere Wonne versagt wird, Sklavinnen eines Manns zu sein, den wir lieben.

SOPHIE: Eine Wahrheit, Mylady, die ich von Ihnen zuletzt hören wollte!

LADY: Und warum, meine Sophie? Sieht man es denn dieser kindischen Führung des Zepters nicht an, daß wir nur für das Gängelband taugen? Sahst du es denn diesem launischen Flattersinn nicht an – diesen wilden Ergötzungen nicht an, daß sie nur wildere Wünsche in meiner Brust überlärmen sollten?

SOPHIE *tritt erstaunt zurück*: Lady?

LADY *lebhafter*: Befriedige diese! Gib mir den Mann,
den ich jetzt denke – den ich anbete – sterben, Sophie, oder besitzen muß. *Schmelzend:* Laß mich
aus seinem Mund es vernehmen, daß Tränen der
Liebe schöner glänzen in unsern Augen, als die
Brillanten in unserm Haar *Feurig:* und ich werfe
dem Fürsten sein Herz und sein Fürstentum vor
die Füße, fliehe mit diesem Mann, fliehe in die
entlegenste Wüste der Welt – –

SOPHIE *blickt sie erschrocken an*: Himmel! was machen
Sie? Wie wird Ihnen Lady?

LADY *bestürzt*: Du entfärbst dich? – Hab ich vielleicht
etwas zuviel gesagt? – O so laß mich deine Zunge
mit meinem Zutrauen binden – höre noch mehr –
höre alles –

SOPHIE *schaut sich ängstlich um*: Ich fürchte Mylady –
ich fürchte – ich brauch es nicht mehr zu hören.

LADY: Die Verbindung mit dem Major – Du und die
Welt stehen im Wahn, sie sei eine Hofkabale –
Sophie – erröte nicht – schäme dich meiner nicht –
sie ist das Werk – meiner Liebe.

SOPHIE: Bei Gott! Was mir ahndete!

LADY: Sie ließen sich beschwatzen, Sophie – der schwa-
che Fürst – der hofschlaue Walter – der alberne
Marschall – Jeder von ihnen wird darauf schwören,
daß diese Heurat das unfehlbarste Mittel sei, mich
dem Herzog zu retten, unser Band um so fester zu
knüpfen. – Ja! es auf ewig zu trennen! auf ewig
diese schändliche Ketten zu brechen! – Belogene
Lügner! Von einem schwachen Weib überlistet! –
Ihr selbst führt mir jetzt meinen Geliebten zu. Das
war es ja nur was ich wollte – Hab ich ihn einmal –
hab ich ihn – o dann auf immer gute Nacht abscheuliche Herrlichkeit –

ZWEITE SZENE

EIN ALTER KAMMERDIENER DES FÜRSTEN, *der ein Schmuck-kästchen trägt.* DIE VORIGEN.

KAMMERDIENER: Seine Durchlaucht der Herzog emp-fehlen sich Mylady zu Gnaden, und schicken Ihnen diese Brillanten zur Hochzeit. Sie kommen soeben erst aus Venedig.

LADY *hat das Kästchen geöffnet und fährt erschrocken zurück*: Mensch! was bezahlt dein Herzog für diese Steine?

KAMMERDIENER *mit finsterm Gesicht*: Sie kosten ihn kei-nen Heller.

LADY: Was? Bist du rasend? Nichts? – und *Indem sie einen Schritt von ihm wegtritt:* du wirfst mir ja einen Blick zu, als wenn du mich durchbohren wolltest – Nichts kosten ihn diese unermeßlich kostbaren Steine?

KAMMERDIENER: Gestern sind siebentausend Landskin-der nach Amerika fort – Die zahlen alles.

LADY *setzt den Schmuck plötzlich nieder, und geht rasch durch den Saal, nach einer Pause zum Kammerdie-ner:* Mann, was ist dir? Ich glaube, du weinst?

KAMMERDIENER *wischt sich die Augen, mit schrecklicher Stimm, alle Glieder zitternd*: Edelsteine wie diese da – Ich hab auch ein paar Söhne drunter.

LADY *wendet sich bebend weg, seine Hand fassend*: Doch keinen Gezwungenen?

KAMMERDIENER *lacht fürchterlich*: O Gott – Nein – lau-ter Freiwillige. Es traten wohl so etliche vorlaute Bursch vor die Front heraus, und fragten den Obersten, wie teuer der Fürst das Joch Menschen verkaufe? – aber unser gnädigster Landesherr ließ alle Regimenter auf dem Paradeplatz aufmarschie-ren, und die Maulaffen niederschießen. Wir hör-

177

ten die Büchsen knallen, sahen ihr Gehirn auf das
Pflaster sprützen, und die ganze Armee schrie:
Juchhe nach Amerika! –

LADY *fällt mit Entsetzen in den Sofa*: Gott! Gott! – Und
ich hörte nichts? Und ich merkte nichts?

KAMMERDIENER: Ja gnädige Frau – warum mußtet Ihr
denn mit unserm Herrn gerad auf die Bärenhatz
reiten, als man den Lärmen zum Aufbruch schlug?
– Die Herrlichkeit hättet Ihr doch nicht versäumen
sollen, wie uns die gellenden Trommeln verkün-
digten, es ist Zeit, und heulende Waisen dort einen
lebendigen Vater verfolgten, und hier eine wütende Mutter lief, ihr saugendes Kind an Bajonetten
zu spießen, und wie man Bräutigam und Braut mit
Säbelhieben auseinanderriß, und wir Graubärte
verzweiflungsvoll dastanden, und den Burschen
auch zuletzt die Krücken noch nachwarfen in die
Neue Welt – Oh, und mitunter das polternde Wir-
belschlagen, damit der Allwissende uns nicht sollte
beten hören –

LADY *steht auf, heftig bewegt*: Weg mit diesen Steinen –
sie blitzen Höllenflammen in mein Herz. *Sanfter
zum Kammerdiener*: Mäßige dich armer alter Mann.
Sie werden wiederkommen. Sie werden ihr Vaterland wiedersehen.

KAMMERDIENER *warm und voll*: Das weiß der Himmel!
Das werden sie! – Noch am Stadttor drehten sie sich
um, und schrieen: »Gott mit euch, Weib und Kinder – Es leb unser Landesvater – am Jüngsten Gericht sind wir wieder da!«

LADY *mit starkem Schritt auf und nieder gehend*: Abscheulich! Fürchterlich! – Mich beredete man, ich
habe sie alle getrocknet die Tränen des Landes –
Schrecklich, schrecklich gehen mir die Augen auf –
Geh du – Sag deinem Herrn – Ich werd ihm persön-
lich danken. *Kammerdiener will gehen, sie wirft ihm*

ihre Goldbörse in den Hut. Und das nimm, weil du mir Wahrheit sagtest –

KAMMERDIENER *wirft sie verächtlich auf den Tisch zurück*: Legt's zu dem übrigen. *Er geht ab.*

LADY *sieht ihm erstaunt nach*: Sophie, spring ihm nach, frag ihn um seinen Namen. Er soll seine Söhne wiederhaben. *Sophie ab. Lady nachdenkend auf und nieder. Pause. Zu Sophien, die wiederkommt:* Ging nicht jüngst ein Gerüchte, daß das Feuer eine Stadt an der Grenze verwüstet, und bei vierhundert Familien an den Bettelstab gebracht habe? *Sie klingelt.*

SOPHIE: Wie kommen Sie auf das? Allerdings ist es so, und die mehresten dieser Unglücklichen dienen jetzt ihren Gläubigern als Sklaven, oder verderben in den Schachten der fürstlichen Silberbergwerke.

BEDIENTER *kommt:* Was befehlen Mylady?

LADY *gibt ihm den Schmuck*: Daß das ohne Verzug in die Landschaft gebracht werde! – Man soll es sogleich zu Geld machen, befehl ich, und den Gewinst davon unter die vierhundert verteilen, die der Brand ruiniert hat.

SOPHIE: Mylady, bedenken Sie, daß Sie die höchste Ungnade wagen.

LADY *mit Größe*: Soll ich den Fluch seines Landes in meinen Haaren tragen? *Sie winkt dem Bedienten, dieser geht.* Oder willst du, daß ich unter dem schrecklichen Geschirr solcher Tränen zu Boden sinke? – Geh Sophie – Es ist besser falsche Juwelen im Haar, und das Bewußtsein dieser Tat im Herzen zu haben.

SOPHIE: Aber Juwelen, wie diese! Hätten Sie nicht Ihre schlechtern nehmen können. Nein wahrlich Mylady! Es ist Ihnen nicht zu vergeben.

LADY: Närrisches Mädchen! Dafür werden in einem Augenblick mehr Brillanten und Perlen für mich fallen, als zehen Könige in ihren Diademen getragen, und schönere –

BEDIENTER *kommt zurück:* Major von Walter –

SOPHIE *springt auf die Lady zu:* Gott! Sie verblasse –

LADY: Der erste Mann der mir Schrecken macht – Sophie – Ich sei unpäßlich Eduard – Halt – Ist er aufgeräumt? Lacht er? Was spricht er? O Sophie! Nicht wahr, ich sehe häßlich aus?

SOPHIE: Ich bitte Sie Lady –

BEDIENTER: Befehlen Sie, daß ich ihn abweise?

LADY *stotternd:* Er soll mir willkommen sein. *Bedienter hinaus.* Sprich Sophie – Was sag ich ihm? Wie empfang ich ihn? – Ich werde stumm sein. – Er wird meiner Schwäche spotten – Er wird – o was ahndet mir – Du verlässest mich Sophie? – Bleib – Doch nein! Gehe! – So bleib doch.

Der Major kommt durch das Vorzimmer.

SOPHIE: Sammeln Sie sich. Er ist schon da.

DRITTE SZENE

FERDINAND VON WALTER. DIE VORIGEN.

FERDINAND *mit einer kurzen Verbeugung:* Wenn ich Sie worin unterbreche, gnädige Frau –

LADY *unter merkbarem Herzklopfen:* In nichts, Herr Major, das mir wichtiger wäre.

FERDINAND: Ich komme auf Befehl meines Vaters.

LADY: Ich bin seine Schuldnerin.

FERDINAND: Und soll Ihnen melden, daß wir uns heuraten – So weit der Auftrag meines Vaters.

LADY *entfärbt sich und zittert:* Nicht Ihres eigenen Herzens?

FERDINAND: Minister und Kuppler pflegen das niemals zu fragen.

LADY *mit einer Beängstigung, daß ihr die Worte versagen*: Und Sie selbst hätten sonst nichts beizusetzen?

FERDINAND *mit einem Blick auf die Mamsell*: Noch sehr viel, Mylady.

LADY *gibt Sophien einen Wink, diese entfernt sich*: Darf ich Ihnen diesen Sofa anbieten?

FERDINAND: Ich werde kurz sein, Mylady.

LADY: Nun?

FERDINAND: Ich bin ein Mann von Ehre.

LADY: Den ich zu schätzen weiß.

FERDINAND: Kavalier.

LADY: Kein beßrer im Herzogtum.

FERDINAND: Und Offizier.

LADY *schmeichelhaft*: Sie berühren hier Vorzüge, die auch andere mit Ihnen gemein haben. Warum verschweigen Sie größere, worin Sie einzig sind?

FERDINAND *frostig*: Hier brauch ich sie nicht.

LADY *mit immer steigender Angst*: Aber für was muß ich diesen Vorbericht nehmen?

FERDINAND *langsam und mit Nachdruck*: Für den Einwurf der Ehre, wenn Sie Lust haben sollten, meine Hand zu erzwingen.

LADY *auffahrend*: Was ist das Herr Major?

FERDINAND *gelassen*: Die Sprache meines Herzens – meines Wappens – und dieses Degens.

LADY: Diesen Degen gab Ihnen der Fürst.

FERDINAND: Der Staat gab mir ihn, durch die Hand des Fürsten – Mein Herz Gott – mein Wappen ein halbes Jahrtausend.

LADY: Der Name des Herzogs –

FERDINAND *hitzig*: Kann der Herzog Gesetze der Menschheit verdrehen, oder Handlungen münzen, wie seine Dreier? – Er selbst ist nicht über die Ehre erhaben, aber er kann ihren Mund mit seinem Golde verstopfen. Er kann den Hermelin über seine Schande herwerfen. Ich bitte mir aus, davon nichts mehr Mylady – Es ist nicht mehr die Rede von weggeworfenen Aussichten und Ahnen – oder von dieser Degenquaste – oder von der Meinung der Welt. Ich bin bereit, dies alles mit Füßen zu treten, sobald Sie mich nur überzeugt haben werden, daß der Preis nicht schlimmer noch als das Opfer ist.

LADY *schmerzhaft von ihm weggehend*: Herr Major! Das hab ich nicht verdient.

FERDINAND *ergreift ihre Hand*: Vergeben Sie. Wir reden hier ohne Zeugen. Der Umstand, der Sie und mich – heute und nie mehr – zusammenführt, berechtigt mich, zwingt mich, Ihnen mein geheimstes Gefühl nicht zurückzuhalten. – Es will mir nicht zu Kopfe, Mylady, daß eine Dame von so viel Schönheit und Geist – Eigenschaften, die ein Mann schätzen würde – sich an einen Fürsten sollte wegwerfen können, der nur das Geschlecht an ihr zu bewundern gelernt hat, wenn sich diese Dame nicht schämte, vor einen Mann mit ihrem Herzen zu treten.

LADY *schaut ihm groß ins Gesicht*: Reden Sie ganz aus.

FERDINAND: Sie nennen sich eine Britin. Erlauben Sie mir – ich kann es nicht glauben, daß Sie eine Britin sind. Die freigeborene Tochter des freiesten Volks unter dem Himmel – das auch zu stolz ist, fremder Tugend zu räuchern – kann sich nimmermehr an fremdes Laster verdingen. Es ist nicht möglich, daß Sie eine Britin sind – oder das Herz dieser Britin muß um so viel kleiner sein, als größer und kühner Britanniens Adern schlagen.

LADY: Sind Sie zu Ende?

FERDINAND: Man könnte antworten, es ist weibliche Eitelkeit – Leidenschaft – Temperament – Hang zum Vergnügen. Schon öfters überlebte Tugend die Ehre. Schon manche, die mit Schande in diese

Schranke trat, hat nachher die Welt durch edle Handlungen mit sich ausgesöhnt, und das häßliche Handwerk durch einen schönen Gebrauch geadelt – Aber woher denn jetzt diese ungeheure Pressung des Landes, die vorher nie so gewesen? – Das war im Namen des Herzogtums. – Ich bin zu Ende.

LADY *mit Sanftmut und Hoheit*: Es ist das erstemal, Walter, daß solche Reden an mich gewagt werden, und Sie sind der einige Mensch, dem ich darauf antworte – Daß Sie meine Hand verwerfen, darum schätz ich Sie. Daß Sie mein Herz lästern, vergebe ich Ihnen. Daß es Ihr Ernst ist, glaube ich Ihnen nicht. Wer sich herausnimmt, Beleidigungen dieser Art einer Dame zu sagen, die nicht mehr als eine Nacht braucht, ihn ganz zu verderben, muß dieser Dame eine große Seele zutrauen, oder – von Sinnen sein – Daß Sie den Ruin des Landes auf meine Brust wälzen, vergebe Ihnen Gott der Allmächtige, der Sie und mich und den Fürsten einst gegeneinanderstellt. – Aber Sie haben die Engländerin in mir aufgefodert, und auf Vorwürfe dieser Art muß mein Vaterland Antwort haben.

FERDINAND *auf seinen Degen gestützt*: Ich bin begierig.

LADY: Hören Sie also, was ich, außer Ihnen, noch niemand vertraute, noch jemals einem Menschen vertrauen will. – Ich bin nicht die Abenteurerin, Walter, für die Sie mich halten. Ich könnte großtun und sagen: Ich bin fürstlichen Geblüts – aus des unglücklichen Thomas Norfolks Geschlechte, der für die schottische Maria ein Opfer war – Mein Vater, des Königs oberster Kämmerer wurde bezüchtigt, in verrätrischem Vernehmen mit Frankreich zu stehen, durch einen Spruch der Parlamente verdammt, und enthauptet. – Alle unsre Güter fielen der Krone zu. Wir selbst wurden des Landes verwiesen. Meine Mutter starb am Tage der Hinrichtung. Ich – ein vierzehenjähriges Mädchen – flohe nach Teutschland mit meiner Wärterin – einem Kästchen Juwelen – und diesem Familienkreuz, das meine sterbende Mutter mit ihrem letzten Segen mir in den Busen steckte.

FERDINAND *wird nachdenkend, und heftet wärmere Blicke auf die Lady.*

LADY *fährt fort mit immer zunehmender Rührung*: Krank – ohne Namen – ohne Schutz und Vermögen – eine ausländische Waise kam ich nach Hamburg. Ich hatte nichts gelernt, als das bißchen Französisch – ein wenig Filet, und den Flügel – desto besser verstund ich auf Gold und Silber zu speisen, unter damastenen Decken zu schlafen, mit einem Wink zehen Bediente fliegen zu machen, und die Schmeicheleien der Großen Ihres Geschlechts aufzunehmen. – Sechs Jahre waren schon hingeweint. – Die letzte Schmucknadel flog dahin – Meine Wärterin starb – und jetzt führte mein Schicksal Ihren Herzog nach Hamburg. Ich spazierte damals an den Ufern der Elbe, sah in den Strom, und fing eben an zu phantasieren, ob dieses Wasser oder mein Leiden das tiefste wäre? – Der Herzog sah mich, verfolgte mich, fand meinen Aufenthalt – lag zu meinen Füßen, und schwur, daß er mich liebe. *Sie hält in großen Bewegungen inne, dann fährt sie fort mit weinender Stimme.* Alle Bilder meiner glücklichen Kindheit wachten jetzt wieder mit verführendem Schimmer auf – Schwarz wie das Grab graute mich eine trostlose Zukunft an – Mein Herz brannte nach einem Herzen – Ich sank an das seinige. *Von ihm wegstürzend.* Jetzt verdammen Sie mich!

FERDINAND *sehr bewegt, eilt ihr nach, und hält sie zurück*: Lady! o Himmel! Was hör ich? Was tat ich? –

– Schrecklich enthüllt sich mein Frevel mir. Sie
können mir nicht mehr vergeben.

LADY *kommt zurück, und hat sich zu sammeln gesucht*:
Hören Sie weiter. Der Fürst überraschte zwar meine wehrlose Jugend – aber das Blut der Norfolk
empörte sich in mir: Du eine geborene Fürstin,
Emilie, rief es, und jetzt eines Fürsten Konkubine?
– Stolz und Schicksal kämpften in meiner Brust, als
der Fürst mich hieher brachte, und auf einmal die
schauderndste Szene vor meinen Augen stand. –
Die Wollust der Großen dieser Welt ist die nim-
mersatte Hyäne, die sich mit Heißhunger Opfer
sucht. – Fürchterlich hatte sie schon in diesem Lande gewütet – hatte Braut und Bräutigam zertrennt
– hatte selbst der Ehen göttliches Band zerrissen – –
hier das stille Glück einer Familie geschleift – dort
ein junges unerfahrnes Herz der verheerenden
Pest aufgeschlossen, und sterbende Schülerinnen
schäumten den Namen ihres Lehrers unter Flü-
chen und Zuckungen aus – Ich stellte mich zwischen das Lamm und den Tiger; nahm einen fürstlichen Eid von ihm in einer Stunde der Leidenschaft, und diese abscheuliche Opferung mußte
aufhören.

FERDINAND *rennt in der heftigsten Unruhe durch den
Saal*: Nichts mehr Mylady! Nicht weiter!

LADY: Diese traurige Periode hatte einer noch trauri-
gern Platz gemacht. Hof und Serail wimmelten
jetzt von Italiens Auswurf. Flatterhafte Pariserin-
nen tändelten mit dem furchtbaren Zepter, und das
Volk blutete unter ihren Launen – Sie alle erlebten
ihren Tag. Ich sah sie neben mir in den Staub sinken, denn ich war mehr Kokette, als sie alle. Ich
nahm dem Tyrannen den Zügel ab, der wollüstig
in meiner Umarmung erschlappte – dein Vaterland, Walter, fühlte zum erstenmal eine Menschen-

hand, und sank vertrauend an meinen Busen. *Pause, worin sie ihn schmelzend ansieht:* O daß der Mann, von dem ich allein nicht verkannt sein möchte, mich jetzt zwingen muß, groß zu prahlen, und meine stille Tugend am Licht der Bewunderung zu versengen! – Walter, ich habe Kerker gesprengt – habe Todesurteile zerrissen, und manche entsetzliche Ewigkeit auf Galeeren verkürzt. In unheilbare Wunden hab ich doch wenigstens stillenden Balsam gegossen – mächtige Frevler in Staub gelegt, und die verlorne Sache der Unschuld oft noch mit einer buhlerischen Träne gerettet – Ha Jüngling! wie süß war mir das! Wie stolz konnte mein Herz jede Anklage meiner fürstlichen Geburt widerlegen! – Und jetzt kommt der Mann, der allein mir das alles belohnen sollte – der Mann, den mein erschöpftes Schicksal vielleicht zum Ersatz meiner vorigen Leiden schuf – der Mann, den ich mit brennender Sehnsucht im Traum schon umfasse –

FERDINAND *fällt ihr ins Wort, durch und durch erschüttert*: Zuviel! Zuviel! Das ist wider die Abrede, Lady. Sie sollten sich von Anklagen reinigen, und machen mich zu einem Verbrecher. Schonen Sie – ich beschwöre Sie – schonen Sie meines Herzens, das Beschämung und wütende Reue zerreißen –

LADY *hält seine Hand fest*: Jetzt oder nimmermehr. Lange genug hielt die Heldin stand – Das Gewicht dieser Tränen mußt du noch fühlen. *Im zärtlichsten Ton:* Höre Walter – wenn eine Unglückliche – unwiderstehlich allmächtig an dich gezogen – sich an dich preßt mit einem Busen voll glühender unerschöpflicher Liebe – Walter – und du jetzt noch das kalte Wort Ehre sprichst – Wenn diese Unglückliche – niedergedrückt vom Gefühl ihrer Schande – des Lasters überdrüssig – heldenmäßig emporgehoben vom Rufe der Tugend – sich so in deine Arme wirft. *Sie umfaßt ihn, beschwörend und feierlich.* Durch dich gerettet – durch dich dem Himmel wiedergeschenkt sein will, oder *Das Gesicht von ihm abgewandt, mit hohler bebender Stimme:* deinem Bild zu entfliehen, dem fürchterlichen Ruf der Verzweiflung gehorsam, in noch abscheulichere Tiefen des Lasters wieder hinuntertaumelt –

FERDINAND *von ihr losreißend, in der schrecklichsten Bedrängnis:* Nein, beim großen Gott! Ich kann das nicht aushalten – Lady, ich muß – Himmel und Erde liegen auf mir – ich muß Ihnen ein Geständnis tun, Lady.

LADY *von ihm wegfliehend:* Jetzt nicht! Jetzt nicht, bei allem was heilig ist – In diesem entsetzlichen Augenblick nicht, wo mein zerrissenes Herz an tausend Dolchstichen blutet – Sei's Tod oder Leben – ich darf es nicht – ich will es nicht hören.

FERDINAND: Doch, doch beste Lady. Sie müssen es. Was ich Ihnen jetzt sagen werde, wird meine Strafbarkeit mindern, und eine warme Abbitte des Vergangenen sein – Ich habe mich in Ihnen betrogen, Mylady. Ich erwartete – ich wünschte, Sie meiner Verachtung würdig zu finden. Fest entschlossen Sie zu beleidigen, und Ihren Haß zu verdienen, kam ich her – Glücklich wir beide, wenn mein Vorsatz gelungen wäre! *Er schweigt eine Weile, darauf leiser und schüchterner:* Ich liebe, Mylady – Liebe ein bürgerliches Mädchen – Luisen Millerin – eines Musikus Tochter. *Lady wendet sich bleich von ihm weg, er fährt lebhafter fort:* Ich weiß, worein ich mich stürze; aber wenn auch Klugheit die Leidenschaft schweigen heißt, so redet die Pflicht desto lauter – Ich bin der Schuldige. Ich zuerst zerriß ihrer Unschuld goldenen Frieden –

wiegte ihr Herz mit vermessenen Hoffnungen, und gab es verräterisch der wilden Leidenschaft preis. – Sie werden mich an Stand – an Geburt – an die Grundsätze meines Vaters erinnern – aber ich liebe – Meine Hoffnung steigt um so höher, je tiefer die Natur mit Konvenienzen zerfallen ist. – Mein Entschluß und das Vorurteil! – Wir wollen sehen, ob die Mode oder die Menschheit auf dem Platz bleiben wird. *Lady hat sich unterdes bis an das äußerste Ende des Zimmers zurückgezogen, und hält das Gesicht mit beiden Händen bedeckt. Er folgt ihr dahin.* Sie wollten mir etwas sagen, Mylady?

LADY *im Ausdruck des heftigsten Leidens*: Nichts Herr von Walter! Nichts, als daß Sie sich und mich und noch eine Dritte zugrund richten.

FERDINAND: Noch eine Dritte?

LADY: Wir können miteinander nicht glücklich werden. Wir müssen doch der Voreiligkeit Ihres Vaters zum Opfer werden. Nimmermehr werd ich das Herz eines Mannes haben, der mir seine Hand nur gezwungen gab.

FERDINAND: Gezwungen Lady? Gezwungen gab? und also doch gab? Können Sie eine Hand ohne Herz erzwingen? Sie einem Mädchen den Mann entwenden, der die ganze Welt dieses Mädchens ist? Sie einen Mann von dem Mädchen reißen, das die ganze Welt dieses Mannes ist? Sie Mylady – vor einem Augenblick die bewundernswürdige Britin? – Sie können das?

LADY: Weil ich es muß. *Mit Ernst und Stärke:* Meine Leidenschaft, Walter, weicht meiner Zärtlichkeit für Sie. Meine Ehre kann's nicht mehr – Unsre Verbindung ist das Gespräch des ganzen Landes. Alle Augen, alle Pfeile des Spotts sind auf mich gespannt. Die Beschimpfung ist unauslöschlich, wenn ein Untertan des Fürsten mich ausschlägt. Rechten Sie mit Ihrem Vater. Wehren Sie sich so gut Sie können. – Ich laß alle Minen sprengen. *Sie geht schnell ab. Der Major bleibt in sprachloser Erstarrung stehn. Pause. Dann stürzt er fort durch die Flügeltüre.*

Vierte Szene

Zimmer beim Musikanten.

Miller. Frau Millerin. Luise *treten auf*

MILLER *hastig ins Zimmer*: Ich hab's ja zuvor gesagt!

LUISE *sprengt ihn ängstlich an*: Was, Vater, was?

MILLER *rennt wie toll auf und nieder*: Meinen Staatsrock her – hurtig – ich muß ihm zuvorkommen – und ein weißes Manschettenhemd! – Das hab ich mir gleich eingebildet!

LUISE: Um Gottes willen! Was?

MILLERIN: Was gibt's denn? Was ist's denn?

MILLER *wirft seine Perücke ins Zimmer*: Nur gleich zum Friseur das! – Was es gibt? *Vor den Spiegel gesprungen.* Und mein Bart ist auch wieder fingerslang – Was es gibt? – Was wird's geben, du Rabenaas? – Der Teufel ist los, und dich soll das Wetter schlagen.

FRAU: Da sehe man! Über mich muß gleich alles kommen.

MILLER: Über dich? Ja blaues Donnermaul und über wen anders? Heute früh mit deinem diabolischen Junker – Hab ich's nicht im Moment gesagt? – Der Wurm hat geplaudert.

FRAU: Ah Was! Wie kannst du das wissen?

MILLER: Wie kann ich das wissen? – Da! – unter der

Haustüre spukt ein Kerl des Ministers, und fragt nach dem Geiger.

LUISE: Ich bin des Todes.

MILLER: Du aber auch mit deinen Vergißmein-nichtsaugen. *Lacht voll Bosheit.* Das hat seine Richtigkeit, wem der Teufel ein Ei in die Wirtschaft gelegt hat, dem wird eine hübsche Tochter geboren – Jetzt hab ich's blank!

FRAU: Woher weißt du denn, daß es der Luise gilt? – Du kannst dem Herzog rekommendiert worden sein. Er kann dich ins Orchester verlangen.

MILLER *springt nach seinem Rohr*: Daß dich der Schwefelregen von Sodom! – Orchester! – Ja, wo du Kupplerin den Diskant wirst heulen, und mein blauer Hinterer den Konterbaß vorstellen. *Wirft sich in seinen Stuhl.* Gott im Himmel!

LUISE *setzt sich totenbleich nieder*: Mutter! Vater! Warum wird mir auf einmal so bange?

MILLER *springt wieder vom Stuhl auf*: Aber soll mir der Dintenkleckser einmal in den Schuß laufen! Soll er mir laufen! – Es sei in dieser oder in jener Welt – Wenn ich ihm nicht Leib und Seele breiweich zusammendresche, alle zehen Gebote und alle sieben Bitten im Vaterunser, und alle Bücher Mosis und der Propheten aufs Leder schreibe, daß man die blaue Flecken bei der Auferstehung der Toten noch sehen soll –

FRAU: Ja! fluch du und poltre du! Das wird jetzt den Teufel bannen. Hilf heiliger Herregott! Wohinaus nun? Wie werden wir Rat schaffen? Was nun anfangen? Vater Miller, so rede doch! *Sie läuft heulend durchs Zimmer.*

MILLER: Auf der Stell zum Minister will ich. Ich zuerst will mein Maul auftun – Ich selbst will es angeben. Du hast es vor mir gewußt. Du hättest mir einen Wink geben können. Das Mädel hätt sich noch weisen lassen. Es wäre noch Zeit gewesen – aber nein! – Da hat sich was makeln lassen; da hat sich was fischen lassen! Da hast du noch Holz obendrein zugetragen! – Jetzt sorg auch für deinen Kuppelpelz. Friß aus, was du einbrocktest. Ich nehme meine Tochter in Arm, und marsch mit ihr über die Grenze.

Fünfte Szene

Ferdinand von Walter, *stürzt erschrocken und außer Atem ins Zimmer*. Die Vorigen.

FERDINAND: War mein Vater da?

LUISE *fährt mit Schrecken auf*: Sein Vater! allmächtiger Gott!

FRAU *schlägt die Hände zusammen*: Der Präsident! Es ist aus mit uns!

MILLER *lacht voll Bosheit*: Gottlob! Gottlob! Da haben wir ja die Bescherung!

FERDINAND *eilt auf Luisen zu, und drückt sie stark in die Arme*: Mein bist du, und wärfen Höll und Himmel sich zwischen uns.

LUISE: Mein Tod ist gewiß – Rede weiter – Du sprachst einen schrecklichen Namen aus – dein Vater?

FERDINAND: Nichts. Nichts. Es ist überstanden. Ich hab dich ja wieder. Du hast mich ja wieder. O laß mich Atem schöpfen an dieser Brust. Es war eine schreckliche Stunde.

LUISE: Welche? Du tötest mich!

FERDINAND *tritt zurück, und schaut sie bedeutend an*: Eine Stunde, Luise, wo zwischen mein Herz und dich eine fremde Gestalt sich warf – wo meine Liebe vor meinem Gewissen erblaßte – wo meine Luise aufhörte, ihrem Ferdinand alles zu sein – –

LUISE *sinkt mit verhülltem Gesicht auf den Sessel nieder.*

FERDINAND *geht schnell auf sie zu, bleibt sprachlos mit starrem Blick vor ihr stehen, dann verläßt er sie plötzlich, in großer Bewegung:* Nein! Nimmermehr! Unmöglich Lady! Zuviel verlangt! Ich kann dir diese Unschuld nicht opfern – Nein beim unendlichen Gott! ich kann meinen Eid nicht verletzen, der mich laut wie des Himmels Donner aus diesem brechenden Auge mahnt – Lady blick hieher – hieher du Rabenvater – Ich soll diesen Engel würgen? Die Hölle soll ich in diesen himmlischen Busen schütten? *Mit Entschluß auf sie zueilend.* Ich will sie führen vor des Weltrichters Thron, und ob meine Liebe Verbrechen ist, soll der Ewige sagen. *Er faßt sie bei der Hand, und hebt sie vom Sessel.* Fasse Mut meine Teuerste! – Du hast gewonnen. Als Sieger komm ich aus dem gefährlichsten Kampf zurück.

LUISE: Nein! Nein! Verhehle mir nichts. Sprich es aus das entsetzliche Urteil. Deinen Vater nanntest du? Du nanntest die Lady? – Schauer des Todes ergreifen mich – Man sagt, sie wird heiraten.

FERDINAND *stürzt betäubt zu Luisens Füßen nieder:* Mich, Unglückselige!

LUISE *nach einer Pause, mit stillem bebenden Ton und schrecklicher Ruhe:* Nun – was erschreck ich denn? – Der alte Mann dort hat mir's ja oft gesagt – ich hab es ihm nie glauben wollen. *Pause, dann wirft sie sich Millern laut weinend in den Arm.* Vater, hier ist deine Tochter wieder – Verzeihung Vater – Dein Kind kann ja nicht dafür, daß dieser Traum so schön war, und – – so fürchterlich jetzt das Erwachen – –

MILLER: Luise! Luise! – O Gott sie ist von sich – Meine Tochter, mein armes Kind – Fluch über den Verführer! – Fluch über das Weib, das ihm kuppelte!

FRAU *wirft sich jammernd auf Luisen*: Verdien ich diesen Fluch, meine Tochter? Vergeb's Ihnen Gott, Baron – Was hat dieses Lamm getan, daß Sie es würgen?

FERDINAND *springt an ihr auf, voll Entschlossenheit*: Aber ich will seine Kabalen durchbohren – durchreißen will ich alle diese eiserne Ketten des Vorurteils – Frei wie ein Mann will ich wählen, daß diese Insektenseelen am Riesenwerk meiner Liebe hinaufschwindeln. Er will fort.

LUISE *zittert vom Sessel auf, folgt ihm*: Bleib! Bleib! Wohin willst du? – Vater – Mutter – in dieser bangen Stunde verläßt er uns?

FRAU *eilt ihm nach, hängt sich an ihn*: Der Präsident wird hieher kommen – Er wird unser Kind mißhandeln – Er wird uns mißhandeln – Herr von Walter, und Sie verlassen uns?

MILLER *lacht wütend*: Verläßt uns! Freilich! Warum nicht? – Sie gab ihm ja alles hin! *Mit der einen Hand den Major, mit der andern Luisen fassend.* Geduld Herr! der Weg aus meinem Hause geht nur über diese da – Erwarte erst deinen Vater, wenn du kein Bube bist – Erzähl es ihm, wie du dich in ihr Herz stahlst, Betrüger, oder bei Gott, *Ihm seine Tochter zuschleudernd, wild und heftig:* du sollst mir zuvor diesen wimmernden Wurm zertreten, den Liebe zu dir so zuschanden richtete.

FERDINAND *kommt zurück, und geht auf und ab in tiefen Gedanken*: Zwar die Gewalt des Präsidenten ist groß – Vaterrecht ist ein weites Wort – der Frevel selbst kann sich in seinen Falten verstecken – er kann es weit damit treiben – Weit! Doch aufs Äußerste treibt's nur die Liebe – Hier Luise! Deine Hand in die meinige. *Er faßt diese heftig.* So wahr mich Gott im letzten Hauch nicht verlassen soll! – Der Augen-

blick, der diese zwo Hände trennt, zerreißt auch
den Faden zwischen mir und der Schöpfung.

LUISE: Mir wird bange! Blick weg! Deine Lippen beben. Dein Auge rollt fürchterlich –

FERDINAND: Nein Luise. Zittre nicht. Es ist nicht
Wahnsinn was aus mir redet. Es ist das köstliche
Geschenk des Himmels, Entschluß in dem gelten-
den Augenblick, wo die gepreßte Brust nur durch
etwas Unerhörtes sich Luft macht – Ich liebe dich
Luise – Du sollst mir bleiben, Luise – Jetzt zu meinem Vater.

Er eilt schnell fort und rennt - gegen den Präsidenten.

SECHSTE SZENE

DER PRÄSIDENT *mit einem* GEFOLGE VON BEDIENTEN.
VORIGE.

PRÄSIDENT *im Hereintreten*: Da ist er schon.

ALLE *erschrocken*.

FERDINAND *weicht einige Schritte zurück*: Im Hause
der Unschuld.

PRÄSIDENT: Wo der Sohn Gehorsam gegen den Vater
lernt?

FERDINAND: Lassen Sie uns das – –

PRÄSIDENT *unterbricht ihn, zu Millern*: Er ist der Vater?

MILLER: Stadtmusikant Miller.

PRÄSIDENT *zur Frau*: Sie die Mutter?

FRAU: Ach ja! die Mutter.

FERDINAND *zu Millern*: Vater, bring Er die Tochter
weg – Sie droht eine Ohnmacht.

PRÄSIDENT: Überflüssige Sorgfalt. Ich will sie anstrei-
chen. *Zu Luisen:* Wie lang kennt Sie den Sohn des
Präsidenten?

LUISE: Diesem habe ich nie nachgefragt. Ferdinand von Walter besucht mich seit dem November.

FERDINAND: Betet sie an.

PRÄSIDENT: Erhielt Sie Versicherungen?

FERDINAND: Vor wenig Augenblicken die feierlichste im Angesicht Gottes.

PRÄSIDENT *zornig zu seinem Sohn*: Zur Beichte deiner Torheit wird man dir schon das Zeichen geben. *Zu Luisen*: Ich warte auf Antwort.

LUISE: Er schwur mir Liebe.

FERDINAND: Und wird sie halten.

PRÄSIDENT: Muß ich befehlen, daß du schweigst? – Nahm Sie den Schwur an?

LUISE *zärtlich*: Ich erwiderte ihn.

FERDINAND *mit fester Stimme*: Der Bund ist geschlossen.

PRÄSIDENT: Ich werde das Echo hinauswerfen lassen. *Boshaft zu Luisen:* Aber er bezahlte Sie doch jederzeit bar?

LUISE *aufmerksam*: Diese Frage verstehe ich nicht ganz.

PRÄSIDENT *mit beißendem Lachen*: Nicht? Nun! ich meine nur – Jedes Handwerk hat, wie man sagt, seinen goldenen Boden – auch Sie, hoff ich, wird Ihre Gunst nicht verschenkt haben – oder war's Ihr vielleicht mit dem bloßen Verschluß gedient? Wie?

FERDINAND *fährt wie rasend auf*: Hölle! was war das?

LUISE *zum Major mit Würde und Unwillen*: Herr von Walter, jetzt sind Sie frei.

FERDINAND: Vater! Ehrfurcht befiehlt die Tugend auch im Bettlerkleid.

PRÄSIDENT *lacht lauter*: Eine lustige Zumutung! Der Vater soll die Hure des Sohns respektieren.

LUISE *stürzt nieder*: O Himmel und Erde!

FERDINAND *mit Luisen zu gleicher Zeit, indem er den*

Degen nach dem Präsidenten zückt, den er aber schnell wieder sinken läßt: Vater! Sie hatten einmal ein Leben an mich zu fodern – Es ist bezahlt. *Den Degen einsteckend.* Der Schuldbrief der kindlichen Pflicht liegt zerrissen da –

MILLER *der bis jetzt furchtsam auf der Seite gestanden, tritt hervor in Bewegung, wechselsweis für Wut mit den Zähnen knirschend, und für Angst damit klappernd*: Ewr. Exzellenz – Das Kind ist des Vaters Arbeit – Halten zu Gnaden – Wer das Kind eine Mähre schilt, schlägt den Vater ans Ohr, und Ohrfeig um Ohrfeig – Das ist so Tax bei uns – Halten zu Gnaden.

FRAU: Hilf Herr und Heiland! – Jetzt bricht auch der Alte los – über unserm Kopf wird das Wetter zusammenschlagen.

PRÄSIDENT *der es nur halb gehört hat*: Regt sich der Kuppler auch? – Wir sprechen uns gleich Kuppler.

MILLER: Halten zu Gnaden. Ich heiße Miller, wenn Sie ein Adagio hören wollen – mit Buhlschaften dien ich nicht. Solang der Hof da noch Vorrat hat, kommt die Lieferung nicht an uns Bürgersleut. Halten zu Gnaden.

FRAU: Um des Himmels willen, Mann! Du bringst Weib und Kind um.

FERDINAND: Sie spielen hier eine Rolle mein Vater, wobei Sie sich wenigstens die Zeugen hätten ersparen können.

MILLER *kommt ihm näher, herzhafter*: Teutsch und verständlich. Halten zu Gnaden. Ewr. Exzellenz schalten und walten im Land. Das ist meine Stube. Mein devotestes Kompliment, wenn ich dermaleins ein pro memoria bringe, aber den ungehobelten Gast werf ich zur Tür hinaus – Halten zu Gnaden.

PRÄSIDENT *vor Wut blaß*: Was? – Was ist das? *Tritt ihm näher.*

MILLER *zieht sich sachte zurück*: Das war nur so meine Meinung, Herr – Halten zu Gnaden.

PRÄSIDENT *in Flammen*: Ha Spitzbube! Ins Zuchthaus spricht dich deine vermessene Meinung – Fort! Man soll Gerichtsdiener holen. *Einige vom Gefolg gehen ab; der Präsident rennt voll Wut durch das Zimmer.* Vater ins Zuchthaus – an den Pranger, Mutter und Metze von Tochter! – Die Gerechtigkeit soll meiner Wut ihre Arme borgen. Für diesen Schimpf muß ich schreckliche Genugtuung haben – Ein solches Gesindel sollte meine Plane zerschlagen, und ungestraft Vater und Sohn aneinanderhetzen? – Ha Verfluchte! Ich will meinen Haß an eurem Untergang sättigen, die ganze Brut, Vater, Mutter und Tochter, will ich meiner brennenden Rache opfern.

FERDINAND *tritt gelassen und standhaft unter sie hin*: O nicht doch! Seid außer Furcht! Ich bin zugegen. *Zum Präsidenten mit Unterwürfigkeit:* Keine Übereilung mein Vater! Wenn Sie sich selbst lieben, keine Gewalttätigkeit – Es gibt eine Gegend in meinem Herzen, worin das Wort Vater noch nie gehört worden ist – Dringen Sie nicht bis in diese.

PRÄSIDENT: Nichtswürdiger! Schweig! Reize meinen Grimm nicht noch mehr.

MILLER *kommt aus einer dumpfen Betäubung zu sich selbst*: Schau du nach deinem Kinde, Frau. Ich laufe zum Herzog. Der Leibschneider – das hat mir Gott eingeblasen! – Der Leibschneider lernt die Flöte bei mir. Es kann mir nicht fehlen beim Herzog. Er will gehen.

PRÄSIDENT: Beim Herzog sagst du? – Hast du vergessen, daß ich die Schwelle bin, worüber du springen oder den Hals brechen mußt? – Beim Herzog du Dummkopf? – Versuch es, wenn du, lebendig tot, eine Turmhöhe tief, unter dem Boden im Kerker liegst, wo die Nacht mit der Hölle liebäugelt, und Schall und Licht wieder umkehren, raßle dann mit deinen Ketten und wimmre: Mir ist zuviel geschehen!

SIEBENTE SZENE

GERICHTSDIENER. DIE VORIGEN.

FERDINAND *eilt auf Luisen zu, die ihm halb tot in den Arm fällt*: Luise! Hilfe! Rettung! Der Schrecken überwältigte sie.

MILLER *ergreift sein spanisches Rohr, setzt den Hut auf, und macht sich zum Angriff gefaßt.*

FRAU *wirft sich auf die Knie vor den Präsident.*

PRÄSIDENT *zu den Gerichtsdienern, seinen Orden entblößend*: Legt Hand an im Namen des Herzogs – Weg von der Metze, Junge – Ohnmächtig oder nicht – Wenn sie nur erst das eiserne Halsband umhat, wird man sie schon mit Steinwürfen aufwecken.

FRAU: Erbarmung Ihro Exzellenz! Erbarmung! Erbarmung!

MILLER *reißt seine Frau in die Höhe*: Knie vor Gott alte Heulhure, und nicht vor – – Schelmen, weil ich ja doch schon ins Zuchthaus muß.

PRÄSIDENT *beißt die Lippen*: Du kannst dich verrechnen, Bube. Es stehen noch Galgen leer. *Zu den Gerichtsdienern:* Muß ich es noch einmal sagen?

GERICHTSDIENER *dringen auf Luisen ein.*

FERDINAND *springt an ihr auf, und stellt sich vor sie, grimmig*: Wer will was? *Er zieht den Degen samt der Scheide, und wehrt sich mit dem Gefäß.* Wag es, sie anzurühren, wer nicht auch die Hirnschale an die Gerichte vermietet hat. *Zum Präsidenten:* Schonen

Sie Ihrer selbst. Treiben Sie mich nicht weiter mein Vater.

PRÄSIDENT *drohend zu den Gerichtsdienern*: Wenn euch euer Brot lieb ist, Memmen –

GERICHTSDIENER *greifen Luisen wieder an.*

FERDINAND: Tod und alle Teufel! Ich sage: Zurück – Noch einmal. Haben Sie Erbarmen mit sich selbst. Treiben Sie mich nicht aufs Äußerste, Vater.

PRÄSIDENT *aufgebracht zu den Gerichtsdienern*: Ist das euer Diensteifer, Schurken?

GERICHTSDIENER greifen hitziger an.

FERDINAND: Wenn es denn sein muß *Indem er den Degen zieht, und einige von denselben verwundet.* so verzeih mir, Gerechtigkeit!

PRÄSIDENT *voll Zorn*: Ich will doch sehen, ob auch ich diesen Degen fühle.

Er faßt Luisen selbst, zerrt sie in die Höh und übergibt sie einem Gerichtsknecht.

FERDINAND *lacht erbittert*: Vater, Vater, Sie machen hier ein beißendes Pasquill auf die Gottheit, die sich so übel auf ihre Leute verstund, und aus vollkommenen Henkersknechten schlechte Minister machte.

PRÄSIDENT *zu den übrigen*: Fort mit ihr!

FERDINAND: Vater, sie soll an den Pranger stehn, aber mit dem Major, des Präsidenten Sohn – Bestehen Sie noch darauf?

PRÄSIDENT: Desto possierlicher wird das Spektakel – Fort!

FERDINAND: Vater! ich werfe meinen Offiziersdegen auf das Mädchen – Bestehen Sie noch darauf?

PRÄSIDENT: Das Portepee ist an deiner Seite des Prangerstehens gewohnt worden – Fort! Fort! Ihr wißt meinen Willen.

FERDINAND *drückt einen Gerichtsdiener weg, faßt Luisen mit einem Arm, mit dem andern zückt er den De-*

gen auf sie: Vater! Eh Sie meine Gemahlin beschimpfen, durchstoß ich sie – Bestehen Sie noch darauf?

PRÄSIDENT: Tu es, wenn deine Klinge auch spitzig ist.

FERDINAND *läßt Luisen fahren, und blickt fürchterlich zum Himmel*: Du Allmächtiger bist Zeuge! Kein menschliches Mittel ließ ich unversucht – ich muß zu einem teuflischen schreiten – Ihr führt sie zum Pranger fort, unterdessen *Zum Präsidenten ins Ohr rufend:* erzähl ich der Residenz eine Geschichte, wie man Präsident wird. *Ab.*

PRÄSIDENT *wie vom Blitz gerührt*: Was ist das? – Ferdinand – Laßt sie ledig. *Er eilt dem Major nach.*

DRITTER AKT

Erste Szene

Saal beim Präsidenten.

Der Präsident *und* Sekretär Wurm *kommen.*

PRÄSIDENT: Der Streich war verwünscht.

WURM: Wie ich befürchtete gnädiger Herr. Zwang erbittert die Schwärmer immer, aber bekehrt sie nie.

PRÄSIDENT: Ich hatte mein bestes Vertrauen in diesen Anschlag gesetzt. Ich urteilte so: Wenn das Mädchen beschimpft wird, muß er, als Offizier, zurücktreten.

WURM: Ganz vortrefflich. Aber zum Beschimpfen hätt es auch kommen sollen.

PRÄSIDENT: Und doch – wenn ich es jetzt mit kaltem Blut überdenke – Ich hätte mich nicht sollen eintreiben lassen. Es war eine Drohung, woraus er wohl nimmermehr Ernst gemacht hätte.

WURM: Das denken Sie ja nicht. Der gereizten Leidenschaft ist keine Torheit zu bunt. Sie sagen mir, der Herr Major habe immer den Kopf zu Ihrer Regierung geschüttelt. Ich glaub's. Die Grundsätze, die er aus Akademien hieherbrachte, wollten mir gleich nicht recht einleuchten. Was sollten auch die phantastischen Träumereien von Seelengröße und persönlichem Adel an einem Hof, wo die größte Weisheit diejenige ist, im rechten Tempo, auf eine geschickte Art, groß und klein zu sein. Er ist zu jung und zu feurig, um Geschmack am langsamen krummen Gang der Kabale zu finden, und nichts wird seine Ambition in Bewegung setzen, als was groß ist und abenteuerlich.

PRÄSIDENT *verdrüßlich*: Aber was wird diese wohlweise Anmerkung an unserm Handel verbessern?

WURM: Sie wird Ewr. Exzellenz auf die Wunde hinweisen, und auch vielleicht auf den Verband. Einen solchen Charakter – erlauben Sie – hätte man entweder nie zum Vertrauten, oder niemals zum Feind machen sollen. Er verabscheut das Mittel, wodurch Sie gestiegen sind. Vielleicht war es bis jetzt nur der Sohn, der die Zunge des Verräters band. Geben Sie ihm Gelegenheit, jenen rechtmäßig abzuschütteln. Machen Sie ihn durch wiederholte Stürme auf seine Leidenschaft glauben, daß Sie der zärtliche Vater nicht sind, so dringen die Pflichten des Patrioten bei ihm vor. Ja, schon allein die seltsame Phantasie, der Gerechtigkeit ein so merkwürdiges Opfer zu bringen, könnte Reiz genug für ihn haben, selbst seinen Vater zu stürzen.

PRÄSIDENT: Wurm – Wurm – Er führt mich da vor einen entsetzlichen Abgrund.

WURM: Ich will Sie zurückführen, gnädiger Herr. Darf ich freimütig reden?

PRÄSIDENT *indem er sich niedersetzt*: Wie ein Verdammter zum Mitverdammten.

WURM: Also verzeihen Sie – Sie haben, dünkt mich, der biegsamen Hofkunst den ganzen Präsidenten zu danken, warum vertrauten Sie ihr nicht auch den Vater an? Ich besinne mich, mit welcher Offenheit Sie Ihren Vorgänger damals zu einer Partie Piquet beredeten, und bei ihm die halbe Nacht mit freundschaftlichem Burgunder hinwegschwemmten, und das war doch die nämliche Nacht wo die große Mine losgehen, und den guten Mann in die Luft blasen sollte – Warum zeigten Sie Ihrem Sohne den Feind? Nimmermehr hätte dieser erfahren sollen, daß ich um seine Liebesangelegenheit wisse.

Sie hätten den Roman von seiten des Mädchens unterhöhlt, und das Herz Ihres Sohnes behalten. Sie hätten den klugen General gespielt, der den Feind nicht am Kern seiner Truppen faßt, sondern Spaltungen unter den Gliedern stiftet.

PRÄSIDENT: Wie war das zu machen?

WURM: Auf die einfachste Art – und die Karten sind noch nicht ganz vergeben. Unterdrücken Sie eine Zeitlang, daß Sie Vater sind. Messen Sie sich mit einer Leidenschaft nicht, die jeder Widerstand nur mächtiger machte – Überlassen Sie es mir, an ihrem eigenen Feuer den Wurm auszubrüten, der sie zerfrißt.

PRÄSIDENT: Ich bin begierig.

WURM: Ich müßte mich schlecht auf den Barometer der Seele verstehen, oder der Herr Major ist in der Eifersucht schrecklich, wie in der Liebe. Machen Sie ihm das Mädchen verdächtig – – Wahrscheinlich oder nicht. Ein Gran Hefe reicht hin, die ganze Masse in eine zerstörende Gärung zu jagen.

PRÄSIDENT: Aber woher diesen Gran nehmen?

WURM: Da sind wir auf dem Punkt – Vor allen Dingen, gnädiger Herr, erklären Sie sich mir, wieviel Sie bei der fernern Weigerung des Majors auf dem Spiel haben – in welchem Grade es Ihnen wichtig ist, den Roman mit dem Bürgermädchen zu endigen, und die Verbindung mit Lady Milford zustand zu bringen?

PRÄSIDENT: Kann Er noch fragen Wurm? – Mein ganzer Einfluß ist in Gefahr, wenn die Partie mit der Lady zurückgeht, und wenn ich den Major zwinge, mein Hals.

WURM *munter*: Jetzt haben Sie die Gnade und hören. – Den Herrn Major umspinnen wir mit List. Gegen das Mädchen nehmen wir Ihre ganze Gewalt zu Hilfe. Wir diktieren ihr ein Billetdoux an eine dritte Person in die Feder, und spielen das mit guter Art dem Major in die Hände.

PRÄSIDENT: Toller Einfall! Als ob sie sich so geschwind hin bequemen würde, ihr eigenes Todesurteil zu schreiben?

WURM: Sie muß, wenn Sie mir freie Hand lassen wollen. Ich kenne das gute Herz auf und nieder. Sie hat nicht mehr als zwo tödliche Seiten, durch welche wir ihr Gewissen bestürmen können – ihren Vater und den Major. Der letztere bleibt ganz und gar aus dem Spiel, desto freier können wir mit dem Musikanten umspringen.

PRÄSIDENT: Als zum Exempel?

WURM: Nach dem, was Ewr. Exzellenz mir von dem Auftritt in seinem Hause gesagt haben, wird nichts leichter sein, als den Vater mit einem Halsprozeß zu bedrohen. Die Person des Günstlings und Siegelbewahrers ist gewissermaßen der Schatten der Majestät – Beleidigungen gegen jenen sind Verletzungen dieser – Wenigstens will ich den armen Schächer mit diesem zusammengeflickten Kobold durch ein Nadelöhr jagen.

PRÄSIDENT: Doch – ernsthaft dürfte der Handel nicht werden.

WURM: Ganz und gar nicht – Nur insoweit als es nötig ist, die Familie in die Klemme zu treiben – Wir setzen also in aller Stille den Musikus fest – Die Not um so dringender zu machen, könnte man auch die Mutter mitnehmen – sprechen von peinlicher Anklage, von Schafott, von ewiger Festung, und machen den Brief der Tochter zur einzigen Bedingnis seiner Befreiung.

PRÄSIDENT: Gut! Gut! Ich verstehe.

WURM: Sie liebt ihren Vater – bis zur Leidenschaft möcht ich sagen. Die Gefahr seines Lebens – seiner Freiheit zum mindesten – Die Vorwürfe ihres Gewissens den Anlaß dazu gegeben zu haben – Die Unmöglichkeit, den Major zu besitzen – endlich die Betäubung ihres Kopfs, die ich auf mich nehme – Es kann nicht fehlen – Sie muß in die Falle gehn.

PRÄSIDENT: Aber mein Sohn? Wird der nicht auf der Stelle Wind davon haben? Wird er nicht wütender werden?

WURM: Das lassen Sie meine Sorge sein, gnädiger Herr – Vater und Mutter werden nicht eher freigelassen, bis die ganze Familie einen körperlichen Eid darauf abgelegt, den ganzen Vorgang geheimzuhalten, und den Betrug zu bestätigen.

PRÄSIDENT: Einen Eid? Was wird ein Eid fruchten, Dummkopf?

WURM: Nichts bei uns gnädiger Herr. Bei dieser Menschenart alles – Und sehen Sie nun, wie schön wir beide auf diese Manier zum Ziel kommen werden – Das Mädchen verliert die Liebe des Majors, und den Ruf ihrer Tugend. Vater und Mutter ziehen gelindere Saiten auf, und durch und durch weich gemacht von Schicksalen dieser Art, erkennen sie's noch zuletzt für Erbarmung, wenn ich der Tochter durch meine Hand ihre Reputation wiedergebe.

PRÄSIDENT *lacht unter Kopfschütteln*: Ja! ich gebe mich dir überwunden, Schurke. Das Geweb ist satanisch fein. Der Schüler übertrifft seinen Meister – – Nun ist die Frage, an wen das Billett muß gerichtet werden? Mit wem wir sie in Verdacht bringen müssen?

WURM: Notwendig mit jemand, der durch den Entschluß Ihres Sohnes alles gewinnen oder alles verlieren muß.

PRÄSIDENT *nach einigem Nachdenken*: Ich weiß nur den Hofmarschall.

WURM *zuckt die Achseln*: Mein Geschmack wär er nun freilich nicht, wenn ich Luise Millerin hieße.

PRÄSIDENT: Und warum nicht? Wunderlich! Eine blendende Garderobe – eine Atmosphäre von Eau de mille fleurs und Bisam – auf jedes alberne Wort eine Handvoll Dukaten – und alles das sollte die Delikatesse einer bürgerlichen Dirne nicht endlich bestechen können? – O guter Freund. So skrupulös ist die Eifersucht nicht. Ich schicke zum Marschall. *Klingelt.*

WURM: Unterdessen, daß Ewr. Exzellenz dieses, und die Gefangennehmung des Geigers besorgen, werd ich hingehen, und den bewußten Liebesbrief aufsetzen.

PRÄSIDENT *zum Schreibpult gehend*: Den er mir zum Durchlesen heraufbringt, sobald er zustand sein wird. *Wurm geht ab. Der Präsident setzt sich zu schreiben; ein Kammerdiener kommt; er steht auf, und gibt ihm ein Papier.* Dieser Verhaftsbefehl muß ohne Aufschub in die Gerichte – ein andrer von euch wird den Hofmarschall zu mir bitten.

KAMMERDIENER: Der gnädige Herr sind soeben hier angefahren.

PRÄSIDENT: Noch besser – Aber die Anstalten sollen mit Vorsicht getroffen werden, sagt ihr, daß kein Aufstand erfolgt.

KAMMERDIENER: Sehr wohl, Ihr' Exzellenz.

PRÄSIDENT: Versteht ihr? Ganz in der Stille.

KAMMERDIENER: Ganz gut, Ihr' Exzellenz. *Ab.*

ZWEITE SZENE

DER PRÄSIDENT *und* DER HOFMARSCHALL.

HOFMARSCHALL *eilfertig*: Nur en passant mein Bester – Wie leben Sie? Wie befinden Sie sich? – Heute abend ist große Opera Dido – das süperbeste Feuer-

werk – eine ganze Stadt brennt zusammen – Sie
sehen sie doch auch brennen? Was?

PRÄSIDENT: Ich habe Feuerwerks genug in meinem
eigenen Hause, das meine ganze Herrlichkeit in
die Luft nimmt – Sie kommen erwünscht, lieber
Marschall, mir in einer Sache zu raten, tätig zu helfen, die uns beide poussiert oder völlig zugrund
richtet. Setzen Sie sich.

HOFMARSCHALL: Machen Sie mir nicht angst, mein Sü-
ßer.

PRÄSIDENT: Wie gesagt – poussiert oder ganz zugrund
richtet. Sie wissen mein Projekt mit dem Major und
der Lady. Sie begreifen auch, wie unentbehrlich es
war, unser beider Glück zu fixieren. Es kann alles
zusammenfallen Kalb. Mein Ferdinand will nicht.

HOFMARSCHALL: Will nicht – will nicht – ich hab's ja in
der ganzen Stadt schon herumgesagt. Die Mariage
ist ja in jedermanns Munde.

PRÄSIDENT: Sie können vor der ganzen Stadt als Wind-
macher dastehen. Er liebt eine andere.

HOFMARSCHALL: Sie scherzen. Ist das auch wohl ein
Hindernis?

PRÄSIDENT: Bei dem Trotzkopf das unüberwindlichste.

HOFMARSCHALL: Er sollte so wahnsinnig sein, und sein
Fortune von sich stoßen? Was?

PRÄSIDENT: Fragen Sie ihn das und hören Sie, was er
antwortet.

HOFMARSCHALL: Aber mon Dieu! Was kann er denn
antworten?

PRÄSIDENT: Daß er der ganzen Welt das Verbrechen
entdecken wolle, wodurch wir gestiegen sind – daß
er unsere falschen Briefe und Quittungen angeben
– daß er uns beide ans Messer liefern wolle – Das
kann er antworten.

HOFMARSCHALL: Sind Sie von Sinnen?

PRÄSIDENT: Das hat er geantwortet. Das war er schon

willens ins Werk zu richten – Davon hab ich ihn
kaum noch durch meine höchste Erniedrigung ab-
gebracht. Was wissen Sie hierauf zu sagen?

HOFMARSCHALL *mit einem Schafsgesicht*: Mein Verstand steht still. Präsident: Das könnte noch hingehen. Aber zugleich hinterbringen mir meine Spionen, daß der Oberschenk von Bock auf dem Sprun-
ge sei, um die Lady zu werben.

HOFMARSCHALL: Sie machen mich rasend. Wer sagen
Sie? Von Bock sagen Sie? – Wissen Sie denn auch,
daß wir Todfeinde zusammen sind? Wissen Sie
auch, warum wir es sind?

PRÄSIDENT: Das erste Wort, das ich höre.

HOFMARSCHALL: Bester! Sie werden hören und aus der
Haut werden Sie fahren – Wenn Sie sich noch des
Hofballs entsinnen – – es geht jetzt ins einundzwan-
zigste Jahr – wissen Sie, worauf man den ersten
Englischen tanzte, und dem Grafen von Meer-
schaum das heiße Wachs von einem Kronleuchter
auf den Domino tröpfelte – Ach Gott! das müssen
Sie freilich noch wissen!

PRÄSIDENT: Wer könnte so was vergessen?

HOFMARSCHALL: Sehen Sie! Da hatte Prinzessin Amalie
in der Hitze des Tanzes ein Strumpfband verloren.
– Alles kommt, wie begreiflich ist, in Alarm – von
Bock und ich – Wir waren noch Kammerjunker –
wir kriechen durch den ganzen Redoutensaal, das
Strumpfband zu suchen – endlich erblick ich's –
von Bock merkt's – von Bock darauf zu – reißt es
mir aus den Händen – ich bitte Sie! – bringt's der
Prinzessin und schnappt mir glücklich das Kompliment weg – Was denken Sie?

PRÄSIDENT: Impertinent!

HOFMARSCHALL: Schnappt mir das Kompliment weg –
Ich meine in Ohnmacht zu sinken. Eine solche
Malice ist gar nicht erlebt worden. – Endlich er-

mann ich mich, nähere mich Ihrer Durchlaucht und spreche: Gnädigste Frau! von Bock war so glücklich, Höchstdenenselben das Strumpfband zu überreichen, aber wer das Strumpfband zuerst erblickte, belohnt sich in der Stille und schweigt.

PRÄSIDENT: Bravo Marschall! Bravissimo!

HOFMARSCHALL: Und schweigt – Aber ich werd's dem von Bock bis zum Jüngsten Gerichte noch nachtragen – der niederträchtige kriechende Schmeichler! – und das war noch nicht genug – Wie wir beide zugleich auf das Strumpfband zu Boden fallen, wischt mir von Bock an der rechten Frisur allen Puder weg, und ich bin ruiniert auf den ganzen Ball.

PRÄSIDENT: Das ist der Mann, der die Milford heuraten, und die erste Person am Hof werden wird.

HOFMARSCHALL: Sie stoßen mir ein Messer ins Herz. Wird? Wird? Warum wird er? Wo ist die Notwendigkeit?

PRÄSIDENT: Weil mein Ferdinand nicht will, und sonst keiner sich meldet.

HOFMARSCHALL: Aber wissen Sie denn gar kein einziges Mittel, den Major zum Entschluß zu bringen? – – Sei's auch noch so bisarr! so verzweifelt! – Was in der Welt kann so widrig sein, das uns jetzt nicht willkommen wäre, den verhaßten von Bock auszustechen?

PRÄSIDENT: Ich weiß nur eines, und das bei Ihnen steht.

HOFMARSCHALL: Bei mir steht? Und das ist?

PRÄSIDENT: Den Major mit seiner Geliebten zu entzweien.

HOFMARSCHALL: Zu entzweien? Wie meinen Sie das? – und wie mach ich das?

PRÄSIDENT: Alles ist gewonnen, sobald wir ihm das Mädchen verdächtig machen.

HOFMARSCHALL: Daß sie stehle, meinen Sie?

PRÄSIDENT: Ach nein doch! Wie glaubte er das? – daß sie es noch mit einem andern habe.

HOFMARSCHALL: Dieser andre?

PRÄSIDENT: Müßten Sie sein, Baron.

HOFMARSCHALL: Ich sein? Ich? – Ist sie von Adel?

PRÄSIDENT: Wozu das? Welcher Einfall! – eines Musikanten Tochter.

HOFMARSCHALL: Bürgerlich also? Das wird nicht angehen. Was?

PRÄSIDENT: Was wird nicht angehen? Narrenspossen! Wem unter der Sonne wird es einfallen, ein paar runde Wangen nach dem Stammbaum zu fragen?

HOFMARSCHALL: Aber bedenken Sie doch, ein Ehmann! Und meine Reputation bei Hofe!

PRÄSIDENT: Das ist was anders. Verzeihen Sie. Ich hab das noch nicht gewußt, daß Ihnen der Mann von unbescholtenen Sitten mehr ist als der von Einfluß. Wollen wir abbrechen?

HOFMARSCHALL: Seien Sie klug Baron. Es war ja nicht so verstanden.

PRÄSIDENT *frostig*: Nein – nein! Sie haben vollkommen recht. Ich bin es auch müde. Ich lasse den Karren stehen. Dem von Bock wünsch ich Glück zum Premierminister. Die Welt ist noch anderswo. Ich fodre meine Entlassung vom Herzog.

HOFMARSCHALL: Und ich? – Sie haben gut schwatzen, Sie! Sie sind ein Stuttierter! Aber ich? – Mon Dieu! Was bin dann ich, wenn mich Seine Durchleucht entlassen?

PRÄSIDENT: Ein Bonmot von vorgestern. Die Mode vom vorigen Jahr.

HOFMARSCHALL: Ich beschwöre Sie, Teurer, Goldner! – Ersticken Sie diesen Gedanken! Ich will mir ja alles gefallen lassen.

PRÄSIDENT: Wollen Sie Ihren Namen zu einem Rendezvous hergeben, den Ihnen diese Millerin schriftlich vorschlagen soll?

HOFMARSCHALL: Im Namen Gottes! Ich will ihn hergeben.

PRÄSIDENT: Und den Brief irgendwo herausfallen lassen, wo er dem Major zu Gesicht kommen muß.

HOFMARSCHALL: Zum Exempel auf der Parade will ich ihn als von ohngefähr, mit dem Schnupftuch herausschleudern?

PRÄSIDENT: Und die Rolle ihres Liebhabers gegen den Major behaupten?

HOFMARSCHALL: Mort de ma vie! Ich will ihn schon waschen! Ich will dem Naseweis den Appetit nach meinen Amouren verleiden.

PRÄSIDENT: Nun geht's nach Wunsch. Der Brief muß noch heute geschrieben sein. Sie müssen vor Abend noch herkommen, ihn abzuholen, und Ihre Rolle mit mir zu berichtigen.

HOFMARSCHALL: Sobald ich sechszehn Visiten werde gegeben haben, die von allerhöchster Importance sind. Verzeihen Sie also, wenn ich mich ohne Aufschub beurlaube. *Geht.*

PRÄSIDENT *klingelt*: Ich zähle auf Ihre Verschlagenheit, Marschall.

HOFMARSCHALL *ruft zurück*: Ah mon Dieu! Sie kennen mich ja.

DRITTE SZENE

DER PRÄSIDENT *und* WURM.

WURM: Der Geiger und seine Frau sind glücklich und ohne alles Geräusch in Verhaft gebracht. Wollen Ewr. Exzellenz jetzt den Brief überlesen?

PRÄSIDENT *nachdem er gelesen*: Herrlich! Herrlich Se-

kretär! Auch der Marschall hat angebissen! – Ein
Gift, wie das müßte die Gesundheit selbst in eitern-
den Aussatz verwandeln – Nun gleich mit den Vor-
schlägen zum Vater, und dann warm zu der Tochter.

Gehen ab zu verschiedenen Seiten.

VIERTE SZENE

Zimmer in Millers Wohnung.

LUISE *und* FERDINAND.

LUISE: Ich bitte dich, höre auf. Ich glaube an keine
glückliche Tage mehr. Alle meine Hoffnungen
sind gesunken.

FERDINAND: So sind die meinigen gestiegen. Mein Vater ist aufgereizt. Mein Vater wird alle Geschütze
gegen uns richten. Er wird mich zwingen, den un-
menschlichen Sohn zu machen. Ich stehe nicht
mehr für meine kindliche Pflicht. Wut und Verzweiflung werden mir das schwarze Geheimnis seiner Mordtat erpressen. Der Sohn wird den Vater in
die Hände des Henkers liefern – Es ist die höchste
Gefahr – – und die höchste Gefahr mußte dasein,
wenn meine Liebe den Riesensprung wagen sollte.
– – Höre Luise – ein Gedanke, groß und vermessen
wie meine Leidenschaft drängt sich vor meine Seele – Du Luise und ich und die Liebe! – Liegt nicht
in diesem Zirkel der ganze Himmel? oder brauchst
du noch etwas Viertes dazu?

LUISE: Brich ab. Nichts mehr. Ich erblasse über das,
was du sagen willst.

FERDINAND: Haben wir an die Welt keine Foderung
mehr, warum denn ihren Beifall erbetteln? Warum

wagen, wo nichts gewonnen wird und alles verloren werden kann? – Wird dieses Aug nicht ebenso schmelzend funkeln, ob es im Rhein oder in der Elbe sich spiegelt oder im Baltischen Meer? Mein Vaterland ist, wo mich Luise liebt. Deine Fußtapfe in wilden sandigten Wüsten ist mir interessanter, als das Münster in meiner Heimat – Werden wir die Pracht der Städte vermissen? Wo wir sein mögen, Luise, geht eine Sonne auf, eine unter – Schauspiele, neben welchen der üppigste Schwung der Künste verblaßt. Werden wir Gott in keinem Tempel mehr dienen, so ziehet die Nacht mit begeisternden Schauern auf, der wechselnde Mond predigt uns Buße, und eine andächtige Kirche von Sternen betet mit uns. Werden wir uns in Gesprächen der Liebe erschöpfen? – Ein Lächeln meiner Luise ist Stoff für Jahrhunderte, und der Traum des Lebens ist aus, bis ich diese Träne ergründe.

LUISE: Und hättest du sonst keine Pflicht mehr, als deine Liebe?

FERNINAND *sie umarmend*: Deine Ruhe ist meine heiligste.

LUISE *sehr ernsthaft*: So schweig und verlaß mich – Ich habe einen Vater, der kein Vermögen hat, als diese einzige Tochter – der morgen sechzig alt wird – der der Rache des Präsidenten gewiß ist. –

FERDINAND *fällt rasch ein*: Der uns begleiten wird. Darum keinen Einwurf mehr, Liebe. Ich gehe, mache meine Kostbarkeiten zu Geld, erhebe Summen auf meinen Vater. Es ist erlaubt einen Räuber zu plündern, und sind seine Schätze nicht Blutgeld des Vaterlands? – Schlag ein Uhr um Mitternacht wird ein Wagen hier anfahren. Ihr werft euch hinein. Wir fliehen.

LUISE: Und der Fluch deines Vaters uns nach? – ein Fluch Unbesonnener, den auch Mörder nie ohne

Erhörung aussprechen, den die Rache des Himmels auch dem Dieb auf dem Rade hält, der uns Flüchtlinge, unbarmherzig, wie ein Gespenst, von Meer zu Meer jagen würde? – Nein mein Geliebter! Wenn nur ein Frevel dich mir erhalten kann, so hab ich noch Stärke, dich zu verlieren.

FERDINAND *steht still und murmelt düster*: Wirklich?

LUISE: Verlieren! – O ohne Grenzen entsetzlich ist der Gedanke – Gräßlich genug, den unsterblichen Geist zu durchbohren, und die glühende Wange der Freude zu bleichen – Ferdinand! dich zu verlieren! – Doch! Man verliert ja nur, was man besessen hat, und dein Herz gehört deinem Stande – Mein Anspruch war Kirchenraub, und schaudernd geb ich ihn auf.

FERDINAND *das Gesicht verzerrt, und an der Unterlippe nagend*: Gibst du ihn auf.

LUISE: Nein! Sieh mich an lieber Walter. Nicht so bitter die Zähne geknirscht. Komm! Laß mich jetzt deinen sterbenden Mut durch mein Beispiel beleben. Laß mich die Heldin dieses Augenblicks sein – einem Vater den entflohenen Sohn wiederschenken – einem Bündnis entsagen, das die Fugen der Bürgerwelt auseinandertreiben, und die allgemeine ewige Ordnung zugrund stürzen würde – Ich bin die Verbrecherin – mit frechen törichten Wünschen hat sich mein Busen getragen – mein Unglück ist meine Strafe, so laß mir doch jetzt die süße schmeichelnde Täuschung, daß es mein Opfer war – Wirst du mir diese Wollust mißgönnen?

FERDINAND *hat in der Zerstreuung und Wut eine Violine ergriffen, und auf derselben zu spielen versucht – Jetzt zerreißt er die Saiten, zerschmettert das Instrument auf dem Boden, und bricht in ein lautes Gelächter aus.*

LUISE: Walter! Gott im Himmel! Was soll das? – Ermanne dich. Fassung verlangt diese Stunde – es ist eine trennende. Du hast ein Herz, lieber Walter. Ich kenne es. Warm wie das Leben ist deine Liebe, und ohne Schranken, wie's Unermeßliche – Schenke sie einer Edeln und Würdigern – sie wird die glücklichsten ihres Geschlechts nicht beneiden – – *Tränen unterdrückend.* mich sollst du nicht mehr sehn – Das eitle betrogene Mädchen verweine seinen Gram in einsamen Mauren, um seine Tränen wird sich niemand bekümmern – Leer und erstorben ist meine Zukunft – Doch werd ich noch je und je am verwelkten Strauß der Vergangenheit riechen. *Indem sie ihm mit abgewandten Gesicht ihre zitternde Hand gibt.* Leben Sie wohl Herr von Walter.

FERDINAND *springt aus seiner Betäubung auf:* Ich entfliehe, Luise. Wirst du mir wirklich nicht folgen?

LUISE *hat sich im Hintergrund des Zimmers niedergesetzt, und hält das Gesicht mit beiden Händen bedeckt:* Meine Pflicht heißt mich bleiben und dulden.

FERDINAND: Schlange, du lügst. Dich fesselt was anders hier.

LUISE *im Ton des tiefsten inwendigen Leidens:* Bleiben Sie bei dieser Vermutung – sie macht vielleicht weniger elend.

FERDINAND: Kalte Pflicht gegen feurige Liebe! – Und mich soll das Märchen blenden? – Ein Liebhaber fesselt dich, und Weh über dich und ihn, wenn mein Verdacht sich bestätigt.

Geht schnell ab.

FÜNFTE SZENE

LUISE *allein.*
Sie bleibt noch eine Zeitlang ohne Bewegung und stumm in dem Sessel liegen, endlich steht sie auf, kommt vorwärts, und sieht furchtsam herum.

Wo meine Eltern bleiben? – Mein Vater versprach in wenigen Minuten zurück zu sein, und schon sind fünf volle fürchterliche Stunden vorüber – Wenn ihm ein Unfall – Wie wird mir? – Warum geht mein Odem so ängstlich?
Jetzt tritt WURM *in das Zimmer, und bleibt im Hintergrund stehen, ohne von ihr bemerkt zu werden.*
Es ist nichts Wirkliches – Es ist nichts als das schaudernde Gaukelspiel des erhitzten Geblüts – Hat unsre Seele nur einmal Entsetzen genug in sich getrunken, so wird das Aug in jedem Winkel Gespenster sehn.

SECHSTE SZENE

LUISE *und* SEKRETÄR WURM.

WURM *kommt näher:* Guten Abend Jungfer.
LUISE: Gott! Wer spricht da? *Sie dreht sich um, wird den Sekretär gewahr, und tritt erschrocken zurück:* Schrecklich! Schrecklich! Meiner ängstlichen Ahndung eilt schon die unglückseligste Erfüllung nach! *Zum Sekretär mit einem Blick voll Verachtung:* Suchen Sie etwa den Präsidenten? Er ist nicht mehr da.
WURM: Jungfer, ich suche Sie.
LUISE: So muß ich mich wundern, daß Sie nicht nach dem Marktplatz gingen.

WURM: Warum eben dahin?

LUISE: Ihre Braut von der Schandbühne abzuholen.

WURM: Mamsell Millerin, Sie haben einen falschen Verdacht –

LUISE *unterdrückt eine Antwort*: Was steht Ihnen zu Diensten?

WURM: Ich komme, geschickt von Ihrem Vater.

LUISE *bestürzt*: Von meinem Vater? – Wo ist mein Vater?

WURM: Wo er nicht gern ist.

LUISE: Um Gottes willen! Geschwind! Mich befällt eine üble Ahndung – Wo ist mein Vater?

WURM: Im Turm, wenn Sie es ja wissen wollen.

LUISE *mit einem Blick zum Himmel*: Das noch! das auch noch! – – Im Turm? Und warum im Turm?

WURM: Auf Befehl des Herzogs.

LUISE: Des Herzogs?

WURM: Der die Verletzung der Majestät in der Person seines Stellvertreters –

LUISE: Was? Was? O ewige Allmacht!

WURM: Auffallend zu ahnden beschlossen hat.

LUISE: Das war noch übrig! Das! – freilich, freilich, mein Herz hatte noch außer dem Major etwas Teures – Das durfte nicht übergangen werden – Verletzung der Majestät – Himmlische Vorsicht! Rette, O rette meinen sinkenden Glauben! – und Ferdinand?

WURM: Wählt Lady Milford oder Fluch und Enterbung.

LUISE: Entsetzliche Freiheit! – und doch – doch ist er glücklicher. Er hat keinen Vater zu verlieren. Zwar keinen haben ist Verdammnis genug! – Mein Vater auf Verletzung der Majestät – mein Geliebter die Lady oder Fluch und Enterbung – Wahrlich bewundernswert! Eine vollkommene Büberei ist auch eine Vollkommenheit – Vollkommenheit?

Nein! dazu fehlte noch etwas – – Wo ist meine Mutter?

WURM: Im Spinnhaus.

LUISE *mit schmerzvollem Lächeln*: Jetzt ist es völlig! – völlig, und jetzt wär ich ja frei – Abgeschält von allen Pflichten – und Tränen – und Freuden. Abgeschält von der Vorsicht. Ich brauch sie ja nicht mehr – *Schreckliches Stillschweigen*. Haben Sie vielleicht noch eine Zeitung? Reden Sie immerhin. Jetzt kann ich alles hören.

WURM: Was geschehen ist, wissen Sie.

LUISE: Also nicht, was noch kommen wird? *Wiederum Pause, worin sie den Sekretär von oben bis unten ansieht*. Armer Mensch! Du treibst ein trauriges Handwerk, wobei du ohnmöglich selig werden kannst. Unglückliche machen ist schon schrecklich genug, aber gräßlich ist's, es ihnen verkündigen – Ihn vorzusingen den Eulengesang, dabeizustehn, wenn das blutende Herz am eisernen Schaft der Notwendigkeit zittert, und Christen an Gott zweifeln. – Der Himmel bewahre mich! und würde dir jeder Angsttropfe, den du fallen siehst, mit einer Tonne Golds aufgewogen – ich möchte nicht du sein – – Was kann noch geschehen?

WURM: Ich weiß nicht.

LUISE: Sie wollen nicht wissen? – Diese lichtscheue Botschaft fürchtet das Geräusch der Worte, aber in der Grabstille Ihres Gesichts zeigt sich mir das Gespenst – Was ist noch übrig – Sie sagten vorhin, der Herzog wolle es auffallend ahnden? Was nennen Sie auffallend?

WURM: Fragen Sie nichts mehr.

LUISE: Höre Mensch! Du gingst beim Henker zur Schule. Wie verstündest du sonst, das Eisen erst langsam-bedächtlich an den knirschenden Gelenken hinaufzuführen, und das zuckende Herz mit dem Streich der Erbarmung zu necken? – Welches Schicksal wartet auf meinen Vater? – Es ist Tod in dem, was du lachend sagst, wie mag das aussehen, was du an dich hältst? Sprich es aus. Laß mich sie auf einmal haben die ganze zermalmende Ladung. Was wartet auf meinen Vater?

WURM: Ein Kriminalprozeß.

LUISE: Was ist aber das? – Ich bin ein unwissendes unschuldiges Ding, verstehe mich wenig auf eure fürchterliche lateinische Wörter. Was heißt Kriminalprozeß?

WURM: Gericht um Leben und Tod.

LUISE *standhaft*: So dank ich Ihnen!
Sie eilt schnell in ein Seitenzimmer.

WURM *steht betroffen da*: Wo will das hinaus? Sollte die Närrin etwa? – Teufel! sie wird doch nicht – Ich eile nach – ich muß für ihr Leben bürgen. Im Begriff, ihr zu folgen.

LUISE *kommt zurück, einen Mantel umgeworfen*: Verzeihen Sie, Sekretär. Ich schließe das Zimmer.

WURM: Und wohin denn so eilig?

LUISE: Zum Herzog. Will fort.

WURM: Was? Wohin? *Er hält sie erschrocken zurück.*

LUISE: Zum Herzog. Hören Sie nicht? Zu ebendem Herzog, der meinen Vater auf Tod und Leben will richten lassen – Nein! Nicht will – muß richten lassen, weil einige Böswichter wollen; der zu dem ganzen Prozeß der beleidigten Majestät nichts hergibt, als eine Majestät und seine fürstliche Handschrift.

WURM *lacht überlaut*: Zum Herzog!

LUISE: Ich weiß, worüber Sie lachen – aber ich will ja auch kein Erbarmen dort finden – Gott bewahre mich! nur Ekel – Ekel nur an meinem Geschrei. Man hat mir gesagt, daß die Großen der Welt noch nicht belehrt sind, was Elend ist – nicht wollen

belehrt sein. Ich will ihm sagen was Elend ist – will
es ihm vormalen in allen Verzerrungen des Todes,
was Elend ist – will es ihm vorheulen in Mark und
Bein zermalmenden Tönen, was Elend ist – und
wenn ihm jetzt über der Beschreibung die Haare zu
Berge fliegen, will ich ihm noch zum Schluß in die
Ohren schrein, daß in der Sterbestunde auch die
Lungen der Erdengötter zu röcheln anfangen, und
das Jüngste Gericht Majestäten und Bettler in dem
nämlichen Siebe rüttle. *Sie will gehen.*

WURM *boshaft freundlich*: Gehen Sie, o gehen Sie ja.
Sie können wahrlich nichts Klügeres tun. Ich rate
es Ihnen, gehen Sie, und ich gebe Ihnen mein
Wort, daß der Herzog willfahren wird.

LUISE *steht plötzlich still*: Wie sagen Sie? – Sie raten
mir selbst dazu? *Kommt schnell zurück.* Hm! Was
will ich denn? Etwas Abscheuliches muß es sein,
weil dieser Mensch dazu ratet – Woher wissen Sie,
daß der Fürst mir willfahren wird?

WURM: Weil er es nicht wird umsonst tun dürfen.

LUISE: Nicht umsonst? Welchen Preis kann er auf eine
Menschlichkeit setzen?

WURM: Die schöne Supplikantin ist Preises genug.

LUISE *bleibt erstarrt stehn, dann mit brechendem Laut*:
Allgerechter!

WURM: Und einen Vater werden Sie doch, will ich
hoffen, um diese gnädige Taxe nicht überfodert
finden?

LUISE *auf und ab, außer Fassung*: Ja! Ja! Es ist wahr.
Sie sind verschanzt eure Großen – verschanzt vor
der Wahrheit hinter ihre eigene Laster, wie hinter
Schwerter der Cherubim – Helfe dir der Allmächtige, Vater. Deine Tochter kann für dich sterben,
aber nicht sündigen.

WURM: Das mag ihm wohl eine Neuigkeit sein dem
armen verlassenen Mann – »Meine Luise«, sagte er

mir, »hat mich zu Boden geworfen. Meine Luise
wird mich auch aufrichten« – Ich eile Mamsell, ihm
die Antwort zu bringen.

Stellt sich als ob er ginge.

LUISE *eilt ihm nach, hält ihn zurück*: Bleiben Sie! Bleiben Sie! Geduld! – Wie flink dieser Satan ist, wenn
es gilt, Menschen rasend zu machen! – Ich hab
ihn niedergeworfen. Ich muß ihn aufrichten. Reden Sie! Raten Sie! Was kann ich? Was muß ich
tun?

WURM: Es ist nur ein Mittel.

LUISE: Dieses einzige Mittel?

WURM: Auch Ihr Vater wünscht –

LUISE: Auch mein Vater? – Was ist das für ein Mittel?

WURM: Es ist Ihnen leicht.

LUISE: Ich kenne nichts Schwerers als die Schande.

WURM: Wenn Sie den Major wieder frei machen wollen?

LUISE: Von seiner Liebe? Spotten Sie meiner? – Das
meiner Willkür zu überlassen, wozu ich gezwungen ward?

WURM: So ist es nicht gemeint, liebe Jungfer. Der Major muß zuerst und freiwillig zurücktreten.

LUISE: Er wird nicht.

WURM: So scheint es. Würde man denn wohl seine Zuflucht zu Ihnen nehmen, wenn nicht Sie allein
dazu helfen könnten?

LUISE: Kann ich ihn zwingen, daß er mich hassen
muß?

WURM: Wir wollen versuchen. Setzen Sie sich.

LUISE *betreten*: Mensch! Was brütest du?

WURM: Setzen Sie sich. Schreiben Sie! Hier ist Feder,
Papier und Dinte.

LUISE *setzt sich in höchster Beunruhigung*: Was soll ich
schreiben? An wen soll ich schreiben?

WURM: An den Henker Ihres Vaters.

LUISE: Ha! du verstehst dich darauf, Seelen auf die Folter zu schrauben. *Ergreift eine Feder.*

WURM *diktiert:* »Gnädiger Herr« –

LUISE *schreibt mit zitternder Hand.*

WURM: »Schon drei unerträgliche Tage sind vorüber – – sind vorüber – und wir sahen uns nicht«

LUISE *stutzt, legt die Feder weg:* An wen ist der Brief?

WURM: An den Henker Ihres Vaters.

LUISE: O mein Gott!

WURM: »Halten Sie sich deswegen an den Major – an den Major – der mich den ganzen Tag wie ein Argus hütet«

LUISE *springt auf:* Büberei, wie noch keine erhört worden! An wen ist der Brief?

WURM: An den Henker Ihres Vaters.

LUISE *die Hände ringend auf und nieder:* Nein! Nein! Nein! Das ist tyrannisch o Himmel! Strafe Menschen menschlich, wenn sie dich reizen, aber warum mich zwischen zwei Schröcknisse pressen? Warum zwischen Tod und Schande mich hin und her wiegen? Warum diesen blutsaugenden Teufel mir auf den Nacken setzen? – Macht was ihr wollt. Ich schreibe das nimmermehr.

WURM *greift nach dem Hut:* Wie Sie wollen, Mademoiselle. Das steht ganz in Ihrem Belieben.

LUISE: Belieben, sagen Sie? In meinem Belieben? – Geh Barbar! hänge einen Unglücklichen über dem Abgrund der Hölle aus, bitt ihn um etwas, und lästre Gott, und frag ihn, ob's ihm beliebe? – O du weißt allzugut, daß unser Herz an natürlichen Trieben, so fest als an Ketten liegt – Nunmehr ist alles gleich. Diktieren Sie weiter. Ich denke nichts mehr. Ich weiche der überlistenden Hölle.

Sie setzt sich zum zweitenmal.

WURM: »Den ganzen Tag wie ein Argus hütet« – Haben Sie das?

LUISE: Weiter! Weiter!

WURM: »Wir haben gestern den Präsidenten im Haus gehabt. Es war possierlich zu sehen, wie der gute Major um meine Ehre sich wehrte«

LUISE: O schön, schön! o herrlich! – Nur immer fort.

WURM: »Ich nahm meine Zuflucht zu einer Ohnmacht – zu einer Ohnmacht – daß ich nicht laut lachte«

LUISE: O Himmel!

WURM: »Aber bald wird mir meine Maske unerträglich – unerträglich – Wenn ich nur loskommen könnte –«

LUISE *hält inne, steht auf, geht auf und nieder, den Kopf gesenkt, als suchte sie was auf dem Boden; dann setzt sie sich wiederum, schreibt weiter*: »Loskommen könnte«

WURM: »Morgen hat er den Dienst – Passen Sie ab, wenn er von mir geht, und kommen an den bewußten Ort« – Haben Sie bewußten?

LUISE: Ich habe alles.

WURM: »An den bewußten Ort zu Ihrer zärtlichen ... Luise«

LUISE: Nun fehlt die Adresse noch.

WURM: »An Herrn Hofmarschall von Kalb«

LUISE: Ewige Vorsicht! ein Name, so fremd meinen Ohren, als meinem Herzen diese schändlichen Zeilen. *Sie steht auf, und betrachtet eine große Pause lang mit starrem Blick das Geschriebene, endlich reicht sie es dem Sekretär, mit erschöpfter hinsterbender Stimme:* Nehmen Sie mein Herr. Es ist mein ehrlicher Name – es ist Ferdinand – ist die ganze Wonne meines Lebens, was ich jetzt in Ihre Hände gebe – Ich bin eine Bettlerin!

WURM: O nein doch! Verzagen Sie nicht, liebe Mademoiselle. Ich habe herzliches Mitleid mit Ihnen. Vielleicht – wer weiß? – Ich könnte mich noch wohl über gewisse Dinge hinwegsetzen – Wahrlich! Bei

Gott! Ich habe Mitleid mit Ihnen.

LUISE *blickt ihn starr und durchdringend an*: Reden Sie
nicht aus mein Herr. Sie sind auf dem Wege sich
etwas Entsetzliches zu wünschen.

WURM *im Begriff ihre Hand zu küssen*: Gesetzt, es wäre
diese niedliche Hand – Wieso liebe Jungfer?

LUISE *groß und schrecklich*: Weil ich dich in der Braut-
nacht erdrosselte, und mich dann mit Wollust aufs
Rad flechten ließe. *Sie will gehen, kommt aber
schnell zurück.* Sind wir jetzt fertig mein Herr?
Darf die Taube nun fliegen?

WURM: Nur noch die Kleinigkeit Jungfer. Sie müssen
mit mir, und das Sakrament darauf nehmen, diesen Brief für einen freiwilligen zu erkennen.

LUISE: Gott! Gott! und du selbst mußt das Siegel geben, die Werke der Hölle zu verwahren?

Wurm zieht sie fort.

VIERTER AKT

Saal beim Präsidenten.

ERSTE SZENE

FERDINAND VON WALTER *einen offenen Brief in der Hand, kommt stürmisch durch eine Türe, durch eine andre ein* KAMMERDIENER.

FERDINAND: War kein Marschall da?

KAMMERDIENER: Herr Major, der Herr Präsident fragen nach Ihnen.

FERDINAND: Alle Donner! Ich frag, war kein Marschall da?

KAMMERDIENER: Der gnädige Herr sitzen oben am Pharotisch.

FERDINAND: Der gnädige Herr soll im Namen der ganzen Hölle daher kommen. *Kammerdiener geht.*

ZWEITE SZENE

FERDINAND *allein. Den Brief durchfliegend, bald erstarrend, bald wütend herumstürzend.*

Es ist nicht möglich. Nicht möglich. Diese himmlische Hülle versteckt kein so teuflisches Herz – – Und doch! doch! Wenn alle Engel herunterstiegen, für ihre Unschuld bürgten – wenn Himmel und Erde, wenn Schöpfung und Schöpfer zusammenträten, für ihre Unschuld bürgten – Es ist ihre Hand – ein unerhörter ungeheurer Betrug, wie die Menschheit noch keinen erlebte! – Das also war's, warum man sich so beharrlich der Flucht widersetzte! – Darum o Gott! jetzt erwach ich, jetzt enthüllt sich mir alles! – Darum gab man seinen Anspruch auf meine Liebe mit soviel Heldenmut auf, und bald bald hätte selbst mich die himmlische Schminke betrogen!

Er stürzt rascher durchs Zimmer, dann steht er wieder nachdenkend still.

Mich so ganz zu ergründen! – Jedes kühne Gefühl, jede leise schüchterne Bebung zu erwidern, jede feurige Wallung – An der feinsten Unbeschreiblichkeit eines schwebenden Lauts meine Seele zu fassen – Mich zu berechnen in einer Träne – Auf jeden gähen Gipfel der Leidenschaft mich zu begleiten, mir zu begegnen vor jedem schwindelnden Absturz – Gott! Gott! und alles das nichts als Grimasse? – Grimasse? – O wenn die Lüge eine so haltbare Farbe hat, wie ging es zu, daß sich kein Teufel noch in das Himmelreich hineinlog?

Da ich ihr die Gefahr unsrer Liebe entdeckte, mit welch überzeugender Täuschung erblaßte die Falsche da! Mit welch siegender Würde schlug sie den frechen Hohn meines Vaters zu Boden, und in ebendem Augenblick fühlte das Weib sich doch schuldig – Was? hielt sie nicht selbst die Feuerprobe der Wahrheit aus – die Heuchlerin sinkt in Ohnmacht. Welche Sprache wirst du jetzt führen, Empfindung? Auch Koketten sinken in Ohnmacht. Womit wirst du dich rechtfertigen Unschuld – Auch Metzen sinken in Ohnmacht.

Sie weiß, was sie aus mir gemacht hat. Sie hat meine ganze Seele gesehen. Mein Herz trat beim Erröten des ersten Kusses sichtbar in meine Augen – und sie empfand nichts? Empfand vielleicht nur den Triumph ihrer Kunst? – Da mein glücklicher Wahnsinn den ganzen Himmel in ihr zu umspannen wähnte? Meine wildesten Wünsche schwiegen? Vor meinem Gemüt stand kein Gedanke als die

Ewigkeit und das Mädchen – Gott! da empfand sie
nichts? Fühlte nichts, als ihren Anschlag gelungen?
Nichts, als ihre Reize geschmeichelt? Tod und Rache! Nichts, als daß ich betrogen sei?

DRITTE SZENE

DER HOFMARSCHALL *und* FERDINAND.

HOFMARSCHALL *ins Zimmer trippelnd*: Sie haben den
Wunsch blicken lassen, mein Bester –

FERDINAND *vor sich hinmurmelnd*: Einem Schurken
den Hals zu brechen. *Laut*: Marschall, dieser Brief
muß Ihnen bei der Parade aus der Tasche gefallen
sein – und ich *Mit boshaftem Lachen:* war zum
Glück noch der Finder.

HOFMARSCHALL: Sie?

FERDINAND: Durch den lustigsten Zufall. Machen Sie's
mit der Allmacht aus.

HOFMARSCHALL: Sie sehen, wie ich erschrecke, Baron.

FERDINAND: Lesen Sie! Lesen Sie! *Von ihm weggehend.*
Bin ich auch schon zum Liebhaber zu schlecht, vielleicht laß ich mich desto besser als Kuppler an.

*Während daß jener liest, tritt er zur Wand und nimmt
zwei Pistolen herunter.*

HOFMARSCHALL *wirft den Brief auf den Tisch und will
sich davonmachen*: Verflucht!

FERDINAND *führt ihn am Arm zurück*: Geduld, lieber
Marschall. Die Zeitungen dünken mich angenehm.
Ich will meinen Finderlohn haben. *Hier zeigt er
ihm die Pistolen.*

HOFMARSCHALL *tritt bestürzt zurück*: Sie werden vernünftig sein, Bester.

FERDINAND *mit starker schrecklicher Stimme*: Mehr als
zuviel um einen Schelmen, wie du bist, in jene Welt

zu schicken! *Er dringt ihm die eine Pistole auf, zugleich zieht er sein Schnupftuch:* Nehmen Sie! dieses Schnupftuch da fassen Sie! – Ich hab's von der Buhlerin.

HOFMARSCHALL: Über dem Schnupftuch? Rasen Sie? Wohin denken Sie?

FERDINAND: Faß dieses End an sag ich. Sonst wirst du ja fehlschießen Memme! – Wie sie zittert die Memme! Du solltest Gott danken, Memme, daß du zum erstenmal etwas in deinen Hirnkasten kriegst. *Hofmarschall macht sich auf die Beine.* Sachte! Dafür wird gebeten sein.

Er überholt ihn, und riegelt die Türe.

HOFMARSCHALL: Auf dem Zimmer, Baron?

FERDINAND: Als ob sich mit dir ein Gang vor den Wall verlohnte? – Schatz, so knallt's desto lauter, und das ist ja doch wohl das erste Geräusch, das du in der Welt machst – Schlag an!

HOFMARSCHALL *wischt sich die Stirn*: Und Sie wollen Ihr kostbares Leben so aussetzen, junger hoffnungsvoller Mann?

FERDINAND: Schlag an, sag ich. Ich habe nichts mehr in dieser Welt zu tun.

HOFMARSCHALL: Aber ich desto mehr, mein Allervortrefflichster.

FERDINAND: Du Bursche? Was du? – Der Notnagel zu sein, wo die Menschen sich rar machen? In einem Augenblick siebenmal kurz und siebenmal lang zu werden, wie der Schmetterling an der Nadel? Ein Register zu führen über die Stuhlgänge deines Herrn, und der Mietgaul seines Witzes zu sein? Ebenso gut. Ich führe dich, wie irgendein seltenes Murmeltier mit mir. Wie ein zahmer Affe sollst du zum Geheul der Verdammten tanzen, apportieren und aufwarten, und mit deinen höfischen Künsten die ewige Verzweiflung belustigen.

HOFMARSCHALL: Was Sie befehlen, Herr, wie Sie belieben – Nur die Pistolen weg!

FERDINAND: Wie er dasteht der Schmerzenssohn! – Dasteht, dem sechsten Schöpfungstag zum Schimpfe! Als wenn ihn ein Tübinger Buchhändler dem Allmächtigen nachgedruckt hätte! – Schade nur, ewig schade für die Unze Gehirn, die so schlecht in diesem undankbaren Schädel wuchert. Diese einzige Unze hätte dem Pavian noch vollends zum Menschen geholfen, da sie jetzt nur einen Bruch von Vernunft macht – Und mit diesem ihr Herz zu teilen? – Ungeheuer! Unverantwortlich! – Einem Kerl, mehr gemacht, von Sünden zu entwöhnen, als dazu anzureizen.

HOFMARSCHALL: Oh! Gott sei ewig Dank! Er wird witzig.

FERDINAND: Ich will ihn gelten lassen. Die Toleranz, die der Raupe schont, soll auch diesem zugute kommen. Man begegnet ihm, zuckt etwa die Achsel, bewundert vielleicht noch die kluge Wirtschaft des Himmels, der auch mit Trebern und Bodensatz noch Kreaturen speist; der dem Raben am Hochgericht, und einem Höfling im Schlamme der Majestäten den Tisch deckt – Zuletzt erstaunt man noch über die große Polizei der Vorsicht, die auch in der Geisterwelt ihre Blindschleichen und Taranteln zur Ausfuhr des Gifts besoldet. – Aber *Indem seine Wut sich erneuert.* an meine Blume soll mir das Ungeziefer nicht kriechen, oder ich will es *Den Marschall fassend und unsanft herumschüttelnd.* so und so und wieder so durcheinander quetschen.

HOFMARSCHALL *für sich hinseufzend*: O mein Gott! Wer hier weg wäre! Hundert Meilen von hier im Bicêtre zu Paris! nur bei diesem nicht!

FERDINAND: Bube! Wenn sie nicht rein mehr ist? Bube! Wenn du genossest, wo ich anbetete? *Wü-*

tender: Schwelgtest, wo ich einen Gott mich fühlte? *Plötzlich schweigt er, darauf fürchterlich:* Dir wäre besser, Bube, du flöhest der Hölle zu, als daß dir mein Zorn im Himmel begegnete! – Wie weit kamst du mit dem Mädchen? Bekenne!

HOFMARSCHALL: Lassen Sie mich los. Ich will alles verraten.

FERDINAND: Oh! es muß reizender sein mit diesem Mädchen zu buhlen, als mit andern noch so himmlisch zu schwärmen – Wollte sie ausschweifen, wollte sie, sie könnte den Wert der Seele herunterbringen, und die Tugend mit der Wollust verfälschen. *Dem Marschall die Pistole aufs Herz drückend.* Wie weit kamst du mit ihr? Ich drücke ab, oder bekenne!

HOFMARSCHALL: Es ist nichts – ist ja alles nichts. Haben Sie nur eine Minute Geduld. Sie sind ja betrogen.

FERDINAND: Und daran mahnst du mich Bösewicht? – Wie weit kamst du mit ihr? Du bist des Todes, oder bekenne!

HOFMARSCHALL: Mon Dieu! Mein Gott! Ich spreche ja – So hören Sie doch nur – Ihr Vater – Ihr eigener leiblicher Vater –

FERDINAND *grimmiger:* Hat seine Tochter an dich verkuppelt? Und wie weit kamst du mit ihr? Ich ermorde dich, oder bekenne!

HOFMARSCHALL: Sie rasen. Sie hören nicht. Ich sah sie nie. Ich kenne sie nicht. Ich weiß gar nichts von ihr.

FERDINAND *zurücktretend:* Du sahst sie nie? Kennst sie nicht? Weißt gar nichts von ihr? – Die Millerin ist verloren um deinetwillen, du leugnest sie dreimal in einem Atem hinweg? – Fort schlechter Kerl. *Er gibt ihm mit der Pistole einen Streich, und stößt ihn aus dem Zimmer.* Für deinesgleichen ist kein Pulver erfunden!

Vierte Szene

FERDINAND *nach einem langen Stillschweigen, worin seine Züge einen schrecklichen Gedanken entwickeln.*

Verloren! Ja Unglückselige! – Ich bin es. Du bist es auch. Ja bei dem großen Gott! Wenn ich verloren bin, bist du es auch! – Richter der Welt! Fodre sie mir nicht ab. Das Mädchen ist mein. Ich trat dir deine ganze Welt für das Mädchen ab, habe Verzicht getan auf deine ganze herrliche Schöpfung. Laß mir das Mädchen. – Richter der Welt! Dort winseln Millionen Seelen nach dir – Dorthin kehre das Aug deines Erbarmens – Mich laß allein machen, Richter der Welt! *Indem er schrecklich die Hände faltet.* Sollte der reiche vermögende Schöpfer mit einer Seele geizen, die noch dazu die schlechteste seiner Schöpfung ist? – Das Mädchen ist mein! Ich einst ihr Gott, jetzt ihr Teufel! *Die Augen graß in einen Winkel geworfen.* Eine Ewigkeit mit ihr auf ein Rad der Verdammnis geflochten – Augen in Augen wurzelnd – Haare zu Berge stehend gegen Haare – Auch unser hohles Wimmern in eins geschmolzen – Und jetzt zu wiederholen meine Zärtlichkeiten, und jetzt ihr vorzusingen ihre Schwüre – Gott! Gott! Die Vermählung ist fürchterlich – aber ewig!
Er will schnell hinaus. Der Präsident tritt herein.

FÜNFTE SZENE

DER PRÄSIDENT *und* FERDINAND.

FERDINAND *zurücktretend*: Oh! – Mein Vater!

PRÄSIDENT: Sehr gut, daß wir uns finden, mein Sohn. Ich komme, dir etwas Angenehmes zu verkündigen, und etwas, lieber Sohn, das dich ganz gewiß überraschen wird. Wollen wir uns setzen?

FERDINAND *sieht ihn lange Zeit starr an*: Mein Vater! *Mit stärkerer Bewegung zu ihm gehend und seine Hand fassend.* Mein Vater! *Seine Hand küssend, vor ihm niederfallend.* O mein Vater!

PRÄSIDENT: Was ist dir mein Sohn? Steh auf. Deine Hand brennt und zittert.

FERDINAND *mit wilder feuriger Empfindung*: Verzeihung für meinen Undank mein Vater! Ich bin ein verworfener Mensch. Ich habe Ihre Güte mißkannt. Sie meinten es mit mir so väterlich – Oh! Sie hatten eine weissagende Seele – Jetzt ist's zu spät – Verzeihung! Verzeihung! Ihren Segen, mein Vater!

PRÄSIDENT *heuchelt eine schuldlose Miene*: Steh auf mein Sohn! Besinne dich, daß du mir Rätsel sprichst.

FERDINAND: Diese Millerin mein Vater – O Sie kennen den Menschen – Ihre Wut war damals so gerecht, so edel, so väterlich warm – Nur verfehlte der warme Vatereifer des Weges – Diese Millerin!

PRÄSIDENT: Martre mich nicht mein Sohn. Ich verfluche meine Härte! Ich bin gekommen dir abzubitten.

FERDINAND: Abbitten an mir! Verfluchen an mir! – Ihre Mißbilligung war Weisheit. Ihre Härte war himmlisches Mitleid – – Diese Millerin, Vater –

PRÄSIDENT: Ist ein edles, ein liebes Mädchen. – Ich

widerrufe meinen übereilten Verdacht. Sie hat
meine Achtung erworben.

FERDINAND *springt erschüttert auf*: Was? auch Sie? –
Vater! auch Sie? – Und nicht wahr, mein Vater, ein
Geschöpf wie die Unschuld? – und es ist so mensch-
lich, dieses Mädchen zu lieben?

PRÄSIDENT: Sage So: Es ist Verbrechen, es nicht zu lieben.

FERDINAND: Unerhört! Ungeheuer! – Und Sie schauen
ja doch sonst die Herzen so durch! Sahen sie noch
dazu mit Augen des Hasses! – Heuchelei ohne Beispiel – Diese Millerin, Vater –

PRÄSIDENT: Ist es wert meine Tochter zu sein. Ich rech-
ne ihre Tugend für Ahnen, und ihre Schönheit für
Gold. Meine Grundsätze weichen deiner Liebe –
Sie sei dein!

FERDINAND *stürzt fürchterlich aus dem Zimmer*: Das
fehlte noch! – Leben Sie wohl mein Vater. *Ab.*

PRÄSIDENT *ihm nachgehend*: Bleib! Bleib! Wohin
stürmst du? *Ab.*

SECHSTE SZENE

Ein sehr prächtiger Saal bei der Lady.

LADY *und* SOPHIE *treten herein.*

LADY: Also sahst du sie? Wird sie kommen?

SOPHIE: Diesen Augenblick. Sie war noch im Hausge-
wand, und wollte sich nur in der Geschwindigkeit
umkleiden.

LADY: Sage mir nichts von ihr – Stille – wie eine Verbrecherin zittre ich, die Glückliche zu sehen, die
mit meinem Herzen so schrecklich harmonisch
fühlt – Und wie nahm sie sich bei der Einladung?

SOPHIE: Sie schien bestürzt, wurde nachdenkend, sah mich mit großen Augen an, und schwieg. Ich hatte mich schon auf ihre Ausflüchte vorbereitet, als sie mit einem Blick, der mich ganz überraschte, zur Antwort gab: Ihre Dame befiehlt mir, was ich mir morgen erbitten wollte.

LADY *sehr unruhig*: Laß mich Sophie. Beklage mich. Ich muß erröten, wenn sie nur das gewöhnliche Weib ist, und wenn sie mehr ist, verzagen.

SOPHIE: Aber Mylady – Das ist die Laune nicht, eine Nebenbuhlerin zu empfangen. Erinnern Sie sich wer Sie sind. Rufen Sie Ihre Geburt, Ihren Rang, Ihre Macht zu Hilfe. Ein stolzeres Herz muß die stolze Pracht Ihres Anblicks erheben.

LADY *zerstreut*: Was schwatzt die Närrin da?

SOPHIE *boshaft*: Oder es ist vielleicht Zufall, daß eben heute die kostbarsten Brillanten an Ihnen blitzen? Zufall, daß eben heute der reichste Stoff Sie bekleiden muß – daß Ihre Antischamber von Heiducken und Pagen wimmelt, und das Bürgermädchen im fürstlichsten Saal Ihres Palastes erwartet wird?

LADY *auf und ab voll Erbitterung*: Verwünscht! Unerträglich! Daß Weiber für Weiberschwächen solche Luchsaugen haben! – – Aber wie tief, wie tief muß ich schon gesunken sein, daß eine solche Kreatur mich ergründet!

EIN KAMMERDIENER *tritt auf*: Mamsell Millerin –

LADY *zu Sophien*: Hinweg du! Entferne dich! *Drohend, da diese noch zaudert:* Hinweg! Ich befehl es. *Sophie geht ab. Lady macht einen Gang durch den Saal.* Gut! Recht gut, daß ich in Wallung kam. Ich bin, wie ich wünschte. *Zum Kammerdiener:* Die Mamsell mag hereintreten.

Kammerdiener geht. Sie wirft sich in den Sofa, und nimmt eine vornehm-nachlässige Lage an.

Siebente Szene

Luise Millerin *tritt schüchtern herein, und bleibt in einer großen Entfernung von der Lady stehen;* Lady *hat ihr den Rücken zugewandt, und betrachtet sie eine Zeitlang aufmerksam in dem gegenüberstehenden Spiegel.*
Nach einer Pause.

Luise: Gnädige Frau, ich erwarte Ihre Befehle.

Lady *dreht sich nach Luisen um, und nickt nur eben mit dem Kopf, fremd und zurückgezogen*: Aha! Ist Sie hier? – Ohne Zweifel die Mamsell – eine gewisse – Wie nennt man Sie doch?

Luise *etwas empfindlich*: Miller nennt sich mein Vater, und Ihro Gnaden schickten nach seiner Tochter.

Lady: Recht! Recht! Ich entsinne mich – die arme Geigerstochter, wovon neulich die Rede war. *Nach einer Pause, vor sich:* Sehr interessant, und doch keine Schönheit – *Laut zu Luisen:* Trete Sie näher mein Kind. *Wieder vor sich:* Augen, die sich im Weinen übten – Wie lieb ich sie, diese Augen! *Wiederum laut:* Nur näher – Nur ganz nah – Gutes Kind, ich glaube, du fürchtest mich?

Luise *groß, mit entschiednem Ton*: Nein Mylady. Ich verachte das Urteil der Menge.

Lady *vor sich*: Sieh doch! – und diesen Trotzkopf hat sie von ihm. *Laut:* Man hat Sie mir empfohlen, Mamsell. Sie soll was gelernt haben, und sonst auch zu leben wissen – Nun ja. Ich will's glauben – auch nähm ich die ganze Welt nicht, einen so warmen Fürsprecher Lügen zu strafen.

Luise: Doch kenn ich niemand, Mylady, der sich Mühe gäbe, mir eine Patronin zu suchen.

Lady *geschraubt*: Mühe um die Klientin oder Patronin?

LUISE: Das ist mir zu hoch, gnädige Frau.

LADY: Mehr Schelmerei, als diese offene Bildung vermuten läßt! Luise nennt Sie sich? Und wie jung, wenn man fragen darf?

LUISE: Sechszehn gewesen.

LADY *steht rasch auf*: Nun ist's heraus! Sechszehen Jahre! Der erste Puls dieser Leidenschaft! – Auf dem unberührten Klavier der erste einweihende Silberton! – Nichts ist verführender – Setz dich, ich bin dir gut, liebes Mädchen – Und auch er liebt zum erstenmal – Was Wunder, wenn sich die Strahlen eines Morgenrots finden? *Sehr freundlich, und ihre Hand ergreifend:* Es bleibt dabei, ich will dein Glück machen, liebe – Nichts, nichts als die süße früheverfliegende Träumerei. *Luisen auf die Wange klopfend.* Meine Sophie heiratet. Du sollst ihre Stelle haben – Sechszehen Jahr! Es kann nicht von Dauer sein.

LUISE *küßt ihr ehrerbietig die Hand*: Ich danke für diese Gnade Mylady, als wenn ich sie annehmen dürfte.

LADY *in Entrüstung zurückfallend*: Man sehe die große Dame! – Sonst wissen sich Jungfern Ihrer Herkunft noch glücklich, wenn sie Herrschaften finden – wo will denn Sie hinaus, meine Kostbare? Sind diese Finger zur Arbeit zu niedlich? Ist es Ihr bißchen Gesicht, worauf Sie so trotzig tut?

LUISE: Mein Gesicht, gnädige Frau, gehört mir so wenig, als meine Herkunft.

LADY: Oder glaubt Sie vielleicht, das werde nimmer ein Ende nehmen? – Armes Geschöpf, wer dir das in den Kopf setzte – mag er sein, wer er will – er hat euch beide zum besten gehabt. Diese Wangen sind nicht im Feuer vergoldet. Was dir dein Spiegel für massiv und ewig verkauft, ist nur ein dünner angeflogener Goldschaum, der deinem Anbeter über kurz oder lang in der Hand bleiben muß – Was werden wir dann machen?

LUISE: Den Anbeter bedauern, Mylady, der einen Demant kaufte, weil er in Gold schien gefaßt zu sein.

LADY *ohne darauf achten zu wollen*: Ein Mädchen von Ihren Jahren hat immer zween Spiegel zugleich, den wahren und ihren Bewunderer – Die gefällige Geschmeidigkeit des letztern macht die rauhe Offenherzigkeit des erstern wieder gut. Der eine rügt eine häßliche Blatternarbe. Weit gefehlt, sagt der andere, es ist ein Grübchen der Grazien. Ihr guten Kinder glaubt jenem nur, was euch dieser gesagt hat, hüpft von einem zum andern, bis ihr zuletzt die Aussagen beider verwechselt – Warum begafft Sie mich so?

LUISE: Verzeihen Sie gnädige Frau – Ich war soeben im Begriff, diesen prächtig blitzenden Rubin zu beweinen, der es nicht wissen muß, daß seine Besitzerin so scharf wider Eitelkeit eifert.

LADY *errötend*: Keinen Seitensprung, Lose! – Wenn es nicht die Promessen Ihrer Gestalt sind, was in der Welt könnte Sie abhalten, einen Stand zu erwählen, der der einzige ist, wo Sie Manieren und Welt lernen kann, der einzige ist, wo Sie sich ihrer bürgerlichen Vorurteile entledigen kann?

LUISE: Auch meiner bürgerlichen Unschuld, Mylady?

LADY: Läppischer Einwurf! Der ausgelassenste Bube ist zu verzagt, uns etwas Beschimpfendes zuzumuten, wenn wir ihm nicht selbst ermunternd entgegengehn. Zeige Sie, wer Sie ist. Gebe Sie sich Ehre und Würde, und ich sage Ihrer Jugend für alle Versuchung gut.

LUISE: Erlauben Sie, gnädige Frau, daß ich mich unterstehe, daran zu zweifeln. Die Paläste gewisser Damen sind oft die Freistätten der frechsten Ergötzlichkeit. Wer sollte der Tochter des armen Geigers den Heldenmut zutrauen, den Heldenmut, mitten in die Pest sich zu werfen und doch dabei vor der Vergiftung zu schaudern? Wer sollte sich träumen lassen, daß Lady Milford ihrem Gewissen einen ewigen Skorpion halte, daß sie Geldsummen aufwende, um den Vorteil zu haben, jeden Augenblick schamrot zu werden? – Ich bin offenherzig, gnädige Frau – Würde Sie mein Anblick ergötzen, wenn Sie einem Vergnügen entgegengingen? Würden Sie ihn ertragen, wenn Sie zurückkämen? – – O besser! besser! Sie lassen Himmelsstriche uns trennen – Sie lassen Meere zwischen uns fließen! – Sehen Sie sich wohl für, Mylady – Stunden der Nüchternheit, Augenblicke der Erschöpfung könnten sich melden – Schlangen der Reue könnten Ihren Busen anfallen, und nun – welche Folter für Sie, im Gesicht Ihres Dienstmädchens die heitre Ruhe zu lesen, womit die Unschuld ein reines Herz zu belohnen pflegt. *Sie tritt einen Schritt zurück.* Noch einmal, gnädige Frau. Ich bitte sehr um Vergebung.

LADY *in großer innrer Bewegung herumgehend*: Unerträglich, daß sie mir das sagt! Unerträglich, daß sie recht hat! *Zu Luisen tretend, und ihr starr in die Augen sehend:* Mädchen, du wirst mich nicht überlisten. So warm sprechen Meinungen nicht. Hinter diesen Maximen lauert ein feurigeres Interesse, das dir meine Dienste besonders abscheulich malt – das dein Gespräch so erhitzte – das ich *Drohend:* entdecken muß.

LUISE *gelassen und edel*: Und wenn Sie es nun entdeckten? und wenn Ihr verächtlicher Fersenstoß den beleidigten Wurm aufweckte, dem sein Schöpfer gegen Mißhandlung noch einen Stachel gab? – Ich fürchte Ihre Rache nicht, Lady – Die arme Sünderin auf dem berüchtigten Henkerstuhl lacht zu Weltuntergang. – Mein Elend ist so hoch gestiegen, daß selbst Aufrichtigkeit es nicht mehr vergrößern kann. *Nach einer Pause, sehr ernsthaft:* Sie wollen mich aus dem Staub meiner Herkunft reißen. Ich will sie nicht zergliedern diese verdächtige Gnade. Ich will nur fragen, was Mylady bewegen konnte, mich für die Törin zu halten, die über ihre Herkunft errötet? Was sie berechtigen konnte, sich zur Schöpferin meines Glücks aufzuwerfen, ehe sie noch wußte, ob ich mein Glück auch von ihren Händen empfangen wolle? – Ich hatte meinen ewigen Anspruch auf die Freuden der Welt zerrissen. Ich hatte dem Glück seine Übereilung vergeben – Warum mahnen Sie mich aufs neu an dieselbe? – Wenn selbst die Gottheit dem Blick der Erschaffenen ihre Strahlen verbirgt, daß nicht ihr oberster Seraph vor seiner Verfinsterung zurückschaure – warum wollen Menschen so grausam-barmherzig sein? – Wie kommt es Mylady, daß Ihr gepriesenes Glück das Elend so gern um Neid und Bewunderung anbettelt? – Hat Ihre Wonne die Verzweiflung so nötig zur Folie? – O lieber! so gönnen Sie mir doch eine Blindheit, die mich allein noch mit meinem barbarischen Los versöhnt – Fühlt sich doch das Insekt in einem Tropfen Wassers so selig, als wär es ein Himmelreich, so froh und so selig, bis man ihm von einem Weltmeer erzählt, worin Flotten und Walfische spielen! – – – Aber glücklich wollen Sie mich ja wissen? *Nach einer Pause plötzlich zur Lady hintretend und mit Überraschung sie fragend:* Sind Sie glücklich, Mylady? *Diese verläßt sie schnell und betroffen, Luise folgt ihr, und hält ihr die Hand vor den Busen.* Hat dieses Herz auch die lachende Gestalt Ihres Standes? Und wenn wir jetzt Brust gegen Brust, und Schicksal gegen Schicksal auswechseln sollten – und wenn ich in kindlicher Unschuld – und wenn ich auf Ihr Gewissen – und wenn ich als meine Mutter Sie fragte – Würden Sie mir wohl zu dem Tausche raten?

LADY *heftig bewegt in den Sofa sich werfend*: Unerhört! Unbegreiflich! Nein Mädchen! Nein! Diese Größe hast du nicht auf die Welt gebracht, und für einen Vater ist sie zu jugendlich. Lüge mir nicht. Ich höre einen andern Lehrer –

LUISE *fein und scharf ihr in die Augen sehend*: Es sollte mich doch wundern, Mylady, wenn Sie jetzt erst auf diesen Lehrer fielen, und doch vorhin schon eine Kondition für mich wußten.

LADY *springt auf*: Es ist nicht auszuhalten! – Ja denn! weil ich dir doch nicht entwischen kann. Ich kenn ihn – weiß alles – weiß mehr als ich wissen mag. *Plötzlich hält sie inne, darauf mit einer Heftigkeit, die nach und nach bis beinahe zum Toben steigt:* Aber wag es, Unglückliche – wag es, ihn jetzt noch zu lieben, oder von ihm geliebt zu werden – Was sage ich? – Wag es an ihn zu denken, oder einer von seinen Gedanken zu sein – Ich bin mächtig, Unglückliche – fürchterlich – So wahr Gott lebt! du bist verloren!

LUISE *standhaft*: Ohne Rettung Mylady, sobald Sie ihn zwingen, daß er Sie lieben muß.

LADY: Ich verstehe dich – aber er soll mich nicht lieben. Ich will über diese schimpfliche Leidenschaft siegen, mein Herz unterdrücken, und das deinige zermalmen – Felsen und Abgründe will ich zwischen euch werfen; eine Furie will ich mitten durch euren Himmel gehn; mein Name soll eure Küsse wie ein Gespenst Verbrecher auseinanderscheuchen; deine junge blühende Gestalt unter seiner Umarmung welk wie eine Mumie zusammenfallen – Ich kann nicht mit ihm glücklich werden – aber du sollst es auch nicht werden – Wisse das Elende! Seligkeit zerstören ist auch Seligkeit.

LUISE: Eine Seligkeit, um die man Sie schon gebracht hat, Mylady. Lästern Sie Ihr eigenes Herz nicht. Sie sind nicht fähig das auszuüben, was Sie so drohend auf mich herabschwören. Sie sind nicht fähig ein Geschöpf zu quälen, das Ihnen nichts zuleide getan, als daß es empfunden hat, wie Sie – Aber ich liebe Sie um dieser Wallung willen, Mylady.

LADY *die sich jetzt gefaßt hat*: Wo bin ich? Wo war ich? Was hab ich merken lassen? Wen hab ich's merken lassen? – O Luise, edle, große, göttliche Seele! Vergib's einer Rasenden – Ich will dir kein Haar kränken, mein Kind. Wünsche! Fodre! Ich will dich auf den Händen tragen, deine Freundin, deine Schwester will ich sein – Du bist arm – Sieh! *Einige Brillanten herunternehmend.* Ich will diesen Schmuck verkaufen – meine Garderobe, Pferd und Wagen verkaufen – Dein sei alles, aber entsag ihm!

LUISE *tritt zurück voll Befremdung*: Spottet sie einer Verzweifelnden, oder sollte sie an der barbarischen Tat im Ernst keinen Anteil gehabt haben? – Ha! So könnt ich mir ja noch den Schein einer Heldin geben, und meine Ohnmacht zu einem Verdienst aufputzen. *Sie steht eine Weile gedankenvoll, dann tritt sie näher zur Lady, faßt ihre Hand und sieht sie starr und bedeutend an.* Nehmen Sie ihn denn hin Mylady – Freiwillig tret ich Ihnen ab den Mann, den man mit Haken der Hölle von meinem blutenden Herzen riß. – – Vielleicht wissen Sie es selbst nicht, Mylady, aber Sie haben den Himmel zweier Liebenden geschleift, voneinandergezerrt zwei Herzen, die Gott aneinanderband; zerschmettert ein Geschöpf, das ihm naheging, wie Sie, das er zur Freude schuf, wie Sie, das ihn gepriesen hat, wie Sie, und ihn nun nimmermehr preisen wird –

Lady! Ins Ohr des Allwissenden schreit auch der letzte Krampf des zertretenen Wurms – es wird ihm nicht gleichgültig sein, wenn man Seelen in seinen Händen mordet! Jetzt ist er Ihnen! Jetzt Mylady nehmen Sie ihn hin! Rennen Sie in seine Arme! Reißen Sie ihn zum Altar – Nur vergessen Sie nicht, daß zwischen Ihren Brautkuß das Gespenst einer Selbstmörderin stürzen wird – Gott wird barmherzig sein – Ich kann mir nicht anders helfen.

Sie stürzt hinaus.

ACHTE SZENE

LADY *allein. Steht erschüttert und außer sich, den starren Blick nach der Türe gerichtet, durch welche die Millerin weggeeilt, endlich erwacht sie aus ihrer Betäubung.*

Wie war das? Wie geschah mir? Was sprach die Unglückliche? – Noch o Himmel! noch zerreißen sie mein Ohr die fürchterlichen mich verdammenden Worte: Nehmen Sie ihn hin! – Wen Unglückselige? Das Geschenk deines Sterberöchelns – das schauervolle Vermächtnis deiner Verzweiflung! Gott! Gott! Bin ich so tief gesunken – so plötzlich von allen Thronen meines Stolzes herabgestürzt, daß ich heißhungrig erwarte, was einer Bettlerin Großmut aus ihrem letzten Todeskampfe mir zuwerfen wird? – Nehmen Sie ihn hin, und das spricht sie mit einem Tone, begleitet sie mit einem Blicke – – Ha! Emilie! Bist du darum über die Grenzen deines Geschlechts weggeschritten? Mußtest du darum um den prächtigen Namen des großen britischen Weibes buhlen, daß das prahlende Gebäude deiner Ehre neben der höheren Tugend einer verwahrlosten Bürgerdirne versinken soll? – Nein stolze Unglückliche! Nein! – Beschämen läßt sich Emilie Milford – doch beschimpfen nie! Auch ich habe Kraft, zu entsagen.

Mit majestätischen Schritten auf und nieder. Verkrieche dich jetzt weiches leidendes Weib – Fahret hin süße goldene Bilder der Liebe – Großmut allein sei jetzt meine Führerin! – – Dieses liebende Paar ist verloren, oder Milford muß ihren Anspruch vertilgen, und im Herzen des Fürsten erlöschen! *Nach einer Pause lebhaft:* Es ist geschehen! – Gehoben das furchtbare Hindernis – Zerbrochen alle Bande zwischen mir und dem Herzog, gerissen aus meinem Busen diese wütende Liebe! – – In deine Arme werf ich mich, Tugend – Nimm sie auf, deine reuige Tochter Emilie! – Ha! wie mir so wohl ist! Wie ich auf einmal so leicht! so gehoben mich fühle! – Groß, wie eine fallende Sonne, will ich heut vom Gipfel meiner Hoheit heruntersinken, meine Herrlichkeit sterbe mit meiner Liebe, und nichts als mein Herz begleite mich in diese stolze Verweisung. *Entschlossen zum Schreibpult gehend.* Jetzt gleich muß es geschehen – jetzt auf der Stelle, ehe die Reize des lieben Jünglings den blutigen Kampf meines Herzens erneuren.

Sie setzt sich nieder, und fängt an zu schreiben.

NEUNTE SZENE

LADY. EIN KAMMERDIENER. SOPHIE, *hernach der* HOF-MARSCHALL. *Zuletzt* BEDIENTE.

KAMMERDIENER: Hofmarschall von Kalb stehen im Vorzimmer mit einem Auftrag vom Herzog.

LADY *in der Hitze des Schreibens*: Auftaumeln wird sie

die fürstliche Drahtpuppe! Freilich! der Einfall ist auch drollig genug, so eine Durchlauchtige Hirnschale auseinanderzutreiben! – Seine Hofschranzen werden wirbeln. – Das ganze Land wird in Gärung kommen.

KAMMERDIENER *und* SOPHIE: Der Hofmarschall, Mylady –

LADY *dreht sich um*: Wer? Was? – Desto besser! Diese Sorte von Geschöpfen ist zum Sacktragen auf der Welt. Er soll mir willkommen sein.

KAMMERDIENER *geht ab.*

SOPHIE *ängstlich näher kommend*: Wenn ich nicht fürchten müßte, Mylady, es wäre Vermessenheit – *Lady schreibt hitzig fort.* Die Millerin stürzte außer sich durch den Vorsaal – Sie glühen – Sie sprechen mit sich selbst. *Lady schreibt immer fort.* Ich erschrecke – Was muß geschehen sein?

HOFMARSCHALL *tritt herein, macht dem Rücken der Lady tausend Verbeugungen; da sie ihn nicht bemerkt, kommt er näher, stellt sich hinter ihren Sessel, sucht den Zipfel ihres Kleids wegzukriegen und drückt einen Kuß darauf, mit furchtsamen Lispeln*: Serenissimus –

LADY *indem sie Sand streut und das Geschriebene durchfliegt*: Er wird mir schwarzen Undank zur Last legen – Ich war eine Verlassene. Er hat mich aus dem Elend gezogen – Aus dem Elend? – Abscheulicher Tausch! – Zerreiße deine Rechnung, Verführer! Meine ewige Schamröte bezahlt sie mit Wucher.

HOFMARSCHALL *nachdem er die Lady vergeblich von allen Seiten umgangen hat*: Mylady scheinen etwas distrait zu sein – Ich werde mir wohl selbst die Kühnheit erlauben müssen. *Sehr laut:* Serenissimus schicken mich, Mylady zu fragen, ob diesen Abend Vauxhall sein werde, oder teutsche Komödie?

LADY *lachend aufstehend*: Eins von beiden, mein Engel – Unterdessen bringen Sie Ihrem Herzog diese Karte zum Dessert! *Gegen Sophien:* Du, Sophie, befiehlst, daß man anspannen soll, und rufst meine ganze Garderobe in diesem Saal zusammen. –

SOPHIE *geht ab voll Bestürzung*: O Himmel! Was ahndet mir? Was wird das noch werden?

HOFMARSCHALL: Sie sind echauffiert meine Gnädige?

LADY: Um so weniger wird hier gelogen sein – Hurra Herr Hofmarschall! Es wird eine Stelle vakant. Gut Wetter für Kuppler. *Da der Marschall einen zweifelhaften Blick auf den Zettel wirft.* Lesen Sie, lesen Sie! – Es ist mein Wille, daß der Inhalt nicht unter vier Augen bleibe.

HOFMARSCHALL *liest; unterdessen sammeln sich die Bedienten der Lady im Hintergrund.*

»Gnädigster Herr,

Ein Vertrag, den Sie so leichtsinnig brachen, kann mich nicht mehr binden. Die Glückseligkeit Ihres Landes war die Bedingung meiner Liebe. Drei Jahre währte der Betrug. Die Binde fällt mir von den Augen; ich verabscheue Gunstbezeugungen, die von den Tränen der Untertanen triefen. – Schenken Sie die Liebe, die ich Ihnen nicht mehr erwidern kann, Ihrem weinenden Lande, und lernen von einer britischen Fürstin Erbarmen gegen Ihr teutsches Volk. In einer Stunde bin ich über der Grenze.

Johanna Norfolk.«

ALLE BEDIENTE *murmeln bestürzt durcheinander*: Über der Grenze?

HOFMARSCHALL *legt die Karte erschrocken auf den Tisch*: Behüte der Himmel, meine Beste und Gnädige! Den Überbringer müßte der Hals ebenso jükken, als der Schreiberin.

LADY: Das ist deine Sorge du Goldmann – Leider weiß

ich es, daß du und deinesgleichen am Nachbeten dessen, was andre getan haben, erwürgen! – Mein Rat wäre, man backte den Zettel in eine Wildpretpastete, so fänden ihn Serenissimus auf dem Teller –

HOFMARSCHALL: Ciel! Diese Vermessenheit! – So erwägen Sie doch, so bedenken Sie doch, wie sehr Sie sich in Disgrace setzen, Lady.

LADY *wendet sich zu der versammelten Dienerschaft und spricht das Folgende mit der innigsten Rührung*: Ihr steht bestürzt guten Leute, erwartet angstvoll, wie sich das Rätsel entwickeln wird? – Kommt näher, meine Lieben – Ihr dientet mir redlich und warm, sahet mir öfter in die Augen, als in die Börse, euer Gehorsam war eure Leidenschaft, euer Stolz – meine Gnade! – – Daß das Andenken eurer Treue zugleich das Gedächtnis meiner Erniedrigung sein muß! Trauriges Schicksal, daß meine schwärzesten Tage eure glücklichen waren *Mit Tränen in den Augen*. Ich entlasse euch meine Kinder – – Lady Milford ist nicht mehr, und Johanna von Norfolk zu arm, ihre Schuld abzutragen – Mein Schatzmeister stürze meine Schatulle unter euch – Dieser Palast bleibt dem Herzog – Der Ärmste von euch wird reicher von hinnen gehen als seine Gebieterin. *Sie reicht ihre Hände hin, die alle nacheinander mit Leidenschaft küssen*. Ich verstehe euch meine Guten – Lebt wohl! Lebt ewig wohl! *Faßt sich aus ihrer Beklemmung*. Ich höre den Wagen vorfahren. *Sie reißt sich los, will hinaus, der Hofmarschall verrennt ihr den Weg*. Mann des Erbarmens, stehst du noch immer da?

HOFMARSCHALL *der diese ganze Zeit über mit einem Geistesbankerott auf den Zettel sah*: Und dieses Billett soll ich Seiner Hochfürstlichen Durchlaucht zu höchsteigenen Händen geben?

LADY: **Mann des Erbarmens! zu höchsteigenen Händen, und sollst melden zu höchsteigenen Ohren, weil ich nicht barfuß nach Loreto könne, so werde ich um den Taglohn arbeiten, mich zu reinigen von dem Schimpf, ihn beherrscht zu haben.**

Sie eilt ab. Alle übrigen gehen sehr bewegt auseinander.

FÜNFTER AKT

Abends zwischen Licht, in einem Zimmer beim
Musikanten.

Erste Szene

Luise *sitzt stumm und ohne sich zu rühren in dem fin-*
stersten Winkel des Zimmers, den Kopf auf den Arm ge-
sunken. Nach einer großen und tiefen Pause kommt
Miller *mit einer Handlaterne, leuchtet ängstlich im*
Zimmer herum, ohne Luisen zu bemerken, dann legt er
den Hut auf den Tisch und setzt die Laterne nieder.

Miller: Hier ist sie auch nicht. Hier wieder nicht –
Durch alle Gassen bin ich gezogen, bei allen Bekannten bin ich gewesen, auf allen Toren hab ich
gefragt – Mein Kind hat man nirgends gesehen.
Nach einigem Stillschweigen: Geduld armer unglücklicher Vater. Warte ab, bis es morgen wird.
Vielleicht kommt deine Einzige dann ans Ufer ge-
schwommen – – Gott! Gott! Wenn ich mein Herz zu
abgöttisch an diese Tochter hing? – Die Strafe ist
hart. Himmlischer Vater, hart! Ich will nicht mur-
ren, himmlischer Vater, aber die Strafe ist hart. *Er*
wirft sich gramvoll in einen Stuhl.

Luise *spricht aus dem Winkel:* Du tust recht, armer
alter Mann! Lerne beizeit noch verlieren.

Miller *springt auf:* Bist du da mein Kind? Bist du? –
Aber warum denn so einsam und ohne Licht?

Luise: Ich bin darum doch nicht einsam. Wenn's so
recht schwarz wird um mich herum, hab ich meine
besten Besuche.

Miller: Gott bewahre dich! Nur der Gewissenswurm
schwärmt mit der Eule. Sünden und böse Geister
scheun das Licht.

LUISE: Auch die Ewigkeit Vater, die mit der Seele ohne Gehilfen redet.

MILLER: Kind! Kind! Was für Reden sind das?

LUISE *steht auf und kommt vorwärts*: Ich hab einen harten Kampf gekämpft. Er weiß es Vater. Gott gab mir Kraft. Der Kampf ist entschieden. Vater! man pflegt unser Geschlecht zart und zerbrechlich zu nennen. Glaub Er das nicht mehr. Vor einer Spinne schütteln wir uns, aber das schwarze Ungeheuer Verwesung drücken wir im Spaß in die Arme. Dieses zur Nachricht Vater. Seine Luise ist lustig.

MILLER: Höre Tochter! Ich wollte du heultest. Du gefielst mir so besser.

LUISE: Wie ich ihn überlisten will, Vater. Wie ich den Tyrannen betrügen will! – Die Liebe ist schlauer als die Bosheit und kühner – das hat er nicht gewußt, der Mann mit dem traurigen Stern – Oh! sie sind pfiffig, solang sie es nur mit dem Kopf zu tun haben, aber sobald sie mit dem Herzen anbinden, werden die Böswichter dumm – – Mit einem Eid gedachte er seinen Betrug zu versiegeln? Eide, Vater, binden wohl die Lebendigen, im Tode schmilzt auch der Sakramente eisernes Band. Ferdinand wird seine Luise kennen – Will Er mir dies Billett besorgen, Vater? Will Er so gut sein?

MILLER: An wen, meine Tochter?

LUISE: Seltsame Frage! Die Unendlichkeit und mein Herz haben miteinander nicht Raum genug für einen einzigen Gedanken an ihn – Wenn hätt ich denn wohl an sonst jemand schreiben sollen?

MILLER *unruhig*: Höre Luise! Ich erbreche den Brief.

LUISE: Wie Er will, Vater – aber Er wird nicht klug daraus werden. Die Buchstaben liegen wie kalte Leichname da, und leben nur Augen der Liebe.

MILLER *liest*: »Du bist verraten, Ferdinand – ein Bubenstück ohne Beispiel zerriß den Bund unsrer

Herzen, aber ein schröcklicher Schwur hat meine
Zunge gebunden, und dein Vater hat überall seine
Horcher gestellt. Doch wenn du Mut hast, Geliebter
– ich weiß einen dritten Ort, wo kein Eidschwur
mehr bindet, und wohin ihm kein Horcher geht.«
Miller hält inne, und sieht ihr ernsthaft ins Gesicht.

LUISE: Warum sieht Er mich so an? Les Er doch ganz
aus, Vater.

MILLER: »Aber Mut genug mußt du haben, eine finstre
Straße zu wandeln, wo dir nichts leuchtet, als deine
Luise und Gott – Ganz nur Liebe mußt du kommen, daheim lassen all deine Hoffnungen, und
alle deine brausenden Wünsche; nichts kannst du
brauchen als dein Herz. Willst du – so brich auf,
wenn die Glocke den zwölften Streich tut auf dem
Karmeliterturm. Bangt dir – so durchstreiche das
Wort stark vor deinem Geschlechte, denn ein
Mädchen hat dich zuschanden gemacht.« *Miller
legt das Billett nieder, schaut lange mit einem
schmerzlichen starren Blick vor sich hinaus, endlich
kehrt er sich gegen sie, und sagt mit leiser gebroche-
ner Stimme:* Und dieser dritte Ort, meine Tochter?

LUISE: Er kennt ihn nicht, Er kennt ihn wirklich nicht,
Vater? – Sonderbar! Der Ort ist zum Finden ge-
malt. Ferdinand wird ihn finden.

MILLER: Hum! Rede deutlicher.

LUISE: Ich weiß soeben kein liebliches Wort dafür – Er
muß nicht erschrecken Vater, wenn ich Ihm ein
häßliches nenne. Dieser Ort – O warum hat die Liebe nicht Namen erfunden! Den schönsten hätte sie
diesem gegeben. Der dritte Ort, guter Vater – aber
Er muß mich ausreden lassen – der dritte Ort ist das
Grab.

MILLER *zu einem Sessel hinwankend*: O mein Gott!

LUISE *geht auf ihn zu und hält ihn*: Nicht doch mein
Vater! Das sind nur Schauer, die sich um das Wort

herumlagern – Weg mit diesem, und es liegt ein Brautbette da, worüber der Morgen seinen goldenen Teppich breitet, und die Frühlinge ihre bunte Girlanden streun. Nur ein heulender Sünder konnte den Tod ein Gerippe schelten; es ist ein holder niedlicher Knabe, blühend, wie sie den Liebesgott malen, aber so tückisch nicht – ein stiller dienstbarer Genius, der der erschöpften Pilgerin Seele den Arm bietet über den Graben der Zeit, das Feenschloß der ewigen Herrlichkeit aufschließt, freundlich nickt, und verschwindet.

MILLER: Was hast du vor, meine Tochter? – Du willst eigenmächtig Hand an dich legen.

LUISE: Nenn Er es nicht so mein Vater. Eine Gesellschaft räumen, wo ich nicht wohlgelitten bin – An einen Ort vorausspringen, den ich nicht länger missen kann – Ist denn das Sünde?

MILLER: Selbstmord ist die abscheulichste mein Kind – die einzige, die man nicht mehr bereuen kann, weil Tod und Missetat zusammenfallen.

LUISE *bleibt erstarrt stehn*: Entsetzlich! – Aber so rasch wird es doch nicht gehn. Ich will in den Fluß springen, Vater, und im Hinuntersinken Gott den Allmächtigen um Erbarmen bitten.

MILLER: Das heißt, du willst den Diebstahl bereuen, sobald du das Gestohlene in Sicherheit weißt – Tochter! Tochter! gib acht, daß du Gottes nicht spottest, wenn du seiner am meisten vonnöten hast. Oh! es ist weit! weit mit dir gekommen! – Du hast dein Gebet aufgegeben, und der Barmherzige zog seine Hand von dir.

LUISE: Ist lieben denn Frevel, mein Vater?

MILLER: Wenn du Gott liebst, wirst du nie bis zum Frevel lieben – – Du hast mich tief gebeugt, meine Einzige! tief, tief, vielleicht zur Grube gebeugt. – Doch! ich will dir dein Herz nicht noch schwerer machen – Tochter! ich sprach vorhin etwas. Ich glaubte allein zu sein. Du hast mich behorcht, und warum sollt ich's noch länger geheimhalten? Du warst mein Abgott. Höre Luise, wenn du noch Platz für das Gefühl eines Vaters hast – Du warst mein Alles. Jetzt vertust du nicht mehr von deinem Eigentum. Auch ich hab alles zu verlieren. Du siehst, mein Haar fängt an grau zu werden. Die Zeit meldet sich allgemach bei mir, wo uns Vätern die Kapitale zustatten kommen, die wir im Herzen unsrer Kinder anlegten – Wirst du mich darum betrügen, Luise? Wirst du dich mit dem Hab und Gut deines Vaters auf und davon machen?

LUISE *küßt seine Hand mit der heftigsten Rührung*: Nein mein Vater. Ich gehe als Seine große Schuldnerin aus der Welt, und werde in der Ewigkeit mit Wucher bezahlen.

MILLER: Gib acht, ob du dich da nicht verrechnest, mein Kind? *Sehr ernst und feierlich:* Werden wir uns dort wohl noch finden? – – Sieh! Wie du blaß wirst! – Meine Luise begreift es von selbst, daß ich sie in jener Welt nicht wohl mehr einholen kann, weil ich nicht so früh dahin eile, wie sie. *Luise stürzt ihm in den Arm, von Schauern ergriffen – Er drückt sie mit Feuer an seine Brust und fährt fort mit beschwörender Stimme:* O Tochter! Tochter! Gefallene, vielleicht schon verlorene Tochter! Beherzige das ernsthafte Vaterwort! Ich kann nicht über dich wachen. Ich kann dir die Messer nehmen, du kannst dich mit einer Stricknadel töten. Für Gift kann ich dich bewahren, du kannst dich mit einer Schnur Perlen erwürgen. – Luise – Luise – nur warnen kann ich dich noch – Willst du es darauf ankommen lassen, daß dein treuloses Gaukelbild auf der schröcklichen Brücke zwischen Zeit und Ewigkeit von dir weiche? Willst du dich vor des Allwis-

senden Thron mit der Lüge wagen: Deinetwegen,
Schöpfer, bin ich da! wenn deine strafbare Augen
ihre sterbliche Puppe suchen? – Und wenn dieser
zerbrechliche Gott deines Gehirns, jetzt Wurm wie
du, zu den Füßen deines Richters sich windet, deine gottlose Zuversicht in diesem schwankenden
Augenblick Lügen straft, und deine betrogene
Hoffnungen an die ewige Erbarmung verweist, die
der Elende für sich selbst kaum erflehen kann –
Wie dann? *Nachdrücklicher, lauter: Wie dann Unglückselige? Er hält sie fester, blickt sie eine Weile
starr und durchdringend an, dann verläßt er sie
schnell:* Jetzt weiß ich nichts mehr, *Mit aufgehobe-
ner Rechte:* stehe dir, Gott Richter! für diese Seele
nicht mehr. Tu was du willst. Bring deinem schlan-
ken Jüngling ein Opfer, daß deine Teufel jauch-
zen, und deine guten Engel zurücktreten – Zieh
hin! Lade alle deine Sünden auf, lade auch diese,
die letzte, die entsetzlichste auf, und wenn die Last
noch zu leicht ist, so mache mein Fluch das Gewicht
vollkommen – Hier ist ein Messer – durchstich dein
Herz, und *Indem er laut weinend fortstürzen will.*
das Vaterherz!

LUISE *springt auf und eilt ihm nach*: Halt! Halt! O
mein Vater! – Daß die Zärtlichkeit noch barbari-
scher zwingt, als Tyrannenwut! – Was soll ich? Ich
kann nicht! Was muß ich tun?

MILLER: Wenn die Küsse deines Majors heißer brennen als die Tränen deines Vaters – stirb!

LUISE *nach einem qualvollen Kampf mit einiger Festig-
keit*: Vater! Hier ist meine Hand! Ich will – Gott!
Gott! was tu ich? was will ich? – Vater ich schwöre –
Wehe mir, wehe! Verbrecherin wohin ich mich nei-
ge! – Vater es sei! – Ferdinand – Gott sieht herab! –
So zernicht ich sein letztes Gedächtnis.

Sie zerreißt ihren Brief.

MILLER *stürzt ihr freudetrunken an den Hals*: Das ist meine Tochter! – Blick auf! Um einen Liebhaber bist du leichter, dafür hast du einen glücklichen Vater gemacht. *Unter Lachen und Weinen sie umarmend:* Kind! Kind, das ich den Tag meines Lebens nicht wert war! Gott weiß, wie ich schlechter Mann zu diesem Engel gekommen bin! – Meine Luise, mein Himmelreich! – O Gott! ich verstehe ja wenig vom Lieben, aber daß es eine Qual sein muß, aufzuhören – sowas begreif ich noch.

LUISE: Doch hinweg aus dieser Gegend mein Vater – Weg von der Stadt, wo meine Gespielinnen meiner spotten, und mein guter Name dahin ist auf immerdar – Weg, weg, weit weg von dem Ort, wo mich so viele Spuren der verlorenen Seligkeit anreden – Weg, wenn es möglich ist –

MILLER: Wohin du nur willst, meine Tochter. Das Brot unsers Herrgotts wächst überall, und Ohren wird er auch meiner Geige bescheren. Ja! Laß auch alles dahingehn – Ich setze die Geschichte deines Grams auf die Laute, singe dann ein Lied von der Tochter, die, ihren Vater zu ehren, ihr Herz zerriß – wir betteln mit der Ballade von Türe zu Türe, und das Almosen wird köstlich schmecken von den Händen der Weinenden –

ZWEITE SZENE

FERDINAND *zu den* VORIGEN.

LUISE *wird ihn zuerst gewahr, und wirft sich Millern laut schreiend um den Hals*: Gott! Da ist er! Ich bin verloren.

MILLER: Wo? Wer?

LUISE *zeigt mit abgewandtem Gesicht auf den Major,*

und drückt sich fester an ihren Vater: Er! Er selbst! –
Seh Er nur um sich Vater – Mich zu ermorden ist er
da.

MILLER *erblickt ihn, fährt zurück*: Was? Sie hier Baron?

FERDINAND *kommt langsam näher, bleibt Luisen gegenüber stehn, und läßt den starren forschenden Blick auf ihr ruhen, nach einer Pause*: Überraschtes Gewissen, habe Dank! Dein Bekenntnis ist schrecklich aber schnell und gewiß, und erspart mir die Folterung. – Guten Abend Miller.

MILLER: Aber um Gottes willen! Was wollen Sie Baron? Was führt Sie her? Was soll dieser Überfall?

FERDINAND: Ich weiß eine Zeit, wo man den Tag in seine Sekunden zerstückte, wo Sehnsucht nach mir sich an die Gewichte der zögernden Wanduhr hing, und auf den Aderschlag lauerte, unter dem ich erscheinen sollte – Wie kommt's, daß ich jetzt überrasche?

MILLER: Gehen Sie, gehen Sie Baron – Wenn noch ein Funke von Menschlichkeit in Ihrem Herzen zurückblieb – Wenn Sie die nicht erwürgen wollen, die Sie zu lieben vorgeben, fliehen Sie, bleiben Sie keinen Augenblick länger. Der Segen war fort aus meiner Hütte, sobald Sie einen Fuß darein setzten – Sie haben das Elend unter mein Dach gerufen, wo sonst nur die Freude zu Hause war. Sind Sie noch nicht zufrieden? Wollen Sie auch in der Wunde noch wühlen, die Ihre unglückliche Bekanntschaft meinem einzigen Kinde schlug?

FERDINAND: Wunderlicher Vater, jetzt komm ich ja, deiner Tochter etwas Erfreuliches zu sagen.

MILLER: Neue Hoffnungen etwa zu einer neuen Verzweiflung? – Geh Unglücksbote! Dein Gesicht schimpft deine Ware.

FERDINAND: Endlich ist es erschienen, das Ziel meiner Hoffnungen! Lady Milford, das furchtbarste Hindernis unsrer Liebe, floh diesen Augenblick aus dem Lande. Mein Vater billigt meine Wahl. Das Schicksal läßt nach, uns zu verfolgen. Unsre glücklichen Sterne gehen auf – Ich bin jetzt da, mein gegebenes Wort einzulösen, und meine Braut zum Altar abzuholen.

MILLER: Hörst du ihn meine Tochter? Hörst du ihn sein Gespötte mit deinen getäuschten Hoffnungen treiben? O wahrlich Baron! Es steht dem Verführer so schön, an seinem Verbrechen seinen Witz noch zu kützeln.

FERDINAND: Du glaubst, ich scherze. Bei meiner Ehre nicht! Meine Aussage ist wahr, wie die Liebe meiner Luise, und heilig will ich sie halten, wie sie ihre Eide – Ich kenne nichts Heiligers – Noch zweifelst du? Noch kein freudiges Erröten auf den Wangen meiner schönen Gemahlin? Sonderbar! Die Lüge muß hier gangbare Münze sein, wenn die Wahrheit so wenig Glauben findet. Ihr mißtraut meinen Worten? So glaubt diesem schriftlichen Zeugnis.

Er wirft Luisen den Brief an den Marschall zu.

LUISE *schlägt ihn auseinander, und sinkt leichenblaß nieder.*

MILLER *ohne das zu bemerken, zum Major*: Was soll das bedeuten, Baron? Ich verstehe Sie nicht.

FERDINAND *führt ihn zu Luisen hin*: Desto besser hat mich diese verstanden!

MILLER *fällt an ihr nieder*: O Gott! meine Tochter!

FERDINAND: Bleich wie der Tod! – Jetzt erst gefällt sie mir deine Tochter! So schön war sie nie die fromme rechtschaffe Tochter – Mit diesem Leichengesicht – – Der Odem des Weltgerichts, der den Firnis von jeder Lüge streift, hat jetzt die Schminke verblasen, womit die Tausendkünstlerin auch die Engel des Lichts hintergangen hat – Es ist ihr schönstes Gesicht! Es ist ihr erstes wahres Gesicht! Laß mich es küssen. *Er will auf sie zugehen.*

MILLER: Zurück! Weg! Greife nicht an das Vaterherz, Knabe! Vor deinen Liebkosungen konnt ich sie nicht bewahren, aber ich kann es vor deinen Mißhandlungen.

FERDINAND: Was willst du Graukopf? Mit dir hab ich nichts zu schaffen. Menge dich ja nicht in ein Spiel, das so offenbar verloren ist – oder bist du auch vielleicht klüger, als ich dir zugetraut habe? Hast du die Weisheit deiner sechzig Jahre zu den Buhlschaften deiner Tochter geborgt, und dies ehrwürdige Haar mit dem Gewerb eines Kupplers geschändet? – Oh! wenn das nicht ist, unglücklicher alter Mann, lege dich nieder und stirb – Noch ist es Zeit. Noch kannst du in dem süßen Taumel entschlafen: Ich war ein glücklicher Vater! – einen Augenblick später, und du schleuderst die giftige Natter ihrer höllischen Heimat zu, verfluchst das Geschenk und den Geber, und fährst mit der Gotteslästerung in die Grube. *Zu Luisen:* Sprich Unglückselige! Schriebst du diesen Brief?

MILLER *warnend zu Luisen:* Um Gottes willen Tochter! Vergiß nicht! Vergiß nicht!

LUISE: O dieser Brief mein Vater –

FERDINAND: Daß er in die unrechte Hände fiel? – Gepriesen sei mir der Zufall, er hat größere Taten getan als die klügelnde Vernunft, und wird besser bestehn an jenem Tag als der Witz aller Weisen – Zufall sage ich? – O die Vorsehung ist dabei, wenn Sperlinge fallen, warum nicht, wo ein Teufel entlarvt werden soll? – Antwort will ich! – Schriebst du diesen Brief?

MILLER *seitwärts zu ihr mit Beschwörung*: Standhaft! Standhaft meine Tochter! Nur noch das einzige Ja, und alles ist überwunden.

FERDINAND: Lustig! Lustig! Auch der Vater betrogen. Alles betrogen! Nun sieh, wie sie dasteht die Schändliche, und selbst ihre Zunge nun ihrer letzten Lüge den Gehorsam aufkündigt! Schwöre bei Gott! bei dem fürchterlich wahren! Schriebst du diesen Brief?

LUISE *nach einem qualvollen Kampf, worin sie durch Blicke mit ihrem Vater gesprochen hat, fest und entscheidend*: Ich schrieb ihn.

FERDINAND *bleibt erschrocken stehen*: Luise – Nein! So wahr meine Seele lebt! du lügst – Auch die Unschuld bekennt sich auf der Folterbank zu Freveln, die sie nie beging – Ich fragte zu heftig – Nicht wahr Luise – Du bekanntest nur, weil ich zu heftig fragte?

LUISE: Ich bekannte was wahr ist.

FERDINAND: Nein sag ich! Nein! Nein! Du schriebst nicht. Es ist deine Hand gar nicht – Und wäre sie's, warum sollten Handschriften schwerer nachzumachen sein, als Herzen zu verderben? Rede mir wahr Luise – oder nein, nein, tu es nicht, du könntest ja sagen, und ich wär verloren – Eine Lüge Luise – eine Lüge – O wenn du jetzt eine wüßtest, mir hinwärfest mit der offenen Engelmiene, nur mein Ohr, nur mein Aug überredetest, dieses Herz auch noch so abscheulich täuschtest – O Luise! Alle Wahrheit möchte dann mit diesem Hauch aus der Schöpfung wandern, und die gute Sache ihren starren Hals von nun an zu einem höfischen Bückling beugen! *Mit scheuem bebenden Ton*: Schriebst du diesen Brief?

LUISE: Bei Gott! Bei dem fürchterlich wahren! Ja!

FERDINAND *nach einer Pause im Ausdruck des tiefsten*

Schmerzens: Weib! Weib! – Das Gesicht, mit dem du jetzt vor mir stehst! – Teile mit diesem Gesicht Paradiese aus, du wirst selbst im Reich der Verdammnis keinen Käufer finden – Wußtest du, was du mir warest, Luise? Ohnmöglich! Nein! Du wußtest nicht, daß du mir alles warst! Alles! – Es ist ein armes verächtliches Wort, aber die Ewigkeit hat Mühe, es zu umwandern, Weltsysteme vollenden ihre Bahnen darin – Alles! Und so frevelhaft damit zu spielen – O es ist schrecklich –

LUISE: Sie haben mein Geständnis Herr von Walter. Ich habe mich selbst verdammt. Gehen Sie nun! Verlassen Sie ein Haus, wo Sie so unglücklich waren.

FERDINAND: Gut! Gut! Ich bin ja ruhig – ruhig, sagt man ja, ist auch der schaudernde Strich Landes, worüber die Pest ging – ich bin's. *Nach einigem Nachdenken:* Noch eine Bitte Luise – die letzte! Mein Kopf brennt so fieberisch. Ich brauche Kühlung – Willst du mir ein Glas Limonade zurechtmachen.

        Luise geht ab.

DRITTE SZENE

FERDINAND *und* MILLER.
Beide gehen ohne ein Wort zu reden einige Pausen lang auf den entgegengesetzten Seiten des Zimmers auf und ab.

MILLER *bleibt endlich stehen und betrachtet den Major mit trauriger Miene:* Lieber Baron, kann es Ihren Gram vielleicht mindern, wann ich Ihnen gestehe, daß ich Sie herzlich bedaure?

FERDINAND: Laß Er es gut sein Miller. *Wieder einige*

Schritte. Miller, ich weiß nur kaum noch, wie ich in Sein Haus kam – Was war die Veranlassung?

MILLER: Wie Herr Major? Sie wollten ja Lektion auf der Flöte bei mir nehmen? Das wissen Sie nicht mehr?

FERDINAND *rasch*: Ich sah Seine Tochter. *Wiederum einige Pausen.* Er hat nicht Wort gehalten, Freund. Wir akkordierten Ruhe für meine einsame Stunden. Er betrog mich, und verkaufte mir Skorpionen. *Da er Millers Bewegung sieht.* Nein! Erschrick nur nicht alter Mann. *Gerührt an seinem Hals.* Du bist nicht schuldig.

MILLER *die Augen wischend*: Das weiß der allwissende Gott!

FERDINAND *aufs neue hin und her, in düstres Grübeln versunken*: Seltsam o unbegreiflich seltsam spielt Gott mit uns. An dünnen unmerkbaren Seilen hängen oft fürchterliche Gewichte – Wüßte der Mensch, daß er an diesem Apfel den Tod essen sollte – Hum! – wüßte er das? *Heftiger auf und nieder, dann Millers Hand mit starker Bewegung fassend.* Mann! ich bezahle dir dein bißchen Flöte zu teuer – – und du gewinnst nicht einmal – auch du verlierst – verlierst vielleicht alles. *Gepreßt von ihm weggehend.* Unglückseliges Flötenspiel, das mir nie hätte einfallen sollen.

MILLER *sucht seine Rührung zu verbergen*: Die Limonade bleibt auch gar zu lang außen. Ich denke, ich sehe nach, wenn Sie mir's nicht für übel nehmen –

FERDINAND: Es eilt nicht lieber Miller *Vor sich hin murmelnd:* zumal für den Vater nicht – Bleib Er nur – Was hatt ich doch fragen wollen? – Ja! – Ist Luise Seine einzige Tochter? Sonst hat Er keine Kinder mehr?

MILLER *warm*: Habe sonst keins mehr Baron – wünsch mir auch keins mehr. Das Mädel ist just so recht,

mein ganzes Vaterherz einzustecken – hab meine
ganze Barschaft von Liebe an der Tochter schon
zugesetzt.

FERDINAND *heftig erschüttert:* Ha! – – Seh Er doch lieber nach dem Trank, guter Miller.

> *Miller geht ab.*

VIERTE SZENE

FERDINAND *allein.*

Das einzige Kind! – Fühlst du das, Mörder? Das
einzige! Mörder! hörst du, das einzige? – Und der
Mann hat auf der großen Welt Gottes nichts, als
sein Instrument und das einzige – Du willst's ihm
rauben?

Rauben? – Rauben den letzten Notpfennig
einem Bettler? Die Krücke zerbrochen vor die Füße
werfen dem Lahmen? Wie? Hab ich auch Brust
für das? – – Und wenn er nun heimeilt, und nicht
erwarten kann, die ganze Summe seiner Freuden
vom Gesicht dieser Tochter herunterzuzählen,
und hereintritt, und sie daliegt die Blume – welk –
tot – zertreten, mutwillig die letzte, einzige, un-
überschwengliche Hoffnung – Ha! und er dasteht
vor ihr, und dasteht, und ihm die ganze Natur den
lebendigen Odem anhält, und sein erstarrter Blick
die entvölkerte Unendlichkeit fruchtlos durchwan-
dert, Gott sucht, und Gott nicht mehr finden kann,
und leerer zurückkommt – – Gott! Gott! aber auch
mein Vater hat diesen einzigen Sohn – den einzigen Sohn doch nicht den einzigen Reichtum –
Nach einer Pause: Doch wie? was verliert er denn?
Das Mädchen, dem die heiligsten Gefühle der Liebe nur Puppen waren, wird es den Vater glücklich

machen können? – Es wird nicht! Es wird nicht! Und ich verdiene noch Dank, daß ich die Natter zertrete, ehe sie auch noch den Vater verwundet.

Fünfte Szene

Miller *der zurückkommt und* Ferdinand.

MILLER: Gleich sollen Sie bedient sein, Baron. Drau-ßen sitzt das arme Ding, und will sich zu Tode wei-nen. Sie wird Ihnen mit der Limonade auch Trä-nen zu trinken geben.

FERDINAND: Und wohl, wenn's nur Tränen wären! – – Weil wir vorhin von der Musik sprachen Miller. *Eine Börse ziehend.* Ich bin noch Sein Schuldner.

MILLER: Wie? Was? Gehen Sie mir Baron! Wofür hal-ten Sie mich? Das steht ja in guter Hand, tun Sie mir doch den Schimpf nicht an, und sind wir ja, will's Gott, nicht das letztemal beieinander.

FERDINAND: Wer kann das wissen? Nehm Er nur. Es ist für Leben und Sterben.

MILLER *lachend*: O deswegen Baron! Auf den Fall, denk ich, kann man's wagen bei Ihnen.

FERDINAND: Man wagte wirklich – Hat Er nie gehört, daß Jünglinge gefallen sind – Mädchen und Jüng-linge, die Kinder der Hoffnung, die Luftschlösser betrogener Väter – Was Wurm und Alter nicht tun, kann oft ein Donnerschlag ausrichten – Auch Seine Luise ist nicht unsterblich.

MILLER: Ich hab sie von Gott.

FERDINAND: Hör Er – Ich sag Ihm, sie ist nicht unsterb-lich. Diese Tochter ist Sein Augapfel. Er hat sich mit Herz und Seel an diese Tochter gehängt. Sei Er vorsichtig Miller. Nur ein verzweifelter Spieler setzt alles auf einen einzigen Wurf. Einen Waghals nennt man den Kaufmann, der auf ein Schiff sein ganzes Vermögen ladet – Hör Er, denk Er der Warnung nach – – Aber warum nimmt Er Sein Geld nicht?

MILLER: Was Herr? Die ganze allmächtige Börse? Wohin denken Euer Gnaden?

FERDINAND: Auf meine Schuldigkeit – Da! *Er wirft den Beutel auf den Tisch, daß Goldstücke herausfallen.* Ich kann den Quark nicht eine Ewigkeit so halten.

MILLER *bestürzt*: Was beim großen Gott? Das klang nicht wie Silbergeld! *Er tritt zum Tisch, und ruft mit Entsetzen:* Wie um aller Himmel willen Baron? Baron? Wo sind Sie? Was treiben Sie Baron? Das nenn ich mir Zerstreuung! *Mit zusammengeschlagenen Händen:* Hier liegt ja – oder bin ich verhext, oder – Gott verdamm mich! Da greif ich ja das bare gelbe leibhafte Gottesgold – – Nein Satanas! Du sollst mich nicht daran kriegen!

FERDINAND: Hat Er Alten oder Neuen getrunken, Miller?

MILLER *grob*: Donner und Wetter! Da schauen Sie nur hin! – Gold!

FERDINAND: Und was nun weiter?

MILLER: Ins Henkers Namen – ich sage – ich bitte Sie um Gottes Christi willen – Gold!

FERDINAND: Das ist nun freilich etwas Merkwürdiges.

MILLER *nach einigem Stillschweigen zu ihm gehend mit Empfindung*: Gnädiger Herr, ich bin ein schlichter gerader Mann, wenn Sie mich etwa zu einem Bubenstück anspannen wollen – denn so viel Geld läßt sich, weiß Gott, nicht mit etwas Gutem verdienen.

FERDINAND *bewegt*: Sei Er ganz getrost, lieber Miller. Das Geld hat Er längst verdient, und Gott bewahre mich, daß ich mich mit Seinem guten Gewissen dafür bezahlt machen sollte.

MILLER *wie ein Halbnarr in die Höhe springend*: Mein

also! Mein! Mit des guten Gottes Wissen und Willen, mein! *Nach der Türe laufend, schreiend:* Weib! Tochter! Viktoria! Herbei! *Zurückkommend.* Aber du lieber Himmel! wie komm ich denn so aufeinmal zu dem ganzen grausamen Reichtum? Wie verdien ich ihn? Lohn ich ihn? Heh?

FERDINAND: Nicht mit Seinen Musikstunden, Miller – Mit dem Geld hier bezahl ich Ihm *Von Schauern ergriffen hält er inne.* bezahl ich Ihm *Nach einer Pause mit Wehmut:* den dreimonatlangen glücklichen Traum von Seiner Tochter.

MILLER *faßt seine Hand, die er stark drückt*: Gnädiger Herr! Wären Sie ein schlechter geringer Bürgersmann – *Rasch:* und mein Mädel liebte Sie nicht? Erstechen wollt ich's, das Mädel. *Wieder beim Geld, darauf niedergeschlagen:* Aber da hab ich ja nun alles, und Sie nichts, und da werd ich nun das ganze Gaudium wieder herausblechen müssen? Heh?

FERDINAND: Laß Er sich das nicht anfechten, Freund – Ich reise ab, und in dem Land, wo ich mich zu setzen gedenke, gelten die Stempel nicht.

MILLER *unterdessen mit unverwandten Augen auf das Gold hingeheftet, voll Entzückung*: Bleibt's also mein? Bleibt's? – Aber das tut mir nur leid, daß Sie verreisen – Und wart, was ich jetzt auftreten will! Wie ich die Backen jetzt vollnehmen will! *Er setzt den Hut auf, und schießt durch das Zimmer.* Und auf dem Markt will ich meine Musikstunden geben, und Numero fünfe Dreikönig rauchen, und wenn ich wieder auf den Dreibatzenplatz sitze, soll mich der Teufel holen. *Will fort.*

FERDINAND: Bleib Er! Schweig Er! und streich Er sein Geld ein. *Nachdrücklich:* Nur diesen Abend noch schweig Er, und geb Er, mir zu Gefallen, von nun an keine Musikstunden mehr.

MILLER *noch hitziger, und ihn hart an der Weste fassend voll inniger Freude*: Und Herr! meine Tochter! *Ihn wieder loslassend.* Geld macht den Mann nicht – Geld nicht – Ich habe Kartoffeln gegessen oder ein wildes Huhn; satt ist satt, und dieser Rock da ist ewig gut, wenn Gottes liebe Sonne nicht durch den Ärmel scheint – Für mich ist das Plunder – Aber dem Mädel soll der Segen bekommen, was ich ihr nur an den Augen absehen kann, soll sie haben –

FERDINAND *fällt rasch ein*: Stille, o stille –

MILLER *immer feuriger*: Und soll mir Französisch lernen aus dem Fundament, und Menuettanzen, und Singen, daß man's in den Zeitungen lesen soll; und eine Haube soll sie tragen wie die Hofratstöchter, und einen Kidebarri, wie sie's heißen, und von der Geigerstochter soll man reden auf vier Meilen weit –

FERDINAND *ergreift seine Hand mit der schrecklichsten Bewegung*: Nichts mehr! Nichts mehr! Um Gottes willen, schweig Er still! Nur noch heute schweig Er still, das sei der einzige Dank, den ich von Ihm fordre.

Sechste Szene

Luise *mit der Limonade und* Die Vorigen.

LUISE *mit rotgeweinten Augen, und zitternder Stimme, indem sie dem Major das Glas auf einem Teller bringt*: Sie befehlen, wenn sie nicht stark genug ist?

FERDINAND *nimmt das Glas, setzt es nieder, und dreht sich rasch gegen Millern*: O beinahe hätt ich das vergessen! – Darf ich Ihn um etwas bitten lieber Miller? Will Er mir einen kleinen Gefallen tun?

MILLER: Tausend für einen! Was befehlen – –

FERDINAND: Man wird mich bei der Tafel erwarten. Zum Unglück hab ich eine sehr böse Laune. Es ist mir ganz unmöglich, unter Menschen zu gehn – Will Er einen Gang tun zu meinem Vater und mich entschuldigen?

LUISE *erschrickt und fällt schnell ein*: Den Gang kann ja ich tun.

MILLER: Zum Präsidenten?

FERDINAND: Nicht zu ihm selbst. Er übergibt Seinen Auftrag in der Garderobe einem Kammerdiener – Zu Seiner Legitimation ist hier meine Uhr – Ich bin noch da, wenn Er wiederkommt. – Er wartet auf Antwort.

LUISE *sehr ängstlich*: Kann denn ich das nicht auch besorgen?

FERDINAND *zu Millern, der eben fort will*: Halt, und noch etwas! Hier ist ein Brief an meinen Vater, der diesen Abend an mich eingeschlossen kam – Vielleicht dringende Geschäfte – Es geht in einer Bestellung hin –

MILLER: Schon gut, Baron!

LUISE *hängt sich an ihn, in der entsetzlichsten Bangigkeit*: Aber mein Vater, dies alles könnt ich ja recht gut besorgen.

MILLER: Du bist allein, und es ist finstre Nacht meine Tochter. *Ab.*

FERDINAND: Leuchte deinem Vater, Luise. *Währenddem, daß sie Millern mit dem Licht begleitet, tritt er zum Tisch, und wirft Gift in ein Glas Limonade.* Ja! Sie soll dran! Sie soll! Die obern Mächte nicken mir ihr schreckliches Ja herunter, die Rache des Himmels unterschreibt, ihr guter Engel läßt sie fahren –

Siebente Szene

FERDINAND *und* LUISE.

Sie kommt langsam mit dem Lichte zurück, setzt es nieder, und stellt sich auf die entgegengesetzte Seite vom Major, das Gesicht auf den Boden geschlagen, und nur zuweilen furchtsam und verstohlen nach ihm herüberschielend. Er steht auf der andern Seite, und sieht starr vor sich hinaus.

Großes Stillschweigen, das diesen Auftritt ankündigen muß.

LUISE: Wollen Sie mich akkompagnieren Herr von Walter, so mach ich einen Gang auf dem Fortepiano.

Sie öffnet den Pantalon. Ferdinand gibt ihr keine Antwort. Pause.

LUISE: Sie sind mir auch noch Revanche auf dem Schachbrett schuldig. Wollen wir eine Partie Herr von Walter?

Eine neue Pause.

LUISE: Herr von Walter, die Brieftasche, die ich Ihnen einmal zu sticken versprochen – Ich habe sie angefangen – Wollen Sie das Dessin nicht besehen?

Wieder eine Pause.

LUISE: O ich bin sehr elend!

FERDINAND *in der bisherigen Stellung*: Das könnte wahr sein.

LUISE: Meine Schuld ist es nicht, Herr von Walter, daß Sie so schlecht unterhalten werden.

FERDINAND *lacht beleidigend vor sich hin*: Denn was kannst du für meine blöde Bescheidenheit?

LUISE: Ich hab es ja wohl gewußt, daß wir jetzt nicht zusammen taugen. Ich erschrak auch gleich, ich bekenne es, als Sie meinen Vater verschickten – Herr von Walter, ich vermute, dieser Augenblick

wird uns beiden gleich unerträglich sein – Wenn
Sie mir's erlauben wollen, so geh ich, und bitte
einige von meinen Bekannten her.

FERDINAND: O ja doch, das tu. Ich will auch gleich
gehn, und von den meinigen bitten.

LUISE *sieht ihn stutzend an*: Herr von Walter?

FERDINAND *sehr hämisch*: Bei meiner Ehre! der gschei-
deste Einfall, den ein Mensch in dieser Lage nur
haben kann. Wir machen aus diesem verdrüßlichen
Duett eine Lustbarkeit, und rächen uns mit Hilfe
gewisser Galanterien an den Grillen der Liebe.

LUISE: Sie sind aufgeräumt, Herr von Walter?

FERDINAND: Ganz außerordentlich, um die Knaben
auf dem Markt hinter mir herzujagen! Nein! in
Wahrheit Luise. Dein Beispiel bekehrt mich – Du
sollst meine Lehrerin sein. Toren sind's, die von
ewiger Liebe schwatzen, ewiges Einerlei wider-
steht, Veränderung nur ist das Salz des Vergnügens
– Topp Luise! Ich bin dabei – Wir hüpfen von Roman zu Romane, wälzen uns von Schlamme zu
Schlamm – Du dahin – Ich dorthin – Vielleicht, daß
meine verlorene Ruhe sich in einem Bordell wie-
derfinden läßt – Vielleicht, daß wir dann nach dem
lustigen Wettlauf, zwei modernde Gerippe, mit der
angenehmsten Überraschung von der Welt zum
zweitenmal aufeinanderstoßen, daß wir uns da an
dem gemeinschaftlichen Familienzug, den kein
Kind dieser Mutter verleugnet, wie in Komödien
wiedererkennen, daß Ekel und Scham noch eine
Harmonie veranstalten, die der zärtlichsten Liebe
unmöglich gewesen ist.

LUISE: O Jüngling! Jüngling! Unglücklich bist du
schon, willst du es auch noch verdienen?

FERDINAND *ergrimmt durch die Zähne murmelnd*: Unglücklich bin ich? Wer hat dir das gesagt? Weib, du
bist zu schlecht, um selbst zu empfinden – womit

kannst du eines andern Empfindungen wägen? – Unglücklich, sagte sie? – Ha! dieses Wort könnte meine Wut aus dem Grabe rufen! – Unglücklich mußt ich werden, das wußte sie. Tod und Verdammnis! das wußte sie, und hat mich dennoch verraten – Siehe Schlange! Das war der einzige Fleck der Vergebung – Deine Aussage bricht dir den Hals – Bis jetzt konnt ich deinen Frevel mit deiner Einfalt beschönigen, in meiner Verachtung wärst du beinahe meiner Rache entsprungen. *Indem er hastig das Glas ergreift.* Also leichtsinnig warst du nicht – dumm warst du nicht – du warst nur ein Teufel. *Er trinkt.* Die Limonade ist matt, wie deine Seele – Versuche!

LUISE: O Himmel! Nicht umsonst hab ich diesen Auftritt gefürchtet.

FERDINAND *gebieterisch*: Versuche!

LUISE *nimmt das Glas etwas unwillig und trinkt*.

FERDINAND *wendet sich, sobald sie das Glas an den Mund setzt, mit einer plötzlichen Erblassung weg, und eilt nach dem hintersten Winkel des Zimmers.*

LUISE: Die Limonade ist gut.

FERDINAND *ohne sich umzukehren, von Schauer geschüttelt*: Wohl bekomm's!

LUISE *nachdem sie es niedergesetzt*: O wenn Sie wüßten, Walter, wie ungeheuer Sie meine Seele beleidigen.

FERDINAND: Hum!

LUISE: Es wird eine Zeit kommen, Walter –

FERDINAND *wieder vorwärts kommend*: Oh! Mit der Zeit wären wir fertig.

LUISE: Wo der heutige Abend schwer auf Ihr Herz fallen dürfte –

FERDINAND *fängt an stärker zu gehen, und beunruhigter zu werden, indem er Schärpe und Degen von sich wirft*: Gute Nacht, Herrendienst!

LUISE: Mein Gott! Wie wird Ihnen?

FERDINAND: Heiß und enge – will mir's bequemer machen.

LUISE: Trinken Sie! Trinken Sie! Der Trank wird Sie kühlen.

FERDINAND: Das wird er auch ganz gewiß – Die Metze ist gutherzig, doch! das sind alle!

LUISE *mit dem vollen Ausdruck der Liebe ihm in die Arme eilend*: Das deiner Luise, Ferdinand?

FERDINAND *drückt sie von sich*: Fort! Fort! Diese sanfte schmelzende Augen weg! Ich erliege. Komm in deiner ungeheuren Furchtbarkeit, Schlange, spring an mir auf, Wurm – krame vor mir deine gräßliche Knoten aus, bäume deine Wirbel zum Himmel – So abscheulich als dich jemals der Abgrund sah – Nur keinen Engel mehr – Nur jetzt keinen Engel mehr – es ist zu spät – Ich muß dich zertreten, wie eine Natter, oder verzweifeln – Erbarme dich!

LUISE: Oh! Daß es so weit kommen mußte!

FERDINAND *sie von der Seite betrachtend*: Dieses schöne Werk des himmlischen Bildners – Wer kann das glauben? – Wer sollte das glauben? *Ihre Hand fassend und emporhaltend.* Ich will dich nicht zur Rede stellen, Gott Schöpfer – aber warum denn dein Gift in so schönen Gefäßen? – – Kann das Laster in diesem milden Himmelstrich fortkommen? – O es ist seltsam.

LUISE: Das anzuhören, und schweigen zu müssen!

FERDINAND: Und die süße melodische Stimme – Wie kann so viel Wohlklang kommen aus zerrissenen Saiten? *Mit trunkenem Aug auf ihrem Anblick verweilend.* Alles so schön – so voll Ebenmaß – so göttlich vollkommen! – Überall das Werk seiner himmlischen Schäferstunde! Bei Gott! als wäre die große Welt nur entstanden, den Schöpfer für dieses Meisterstück in Laune zu setzen! – – Und nur in der

Seele sollte Gott sich vergriffen haben? Ist es möglich, daß diese empörende Mißgeburt in die Natur ohne Tadel kam? *Indem er sie schnell verläßt.* Oder sah er einen Engel unter dem Meißel hervorgehen, und half diesem Irrtum in der Eile mit einem desto schlechteren Herzen ab?

LUISE: O des frevelhaften Eigensinns! Ehe er sich eine Übereilung gestände, greift er lieber den Himmel an.

FERDINAND *stürzt ihr heftig weinend an den Hals*: Noch einmal Luise – Noch einmal, wie am Tag unsers ersten Kusses, da du Ferdinand stammeltest, und das erste Du auf deine brennende Lippen trat – O eine Saat unendlicher unaussprechlicher Freuden schien in dem Augenblick wie in der Knospe zu liegen – Da lag die Ewigkeit wie ein schöner Maitag vor unsern Augen; goldne Jahrtausende hüpften, wie Bräute, vor unsrer Seele vorbei – – Da war ich der Glückliche! – O Luise! Luise! Luise! Warum hast du mir das getan?

LUISE: Weinen Sie, weinen Sie Walter. Ihre Wehmut wird gerechter gegen mich sein, als Ihre Entrüstung.

FERDINAND: Du betrügst dich. Das sind ihre Tränen nicht – Nicht jener warme wollüstige Tau, der in die Wunde der Seele balsamisch fließt, und das starre Rad der Empfindung wieder in Gang bringt. Es sind einzelne – kalte Tropfen – das schauerliche ewige Lebewohl meiner Liebe. *Furchtbar-feierlich, indem er die Hand auf ihren Kopf sinken läßt:* Tränen um deine Seele, Luise – Tränen um die Gottheit, die ihres unendlichen Wohlwollens hier verfehlte, die so mutwillig um das herrlichste ihrer Werke kommt – O mich deucht, die ganze Schöpfung sollte den Flor anlegen, und über das Beispiel betreten sein, das in ihrer Mitte geschieht – Es ist was

Gemeines, daß Menschen fallen, und Paradiese verloren werden; aber wenn die Pest unter Engel wütet, so rufe man Trauer aus durch die ganze Natur.

LUISE: Treiben Sie mich nicht aufs Äußerste, Walter. Ich habe Seelenstärke so gut wie eine – aber sie muß auf eine menschliche Probe kommen. Walter, das Wort noch, und dann geschieden – – Ein entsetzliches Schicksal hat die Sprache unsrer Herzen verwirrt. Dürft ich den Mund auftun, Walter, ich könnte dir Dinge sagen – ich könnte – – aber das harte Verhängnis band meine Zunge, wie meine Liebe, und dulden muß ich's, wenn du mich wie eine gemeine Metze mißhandelst.

FERDINAND: Fühlst du dich wohl, Luise?

LUISE: Wozu diese Frage?

FERDINAND: Sonst sollte mir's leid um dich tun, wenn du mit dieser Lüge von hinnen müßtest.

LUISE: Ich beschwöre Sie Walter –

FERDINAND *unter heftigen Bewegungen*: Nein! Nein! zu satanisch wäre diese Rache! Nein, Gott bewahre mich! in jene Welt hinaus will ich's nicht treiben – Luise! Hast du den Marschall geliebt? Du wirst nicht mehr aus diesem Zimmer gehen.

LUISE: Fragen Sie was Sie wollen. Ich antworte nichts mehr. *Sie setzt sich nieder.*

FERDINAND *ernster*: Sorge für deine unsterbliche Seele, Luise! – Hast du den Marschall geliebt? Du wirst nicht mehr aus diesem Zimmer gehen.

LUISE: Ich antworte nichts mehr.

FERDINAND *fällt in fürchterlicher Bewegung vor ihr nieder*: Luise! Hast du den Marschall geliebt? Ehe dieses Licht noch ausbrennt – stehst du – vor Gott!

LUISE *fährt erschrocken in die Höhe*: Jesus! Was ist das? – – und mir wird sehr übel. *Sie sinkt auf den Sessel zurück.*

FERDINAND: Schon? – Über euch Weiber und das ewige

Rätsel! Die zärtliche Nerve hält Freveln fest, die die Menschheit an ihren Wurzeln zernagen; ein elender Gran Arsenik wirft sie um –

LUISE: Gift! Gift! O mein Herrgott!

FERDINAND: So fürcht ich. Deine Limonade war in der Hölle gewürzt. Du hast sie dem Tod zugetrunken.

LUISE: Sterben! Sterben! Gott Allbarmherziger! Gift in der Limonade und sterben! – O meiner Seele erbarme dich Gott der Erbarmer!

FERDINAND: Das ist die Hauptsache. Ich bitt ihn auch darum.

LUISE: Und meine Mutter – mein Vater – Heiland der Welt! mein armer verlorener Vater! Ist keine Rettung mehr? Mein junges Leben und keine Rettung! und muß ich jetzt schon dahin?

FERDINAND: Keine Rettung, mußt jetzt schon dahin – aber sei ruhig. Wir machen die Reise zusammen.

LUISE: Ferdinand auch du! Gift Ferdinand! Von dir? O Gott vergiß es ihm – Gott der Gnade, nimm die Sünde von ihm –

FERDINAND: Sieh du nach deinen Rechnungen – Ich fürchte, sie stehen übel.

LUISE: Ferdinand! Ferdinand! – Oh – Nun kann ich nicht mehr schweigen – der Tod – der Tod hebt alle Eide auf – Ferdinand – Himmel und Erde hat nichts Unglückseligers als dich – Ich sterbe unschuldig, Ferdinand.

FERDINAND *erschrocken*: Was sagt sie da? – Eine Lüge pflegt man doch sonst nicht auf diese Reise zu nehmen?

LUISE: Ich lüge nicht – lüge nicht – hab nur einmal gelogen mein Leben lang – Huh! Wie das eiskalt durch meine Adern schauert - – als ich den Brief schrieb an den Hofmarschall –

FERDINAND: Ha! dieser Brief! – Gottlob! Jetzt hab ich all meine Mannheit wieder.

LUISE *ihre Zunge wird schwerer, ihre Finger fangen an gichterisch zu zucken*: Dieser Brief – Fasse dich, ein entsetzliches Wort zu hören – Meine Hand schrieb, was mein Herz verdammte – dein Vater hat ihn diktiert.

FERDINAND *starr und einer Bildsäule gleich, in langer toter Pause hingewurzelt, fällt endlich wie von einem Donnerschlag nieder.*

LUISE: O des kläglichen Mißverstands – Ferdinand – Man zwang mich – vergib – deine Luise hätte den Tod vorgezogen – aber mein Vater – die Gefahr – sie machten es listig.

FERDINAND *schrecklich emporgeworfen*: Gelobet sei Gott! Noch spür ich den Gift nicht. *Er reißt den Degen heraus.*

LUISE *von Schwäche zu Schwäche sinkend*: Weh! Was beginnst du? Es ist dein Vater –

FERDINAND *im Ausdruck der unbändigsten Wut*: Mörder und Mördervater! – Mit muß er, daß der Richter der Welt nur gegen den Schuldigen rase. *Will hinaus.*

LUISE: Sterbend vergab mein Erlöser – Heil über dich und ihn. *Sie stirbt.*

FERDINAND *kehrt schnell um, wird ihre letzte sterbende Bewegung gewahr und fällt in Schmerz aufgelöst vor der Toten nieder*: Halt! Halt! Entspringe mir nicht Engel des Himmels! *Er faßt ihre Hand an, und läßt sie schnell wieder fallen.* Kalt, kalt und feucht! Ihre Seele ist dahin. *Er springt wieder auf.* Gott meiner Luise! Gnade! Gnade dem verruchtesten der Mörder! Es war ihr letztes Gebet! – – Wie reizend und schön auch im Leichnam! Der gerührte Würger ging schonend über diese freundliche Wangen hin – Diese Sanftmut war keine Larve – sie hat auch dem Tod standgehalten. *Nach einer Pause:* Aber wie? Warum fühl ich nichts? Will die Kraft meiner

Jugend mich retten? Undankbare Mühe! Das ist meine Meinung nicht.

Er greift nach dem Glase.

LETZTE SZENE

FERDINAND. DER PRÄSIDENT. WURM *und* BEDIENTE *welche alle voll Schrecken ins Zimmer stürzen, darauf* MILLER *mit* VOLK *und* GERICHTSDIENERN, *welche sich im Hintergrund sammeln.*

PRÄSIDENT *den Brief in der Hand*: Sohn, was ist das? – Ich will doch nimmermehr glauben –

FERDINAND *wirft ihm das Glas vor die Füße*: So sieh Mörder!

PRÄSIDENT *taumelt hinter sich. Alle erstarren. Eine schröckhafte Pause*: Mein Sohn! Warum hast du mir das getan?

FERDINAND *ohne ihn anzusehen*: O ja freilich! Ich hätte den Staatsmann erst hören sollen, ob der Streich auch zu seinen Karten passe? – Fein und bewundernswert, ich gesteh's, war die Finte, den Bund unsrer Herzen zu zerreißen durch Eifersucht – Die Rechnung hat ein Meister gemacht, aber schade nur, daß die zürnende Liebe dem Draht nicht so gehorsam blieb, wie deine hölzerne Puppe.

PRÄSIDENT *sucht mit verdrehten Augen im ganzen Kreis herum*: Ist hier niemand, der um einen trostlosen Vater weinte?

MILLER *hinter der Szene rufend*: Laßt mich hinein! Um Gottes willen! Laßt mich!

FERDINAND: Das Mädchen ist eine Heilige – für sie muß ein anderer rechten.

Er öffnet Millern die Türe, der mit Volk und Gerichtsdienern hereinstürzt.

MILLER *in der fürchterlichsten Angst*: Mein Kind! Mein
Kind! – Gift – Gift, schreit man, sei hier genommen
worden – Meine Tochter! Wo bist du?

FERDINAND *führt ihn zwischen den Präsidenten und
Luisens Leiche*: Ich bin unschuldig – Danke diesem
hier.

MILLER *fällt an ihr zu Boden*: O Jesus!

FERDINAND: In wenig Worten Vater – sie fangen an mir
kostbar zu werden – Ich bin bübisch um mein Leben bestohlen, bestohlen durch Sie. Wie ich mit
Gott stehe, zittre ich – doch ein Bösewicht bin ich
niemals gewesen. Mein ewiges Los falle, wie es will
– auf Sie fall es nicht – Aber ich hab einen Mord
begangen. *Mit furchtbar erhobener Stimme:* einen
Mord, den du mir nicht zumuten wirst allein vor
den Richter der Welt hinzuschleppen, feierlich
wälz ich dir hier die größte gräßlichste Hälfte zu,
wie du damit zurechtkommen magst, siehe du selber. *Zu Luisen ihn hinführend.* Hier Barbar! weide
dich an der entsetzlichen Frucht deines Witzes, auf
dieses Gesicht ist mit Verzerrungen dein Name geschrieben, und die Würgengel werden ihn lesen –
Eine Gestalt, wie diese, ziehe den Vorhang von deinem Bette, wenn du schläfst, und gebe dir ihre eiskalte Hand – Eine Gestalt, wie diese, stehe vor deiner Seele, wenn du stirbst, und dränge dein letztes
Gebet weg. – Eine Gestalt, wie diese, stehe auf deinem Grabe, wenn du auferstehst – und neben Gott,
wenn er dich richtet. *Er wird ohnmächtig, Bediente
halten ihn.*

PRÄSIDENT *eine schreckliche Bewegung des Arms gegen
den Himmel*: Von mir nicht, von mir nicht, Richter
der Welt, fodre diese Seelen von diesem! *Er geht
auf Wurm zu.*

WURM *auffahrend*: Von mir?

PRÄSIDENT: Verfluchter von dir! Von dir Satan! – Du,

du gabst den Schlangenrat – Über dich die Verantwortung – Ich wasche die Hände.

WURM: Über mich? *Er fängt gräßlich an zu lachen.* Lustig! Lustig! So weiß ich doch nun auch, auf was Art sich die Teufel danken. – Über mich dummer Bösewicht? War es mein Sohn? War ich dein Gebieter? – Über mich die Verantwortung? Ha! bei diesem Anblick, der alles Mark in meinen Gebeinen erkältet! Über mich soll sie kommen! – Jetzt will ich verloren sein, aber du sollst es mit mir sein – Auf! Auf! Ruft Mord durch die Gassen! Weckt die Justiz auf! Gerichtsdiener bindet mich! Führt mich von hinnen! Ich will Geheimnisse aufdecken, daß denen, die sie hören, die Haut schauern soll. *Will gehn.*

PRÄSIDENT *hält ihn:* Du wirst doch nicht, Rasender?

WURM *klopft ihn auf die Schultern:* Ich werde, Kamerad! Ich werde – Rasend bin ich, das ist wahr – das ist dein Werk – so will ich auch jetzt handeln wie ein Rasender – Arm in Arm mit dir zum Blutgerüst! Arm in Arm mit dir zur Hölle! Es soll mich kitzeln, Bube, mit dir verdammt zu sein.

Er wird abgeführt.

MILLER *der die ganze Zeit über, den Kopf in Luisens Schoß gesunken, in stummem Schmerze gelegen hat, steht schnell auf und wirft dem Major die Börse vor die Füße:* Giftmischer! Behalt dein verfluchtes Gold! – Wolltest du mir mein Kind damit abkaufen?

Er stürzt aus dem Zimmer.

FERDINAND *mit brechender Stimme:* Geht ihm nach! Er verzweifelt – Das Geld hier soll man ihm retten – Es ist meine fürchterliche Erkenntlichkeit. Luise – Luise – Ich komme – – Lebt wohl – – Laßt mich an diesem Altar verscheiden –

PRÄSIDENT *aus einer dumpfen Betäubung zu seinem*

Sohn: Sohn Ferdinand! Soll kein Blick mehr auf einen zerschmetterten Vater fallen?

Der Major wird neben Luisen niedergelassen.

FERDINAND: Gott dem Erbarmenden gehört dieser letzte.

PRÄSIDENT *in der schrecklichsten Qual vor ihm niederfallend*: Geschöpf und Schöpfer verlassen mich – Soll kein Blick mehr zu meiner letzten Erquickung fallen?

FERDINAND *reicht ihm seine sterbende Hand.*

PRÄSIDENT *steht schnell auf*: Er vergab mir! *Zu den andern*: Jetzt euer Gefangener!

Er geht ab. Gerichtsdiener folgen ihm, der Vorhang fällt.

Wilhelm Tell

Schauspiel

PERSONEN

HERMANN GESSLER, *Reichsvogt in Schwyz und Uri*
WERNER, FREIHERR VON ATTINGHAUSEN,
Bannerherr

ULRICH VON RUDENZ, *sein Neffe*

WERNER STAUFFACHER
KONRAD HUNN
ITEL REDING
HANS AUF DER MAUER   *Landleute aus Schwyz*
JÖRG IM HOFE
ULRICH DER SCHMIED
JOST VON WEILER

WALTHER FÜRST
WILHELM TELL
RÖSSELMANN *der Pfarrer*
PETERMANN *der Sigrist*   *aus Uri*
KUONI *der Hirte*
WERNI *der Jäger*
RUODI *der Fischer*

ARNOLD VOM MELCHTAL
KONRAD BAUMGARTEN
MEIER VON SARNEN
STRUTH VON WINKELRIED   *aus Unterwalden*
KLAUS VON DER FLÜE
BURKHARDT AM BÜHEL
ARNOLD VON SEWA

PFEIFFER VON LUZERN
KUNZ VON GERSAU
JENNI, *Fischerknabe*
SEPPI, *Hirtenknabe*

GERTRUD, *Stauffachers Gattin*
HEDWIG, *Tells Gattin, Fürsts Tochter*
BERTA VON BRUNECK, *eine reiche Erbin*

ARMGARD
MECHTHILD   *Bäuerinnen*
ELSBETH
HILDEGARD

WALTHER   *Tells Knaben*
WILHELM

FRIESSHARDT   *Söldner*
LEUTHOLD

RUDOLF DER HARRAS, *Geßlers Stallmeister*
JOHANNES PARRICIDA, *Herzog von Schwaben*
STÜSSI, *der Flurschütz*
DER STIER VON URI
EIN REICHSBOTE
FRONVOGT
MEISTER STEINMETZ, GESELLEN *und*
HANDLANGER
ÖFFENTLICHE AUSRUFER
BARMHERZIGE BRÜDER
GESSLERISCHE *und* LANDENBERGISCHE REITER
VIELE LANDLEUTE, MÄNNER *und* WEIBER *aus den*
WALDSTÄTTEN

ERSTER AUFZUG

ERSTE SZENE

Hohes Felsenufer des Vierwaldstättensees, Schwyz ge-
genüber. Der See macht eine Bucht ins Land, eine Hüt-
te ist unweit dem Ufer, Fischerknabe fährt sich in einem
Kahn. Über den See hinweg sieht man die grünen Mat-
ten, Dörfer und Höfe von Schwyz im hellen Sonnen-
schein liegen. Zur Linken des Zuschauers zeigen sich
die Spitzen des Haken, mit Wolken umgeben; zur Rech-
ten im fernen Hintergrund sieht man die Eisgebirge.
Noch ehe der Vorhang aufgeht, hört man den Kuhreihen
und das harmonische Geläut der Herdenglocken, wel-
ches sich auch bei eröffneter Szene noch eine Zeitlang
fortsetzt.

FISCHERKNABE *singt im Kahn*:

Melodie des Kuhreihens

Es lächelt der See, er ladet zum Bade,
Der Knabe schlief ein am grünen Gestade,
  Da hört er ein Klingen,
  Wie Flöten so süß,
  Wie Stimmen der Engel
  Im Paradies.
Und wie er erwachet in seliger Lust,
Da spülen die Wasser ihm um die Brust,
  Und es ruft aus den Tiefen:
  Lieb Knabe, bist mein!
  Ich locke den Schläfer,
  Ich zieh ihn herein.

HIRTE *auf dem Berge*:

Variation des Kuhreihens

Ihr Matten lebt wohl,
Ihr sonnigen Weiden!

Der Senne muß scheiden,
Der Sommer ist hin.
  Wir fahren zu Berg, wir kommen wieder,
  Wenn der Kuckuck ruft, wenn erwachen die
                                        Lieder,
  Wenn mit Blumen die Erde sich kleidet neu,
  Wenn die Brünnlein fließen im lieblichen Mai.
Ihr Matten lebt wohl,
Ihr sonnigen Weiden!
Der Senne muß scheiden,
Der Sommer ist hin.

ALPENJÄGER *erscheint gegenüber auf der Höhe des Fel·*
sen:

Zweite Variation

Es donnern die Höhen, es zittert der Steg,
Nicht grauet dem Schützen auf schwindlichtem
  Er schreitet verwegen   [Weg,
  Auf Feldern von Eis,
  Da pranget kein Frühling,
  Da grünet kein Reis;
Und unter den Füßen ein neblichtes Meer,
Erkennt er die Städte der Menschen nicht mehr,
  Durch den Riß nur der Wolken
  Erblickt er die Welt,
  Tief unter den Wassern
  Das grünende Feld.

Die Landschaft verändert sich, man hört ein dumpfes
Krachen von den Bergen, Schatten von Wolken laufen
über die Gegend.

RUODI DER FISCHER *kommt aus der Hütte,* WERNI DER
JÄGER *steigt vom Felsen,* KUONI DER HIRTE *kommt, mit*
dem Melknapf auf der Schulter. SEPPI *sein Handbube,*
folgt ihm.

RUODI: Mach hurtig Jenni. Zieh die Naue ein.
  Der graue Talvogt kommt, dumpf brüllt der Firn,
  Der Mythenstein zieht seine Haube an,

Und kalt her bläst es aus dem Wetterloch,
Der Sturm, ich mein, wird dasein, eh wir's denken.

KUONI: 's kommt Regen, Fährmann. Meine Schafe
fressen
Mit Begierde Gras, und Wächter scharrt die Erde.

WERNI: Die Fische springen, und das Wasserhuhn
Taucht unter. Ein Gewitter ist im Anzug.

KUONI *zum Buben*:
Lug Seppi, ob das Vieh sich nicht verlaufen.

SEPPI: Die braune Liesel kenn ich am Geläut.

KUONI: So fehlt uns keine mehr, die geht am weitsten.

RUODI: Ihr habt ein schön Geläute, Meister Hirt.

WERNI: Und schmuckes Vieh – Ist's Euer eignes,
Landsmann?

KUONI: Bin nit so reich – 's ist meines gnäd'gen Herrn,
Des Attinghäusers, und mir zugezählt.

RUODI: Wie schön der Kuh das Band zu Halse steht!

KUONI: Das weiß sie auch, daß sie den Reihen führt,
Und nähm ich ihr's, sie hörte auf zu fressen.

RUODI: Ihr seid nicht klug! Ein unvernünft'ges Vieh –

WERNI: Ist bald gesagt. Das Tier hat auch Vernunft,
Das wissen wir, die wir die Gemsen jagen,
Die stellen klug, wo sie zur Weide gehn,
'ne Vorhut aus, die spitzt das Ohr und warnet
Mit heller Pfeife, wenn der Jäger naht.

RUODI *zum Hirten*:
Treibt Ihr jetzt heim?

KUONI: Die Alp ist abgeweidet.

WERNI: Glücksel'ge Heimkehr, Senn!

KUONI: Die wünsch ich Euch,
Von Eurer Fahrt kehrt sich's nicht immer wieder.

RUODI: Dort kommt ein Mann in voller Hast gelaufen.

WERNI: Ich kenn ihn, 's ist der Baumgart von Alzellen.

KONRAD BAUMGARTEN *atemlos hereinstürzend*.

BAUMGARTEN: Um Gottes willen, Fährmann, Euren
Kahn!

RUODI: Nun, nun, was gibt's so eilig?

BAUMGARTEN: Bindet los!
Ihr rettet mich vom Tode! Setzt mich über!

KUONI: Landsmann, was habt Ihr?

WERNI: Wer verfolgt Euch denn?

BAUMGARTEN *zum Fischer*:
Eilt, eilt, sie sind mir dicht schon an den Fersen!
Des Landvogts Reiter kommen hinter mir,
Ich bin ein Mann des Tods, wenn sie mich greifen.

RUODI: Warum verfolgen Euch die Reisigen?

BAUMGARTEN: Erst rettet mich, und dann steh ich Euch
                          Rede.

WERNI: Ihr seid mit Blut befleckt, was hat's gegeben?

BAUMGARTEN: Des Kaisers Burgvogt, der auf Roßberg
                          saß –

KUONI:
Der Wolfenschießen! Läßt Euch der verfolgen?

BAUMGARTEN:
Der schadet nicht mehr, ich hab ihn erschlagen.

ALLE *fahren zurück*:
Gott sei Euch gnädig! Was habt Ihr getan?

BAUMGARTEN: Was jeder freie Mann an meinem Platz!
Mein gutes Hausrecht hab ich ausgeübt
Am Schänder meiner Ehr und meines Weibes.

KUONI: Hat Euch der Burgvogt an der Ehr geschädigt?

BAUMGARTEN:
Daß er sein bös Gelüsten nicht vollbracht,
Hat Gott und meine gute Axt verhütet.

WERNI: Ihr habt ihm mit der Axt den Kopf zerspalten?

KUONI: O laßt uns alles hören, Ihr habt Zeit,
Bis er den Kahn vom Ufer losgebunden.

BAUMGARTEN:
Ich hatte Holz gefällt im Wald, da kommt
Mein Weib gelaufen in der Angst des Todes.
Der Burgvogt lieg in meinem Haus, er hab
Ihr anbefohlen, ihm ein Bad zu rüsten.

Drauf hab er Ungebührliches von ihr
Verlangt, sie sei entsprungen mich zu suchen.
Da lief ich frisch hinzu, so wie ich war,
Und mit der Axt hab ich ihm 's Bad gesegnet.

WERNI: Ihr tatet wohl, kein Mensch kann Euch drum
                                     schelten.

KUONI: Der Wüterich! Der hat nun seinen Lohn!
    Hat's lang verdient ums Volk von Unterwalden.

BAUMGARTEN:
    Die Tat ward ruchtbar, mir wird nachgesetzt –
    Indem wir sprechen – Gott – verrinnt die Zeit –
                Es fängt an zu donnern.

KUONI: Frisch Fährmann – Schaff den Biedermann
                                 hinüber.

RUODI: Geht nicht. Ein schweres Ungewitter ist
    Im Anzug. Ihr müßt warten.

BAUMGARTEN: Heil'ger Gott!
    Ich kann nicht warten. Jeder Aufschub tötet –

KUONI *zum Fischer*:
    Greif an mit Gott, dem Nächsten muß man helfen,
    Es kann uns allen Gleiches ja begegnen.
              Brausen und Donnern.

RUODI: Der Föhn ist los, ihr seht wie hoch der See geht,
    Ich kann nicht steuern gegen Sturm und Wellen.

BAUMGARTEN *umfaßt seine Knie*:
    So helf Euch Gott, wie Ihr Euch mein erbarmet –

WERNI: Es geht ums Leben, sei barmherzig,
                               Fährmann.

KUONI: 's ist ein Hausvater, und hat Weib und Kinder!
          Wiederholte Donnerschläge.

RUODI: Was? Ich hab auch ein Leben zu verlieren,
    Hab Weib und Kind daheim, wie er – Seht hin
    Wie's brandet, wie es wogt und Wirbel zieht,
    Und alle Wasser aufrührt in der Tiefe.
    – Ich wollte gern den Biedermann erretten,
    Doch es ist rein unmöglich, ihr seht selbst.

BAUMGARTEN *noch auf den Knien*:
    So muß ich fallen in des Feindes Hand,
    Das nahe Rettungsufer im Gesichte!
    – Dort liegt's! Ich kann's erreichen mit den Augen
    Hinüberdringen kann der Stimme Schall,
    Da ist der Kahn, der mich hinübertrüge,
    Und muß hier liegen, hülflos, und verzagen!

KUONI: Seht wer da kommt!

WERNI: Es ist der Tell aus Bürglen.

          TELL *mit der Armbrust.*

TELL: Wer ist der Mann, der hier um Hülfe fleht?

KUONI: 's ist ein Alzeller Mann, er hat sein Ehr
    Verteidigt, und den Wolfenschieß erschlagen,
    Des Königs Burgvogt, der auf Roßberg saß –
    Des Landvogts Reiter sind ihm auf den Fersen,
    Er fleht den Schiffer um die Überfahrt,
    Der fürcht't sich vor dem Sturm und will nicht
                       fahren.

RUODI: Da ist der Tell, er führt das Ruder auch,
    Der soll mir's zeugen, ob die Fahrt zu wagen.

TELL: Wo's not tut, Fährmann, läßt sich alles wagen.

    Heftige Donnerschläge, der See rauscht auf.

RUODI: Ich soll mich in den Höllenrachen stürzen?
    Das täte keiner, der bei Sinnen ist.

TELL: Der brave Mann denkt an sich selbst zuletzt,
    Vertrau auf Gott und rette den Bedrängten.

RUODI:
    Vom sichern Port läßt sich's gemächlich raten,
    Da ist der Kahn und dort der See! Versucht's!

TELL: Der See kann sich, der Landvogt nicht
    Versuch es Fährmann!   [erbarmen,

HIRTEN *und* JÄGER: Rett ihn! Rett ihn! Rett ihn!

RUODI:
    Und wär's mein Bruder und mein leiblich Kind,
    Es kann nicht sein, 's ist heut Simons und Judä,
    Da rast der See und will sein Opfer haben.

TELL: Mit eitler Rede wird hier nichts geschafft,
Die Stunde dringt, dem Mann muß Hülfe werden.
Sprich, Fährmann, willst du fahren?

RUODI: Nein, nicht ich!

TELL: In Gottes Namen denn! Gib her den Kahn,
Ich will's mit meiner schwachen Kraft versuchen.

KUONI: Ha wackrer Tell!

WERNI: Das gleicht dem Weidgesellen!

BAUMGARTEN:
Mein Retter seid Ihr und mein Engel, Tell!

TELL: Wohl aus des Vogts Gewalt errett ich Euch,
Aus Sturmesnöten muß ein andrer helfen.
Doch besser ist's, Ihr fallt in Gottes Hand,
Als in der Menschen! *Zu dem Hirten*:
Landsmann, tröstet Ihr
Mein Weib, wenn mir was Menschliches begegnet,
Ich hab getan, was ich nicht lassen konnte.
Er springt in den Kahn.

KUONI *zum Fischer*:
Ihr seid ein Meister Steuermann. Was sich
Der Tell getraut, das konntet Ihr nicht wagen?

RUODI: Wohl beßre Männer tun's dem Tell nicht nach,
Es gibt nicht zwei, wie der ist, im Gebirge.

WERNI *ist auf den Fels gestiegen*:
Er stößt schon ab. Gott helf dir, braver Schwimmer!
Sieh, wie das Schifflein auf den Wellen schwankt!

KUONI *am Ufer*:
Die Flut geht drüber weg – Ich seh's nicht mehr.
Doch halt, da ist es wieder! Kräftiglich
Arbeitet sich der Wackre durch die Brandung.

SEPPI: Des Landvogts Reiter kommen angesprengt.

KUONI: Weiß Gott, sie sind's! das war Hülf in der Not.
Ein Trupp Landenbergischer Reiter.

ERSTER REITER:
Den Mörder gebt heraus, den ihr verborgen.

ZWEITER: Des Wegs kam er, umsonst verhehlt ihr ihn.

KUONI *und* RUODI: Wen meint ihr, Reiter?

ERSTER REITER *entdeckt den Nachen*:

Ha, was seh ich! Teufel!

WERNI *oben*: Ist's der im Nachen, den ihr sucht? – Reit

 Wenn ihr frisch beilegt, holt ihr ihn noch ein. [zu!

ZWEITER: Verwünscht! Er ist entwischt.

ERSTER *zum Hirten und Fischer*:

Ihr habt ihm fortgeholfen,

 Ihr sollt uns büßen – Fallt in ihre Herde!

 Die Hütte reißet ein, brennt und schlagt nieder!

Eilen fort.

SEPPI *stürzt nach*: O meine Lämmer!

KUONI *folgt*:   Weh mir! Meine Herde!

WERNI: Die Wütriche!

RUODI *ringt die Hände*: Gerechtigkeit des Himmels,

 Wann wird der Retter kommen diesem Lande?

Folgt ihnen.

ZWEITE SZENE

*Zu Steinen in Schwyz. Eine Linde vor des Stauffachers
Hause an der Landstraße, nächst der Brücke.*

WERNER STAUFFACHER, PFEIFFER VON LUZERN *kommen
im Gespräch.*

PFEIFFER: Ja, ja Herr Stauffacher, wie ich Euch sagte.

 Schwört nicht zu Östreich, wenn Ihr's könnt

vermeiden.

 Haltet fest am Reich und wacker wie bisher,

 Gott schirme Euch bei Eurer alten Freiheit!

 Drückt ihm herzlich die Hand und will gehen.

STAUFFACHER:

 Bleibt doch, bis meine Wirtin kommt – Ihr seid

 Mein Gast zu Schwyz, ich in Luzern der Eure.

PFEIFFER:

    Viel Dank! Muß heute Gersau noch erreichen.
    – Was ihr auch Schweres mögt zu leiden haben
    Von eurer Vögte Geiz und Übermut,
    Tragt's in Geduld! Es kann sich ändern, schnell,
    Ein andrer Kaiser kann ans Reich gelangen.
    Seid ihr erst Österreichs, seid ihr's auf immer.

Er geht ab. Stauffacher setzt sich kummervoll auf eine Bank unter der Linde. So findet ihn GERTRUD, *seine Frau, die sich neben ihn stellt, und ihn eine Zeitlang schweigend betrachtet.*

GERTRUD:

    So ernst, mein Freund? Ich kenne dich nicht mehr.
    Schon viele Tage seh ich's schweigend an,
    Wie finstrer Trübsinn deine Stirne furcht.
    Auf deinem Herzen drückt ein still Gebresten,
    Vertrau es mir, ich bin dein treues Weib,
    Und meine Hälfte fodr ich deines Grams.

      Stauffacher reicht ihr die Hand und schweigt.
    Was kann dein Herz beklemmen, sag es mir.
    Gesegnet ist dein Fleiß, dein Glücksstand blüht,
    Voll sind die Scheunen, und der Rinder Scharen,
    Der glatten Pferde wohlgenährte Zucht
    Ist von den Bergen glücklich heimgebracht
    Zur Winterung in den bequemen Ställen.
    – Da steht dein Haus, reich, wie ein Edelsitz,
    Von schönem Stammholz ist es neu gezimmert
    Und nach dem Richtmaß ordentlich gefügt,
    Von vielen Fenstern glänzt es wohnlich, hell,
    Mit bunten Wappenschildern ist's bemalt,
    Und weisen Sprüchen, die der Wandersmann
    Verweilend liest und ihren Sinn bewundert.

STAUFFACHER:

    Wohl steht das Haus gezimmert und gefügt,
    Doch ach – es wankt der Grund, auf den wir
                        bauten.

GERTRUD: Mein Werner sage, wie verstehst du das?

STAUFFACHER:

Vor dieser Linde saß ich jüngst wie heut,
Das schön Vollbrachte freudig überdenkend,
Da kam daher von Küßnacht, seiner Burg,
Der Vogt mit seinen Reisigen geritten.
Vor diesem Hause hielt er wundernd an,
Doch ich erhub mich schnell, und unterwürfig
Wie sich's gebührt, trat ich dem Herrn entgegen,
Der uns des Kaisers richterliche Macht
Vorstellt im Lande. »Wessen ist dies Haus?«
Fragt' er bösmeinend, denn er wußt es wohl.
Doch schnell besonnen ich entgegn ihm so:
Dies Haus, Herr Vogt, ist meines Herrn des
                                Kaisers,
Und Eures und mein Lehen – da versetzt er:
»Ich bin Regent im Land an Kaisers Statt,
Und will nicht, daß der Bauer Häuser baue
Auf seine eigne Hand, und also frei
Hinleb, als ob er Herr wär in dem Lande,
Ich werd mich unterstehn, euch das zu wehren.«
Dies sagend ritt er trutziglich von dannen,
Ich aber blieb mit kummervoller Seele,
Das Wort bedenkend, das der Böse sprach.

GERTRUD: Mein lieber Herr und Ehewirt! Magst du
Ein redlich Wort von deinem Weib vernehmen?
Des edeln Ibergs Tochter rühm ich mich,
Des vielerfahrnen Manns. Wir Schwestern saßen,
Die Wolle spinnend, in den langen Nächten,
Wenn bei dem Vater sich des Volkes Häupter
Versammelten, die Pergamente lasen
Der alten Kaiser, und des Landes Wohl
Bedachten in vernünftigem Gespräch.
Aufmerkend hört ich da manch kluges Wort,
Was der Verständ'ge denkt, der Gute wünscht,
Und still im Herzen hab ich mir's bewahrt.

So höre denn und acht auf meine Rede,
Denn was dich preßte, sieh das wußt ich längst.
– Dir grollt der Landvogt, möchte gern dir schaden,
Denn du bist ihm ein Hindernis, daß sich
Der Schwyzer nicht dem neuen Fürstenhaus
Will unterwerfen, sondern treu und fest
Beim Reich beharren, wie die würdigen
Altvordern es gehalten und getan. –
Ist's nicht so Werner? Sag es, wenn ich lüge!

STAUFFACHER:
So ist's, das ist des Geßlers Groll auf mich.

GERTRUD: Er ist dir neidisch, weil du glücklich wohnst,
Ein freier Mann auf deinem eignen Erb
– Denn er hat keins. Vom Kaiser selbst und Reich
Trägst du dies Haus zu Lehn, du darfst es zeigen,
So gut der Reichsfürst seine Länder zeigt,
Denn über dir erkennst du keinen Herrn
Als nur den Höchsten in der Christenheit –
Er ist ein jüngrer Sohn nur seines Hauses,
Nichts nennt er sein als seinen Rittermantel,
Drum sieht er jedes Biedermannes Glück
Mit scheelen Augen gift'ger Mißgunst an,
Dir hat er längst den Untergang geschworen –
Noch stehst du unversehrt – Willst du erwarten,
Bis er die böse Lust an dir gebüßt?
Der kluge Mann baut vor.

STAUFFACHER: Was ist zu tun!

GERTRUD *tritt näher*:
So höre meinen Rat! Du weißt, wie hier
Zu Schwyz sich alle Redlichen beklagen
Ob dieses Landvogts Geiz und Wüterei.
So zweifle nicht, daß sie dort drüben auch
In Unterwalden und im Urner Land
Des Dranges müd sind und des harten Jochs –
Denn wie der Geßler hier, so schafft es frech
Der Landenberger drüben überm See –

Es kommt kein Fischerkahn zu uns herüber,
Der nicht ein neues Unheil und Gewalt-
Beginnen von den Vögten uns verkündet.
Drum tät es gut, daß eurer etliche,
Die's redlich meinen, still zu Rate gingen,
Wie man des Drucks sich möcht erledigen,
So acht ich wohl, Gott würd euch nicht verlassen,
Und der gerechten Sache gnädig sein –
Hast du in Uri keinen Gastfreund, sprich,
Dem du dein Herz magst redlich offenbaren?

STAUFFACHER:

Der wackern Männer kenn ich viele dort,
Und angesehen große Herrenleute,
Die mir geheim sind und gar wohl vertraut.
Er steht auf.
Frau, welchen Sturm gefährlicher Gedanken
Weckst du mir in der stillen Brust! Mein Innerstes
Kehrst du ans Licht des Tages mir entgegen,
Und was ich mir zu denken still verbot,
Du sprichst's mit leichter Zunge kecklich aus.
– Hast du auch wohl bedacht, was du mir rätst?
Die wilde Zwietracht und den Klang der Waffen
Rufst du in dieses friedgewohnte Tal –
Wir wagten es, ein schwaches Volk der Hirten,
In Kampf zu gehen mit dem Herrn der Welt?
Der gute Schein nur ist's, worauf sie warten,
Um loszulassen auf dies arme Land
Die wilden Horden ihrer Kriegesmacht,
Darin zu schalten mit des Siegers Rechten,
Und unterm Schein gerechter Züchtigung
Die alten Freiheitsbriefe zu vertilgen.

GERTRUD: Ihr seid auch Männer, wisset eure Axt
Zu führen, und dem Mutigen hilft Gott!

STAUFFACHER:

O Weib! Ein furchtbar wütend Schrecknis ist
Der Krieg, die Herde schlägt er und den Hirten.

GERTRUD: Ertragen muß man, was der Himmel sendet,
Unbilliges erträgt kein edles Herz.

STAUFFACHER:
Dies Haus erfreut dich, das wir neu erbauten.
Der Krieg, der ungeheure, brennt es nieder.

GERTRUD:
Wüßt ich mein Herz an zeitlich Gut gefesselt,
Den Brand wärf ich hinein mit eigner Hand.

STAUFFACHER:
Du glaubst an Menschlichkeit! Es schont der Krieg
Auch nicht das zarte Kindlein in der Wiege.

GERTRUD:
Die Unschuld hat im Himmel einen Freund!
– Sieh vorwärts, Werner, und nicht hinter dich.

STAUFFACHER: Wir Männer können tapfer fechtend
Welch Schicksal aber wird das eure sein? [sterben,

GERTRUD:
Die letzte Wahl steht auch dem Schwächsten offen,
Ein Sprung von dieser Brücke macht mich frei.

STAUFFACHER *stürzt in ihre Arme*:
Wer solch ein Herz an seinen Busen drückt,
Der kann für Herd und Hof mit Freuden fechten,
Und keines Königs Heermacht fürchtet er –
Nach Uri fahr ich stehnden Fußes gleich,
Dort lebt ein Gastfreund mir, Herr Walther Fürst,
Der über diese Zeiten denkt wie ich.
Auch find ich dort den edeln Bannerherrn
Von Attinghaus – obgleich von hohem Stamm
Liebt er das Volk und ehrt die alten Sitten.
Mit ihnen beiden pfleg ich Rats, wie man
Der Landesfeinde mutig sich erwehrt –
Leb wohl – und weil ich fern bin, führe du
Mit klugem Sinn das Regiment des Hauses –
Dem Pilger, der zum Gotteshause wallt,
Dem frommen Mönch, der für sein Kloster
                                                   sammelt,

Gib reichlich und entlaß ihn wohlgepflegt.
Stauffachers Haus verbirgt sich nicht. Zuäußerst
Am offnen Heerweg steht's, ein wirtlich Dach
Für alle Wandrer, die des Weges fahren.

Indem sie nach dem Hintergrund abgehen, tritt
WILHELM TELL *mit* BAUMGARTEN *vorn auf die Szene.*

TELL *zu Baumgarten:*

Ihr habt jetzt meiner weiter nicht vonnöten,
Zu jenem Hause gehet ein, dort wohnt
Der Stauffacher, ein Vater der Bedrängten.
– Doch sieh, da ist er selber –. Folgt mir, kommt!
Gehen auf ihn zu, die Szene verwandelt sich.

DRITTE SZENE

*Öffentlicher Platz bei Altdorf. Auf einer Anhöhe im
Hintergrund sieht man eine Feste bauen, welche schon
so weit gediehen, daß sich die Form des Ganzen dar-
stellt. Die hintere Seite ist fertig, an der vordern wird
eben gebaut, das Gerüste steht noch, an welchem die
Werkleute auf und niedersteigen, auf dem höchsten
Dach hängt der Schieferdecker –
Alles ist in Bewegung und Arbeit.*

FRONVOGT. MEISTER STEINMETZ. GESELLEN *und* HAND-
LANGER.

FRONVOGT *mit dem Stabe, treibt die Arbeiter:*

Nicht lange gefeiert, frisch! Die Mauersteine
Herbei, den Kalk, den Mörtel zugefahren!
Wenn der Herr Landvogt kommt, daß er das Werk
Gewachsen sieht – Das schlendert wie die
                                        Schnecken.
Zu zwei Handlangern, welche tragen:
Heißt das geladen? Gleich das Doppelte!
Wie die Tagdiebe ihre Pflicht bestehlen!

ERSTER GESELL:

Das ist doch hart, daß wir die Steine selbst
Zu unserm Twing und Kerker sollen fahren!

FRONVOGT:

Was murret ihr? Das ist ein schlechtes Volk,
Zu nichts anstellig als das Vieh zu melken,
Und faul herumzuschlendern auf den Bergen.

ALTER MANN *ruht aus*: Ich kann nicht mehr.

FRONVOGT *schüttelt ihn*:   Frisch Alter an die Arbeit!

ERSTER GESELL:

Habt Ihr denn gar kein Eingeweid, daß Ihr
Den Greis, der kaum sich selber schleppen kann,
Zum harten Frondienst treibt?

MEISTER STEINMETZ *und* GESELLEN:

                        's ist himmelschreiend!

FRONVOGT: Sorgt ihr für euch, ich tu was meines Amts.

ZWEITER GESELL:

Fronvogt, wie wird die Feste denn sich nennen,
Die wir da baun?

FRONVOGT: Zwing Uri soll sie heißen,
Denn unter dieses Joch wird man euch beugen.

GESELLEN: Zwing Uri!

FRONVOGT: Nun was gibt's dabei zu lachen?

ZWEITER GESELL:

Mit diesem Häuslein wollt ihr Uri zwingen?

ERSTER GESELL:

Laß sehn, wieviel man solcher Maulwurfshaufen
Muß übernander setzen, bis ein Berg
Draus wird, wie der geringste nur in Uri!

> *Fronvogt geht nach dem Hintergrund.*

MEISTER STEINMETZ:

Den Hammer werf ich in den tiefsten See,
Der mir gedient bei diesem Fluchgebäude!

> TELL *und* STAUFFACHER *kommen.*

STAUFFACHER:

O hätt ich nie gelebt, um das zu schauen!

TELL: Hier ist nicht gut sein. Laßt uns weitergehn.

STAUFFACHER: Bin ich zu Uri in der Freiheit Land?

MEISTER STEINMETZ:
O Herr, wenn Ihr die Keller erst gesehn
Unter den Türmen! Ja wer die bewohnt,
Der wird den Hahn nicht fürder krähen hören!

STAUFFACHER: O Gott!

STEINMETZ: Seht diese Flanken, diese Strebepfeiler,
Die stehn, wie für die Ewigkeit gebaut!

TELL: Was Hände bauten, können Hände stürzen.
Nach den Bergen zeigend:
Das Haus der Freiheit hat uns Gott gegründet.

*Man hört eine Trommel, es kommen Leute, die einen
Hut auf einer Stange tragen, ein Ausrufer folgt ihnen,
Weiber und Kinder dringen tumultuarisch nach.*

ERSTER GESELL: Was will die Trommel? Gebet acht!

MEISTER STEINMETZ: Was für
Ein Fasnachtsaufzug und was soll der Hut?

AUSRUFER: In des Kaisers Namen! Höret!

GESELLEN: Still doch! Höret!

AUSRUFER: Ihr sehet diesen Hut, Männer von Uri!
Aufrichten wird man ihn auf hoher Säule,
Mitten in Altdorf, an dem höchsten Ort,
Und dieses ist des Landvogts Will und Meinung:
Dem Hut soll gleiche Ehre wie ihm selbst
                                        geschehn,
Man soll ihn mit gebognem Knie und mit
Entblößtem Haupt verehren – Daran will
Der König die Gehorsamen erkennen.
Verfallen ist mit seinem Leib und Gut
Dem Könige, wer das Gebot verachtet.

*Das Volk lacht laut auf, die Trommel wird gerührt, sie
gehen vorüber.*

ERSTER GESELL: Welch neues Unerhörtes hat der Vogt
Sich ausgesonnen! Wir 'nen Hut verehren!
Sagt! Hat man je vernommen von dergleichen?

MEISTER STEINMETZ:

Wir unsre Kniee beugen einem Hut!
Treibt er sein Spiel mit ernsthaft würd'gen Leuten?

ERSTER GESELL:

Wär's noch die kaiserliche Kron! So ist's
Der Hut von Österreich, ich sah ihn hangen
Über dem Thron, wo man die Lehen gibt!

MEISTER STEINMETZ:

Der Hut von Österreich! Gebt acht, es ist
Ein Fallstrick, uns an Östreich zu verraten!

GESELLEN: Kein Ehrenmann wird sich der Schmach
bequemen.

MEISTER STEINMETZ:

Kommt, laßt uns mit den andern Abred nehmen.
Sie gehen nach der Tiefe.

TELL. *zum Stauffacher*:

Ihr wisset nun Bescheid. Lebt wohl, Herr Werner!

STAUFFACHER:

Wo wollt Ihr hin? O eilt nicht so von dannen.

TELL: Mein Haus entbehrt des Vaters. Lebet wohl.

STAUFFACHER:

Mir ist das Herz so voll, mit Euch zu reden.

TELL: Das schwere Herz wird nicht durch Worte leicht.

STAUFFACHER:

Doch könnten Worte uns zu Taten führen.

TELL: Die einz'ge Tat ist jetzt Geduld und Schweigen.

STAUFFACHER: Soll man ertragen, was unleidlich ist?

TELL:

Die schnellen Herrscher sind's, die kurz regieren.
– Wenn sich der Föhn erhebt aus seinen
Schlünden,
Löscht man die Feuer aus, die Schiffe suchen
Eilends den Hafen, und der mächt'ge Geist
Geht ohne Schaden, spurlos, über die Erde.
Ein jeder lebe still bei sich daheim,
Dem Friedlichen gewährt man gern den Frieden.

STAUFFACHER: Meint Ihr?

TELL: Die Schlange sticht nicht ungereizt.
Sie werden endlich doch von selbst ermüden,
Wenn sie die Lande ruhig bleiben sehn.

STAUFFACHER:
Wir könnten viel, wenn wir zusammenstünden.

TELL:
Beim Schiffbruch hilft der einzelne sich leichter.

STAUFFACHER: So kalt verlaßt Ihr die gemeine Sache?

TELL: Ein jeder zählt nur sicher auf sich selbst.

STAUFFACHER: Verbunden werden auch die
                                        Schwachen mächtig.

TELL: Der Starke ist am mächtigsten allein.

STAUFFACHER:
So kann das Vaterland auf Euch nicht zählen,
Wenn es verzweiflungsvoll zur Notwehr greift?

TELL *gibt ihm die Hand*:
Der Tell holt ein verlornes Lamm vom Abgrund,
Und sollte seinen Freunden sich entziehen?
Doch was ihr tut, laßt mich aus eurem Rat,
Ich kann nicht lange prüfen oder wählen,
Bedürft ihr meiner zu bestimmter Tat,
Dann ruft den Tell, es soll an mir nicht fehlen.

Gehen ab zu verschiedenen Seiten. Ein plötzlicher Auf-
lauf entsteht um das Gerüste.

MEISTER STEINMETZ *eilt hin*: Was gibt's?

ERSTER GESELL *kommt vor, rufend*:
            Der Schieferdecker ist vom Dach gestürzt.
                 BERTA *mit* GEFOLGE.

BERTA *stürzt herein*:
Ist er zerschmettert? Rennet, rettet, helft –
Wenn Hilfe möglich, rettet, hier ist Gold –
    Wirft ihr Geschmeide unter das Volk.

MEISTER: Mit eurem Golde – Alles ist euch feil
Um Gold, wenn ihr den Vater von den Kindern
Gerissen und den Mann von seinem Weibe,

Und Jammer habt gebracht über die Welt,
Denkt ihr's mit Golde zu vergüten – Geht!
Wir waren frohe Menschen eh ihr kamt,
Mit euch ist die Verzweiflung eingezogen.

BERTA *zu dem Fronvogt, der zurückkommt:*
Lebt er?

> *Fronvogt gibt ein Zeichen des Gegenteils.*
>> O unglücksel'ges Schloß, mit Flüchen
Erbaut, und Flüche werden dich bewohnen!
>> *Geht ab.*

VIERTE SZENE

Walther Fürsts Wohnung

WALTER FÜRST *und* ARNOLD VON MELCHTAL *treten zugleich ein, von verschiedenen Seiten.*

MELCHTAL:
Herr Walther Fürst –

WALTHER FÜRST: Wenn man uns überraschte!
Bleibt, wo Ihr seid. Wir sind umringt von Spähern.

MELCHTAL:
Bringt Ihr mir nichts von Unterwalden? Nichts
Von meinem Vater? Nicht ertrag ich's länger,
Als ein Gefangner müßig hier zu liegen.
Was hab ich denn so Sträfliches getan,
Um mich gleich einem Mörder zu verbergen?
Dem frechen Buben, der die Ochsen mir,
Das trefflichste Gespann, vor meinen Augen
Weg wollte treiben auf des Vogts Geheiß,
Hab ich den Finger mit dem Stab gebrochen.

WALTHER FÜRST:
Ihr seid zu rasch. Der Bube war des Vogts,
Von Eurer Obrigkeit war er gesendet,

Ihr wart in Straf gefallen, mußtet Euch,
Wie schwer sie war, der Buße schweigend fügen.

MELCHTAL: Ertragen sollt ich die leichtfert'ge Rede
Des Unverschämten: »Wenn der Bauer Brot
Wollt essen, mög er selbst am Pfluge ziehn!«
In die Seele schnitt mir's, als der Bub die Ochsen,
Die schönen Tiere, von dem Pfluge spannte,
Dumpf brüllten sie, als hätten sie Gefühl
Der Ungebühr, und stießen mit den Hörnern,
Da übernahm mich der gerechte Zorn,
Und meiner selbst nicht Herr, schlug ich den
                                        Boten.

WALTHER FÜRST:
O kaum bezwingen wir das eigne Herz,
Wie soll die rasche Jugend sich bezähmen!

MELCHTAL: Mich jammert nur der Vater – Er bedarf
So sehr der Pflege, und sein Sohn ist fern.
Der Vogt ist ihm gehässig, weil er stets
Für Recht und Freiheit redlich hat gestritten.
Drum werden sie den alten Mann bedrängen,
Und niemand ist, der ihn vor Unglimpf schütze.
– Werde mit mir was will, ich muß hinüber.

WALTHER FÜRST:
Erwartet nur und faßt Euch in Geduld,
Bis Nachricht uns herüberkommt vom Walde.
– Ich höre klopfen, geht – Vielleicht ein Bote
Vom Landvogt – Geht hinein – Ihr seid in Uri
Nicht sicher vor des Landenbergers Arm,
Denn die Tyrannen reichen sich die Hände.

MELCHTAL: Sie lehren uns, was wir tun sollten.

WALTHER FÜRST: Geht!
Ich ruf Euch wieder, wenn's hier sicher ist.
                Melchtal geht hinein.
Der Unglückselige, ich darf ihm nicht
Gestehen, was mir Böses schwant – Wer klopft?
Sooft die Türe rauscht, erwart ich Unglück.

Verrat und Argwohn lauscht in allen Ecken,
Bis in das Innerste der Häuser dringen
Die Boten der Gewalt, bald tät es not,
Wir hätten Schloß und Riegel an den Türen.

Er öffnet und tritt erstaunt zurück, da WERNER STAUF-
FACHER *hereintritt.*

Was seh ich? Ihr, Herr Werner! Nun bei Gott!
Ein werter, teurer Gast – Kein beßrer Mann
Ist über diese Schwelle noch gegangen.
Seid hoch willkommen unter meinem Dach!
Was führt Euch her? Was sucht Ihr hier in Uri?

STAUFFACHER *ihm die Hand reichend*:
Die alten Zeiten und die alte Schweiz.

WALTHER FÜRST:
Die bringt Ihr mit Euch – Sieh, mir wird so wohl,
Warm geht das Herz mir auf bei Eurem Anblick.
– Setzt Euch, Herr Werner – Wie verließet Ihr
Frau Gertrud, Eure angenehme Wirtin,
Des weisen Ibergs hochverständ'ge Tochter?
Von allen Wandrern aus dem deutschen Land,
Die über Meinradszell nach Welschland fahren,
Rühmt jeder Euer gastlich Haus – Doch sagt,
Kommt Ihr soeben frisch von Flüelen her,
Und habt Euch nirgend sonst noch umgesehn,
Eh Ihr den Fuß gesetzt auf diese Schwelle?

STAUFFACHER *setzt sich*:
Wohl ein erstaunlich neues Werk hab ich
Bereiten sehen, das mich nicht erfreute.

WALTHER FÜRST:
O Freund, da habt Ihr's gleich mit einem Blicke!

STAUFFACHER:
Ein solches ist in Uri nie gewesen –
Seit Menschendenken war kein Twinghof hier,
Und fest war keine Wohnung als das Grab.

WALTHER FÜRST:
Ein Grab der Freiheit ist's. Ihr nennt's mit Namen.

STAUFFACHER:

Herr Walther Fürst, ich will Euch nicht verhalten,
Nicht eine müß'ge Neugier führt mich her,
Mich drücken schwere Sorgen – Drangsal hab ich
Zu Haus verlassen, Drangsal find ich hier.
Denn ganz unleidlich ist's, was wir erdulden,
Und dieses Dranges ist kein Ziel zu sehn.
Frei war der Schweizer von uralters her,
Wir sind's gewohnt, daß man uns gut begegnet,
Ein solches war im Lande nie erlebt,
Solang ein Hirte trieb auf diesen Bergen.

WALTHER FÜRST:

Ja, es ist ohne Beispiel wie sie's treiben!
Auch unser edler Herr von Attinghausen,
Der noch die alten Zeiten hat gesehn,
Meint selber, es sei nicht mehr zu ertragen.

STAUFFACHER:

Auch drüben unterm Wald geht Schweres vor,
Und blutig wird's gebüßt – der Wolfenschießen,
Des Kaisers Vogt, der auf dem Roßberg hauste,
Gelüsten trug er nach verbotner Frucht,
Baumgartens Weib, der haushält zu Alzellen,
Wollt er zu frecher Ungebühr mißbrauchen,
Und mit der Axt hat ihn der Mann erschlagen.

WALTHER FÜRST: O die Gerichte Gottes sind gerecht!

– Baumgarten sagt Ihr? Ein bescheidner Mann!
Er ist gerettet doch und wohlgeborgen?

STAUFFACHER:

Euer Eidam hat ihn übern See geflüchtet,
Bei mir zu Steinen halt ich ihn verborgen –
– Noch Greulichers hat mir derselbe Mann
Berichtet, Was zu Sarnen ist geschehn,
Das Herz muß jedem Biedermanne bluten.

WALTHER FÜRST *aufmerksam*:

Sagt an, was ist's?

STAUFFACHER: Im Melchtal, da wo man

Eintritt bei Kerns, wohnt ein gerechter Mann,
Sie nennen ihn den Heinrich von der Halden,
Und seine Stimm gilt was in der Gemeinde.

WALTHER FÜRST:
Wer kennt ihn nicht! Was ist's mit ihm? Vollendet.

STAUFFACHER: Der Landenberger büßte seinen Sohn
Um kleinen Fehlers willen, ließ die Ochsen,
Das beste Paar, ihm aus dem Pfluge spannen,
Da schlug der Knab den Knecht und wurde
                                    flüchtig.

WALTHER FÜRST *in höchster Spannung*:
Der Vater aber – Sagt, wie steht's um den?

STAUFFACHER:
Den Vater läßt der Landenberger fodern,
Zur Stelle schaffen soll er ihm den Sohn,
Und da der alte Mann mit Wahrheit schwört,
Er habe von dem Flüchtling keine Kunde,
Da läßt der Vogt die Folterknechte kommen –

WALTHER FÜRST *springt auf und will ihn auf die andre
Seite führen*:
O still, nichts mehr!

STAUFFACHER *mit steigendem Ton*:
                    »Ist mir der Sohn entgangen,
So hab ich dich« – Läßt ihn zu Boden werfen,
Den spitz'gen Stahl ihm in die Augen bohren –

WALTHER FÜRST:
Barmherz'ger Himmel!

MELCHTAL *stürzt heraus*:   In die Augen, sagt Ihr?

STAUFFACHER *erstaunt zum Walther Fürst*:
Wer ist der Jüngling?

MELCHTAL *faßt ihn mit krampfhafter Heftigkeit*:
                     In die Augen? Redet.

WALTHER FÜRST: O der Bejammernswürdige!

STAUFFACHER: Wer ist's?
    Da Walther Fürst ihm ein Zeichen gibt:
Der Sohn ist's? Allgerechter Gott!

MELCHTAL: Und ich
  Muß ferne sein! – In seine beiden Augen?

WALTHER FÜRST:
  Bezwinget Euch, ertragt es wie ein Mann!

MELCHTAL:
  Um meiner Schuld, um meines Frevels willen!
  – Blind also? Wirklich blind, und ganz geblendet?

STAUFFACHER:
  Ich sagt's. Der Quell des Sehns ist ausgeflossen
  Das Licht der Sonne schaut er niemals wieder.

WALTHER FÜRST: Schont seines Schmerzens!

MELCHTAL: Niemals! Niemals wieder!
Er drückt die Hand vor die Augen, und schweigt einige
Momente, dann wendet er sich von dem einen zu dem
andern, und spricht mit sanfter, von Tränen erstickter
              Stimme:
  O eine edle Himmelsgabe ist
  Das Licht des Auges – Alle Wesen leben
  Vom Lichte, jedes glückliche Geschöpf –
  Die Pflanze selbst kehrt freudig sich zum Lichte.
  Und er muß sitzen, fühlend, in der Nacht,
  Im ewig Finstern – ihn erquickt nicht mehr
  Der Matten warmes Grün, der Blumen Schmelz,
  Die roten Firnen kann er nicht mehr schauen –
  Sterben ist nichts – doch! leben und nicht sehen,
  Das ist ein Unglück – Warum seht ihr mich
  So jammernd an? Ich hab zwei frische Augen,
  Und kann dem blinden Vater keines geben,
  Nicht einen Schimmer von dem Meer des Lichts,
  Das glanzvoll, blendend, mir ins Auge dringt.

STAUFFACHER:
  Ach, ich muß Euren Jammer noch vergrößern,
  Statt ihn zu heilen – Er bedarf noch mehr!
  Denn alles hat der Landvogt ihm geraubt,
  Nichts hat er ihm gelassen als den Stab,
  Um nackt und blind von Tür zu Tür zu wandern.

MELCHTAL: Nichts als den Stab dem augenlosen Greis!
Alles geraubt, und auch das Licht der Sonne,
Des Ärmsten allgemeines Gut – Jetzt rede
Mir keiner mehr von Bleiben, von Verbergen!
Was für ein feiger Elender bin ich,
Daß ich auf meine Sicherheit gedacht,
Und nicht auf deine – dein geliebtes Haupt
Als Pfand gelassen in des Wütrichs Händen!
Feigherz'ge Vorsicht fahre hin – Auf nichts
Als blutige Vergeltung will ich denken,
Hinüber will ich – Keiner soll mich halten –
Des Vaters Auge von dem Landvogt fodern –
Aus allen seinen Reisigen heraus
Will ich ihn finden – Nichts liegt mir am Leben,
Wenn ich den heißen ungeheuren Schmerz
In seinem Lebensblute kühle. *Er will gehen.*

WALTHER FÜRST: Bleibt!
Was könnt Ihr gegen ihn? Er sitzt zu Sarnen
Auf seiner hohen Herrenburg und spottet
Ohnmächt'gen Zorns in seiner sichern Feste.

MELCHTAL: Und wohnt' er droben auf dem Eispalast
Des Schreckhorns oder höher, wo die Jungfrau
Seit Ewigkeit verschleiert sitzt – Ich mache
Mir Bahn zu ihm, mit zwanzig Jünglingen
Gesinnt wie ich, zerbrech ich seine Feste.
Und wenn mir niemand folgt, und wenn ihr alle
Für eure Hütten bang und eure Herden,
Euch dem Tyrannenjoche beugt – die Hirten
Will ich zusammenrufen im Gebirg,
Dort unterm freien Himmelsdache, wo
Der Sinn noch frisch ist und das Herz gesund,
Das ungeheuer Gräßliche erzählen.

STAUFFACHER *zu Walther Fürst*:
Es ist auf seinem Gipfel – wollen wir
Erwarten, bis das Äußerste –

MELCHTAL: Welch Äußerstes

Ist noch zu fürchten, wenn der Stern des Auges
In seiner Höhle nicht mehr sicher ist?
– Sind wir denn wehrlos? Wozu lernten wir
Die Armbrust spannen und die schwere Wucht
Der Streitaxt schwingen? Jedem Wesen ward
Ein Notgewehr in der Verzweiflungsangst,
Es stellt sich der erschöpfte Hirsch und zeigt
Der Meute sein gefürchtetes Geweih,
Die Gemse reißt den Jäger in den Abgrund –
Der Pflugstier selbst, der sanfte Hausgenoß
Des Menschen, der die ungeheure Kraft
Des Halses duldsam unters Joch gebogen,
Springt auf, gereizt, wetzt sein gewaltig Horn,
Und schleudert seinen Feind den Wolken zu.

WALTHER FÜRST:

Wenn die drei Lande dächten wie wir drei,
So möchten wir vielleicht etwas vermögen.

STAUFFACHER:

Wenn Uri ruft, wenn Unterwalden hilft,
Der Schwyzer wird die alten Bünde ehren.

MELCHTAL:

Groß ist in Unterwalden meine Freundschaft,
Und jeder wagt mit Freuden Leib und Blut,
Wenn er am andern einen Rücken hat
Und Schirm – O fromme Väter dieses Landes!
Ich stehe nur ein Jüngling zwischen euch,
Den Vielerfahrnen – meine Stimme muß
Bescheiden schweigen in der Landsgemeinde.
Nicht weil ich jung bin und nicht viel erlebte,
Verachtet meinen Rat und meine Rede,
Nicht lüstern jugendliches Blut, mich treibt
Des höchsten Jammers schmerzliche Gewalt,
Was auch den Stein des Felsens muß erbarmen.
Ihr selbst seid Väter, Häupter eines Hauses,
Und wünscht euch einen tugendhaften Sohn,
Der eures Hauptes heil'ge Locken ehre,

Und euch den Stern des Auges fromm bewache.
O weil ihr selbst an eurem Leib und Gut
Noch nichts erlitten, eure Augen sich
Noch frisch und hell in ihren Kreisen regen,
So sei euch darum unsre Not nicht fremd.
Auch über euch hängt das Tyrannenschwert,
Ihr habt das Land von Östreich abgewendet,
Kein anderes war meines Vaters Unrecht,
Ihr seid in gleicher Mitschuld und Verdammnis.

STAUFFACHER *zu Walther Fürst*:

Beschließet Ihr, ich bin bereit zu folgen.

WALTHER FÜRST:

Wir wollen hören, was die edeln Herrn
Von Sillinen, von Attinghausen raten –
Ihr Name, denk ich, wird uns Freunde werben.

MELCHTAL: Wo ist ein Name in dem Waldgebirg
Ehrwürdiger als Eurer und der Eure?
An solcher Namen echte Währung glaubt
Das Volk, sie haben guten Klang im Lande.
Ihr habt ein reiches Erb von Vätertugend,
Und habt es selber reich vermehrt – Was braucht's
Des Edelmanns? Laßt's uns allein vollenden.
Wären wir doch allein im Land! Ich meine,
Wir wollten uns schon selbst zu schirmen wissen.

STAUFFACHER:

Die Edeln drängt nicht gleiche Not mit uns,
Der Strom, der in den Niederungen wütet,
Bis jetzt hat er die Höhn noch nicht erreicht –
Doch ihre Hülfe wird uns nicht entstehn,
Wenn sie das Land in Waffen erst erblicken.

WALTHER FÜRST:

Wäre ein Obmann zwischen uns und Östreich,
So möchte Recht entscheiden und Gesetz,
Doch der uns unterdrückt, ist unser Kaiser
Und höchster Richter – so muß Gott uns helfen
Durch unsern Arm – erforschet Ihr die Männer

Von Schwyz, ich will in Uri Freunde werben.
Wen aber senden wir nach Unterwalden –

MELCHTAL: Mich sendet hin – wem läg es näher an –

WALTHER FÜRST:
Ich geb's nicht zu, Ihr seid mein Gast, ich muß
Für Eure Sicherheit gewähren!

MELCHTAL: Laßt mich!
Die Schliche kenn ich und die Felsensteige,
Auch Freunde find ich gnug, die mich dem Feind
Verhehlen und ein Obdach gern gewähren.

STAUFFACHER:
Laßt ihn mit Gott hinübergehn. Dort drüben
Ist kein Verräter – so verabscheut ist
Die Tyrannei, daß sie kein Werkzeug findet.
Auch der Alzeller soll uns nid dem Wald
Genossen werben und das Land erregen.

MELCHTAL: Wie bringen wir uns sichre Kunde zu,
Daß wir den Argwohn der Tyrannen täuschen?

STAUFFACHER:
Wir könnten uns zu Brunnen oder Treib
Versammeln, wo die Kaufmannsschiffe landen.

WALTHER FÜRST:
So offen dürfen wir das Werk nicht treiben.
– Hört meine Meinung. Links am See, wenn man
Nach Brunnen fährt, dem Mythenstein grad über,
Liegt eine Matte heimlich im Gehölz,
Das Rütli heißt sie bei dem Volk der Hirten,
Weil dort die Waldung ausgereutet ward.
Dort ist's wo unsre Landmark und die Eure
Zu Melchtal:
Zusammengrenzen, und in kurzer Fahrt
Zu Stauffacher:
Trägt Euch der leichte Kahn von Schwyz herüber.
Auf öden Pfaden können wir dahin
Bei Nachtzeit wandern und uns still beraten.
Dahin mag jeder zehn vertraute Männer

Mitbringen, die herzeinig sind mit uns,
So können wir gemeinsam das Gemeine
Besprechen und mit Gott es frisch beschließen.

STAUFFACHER:

So sei's. Jetzt reicht mir Eure biedre Rechte,
Reicht Ihr die Eure her, und so wie wir
Drei Männer jetzo, unter uns, die Hände
Zusammenflechten, redlich, ohne Falsch,
So wollen wir drei Länder auch, zu Schutz
Und Trutz, zusammenstehn auf Tod und Leben.

WALTHER FÜRST *und* MELCHTAL:

Auf Tod und Leben!

Sie halten die Hände noch einige Pausen lang zusam-
mengeflochten und schweigen.

MELCHTAL: Blinder alter Vater!
Du kannst den Tag der Freiheit nicht mehr
                                    schauen,
Du sollst ihn hören – Wenn von Alp zu Alp
Die Feuerzeichen flammend sich erheben,
Die festen Schlösser der Tyrannen fallen,
In deine Hütte soll der Schweizer wallen,
Zu deinem Ohr die Freudenkunde tragen,
Und hell in deiner Nacht soll es dir tagen.

Sie gehen auseinander.

ZWEITER AUFZUG

Erste Szene

Edelhof des Freiherrn von Attinghausen.

Ein gotischer Saal mit Wappenschildern und Helmen verziert. Der FREIHERR *ein Greis von fünfundachtzig Jahren, von hoher edler Statur, an einem Stabe worauf ein Gemsenhorn, und in ein Pelzwams gekleidet. Kuoni und noch sechs* KNECHTE *stehen um ihn her mit Rechen und Sensen –* ULRICH VON RUDENZ *tritt ein in Ritterkleidung.*

RUDENZ: Hier bin ich Oheim – Was ist Euer Wille?
ATTINGHAUSEN:
   Erlaubt, daß ich nach altem Hausgebrauch
   Den Frühtrunk erst mit meinen Knechten teile.
Er trinkt aus einem Becher, der dann in der Reihe herumgeht.
   Sonst war ich selber mit in Feld und Wald,
   Mit meinem Auge ihren Fleiß regierend,
   Wie sie mein Banner führte in der Schlacht,
   Jetzt kann ich nichts mehr als den Schaffner
                           machen,
   Und kommt die warme Sonne nicht zu mir,
   Ich kann sie nicht mehr suchen auf den Bergen.
   Und so in enger stets und engerm Kreis,
   Beweg ich mich dem engesten und letzten,
   Wo alles Leben stillsteht, langsam zu,
   Mein Schatte bin ich nur, bald nur mein Name.
KUONI *zu Rudenz mit dem Becher*:
   Ich bring's Euch, Junker.
      Da Rudenz zaudert den Becher zu nehmen:
               Trinket frisch! Es geht
   Aus einem Becher und aus einem Herzen.

ATTINGHAUSEN:

Geht Kinder, und wenn's Feierabend ist,
Dann reden wir auch von des Lands Geschäften.

Knechte gehen ab.

ATTINGHAUSEN *und* RUDENZ

ATTINGHAUSEN: Ich sehe dich gegürtet und gerüstet,
Du willst nach Altorf in die Herrenburg?

RUDENZ: Ja Oheim, und ich darf nicht länger säumen –

ATTINGHAUSEN *setzt sich:*

Hast du's so eilig? Wie? Ist deiner Jugend
Die Zeit so karg gemessen, daß du sie
An deinem alten Oheim mußt ersparen?

RUDENZ: Ich sehe, daß Ihr meiner nicht bedürft,
Ich bin ein Fremdling nur in diesem Hause.

ATTINGHAUSEN *hat ihn lange mit den Augen gemustert:*

Ja leider bist du's. Leider ist die Heimat
Zur Fremde dir geworden! – Uli! Uli!
Ich kenne dich nicht mehr. In Seide prangst du,
Die Pfauenfeder trägst du stolz zur Schau,
Und schlägst den Purpurmantel um die Schultern,
Den Landmann blickst du mit Verachtung an,
Und schämst dich seiner traulichen Begrüßung.

RUDENZ:

Die Ehr, die ihm gebührt, geb ich ihm gern,
Das Recht, das er sich nimmt, verweigr ich ihm.

ATTINGHAUSEN:

Das ganze Land liegt unterm schweren Zorn
Des Königs – Jedes Biedermannes Herz
Ist kummervoll ob der tyrannischen Gewalt
Die wir erdulden – Dich allein rührt nicht
Der allgemeine Schmerz – Dich siehet man
Abtrünnig von den Deinen auf der Seite
Des Landesfeindes stehen, unsrer Not
Hohnsprechend nach der leichten Freude jagen,
Und buhlen um die Fürstengunst, indes
Dein Vaterland von schwerer Geißel blutet.

RUDENZ: Das Land ist schwer bedrängt – Warum mein
    Wer ist's, der es gestürzt in diese Not?   [Oheim?
    Es kostete ein einzig leichtes Wort,
    Um augenblicks des Dranges los zu sein,
    Und einen gnäd'gen Kaiser zu gewinnen.
    Weh ihnen, die dem Volk die Augen halten,
    Daß es dem wahren Besten widerstrebt.
    Um eignen Vorteils willen hindern sie,
    Daß die Waldstätte nicht zu Östreich schwören,
    Wie ringsum alle Lande doch getan.
    Wohl tut es ihnen, auf der Herrenbank
    Zu sitzen mit dem Edelmann – den Kaiser
    Will man zum Herrn, um keinen Herrn zu haben.

ATTINGHAUSEN:
    Muß ich das hören und aus deinem Munde!

RUDENZ: Ihr habt mich aufgefodert, laßt mich enden.
    – Welche Person ist's, Oheim, die Ihr selbst
    Hier spielt? Habt Ihr nicht höhern Stolz, als hier
    Landammann oder Bannerherr zu sein
    Und neben diesen Hirten zu regieren?
    Wie? Ist's nicht eine rühmlichere Wahl,
    Zu huldigen dem königlichen Herrn,
    Sich an sein glänzend Lager anzuschließen,
    Als Eurer eignen Knechte Pair zu sein,
    Und zu Gericht zu sitzen mit dem Bauer?

ATTINGHAUSEN: Ach Uli! Uli! Ich erkenne sie
    Die Stimme der Verführung! Sie ergriff
    Dein offnes Ohr, sie hat dein Herz vergiftet.

RUDENZ: Ja ich verberg es nicht – in tiefer Seele
    Schmerzt mich der Spott der Fremdlinge, die uns
    Den Baurenadel schelten – Nicht ertrag ich's,
    Indes die edle Jugend ringsumher
    Sich Ehre sammelt unter Habsburgs Fahnen,
    Auf meinem Erb hier müßig stillzuliegen,
    Und bei gemeinem Tagewerk den Lenz
    Des Lebens zu verlieren – Anderswo

Geschehen Taten, eine Welt des Ruhms
Bewegt sich glänzend jenseits dieser Berge –
Mir rosten in der Halle Helm und Schild,
Der Kriegstrommete mutiges Getön,
Der Heroldsruf, der zum Turniere ladet,
Er dringt in diese Täler nicht herein,
Nichts als den Kuhreihn und der Herdeglocken
Einförmiges Geläut vernehm ich hier.

ATTINGHAUSEN:

Verblendeter, vom eiteln Glanz verführt!
Verachte dein Geburtsland! Schäme dich
Der uralt frommen Sitte deiner Väter!
Mit heißen Tränen wirst du dich dereinst
Heimsehnen nach den väterlichen Bergen,
Und dieses Herdenreihens Melodie,
Die du in stolzem Überdruß verschmähst,
Mit Schmerzenssehnsucht wird sie dich ergreifen,
Wenn sie dir anklingt auf der fremden Erde.
O mächtig ist der Trieb des Vaterlands!
Die fremde falsche Welt ist nicht für dich,
Dort an dem stolzen Kaiserhof bleibst du
Dir ewig fremd mit deinem treuen Herzen!
Die Welt, sie fodert andre Tugenden,
Als du in diesen Tälern dir erworben.
– Geh hin, verkaufe deine freie Seele,
Nimm Land zu Lehen, werd ein Fürstenknecht,
Da du ein Selbstherr sein kannst und ein Fürst
Auf deinem eignen Erb und freien Boden.
Ach Uli! Uli! Bleibe bei den Deinen!
Geh nicht nach Altdorf – O verlaß sie nicht
Die heil'ge Sache deines Vaterlands!
– Ich bin der Letzte meines Stamms. Mein Name
Endet mit mir. Da hängen Helm und Schild,
Die werden sie mir in das Grab mitgeben.
Und muß ich denken bei dem letzten Hauch,
Daß du mein brechend Auge nur erwartest,

Um hinzugehn vor diesen neuen Lehenhof,
Und meine edeln Güter, die ich frei
Von Gott empfing, von Östreich zu empfangen!

RUDENZ:

Vergebens widerstreben wir dem König,
Die Welt gehört ihm, wollen wir allein
Uns eigensinnig steifen und verstocken,
Die Länderkette ihm zu unterbrechen,
Die er gewaltig rings um uns gezogen?
Sein sind die Märkte, die Gerichte, sein
Die Kaufmannsstraßen, und das Saumroß selbst,
Das auf dem Gotthard ziehet, muß ihm zollen.
Von seinen Ländern wie mit einem Netz
Sind wir umgarnet rings und eingeschlossen.
– Wird uns das Reich beschützen? Kann es selbst
Sich schützen gegen Östreichs wachsende Gewalt?
Hilft Gott uns nicht, kein Kaiser kann uns helfen.
Was ist zu geben auf der Kaiser Wort,
Wenn sie in Geld- und Kriegesnot die Städte,
Die untern Schirm des Adlers sich geflüchtet,
Verpfänden dürfen und dem Reich veräußern?
– Nein Oheim! Wohltat ist's und weise Vorsicht,
In diesen schweren Zeiten der Parteiung,
Sich anzuschließen an ein mächtig Haupt.
Die Kaiserkrone geht von Stamm zu Stamm,
Die hat für treue Dienste kein Gedächtnis,
Doch um den mächt'gen Erbherrn wohl verdienen,
Heißt Saaten in die Zukunft streun.

ATTINGHAUSEN: Bist du so weise?

Willst heller sehn als deine edeln Väter,
Die um der Freiheit kostbarn Edelstein
Mit Gut und Blut und Heldenkraft gestritten?
– Schiff nach Luzern hinunter, frage dort,
Wie Östreichs Herrschaft lastet auf den Ländern!
Sie werden kommen, unsre Schaf und Rinder
Zu zählen, unsre Alpen abzumessen,

Den Hochflug und das Hochgewilde bannen
In unsern freien Wäldern, ihren Schlagbaum
An unsre Brücken, unsre Tore setzen,
Mit unsrer Armut ihre Länderkäufe,
Mit unserm Blute ihre Kriege zahlen –
– Nein, wenn wir unser Blut dransetzen sollen,
So sei's für uns – wohlfeiler kaufen wir
Die Freiheit als die Knechtschaft ein!

RUDENZ: Was können wir,
Ein Volk der Hirten gegen Albrechts Heere!

ATTINGHAUSEN:

Lern dieses Volk der Hirten kennen, Knabe!
Ich kenn's, ich hab es angeführt in Schlachten,
Ich hab es fechten sehen bei Favenz.
Sie sollen kommen, uns ein Joch aufzwingen,
Das wir entschlossen sind, nicht zu ertragen!
– O lerne fühlen, welches Stamms du bist!
Wirf nicht für eiteln Glanz und Flitterschein
Die echte Perle deines Wertes hin –
Das Haupt zu heißen eines freien Volks,
Das dir aus Liebe nur sich herzlich weiht,
Das treulich zu dir steht in Kampf und Tod –
Das sei dein Stolz, des Adels rühme dich –
Die angebornen Bande knüpfe fest,
Ans Vaterland, ans teure, schließ dich an,
Das halte fest mit deinem ganzen Herzen.
Hier sind die starken Wurzeln deiner Kraft,
Dort in der fremden Welt stehst du allein,
Ein schwankes Rohr, das jeder Sturm zerknickt.
O komm, du hast uns lang nicht mehr gesehn,
Versuch's mit uns nur einen Tag – nur heute
Geh nicht nach Altorf – Hörst du? Heute nicht,
Den einen Tag nur schenke dich den Deinen!
                    Er faßt seine Hand.

RUDENZ:

Ich gab mein Wort – Laßt mich – Ich bin gebunden.

ATTINGHAUSEN *läßt seine Hand los, mit Ernst*:
>Du bist gebunden – Ja Unglücklicher!
>Du bist's, doch nicht durch Wort und Schwur,
>Gebunden bist du durch der Liebe Seile!
>>*Rudenz wendet sich weg.*
>– Verbirg dich wie du willst. Das Fräulein ist's,
>Berta von Bruneck, die zur Herrenburg
>Dich zieht, dich fesselt an des Kaisers Dienst.
>Das Ritterfräulein willst du dir erwerben
>Mit deinem Abfall von dem Land – Betrüg dich
>Dich anzulocken zeigt man dir die Braut,   [nicht!
>Doch deiner Unschuld ist sie nicht beschieden.

RUDENZ: Genug hab ich gehört. Gehabt Euch wohl.
>>*Er geht ab.*

ATTINGHAUSEN:
>Wahnsinn'ger Jüngling bleib! – Er geht dahin!
>Ich kann ihn nicht erhalten, nicht erretten –
>So ist der Wolfenschießen abgefallen
>Von seinem Land – so werden andre folgen,
>Der fremde Zauber reißt die Jugend fort,
>Gewaltsam strebend über unsre Berge.
>– O unglücksel'ge Stunde, da das Fremde
>In diese still beglückten Täler kam,
>Der Sitten fromme Unschuld zu zerstören!
>Das Neue dringt herein mit Macht, das Alte
>Das Würd'ge scheidet, andre Zeiten kommen,
>Es lebt ein andersdenkendes Geschlecht!
>Was tu ich hier? Sie sind begraben alle,
>Mit denen ich gewaltet und gelebt.
>Unter der Erde schon liegt meine Zeit,
>Wohl dem, der mit der neuen nicht mehr braucht
>>>>zu leben!

>>*Geht ab.*

ZWEITE SZENE

Eine Wiese von hohen Felsen und Wald umgeben. Auf den Felsen sind Steige, mit Geländern, auch Leitern, von denen man nachher die Landleute herabsteigen sieht. Im Hintergrunde zeigt sich der See, über welchem anfangs ein Mondregenbogen zu sehen ist. Den Prospekt schließen hohe Berge, hinter welchen noch höhere Eisgebirge ragen. Es ist völlig Nacht auf der Szene, nur der See und die weißen Gletscher leuchten im Mondlicht.

MELCHTAL, BAUMGARTEN, WINKELRIED, MEIER VON SARNEN, BURKHARDT AM BÜHEL, ARNOLD VON SEWA, KLAUS VON DER FLÜE *und noch vier andere Landleute, alle bewaffnet.*

MELCHTAL *noch hinter der Szene:*
    Der Bergweg öffnet sich, nur frisch mir nach,
    Den Fels erkenn ich und das Kreuzlein drauf,
    Wir sind am Ziel, hier ist das Rütli.
        Treten auf mit Windlichtern.
WINKELRIED: Horch!
SEWA: Ganz leer.
MEIER: 's ist noch kein Landmann da. Wir sind
    Die ersten auf dem Platz, wir Unterwaldner.
MELCHTAL: Wie weit ist's in der Nacht?
BAUMGARTEN: Der Feuerwächter
    Vom Selisberg hat eben zwei gerufen.
        Man hört in der Ferne läuten.
MEIER:
    Still! Horch!
AM BÜHEL: Das Mettenglöcklein in der Waldkapelle
    Klingt hell herüber aus dem Schwyzerland.
VON DER FLÜE:
    Die Luft ist rein und trägt den Schall so weit.

MELCHTAL: Gehn einige und zünden Reisholz an,
Daß es loh brenne, wenn die Männer kommen.
Zwei Landleute gehen.
SEWA: 's ist eine schöne Mondennacht. Der See
Liegt ruhig da als wie ein ebner Spiegel.
AM BÜHEL: Sie haben eine leichte Fahrt.
WINKELRIED *zeigt nach dem See*:   Ha seht!
Seht dorthin! Seht ihr nichts?
MEIER: Was denn? – Ja wahrlich!
Ein Regenbogen mitten in der Nacht!
MELCHTAL: Es ist das Licht des Mondes das ihn bildet.
VON DER FLÜE:
Das ist ein seltsam wunderbares Zeichen!
Es leben viele, die das nicht gesehn.
SEWA: Er ist doppelt, seht, ein blässerer steht drüber.
BAUMGARTEN: Ein Nachen fährt soeben drunter weg.
MELCHTAL: Das ist der Stauffacher mit seinem Kahn,
Der Biedermann läßt sich nicht lang erwarten.
Geht mit Baumgarten nach dem Ufer.
MEIER: Die Urner sind es, die am längsten säumen.
AM BÜHEL: Sie müssen weit umgehen durchs Gebirg,
Daß sie des Landvogts Kundschaft hintergehen.
*Unterdessen haben die zwei Landleute in der Mitte des
Platzes ein Feuer angezündet.*
MELCHTAL *am Ufer*: Wer ist da? Gebt das Wort!
STAUFFACHER *von unten*:   Freunde des Landes.
*Alle gehen nach der Tiefe, den Kommenden entgegen.
Aus dem Kahn steigen* STAUFFACHER, ITEL, REDING,
HANS AUF DER MAUER, JÖRG IM HOFE, KONRAD HUNN,
ULRICH DER SCHMIED, JOST VON WEILER, *und noch* DREI
ANDRE LANDLEUTE, *gleichfalls bewaffnet.*
ALLE *rufen*: Willkommen!
*Indem die übrigen in der Tiefe verweilen und sich be-
grüßen, kommt Melchtal mit Stauffacher vorwärts.*
MELCHTAL: O Herr Stauffacher! Ich hab ihn
Gesehn, der mich nicht wiedersehen konnte!

Die Hand hab ich gelegt auf seine Augen,
Und glühend Rachgefühl hab ich gesogen
Aus der erloschnen Sonne seines Blicks.
STAUFFACHER: Sprecht nicht von Rache. Nicht
                               Geschehnes rächen,
Gedrohtem Übel wollen wir begegnen.
– Jetzt sagt, was Ihr im Unterwaldner Land
Geschafft und für gemeine Sach geworben,
Wie die Landleute denken, wie Ihr selbst
Den Stricken des Verrats entgangen seid.
MELCHTAL: Durch der Surennen furchtbares Gebirg,
Auf weit verbreitet öden Eisesfeldern,
Wo nur der heisre Lämmergeier krächzt,
Gelangt ich zu der Alpentrift, wo sich
Aus Uri und vom Engelberg die Hirten
Anrufend grüßen und gemeinsam weiden,
Den Durst mir stillend mit der Gletscher Milch,
Die in den Runsen schäumend niederquillt.
In den einsamen Sennhütten kehrt ich ein,
Mein eigner Wirt und Gast, bis daß ich kam
Zu Wohnungen gesellig lebender Menschen.
– Erschollen war in diesen Tälern schon
Der Ruf des neuen Greuels der geschehn,
Und fromme Ehrfurcht schaffte mir mein Unglück
Vor jeder Pforte, wo ich wandernd klopfte.
Entrüstet fand ich diese graden Seelen
Ob dem gewaltsam neuen Regiment,
Denn so wie ihre Alpen fort und fort
Dieselben Kräuter nähren, ihre Brunnen
Gleichförmig fließen, Wolken selbst und Winde
Den gleichen Strich unwandelbar befolgen,
So hat die alte Sitte hier vom Ahn
Zum Enkel unverändert fortbestanden,
Nicht tragen sie verwegne Neuerung
Im altgewohnten gleichen Gang des Lebens.
– Die harten Hände reichten sie mir dar,

Von den Wänden langten sie die rost'gen
Und aus den Augen blitzte freudiges   [Schwerter,
Gefühl des Muts, als ich die Namen nannte,
Die im Gebirg dem Landmann heilig sind,
Den Eurigen und Walther Fürsts – Was Euch
Recht würde dünken, schwuren sie zu tun,
Euch schwuren sie bis in den Tod zu folgen.
– So eilt ich sicher unterm heil'gen Schirm
Des Gastrechts von Gehöfte zu Gehöfte –
Und als ich kam ins heimatliche Tal,
Wo mir die Vettern viel verbreitet wohnen –
Als ich den Vater fand, beraubt und blind,
Auf fremdem Stroh, von der Barmherzigkeit
Mildtät'ger Menschen lebend –

STAUFFACHER: Herr im Himmel!

MELCHTAL::

 Da weint ich nicht! Nicht in ohnmächt'gen Tränen
Goß ich die Kraft des heißen Schmerzens aus,
In tiefer Brust wie einen teuern Schatz
Verschloß ich ihn und dachte nur auf Taten.
Ich kroch durch alle Krümmen des Gebirgs,
Kein Tal war so versteckt, ich späht es aus,
Bis an der Gletscher eisbedeckten Fuß
Erwartet ich und fand bewohnte Hütten,
Und überall, wohin mein Fuß mich trug,
Fand ich den gleichen Haß der Tyrannei,
Denn bis an diese letzte Grenze selbst
Belebter Schöpfung, wo der starre Boden
Aufhört zu geben, raubt der Vögte Geiz –
Die Herzen alle dieses biedern Volks
Erregt ich mit dem Stachel meiner Worte,
Und unser sind sie all mit Herz und Mund.

STAUFFACHER:

Großes habt Ihr in kurzer Frist geleistet.

MELCHTAL:

Ich tat noch mehr. Die beiden Festen sind's,

Roßberg und Sarnen, die der Landmann fürchtet,
Denn hinter ihren Felsenwällen schirmt
Der Feind sich leicht und schädiget das Land.
Mit eignen Augen wollt ich es erkunden,
Ich war zu Sarnen und besah die Burg.

STAUFFACHER:

Ihr wagtet Euch bis in des Tigers Höhle?

MELCHTAL:

Ich war verkleidet dort in Pilgerstracht,
Ich sah den Landvogt an der Tafel schwelgen –
Urteilt, ob ich mein Herz bezwingen kann,
Ich sah den Feind und ich erschlug ihn nicht.

STAUFFACHER:

Fürwahr das Glück war Eurer Kühnheit hold.

Unterdessen sind die andern Landleute vorwärts gekom-
men, und nähern sich den beiden.

Doch jetzo sagt mir, wer die Freunde sind,
Und die gerechten Männer, die Euch folgten?
Macht mich bekannt mit ihnen, daß wir uns
Zutraulich nahen und die Herzen öffnen.

MEIER:

Wer kennte Euch nicht, Herr, in den drei Landen?
Ich bin der Mei'r von Sarnen, dies hier ist
Mein Schwestersohn, der Struth von Winkelried.

STAUFFACHER:

Ihr nennt mir keinen unbekannten Namen.
Ein Winkelried war's, der den Drachen schlug
Im Sumpf bei Weiler und sein Leben ließ
In diesem Strauß.

WINKELRIED: Das war mein Ahn, Herr Werner.

MELCHTAL *zeigt auf zwei Landleute*:

Die wohnen hinterm Wald, sind Klosterleute
Vom Engelberg – Ihr werdet sie drum nicht
Verachten, weil sie eigne Leute sind,
Und nicht wie wir frei sitzen auf dem Erbe –
Sie lieben's Land, sind sonst auch wohl berufen.

STAUFFACHER *zu den beiden*:

>Gebt mir die Hand. Es preise sich, wer keinem
>Mit seinem Leibe pflichtig ist auf Erden,
>Doch Redlichkeit gedeiht in jedem Stande.

KONRAD HUNN:

>Das ist Herr Reding, unser Altlandammann.

MEIER: Ich kenn ihn wohl. Er ist mein Widerpart,

>Der um ein altes Erbstück mit mir rechtet.
>– Herr Reding, wir sind Feinde vor Gericht,
>Hier sind wir einig.

>>*Schüttelt ihm die Hand.*

STAUFFACHER: Das ist brav gesprochen.

WINKELRIED:

>Hört ihr? Sie kommen. Hört das Horn von Uri!

*Rechts und links sieht man bewaffnete Männer mit
Windlichtern die Felsen herabsteigen.*

AUF DER MAUER:

>Seht! Steigt nicht selbst der fromme Diener Gottes,
>Der würd'ge Pfarrer mit herab? Nicht scheut er
>Des Weges Mühen und das Graun der Nacht,
>Ein treuer Hirte für das Volk zu sorgen.

BAUMGARTEN:

>Der Sigrist folgt ihm und Herr Walther Fürst,
>Doch nicht den Tell erblick ich in der Menge.

WALTHER FÜRST, RÖSSELMANN *der Pfarrer*, PETERMANN
der Sigrist, KUONI *der Hirt*, WERNI *der Jäger*, RUODI
der Fischer und noch fünf andere LANDLEUTE, *alle zusammen, dreiunddreißig an der Zahl, treten vorwärts
und stellen sich um das Feuer.*

WALTHER FÜRST:

>So müssen wir auf unserm eignen Erb
>Und väterlichen Boden uns verstohlen
>Zusammenschleichen wie die Mörder tun,
>Und bei der Nacht, die ihren schwarzen Mantel
>Nur dem Verbrechen und der sonnenscheuen
>Verschwörung leihet, unser gutes Recht

Uns holen, das doch lauter ist und klar,
Gleichwie der glanzvoll offne Schoß des Tages.

MELCHTAL:

Laßt's gut sein. Was die dunkle Nacht gesponnen,
Soll frei und fröhlich an das Licht der Sonnen.

RÖSSELMANN:

Hört was mir Gott ins Herz gibt Eidgenossen!
Wir stehen hier statt einer Landsgemeinde,
Und können gelten für ein ganzes Volk,
So laßt uns tagen nach den alten Bräuchen
Des Lands, wie wir's in ruhigen Zeiten pflegen,
Was ungesetzlich ist in der Versammlung,
Entschuldige die Not der Zeit. Doch Gott
Ist überall, wo man das Recht verwaltet,
Und unter seinem Himmel stehen wir.

STAUFFACHER:

Wohl, laßt uns tagen nach der alten Sitte,
Ist es gleich Nacht, so leuchtet unser Recht.

MELCHTAL:

Ist gleich die Zahl nicht voll, das Herz ist hier
Des ganzen Volks, die Besten sind zugegen.

KONRAD HUNN:

Sind auch die alten Bücher nicht zur Hand,
Sie sind in unsre Herzen eingeschrieben.

RÖSSELMANN:

Wohlan, so sei der Ring sogleich gebildet,
Man pflanze auf die Schwerter der Gewalt.

AUF DER MAUER:

Der Landesammann nehme seinen Platz,
Und seine Weibel stehen ihm zur Seite!

SIGRIST: Es sind der Völker dreie. Welchem nun
Gebührt's, das Haupt zu geben der Gemeinde?

MEIER: Um diese Ehr mag Schwyz mit Uri streiten,
Wir Unterwaldner stehen frei zurück.

MELCHTAL: Wir stehn zurück, wir sind die Flehenden,
Die Hülfe heischen von den mächt'gen Freunden.

STAUFFACHER:

So nehme Uri denn das Schwert, sein Banner
Zieht bei den Römerzügen uns voran.

WALTHER FÜRST:

Des Schwertes Ehre werde Schwyz zuteil,
Denn seines Stammes rühmen wir uns alle.

RÖSSELMANN: Den edeln Wettstreit laßt mich
freundlich schlichten,
Schwyz soll im Rat, Uri im Felde führen.

WALTHER FÜRST *reicht dem Stauffacher die Schwerter*:
So nehmt!

STAUFFACHER: Nicht mir, dem Alter sei die Ehre.

IM HOFE: Die meisten Jahre zählt Ulrich der Schmied.

AUF DER MAUER:

Der Mann ist wacker, doch nicht freien Stands,
Kein eigner Mann kann Richter sein in Schwyz.

STAUFFACHER:

Steht nicht Herr Reding hier der Altlandammann?
Was suchen wir noch einen Würdigern?

WALTHER FÜRST:

Er sei der Ammann und des Tages Haupt!
Wer dazu stimmt erhebe seine Hände.

Alle heben die rechte Hand auf.

REDING *tritt in die Mitte*:

Ich kann die Hand nicht auf die Bücher legen,
So schwör ich droben bei den ew'gen Sternen,
Daß ich mich nimmer will vom Recht entfernen.

Man richtet die zwei Schwerter vor ihm auf, der Ring
bildet sich um ihn her, Schwyz hält die Mitte, rechts
stellt sich Uri und links Unterwalden. Er steht auf sein
Schlachtschwert gestützt.

Was ist's, das die drei Völker des Gebirgs
Hier an des Sees unwirtlichem Gestade
Zusammenführte in der Geisterstunde?
Was soll der Inhalt sein des neuen Bunds,
Den wir hier unterm Sternenhimmel stiften?

STAUFFACHER *tritt in den Ring*:
    Wir stiften keinen neuen Bund, es ist
    Ein uralt Bündnis nur von Väterzeit,
    Das wir erneuern! Wisset Eidgenossen!
    Ob uns der See, ob uns die Berge scheiden,
    Und jedes Volk sich für sich selbst regiert,
    So sind wir eines Stammes doch und Bluts,
    Und eine Heimat ist's, aus der wir zogen.
WINKELRIED: So ist es wahr, wie's in den Liedern lautet,
    Daß wir von fernher in das Land gewallt?
    O teilt's uns mit, was Euch davon bekannt,
    Daß sich der neue Bund am alten stärke.
STAUFFACHER:
    Hört, was die alten Hirten sich erzählen.
    – Es war ein großes Volk, hinten im Lande
    Nach Mitternacht, das litt von schwerer Teurung.
    In dieser Not beschloß die Landsgemeinde,
    Daß je der zehnte Bürger nach dem Los
    Der Väter Land verlasse – das geschah!
    Und zogen aus, wehklagend, Männer und Weiber,
    Ein großer Heerzug, nach der Mittagsonne,
    Mit dem Schwert sich schlagend durch das
                         deutsche Land,
    Bis an das Hochland dieser Waldgebirge.
    Und eher nicht ermüdete der Zug,
    Bis daß sie kamen in das wilde Tal,
    Wo jetzt die Muotta zwischen Wiesen rinnt –
    Nicht Menschenspuren waren hier zu sehen,
    Nur eine Hütte stand am Ufer einsam,
    Da saß ein Mann, und wartete der Fähre –
    Doch heftig wogete der See und war
    Nicht fahrbar; da besahen sie das Land
    Sich näher und gewahrten schöne Fülle
    Des Holzes und entdeckten gute Brunnen,
    Und meinten, sich im lieben Vaterland
    Zu finden – Da beschlossen sie zu bleiben,

Erbaueten den alten Flecken Schwyz,
Und hatten manchen sauren Tag, den Wald
Mit weitverschlungnen Wurzeln auszuroden –
Drauf als der Boden nicht mehr Gnügen tat
Der Zahl des Volks, da zogen sie hinüber
Zum schwarzen Berg, ja bis ans Weißland hin,
Wo hinter ew'gem Eiseswall verborgen,
Ein andres Volk in andern Zungen spricht.
Den Flecken Stanz erbauten sie am Kernwald,
Den Flecken Altorf in dem Tal der Reuß –
Doch blieben sie des Ursprungs stets gedenk,
Aus all den fremden Stämmen, die seitdem
In Mitte ihres Lands sich angesiedelt,
Finden die Schwyzer Männer sich heraus,
Es gibt das Herz, das Blut sich zu erkennen.
Reicht rechts und links die Hand hin.

AUF DER MAUER: Ja wir sind eines Herzens, eines Bluts!

ALLE *sich die Hände reichend*:
Wir sind ein Volk, und einig wollen wir handeln.

STAUFFACHER:
Die andern Völker tragen fremdes Joch,
Sie haben sich dem Sieger unterworfen.
Es leben selbst in unsern Landesmarken
Der Sassen viel, die fremde Pflichten tragen,
Und ihre Knechtschaft erbt auf ihre Kinder.
Doch wir, der alten Schweizer echter Stamm,
Wir haben stets die Freiheit uns bewahrt.
Nicht unter Fürsten bogen wir das Knie,
Freiwillig wählten wir den Schirm der Kaiser.

RÖSSELMANN:
Frei wählten wir des Reiches Schutz und Schirm,
So steht's bemerkt in Kaiser Friedrichs Brief.

STAUFFACHER:
Denn herrenlos ist auch der Freiste nicht.
Ein Oberhaupt muß sein, ein höchster Richter,
Wo man das Recht mag schöpfen in dem Streit.

Drum haben unsre Väter für den Boden,
Den sie der alten Wildnis abgewonnen,
Die Ehr gegönnt dem Kaiser, der den Herrn
Sich nennt der deutschen und der welschen Erde,
Und wie die andern Freien seines Reichs
Sich ihm zu edelm Waffendienst gelobt,
Denn dieses ist der Freien einz'ge Pflicht,
Das Reich zu schirmen, das sie selbst beschirmt.

MELCHTAL: Was drüber ist, ist Merkmal eines Knechts.

STAUFFACHER: Sie folgten, wenn der Heribann erging,
Dem Reichspanier und schlugen seine Schlachten.
Nach Welschland zogen sie gewappnet mit,
Die Römerkron ihm auf das Haupt zu setzen.
Daheim regierten sie sich fröhlich selbst
Nach altem Brauch und eigenem Gesetz,
Der höchste Blutbann war allein des Kaisers.
Und dazu ward bestellt ein großer Graf,
Der hatte seinen Sitz nicht in dem Lande,
Wenn Blutschuld kam, so rief man ihn herein,
Und unter offnem Himmel, schlicht und klar,
Sprach er das Recht und ohne Furcht der Menschen.
Wo sind hier Spuren, daß wir Knechte sind?
Ist einer, der es anders weiß, der rede!

IM HOFE: Nein, so verhält sich alles wie Ihr sprecht,
Gewaltherrschaft ward nie bei uns geduldet.

STAUFFACHER:
Dem Kaiser selbst versagten wir Gehorsam,
Da er das Recht zugunst der Pfaffen bog.
Denn als die Leute von dem Gotteshaus
Einsiedeln uns die Alp in Anspruch nahmen,
Die wir beweidet seit der Väter Zeit,
Der Abt herfürzog einen alten Brief,
Der ihm die herrenlose Wüste schenkte –
Denn unser Dasein hatte man verhehlt –
Da sprachen wir: »Erschlichen ist der Brief,
Kein Kaiser kann was unser ist verschenken.

Und wird uns Recht versagt vom Reich, wir können
In unsern Bergen auch des Reichs entbehren.«
– So sprachen unsre Väter! Sollen wir
Des neuen Joches Schändlichkeit erdulden,
Erleiden von dem fremden Knecht, was uns
In seiner Macht kein Kaiser durfte bieten?
– Wir haben diesen Boden uns erschaffen
Durch unsrer Hände Fleiß, den alten Wald,
Der sonst der Bären wilde Wohnung war,
Zu einem Sitz für Menschen umgewandelt,
Die Brut des Drachen haben wir getötet,
Der aus den Sümpfen giftgeschwollen stieg,
Die Nebeldecke haben wir zerrissen,
Die ewig grau um diese Wildnis hing,
Den harten Fels gesprengt, über den Abgrund
Dem Wandersmann den sichern Steg geleitet,
Unser ist durch tausendjährigen Besitz
Der Boden – und der fremde Herrenknecht
Soll kommen dürfen und uns Ketten schmieden,
Und Schmach antun auf unsrer eignen Erde?
Ist keine Hülfe gegen solchen Drang?
   Eine große Bewegung unter den Landleuten.
Nein, eine Grenze hat Tyrannenmacht,
Wenn der Gedrückte nirgends Recht kann finden,
Wenn unerträglich wird die Last – greift er
Hinauf getrosten Mutes in den Himmel,
Und holt herunter seine ew'gen Rechte,
Die droben hangen unveräußerlich
Und unzerbrechlich wie die Sterne selbst –
Der alte Urstand der Natur kehrt wieder,
Wo Mensch dem Menschen gegenübersteht –
Zum letzten Mittel, wenn kein andres mehr
Verfangen will, ist ihm das Schwert gegeben –
Der Güter höchstes dürfen wir verteid'gen
Gegen Gewalt – Wir stehn vor unser Land,
Wir stehn vor unsre Weiber, unsre Kinder!

ALLE *an ihre Schwerter schlagend*:
   Wir stehn vor unsre Weiber, unsre Kinder!
RÖSSELMANN *tritt in den Ring*:
   Eh ihr zum Schwerte greift, bedenkt es wohl.
   Ihr könnt es friedlich mit dem Kaiser schlichten.
   Es kostet euch ein Wort und die Tyrannen,
   Die euch jetzt schwer bedrängen, schmeicheln
   – Ergreift, was man euch oft geboten hat,   [euch.
   Trennt euch vom Reich, erkennet Östreichs
                                        Hoheit –

AUF DER MAUER:
   Was sagt der Pfarrer? Wir zu Östreich schwören!
AM BÜHEL: Hört ihn nicht an!
WINKELRIED: Das rät uns ein Verräter,
   Ein Feind des Landes!
REDING: Ruhig Eidgenossen!
SEWA: Wir Östreich huldigen, nach solcher Schmach!
VON DER FLÜE:
   Wir uns abtrotzen lassen durch Gewalt,
   Was wir der Güte weigerten!
MEIER: Dann wären
   Wir Sklaven und verdienten es zu sein!
AUF DER MAUER:
   Der sei gestoßen aus dem Recht der Schweizer,
   Wer von Ergebung spricht an Österreich!
   – Landammann, ich bestehe drauf, dies sei
   Das erste Landsgesetz, das wir hier geben.
MELCHTAL:
   So sei's. Wer von Ergebung spricht an Östreich,
   Soll rechtlos sein und aller Ehren bar,
   Kein Landmann nehm ihn auf an seinem Feuer.
ALLE *heben die rechte Hand auf*:
   Wir wollen es, das sei Gesetz!
REDING *nach einer Pause*:   Es ist's.
RÖSSELMANN:
   Jetzt seid ihr frei, ihr seid's durch dies Gesetz,

Nicht durch Gewalt soll Österreich ertrotzen
Was es durch freundlich Werben nicht erhielt –

JOST VON WEILER: Zur Tagesordnung, weiter.

REDING: Eidgenossen!
Sind alle sanften Mittel auch versucht?
Vielleicht weiß es der König nicht, es ist
Wohl gar sein Wille nicht, was wir erdulden.
Auch dieses letzte sollten wir versuchen,
Erst unsre Klage bringen vor sein Ohr,
Eh wir zum Schwerte greifen. Schrecklich immer
Auch in gerechter Sache ist Gewalt,
Gott hilft nur dann, wenn Menschen nicht
                                   mehr helfen.

STAUFFACHER *zu Konrad Hunn*:
Nun ist's an Euch, Bericht zu geben. Redet.

KONRAD HUNN:
Ich war zu Rheinfeld an des Kaisers Pfalz,
Wider der Vögte harten Druck zu klagen,
Den Brief zu holen unsrer alten Freiheit,
Den jeder neue König sonst bestätigt.
Die Boten vieler Städte fand ich dort,
Vom schwäb'schen Lande und vom Lauf des
Die all erhielten ihre Pergamente,   [Rheins,
Und kehrten freudig wieder in ihr Land.
Mich, euren Boten, wies man an die Räte,
Und die entließen mich mit leerem Trost:
»Der Kaiser habe diesmal keine Zeit,
Er würde sonst einmal wohl an uns denken.«
– Und als ich traurig durch die Säle ging
Der Königsburg, da sah ich Herzog Hansen
In einem Erker weinend stehn, um ihn
Die edeln Herrn von Wart und Tägerfeld.
Die riefen mir und sagten: »Helft euch selbst,
Gerechtigkeit erwartet nicht vom König.
Beraubt er nicht des eignen Bruders Kind,
Und hinterhält ihm sein gerechtes Erbe?

Der Herzog fleht' ihn um sein Mütterliches,
Er habe seine Jahre voll, es wäre
Nun Zeit, auch Land und Leute zu regieren.
Was ward ihm zum Bescheid? Ein Kränzlein setzt'
Der Kaiser auf: das sei die Zier der Jugend.« [ihm

AUF DER MAUER:
   Ihr habt's gehört. Recht und Gerechtigkeit
   Erwartet nicht vom Kaiser! Helft euch selbst!

REDING: Nichts andres bleibt uns übrig. Nun gebt Rat,
   Wie wir es klug zum frohen Ende leiten.

WALTHER FÜRST *tritt in den Ring*:
   Abtreiben wollen wir verhaßten Zwang,
   Die alten Rechte, wie wir sie ererbt
   Von unsern Vätern, wollen wir bewahren,
   Nicht ungezügelt nach dem Neuen greifen.
   Dem Kaiser bleibe, was des Kaisers ist,
   Wer einen Herrn hat, dien ihm pflichtgemäß.

MEIER: Ich trage Gut von Österreich zu Lehen.

WALTHER FÜRST:
   Ihr fahret fort, Östreich die Pflicht zu leisten.

JOST VON WEILER:
   Ich steure an die Herrn von Rappersweil.

WALTHER FÜRST:
   Ihr fahret fort, zu zinsen und zu steuern.

RÖSSELMANN:
   Der großen Frau zu Zürch bin ich vereidet.

WALTHER FÜRST:
   Ihr gebt dem Kloster was des Klosters ist.

STAUFFACHER: Ich trage keine Lehen als des Reichs.

WALTHER FÜRST:
   Was sein muß, das geschehe, doch nicht drüber.
   Die Vögte wollen wir mit ihren Knechten
   Verjagen und die festen Schlösser brechen,
   Doch wenn es sein mag, ohne Blut. Es sehe
   Der Kaiser, daß wir notgedrungen nur
   Der Ehrfurcht fromme Pflichten abgeworfen.

Und sieht er uns in unsern Schranken bleiben,
Vielleicht besiegt er staatsklug seinen Zorn,
Denn bill'ge Furcht erwecket sich ein Volk,
Das mit dem Schwerte in der Faust sich mäßigt.
REDING: Doch lasset hören! Wie vollenden wir's?
Es hat der Feind die Waffen in der Hand,
Und nicht fürwahr in Frieden wird er weichen.
STAUFFACHER:
Er wird's, wenn er in Waffen uns erblickt,
Wir überraschen ihn, eh er sich rüstet.
MEIER: Ist bald gesprochen, aber schwer getan.
Uns ragen in dem Land zwei feste Schlösser,
Die geben Schirm dem Feind und werden
furchtbar,
Wenn uns der König in das Land sollt fallen.
Roßberg und Sarnen muß bezwungen sein,
Eh man ein Schwert erhebt in den drei Landen.
STAUFFACHER:
Säumt man so lang, so wird der Feind gewarnt,
Zu viele sind's, die das Geheimnis teilen.
MEIER: In den Waldstätten findt sich kein Verräter.
RÖSSELMANN: Der Eifer auch, der gute, kann verraten.
WALTHER FÜRST:
Schiebt man es auf, so wird der Twing vollendet
In Altorf und der Vogt befestigt sich.
MEIER: Ihr denkt an euch.
SIGRIST: Und ihr seid ungerecht.
MEIER *auffahrend*:
Wir ungerecht! Das darf uns Uri bieten!
REDING: Bei eurem Eide! Ruh!
MEIER: Ja, wenn sich Schwyz
Versteht mit Uri, müssen wir wohl schweigen.
REDING:
Ich muß euch weisen vor der Landsgemeinde,
Daß ihr mit heft'gem Sinn den Frieden stört!
Stehn wir nicht alle für dieselbe Sache?

WINKELRIED:

Wenn wir's verschieben bis zum Fest des Herrn
Dann bringt's die Sitte mit, daß alle Sassen
Dem Vogt Geschenke bringen auf das Schloß,
So können zehen Männer oder zwölf
Sich unverdächtig in der Burg versammeln,
Die führen heimlich spitz'ge Eisen mit,
Die man geschwind kann an die Stäbe stecken,
Denn niemand kommt mit Waffen in die Burg.
Zunächst im Wald hält dann der große Haufe,
Und wenn die andern glücklich sich des Tors
Ermächtiget, so wird ein Horn geblasen,
Und jene brechen aus dem Hinterhalt,
So wird das Schloß mit leichter Arbeit unser.

MELCHTAL: Den Roßberg übernehm ich zu ersteigen,

Denn eine Dirn des Schlosses ist mir hold,
Und leicht betör ich sie, zum nächtlichen
Besuch die schwanke Leiter mir zu reichen,
Bin ich droben erst, zieh ich die Freunde nach.

REDING: Ist's aller Wille, daß verschoben werde?

Die Mehrheit erhebt die Hand.

STAUFFACHER *zählt die Stimmen*:

Es ist ein Mehr von zwanzig gegen zwölf!

WALTHER FÜRST:

Wenn am bestimmten Tag die Burgen fallen,
So geben wir von einem Berg zum andern
Das Zeichen mit dem Rauch, der Landsturm wird
Aufgeboten, schnell, im Hauptort jedes Landes,
Wenn dann die Vögte sehn der Waffen Ernst,
Glaubt mir, sie werden sich des Streits begeben,
Und gern ergreifen friedliches Geleit,
Aus unsern Landesmarken zu entweichen.

STAUFFACHER:

Nur mit dem Geßler fürcht ich schweren Stand,
Furchtbar ist er mit Reisigen umgeben,
Nicht ohne Blut räumt er das Feld, ja selbst

Vertrieben bleibt er furchtbar noch dem Land,
Schwer ist's und fast gefährlich, ihn zu schonen.

BAUMGARTEN:
　Wo's halsgefährlich ist, da stellt mich hin,
　Dem Tell verdank ich mein gerettet Leben,
　Gern schlag ich's in die Schanze für das Land,
　Mein Ehr hab ich beschützt, mein Herz befriedigt.

REDING: Die Zeit bringt Rat. Erwartet's in Geduld.
　Man muß dem Augenblick auch was vertrauen.
　– Doch seht, indes wir nächtlich hier noch tagen,
　Stellt auf den höchsten Bergen schon der Morgen
　Die glühnde Hochwacht aus – Kommt, laßt uns
　Eh uns des Tages Leuchten überrascht. [scheiden,

WALTHER FÜRST: Sorgt nicht, die Nacht weicht
　　　　　　　　　　langsam aus den Tälern.

Alle haben unwillkürlich die Hüte abgenommen und be-
trachten mit stiller Sammlung die Morgenröte.

RÖSSELMANN: Bei diesem Licht, das uns zuerst begrüßt
　Von allen Völkern, die tief unter uns
　Schweratmend wohnen in dem Qualm der Städte,
　Laßt uns den Eid des neuen Bundes schwören.
　– Wir wollen sein ein einzig Volk von Brüdern,
　In keiner Not uns trennen und Gefahr.

Alle sprechen es nach mit erhobenen drei Fingern.

　– Wir wollen frei sein wie die Väter waren,
　Eher den Tod, als in der Knechtschaft leben.

　　　　　　Wie oben.

　– Wir wollen trauen auf den höchsten Gott
　Und uns nicht fürchten vor der Macht der
　　　　　　　　　　Menschen.

　　Wie oben. Die Landleute umarmen einander.

STAUFFACHER: Jetzt gehe jeder seines Weges still
　Zu seiner Freundschaft und Genoßame,
　Wer Hirt ist, wintre ruhig seine Herde,
　Und werb im stillen Freunde für den Bund,
　– Was noch bis dahin muß erduldet werden,

Erduldet's! Laßt die Rechnung der Tyrannen
Anwachsen, bis ein Tag die allgemeine
Und die besondre Schuld auf einmal zahlt.
Bezähme jeder die gerechte Wut,
Und spare für das Ganze seine Rache,
Denn Raub begeht am allgemeinen Gut,
Wer selbst sich hilft in seiner eignen Sache.

*Indem sie zu drei verschiednen Seiten in größter Ruhe
abgehen, fällt das Orchester mit einem prachtvollen
Schwung ein, die leere Szene bleibt noch eine Zeitlang
offen und zeigt das Schauspiel der aufgehenden Sonne
über den Eisgebirgen.*

DRITTER AUFZUG

Erste Szene

Hof vor Tells Hause. Tell ist mit der Zimmeraxt, Hedwig mit einer häuslichen Arbeit beschäftigt. Walther und Wilhelm in der Tiefe spielen mit einer kleinen Armbrust.

WALTHER *singt*:   Mit dem Pfeil, dem Bogen,
Durch Gebirg und Tal
Kommt der Schütz gezogen
Früh am Morgenstrahl.

Wie im Reich der Lüfte
König ist der Weih –
Durch Gebirg und Klüfte
Herrscht der Schütze frei.

Ihm gehört das Weite
Was sein Pfeil erreicht,
Das ist seine Beute,
Was da kreucht und fleugt.

      Kommt gesprungen.
Der Strang ist mir entzwei. Mach mir ihn Vater.
TELL: Ich nicht. Ein rechter Schütze hilft sich selbst.
      Knaben entfernen sich.
HEDWIG: Die Knaben fangen zeitig an zu schießen.
TELL: Früh übt sich, was ein Meister werden will.
HEDWIG: Ach wollte Gott, sie lernten's nie!
TELL: Sie sollen alles lernen. Wer durchs Leben
Sich frisch will schlagen, muß zu Schutz und Trutz
Gerüstet sein.
HEDWIG: Ach, es wird keiner seine Ruh
Zu Hause finden.

TELL: Mutter, ich kann's auch nicht,
Zum Hirten hat Natur mich nicht gebildet,
Rastlos muß ich ein flüchtig Ziel verfolgen,
Dann erst genieß ich meines Lebens recht,
Wenn ich mir's jeden Tag aufs neu erbeute.

HEDWIG:
Und an die Angst der Hausfrau denkst du nicht,
Die sich indessen, deiner wartend, härmt,
Denn mich erfüllt's mit Grausen, was die Knechte
Von euren Wagefahrten sich erzählen.
Bei jedem Abschied zittert mir das Herz,
Daß du mir nimmer werdest wiederkehren.
Ich sehe dich im wilden Eisgebirg,
Verirrt, von einer Klippe zu der andern
Den Fehlsprung tun, seh wie die Gemse dich
Rückspringend mit sich in den Abgrund reißt,
Wie eine Windlawine dich verschüttet,
Wie unter dir der trügerische Firn
Einbricht und du hinabsinkst, ein lebendig
Begrabner, in die schauerliche Gruft –
Ach, den verwegnen Alpenjäger hascht
Der Tod in hundert wechselnden Gestalten,
Das ist ein unglückseliges Gewerb,
Das halsgefährlich führt am Abgrund hin!

TELL: Wer frisch umherspäht mit gesunden Sinnen,
Auf Gott vertraut und die gelenke Kraft,
Der ringt sich leicht aus jeder Fahr und Not,
Den schreckt der Berg nicht, der darauf geboren.
Er hat seine Arbeit vollendet, legt das Gerät hinweg.
Jetzt, mein ich, hält das Tor auf Jahr und Tag.
Die Axt im Haus erspart den Zimmermann.
                    Nimmt den Hut.

HEDWIG: Wo gehst du hin?

TELL: Nach Altorf, zu dem Vater.

HEDWIG:
Sinnst du auch nichts Gefährliches? Gesteh mir's.

339

TELL: Wie kommst du darauf Frau?

HEDWIG: Es spinnt sich etwas
Gegen die Vögte – Auf dem Rütli ward
Getagt, ich weiß, und du bist auch im Bunde.

TELL: Ich war nicht mit dabei – doch werd ich mich
Dem Lande nicht entziehen, wenn es ruft.

HEDWIG: Sie werden dich hinstellen, wo Gefahr ist,
Das Schwerste wird dein Anteil sein, wie immer.

TELL: Ein jeder wird besteuert nach Vermögen.

HEDWIG: Den Unterwaldner hast du auch im Sturme
Über den See geschafft – Ein Wunder war's,
Daß ihr entkommen – Dachtest du denn gar nicht
An Kind und Weib?

TELL: Lieb Weib, ich dacht an euch,
Drum rettet ich den Vater seinen Kindern.

HEDWIG: Zu schiffen in dem wüt'gen See! Das heißt
Nicht Gott vertrauen! Das heißt Gott versuchen.

TELL: Wer gar zu viel bedenkt, wird wenig leisten.

HEDWIG: Ja du bist gut und hilfreich, dienest allen,
Und wenn du selbst in Not kommst, hilft dir keiner.

TELL: Verhüt es Gott, daß ich nicht Hülfe brauche.

Er nimmt die Armbrust und Pfeile.

HEDWIG: Was willst du mit der Armbrust? Laß sie hier.

TELL: Mir fehlt der Arm, wenn mir die Waffe fehlt.

Die Knaben kommen zurück.

WALTHER: Vater, wo gehst du hin?

TELL: Nach Altorf, Knabe,
Zum Ehni – Willst du mit?

WALTHER: Ja freilich will ich.

HEDWIG:
Der Landvogt ist jetzt dort. Bleib weg von Altorf.

TELL: Er geht, noch heute.

HEDWIG: Drum laß ihn erst fort sein.
Gemahn ihn nicht an dich, du weißt, er grollt uns.

TELL: Mir soll sein böser Wille nicht viel schaden,
Ich tue recht und scheue keinen Feind.

HEDWIG: Die recht tun, eben die haßt er am meisten.

TELL: Weil er nicht an sie kommen kann – Mich wird
Der Ritter wohl in Frieden lassen, mein ich.

HEDWIG: So, weißt du das?

TELL: Es ist nicht lange her,
Da ging ich jagen durch die wilden Gründe
Des Schächentals auf menschenleerer Spur,
Und da ich einsam einen Felsensteig
Verfolgte, wo nicht auszuweichen war,
Denn über mir hing schroff die Felswand her,
Und unten rauschte fürchterlich der Schächen,

Die Knaben drängen sich rechts und links an ihn und
    sehen mit gespannter Neugier an ihm hinauf:
Da kam der Landvogt gegen mich daher,
Er ganz allein mit mir, der auch allein war,
Bloß Mensch zu Mensch und neben uns der
                                            Abgrund.
Und als der Herre mein ansichtig ward,
Und mich erkannte, den er kurz zuvor
Um kleiner Ursach willen schwer gebüßt,
Und sah mich mit dem stattlichen Gewehr
Dahergeschritten kommen, da verblaßt' er,
Die Knie versagten ihn, ich sah es kommen,
Daß er jetzt an die Felswand würde sinken.
– Da jammerte mich sein, ich trat zu ihm
Bescheidentlich und sprach: »Ich bin's, Herr
Er aber konnte keinen armen Laut   [Landvogt.«
Aus seinem Munde geben – Mit der Hand nur
Winkt' er mir schweigend, meines Wegs zu gehn,
Da ging ich fort, und sandt ihm sein Gefolge.

HEDWIG: Er hat vor dir gezittert – Wehe dir!
Daß du ihn schwach gesehn, vergibt er nie.

TELL: Drum meid ich ihn, und er wird mich nicht
                                            suchen.

HEDWIG: Bleib heute nur dort weg. Geh lieber jagen.

TELL: Was fällt dir ein?

HEDWIG: Mich ängstigt's. Bleibe weg.

TELL: Wie kannst du dich so ohne Ursach quälen?

HEDWIG: Weil's keine Ursach hat – Tell, bleibe hier.

TELL: Ich hab's versprochen, liebes Weib, zu kommen.

HEDWIG:
Mußt du, so geh – Nur lasse mir den Knaben!

WALTHER: Nein, Mütterchen. Ich gehe mit dem Vater.

HEDWIG: Wälti, verlassen willst du deine Mutter?

WALTHER:
Ich bring dir auch was Hübsches mit vom Ehni.
Geht mit dem Vater.

WILHELM: Mutter, ich bleibe bei dir!

HEDWIG *umarmt ihn:* Ja, du bist
Mein liebes Kind, du bleibst mir noch allein!
*Sie geht an das Hoftor, und folgt den Abgehenden lange
mit den Augen.*

ZWEITE SZENE

*Eine eingeschlossene wilde Waldgegend, Staubbäche
stürzen von den Felsen.*

BERTA *im Jagdkleid. Gleich darauf* RUDENZ.

BERTA: Er folgt mir. Endlich kann ich mich erklären.

RUDENZ *tritt rasch ein:*
Fräulein, jetzt endlich find ich Euch allein,
Abgründe schließen rings umher uns ein,
In dieser Wildnis fürcht ich keinen Zeugen,
Vom Herzen wälz ich dieses lange Schweigen –

BERTA: Seid Ihr gewiß, daß uns die Jagd nicht folgt?

RUDENZ: Die Jagd ist dort hinaus – Jetzt oder nie!
Ich muß den teuren Augenblick ergreifen –
Entschieden sehen muß ich mein Geschick,
Und sollt es mich auf ewig von Euch scheiden.

– O waffnet Eure güt'gen Blicke nicht
Mit dieser finstern Strenge – Wer bin ich,
Daß ich den kühnen Wunsch zu Euch erhebe?
Mich hat der Ruhm noch nicht genannt, ich darf
Mich in die Reih nicht stellen mit den Rittern,
Die siegberühmt und glänzend Euch umwerben.
Nichts hab ich als mein Herz voll Treu und Liebe –

BERTA *ernst und streng*:
Dürft Ihr von Liebe reden und von Treue,
Der treulos wird an seinen nächsten Pflichten?

> *Rudenz tritt zurück.*

Der Sklave Österreichs, der sich dem Fremdling
Verkauft, dem Unterdrücker seines Volks?

RUDENZ:
Von Euch, mein Fräulein, hör ich diesen Vorwurf?
Wen such ich denn, als Euch auf jener Seite?

BERTA: Mich denkt Ihr auf der Seite des Verrats
Zu finden? Eher wollt ich meine Hand
Dem Geßler selbst, dem Unterdrücker schenken,
Als dem naturvergeßnen Sohn der Schweiz,
Der sich zu seinem Werkzeug machen kann!

RUDENZ: O Gott, was muß ich hören!

BERTA: Wie? Was liegt
Dem guten Menschen näher als die Seinen?
Gibt's schönre Pflichten für ein edles Herz,
Als ein Verteidiger der Unschuld sein,
Das Recht des Unterdrückten zu beschirmen?
– Die Seele blutet mir um Euer Volk,
Ich leide mit ihm, denn ich muß es lieben,
Das so bescheiden ist und doch voll Kraft,
Es zieht mein ganzes Herz mich zu ihm hin,
Mit jedem Tage lern ich's mehr verehren.
– Ihr aber, den Natur und Ritterpflicht
Ihm zum geborenen Beschützer gaben,
Und der's verläßt, der treulos übertritt
Zum Feind, und Ketten schmiedet seinem Land,

Ihr seid's, der mich verletzt und kränkt, ich muß
Mein Herz bezwingen, daß ich Euch nicht hasse.

RUDENZ: Will ich denn nicht das Beste meines Volks?
Ihm unter Östreichs mächt'gem Zepter nicht
Den Frieden –

BERTA: Knechtschaft wollt Ihr ihm bereiten!
Die Freiheit wollt Ihr aus dem letzten Schloß,
Das ihr noch auf der Erde blieb, verjagen.
Das Volk versteht sich besser auf sein Glück,
Kein Schein verführt sein sicheres Gefühl,
Euch haben sie das Netz ums Haupt geworfen –

RUDENZ: Berta! Ihr haßt mich, Ihr verachtet mich!

BERTA: Tät ich's, mir wäre besser – Aber den
Verachtet sehen und verachtungswert,
Den man gern lieben möchte –

RUDENZ: Berta! Berta!
Ihr zeiget mir das höchste Himmelsglück,
Und stürzt mich tief in einem Augenblick.

BERTA: Nein, nein, das Edle ist nicht ganz erstickt
In Euch! Es schlummert nur, ich will es wecken,
Ihr müßt Gewalt ausüben an Euch selbst,
Die angestammte Tugend zu ertöten,
Doch wohl Euch, sie ist mächtiger als Ihr,
Und trotz Euch selber seid Ihr gut und edel!

RUDENZ: Ihr glaubt an mich! O Berta, alles läßt
Mich Eure Liebe sein und werden!

BERTA: Seid
Wozu die herrliche Natur Euch machte!
Erfüllt den Platz, wohin sie Euch gestellt,
Zu Eurem Volke steht und Eurem Lande,
Und kämpft für Euer heilig Recht.

RUDENZ: Weh mir!
Wie kann ich Euch erringen, Euch besitzen,
Wenn ich der Macht des Kaisers widerstrebe?
Ist's der Verwandten mächt'ger Wille nicht,
Der über Eure Hand tyrannisch waltet?

BERTA: In den Waldstätten liegen meine Güter,
Und ist der Schweizer frei, so bin auch ich's.
RUDENZ: Berta! welch einen Blick tut Ihr mir auf!
BERTA: Hofft nicht durch Östreichs Gunst mich zu
erringen,
Nach meinem Erbe strecken sie die Hand,
Das will man mit dem großen Erb vereinen.
Dieselbe Ländergier, die Eure Freiheit
Verschlingen will, sie drohet auch der meinen!
– O Freund, zum Opfer bin ich ausersehn,
Vielleicht um einen Günstling zu belohnen –
Dort wo die Falschheit und die Ränke wohnen,
Hin an den Kaiserhof will man mich ziehn,
Dort harren mein verhaßter Ehe Ketten,
Die Liebe nur – die Eure kann mich retten!
RUDENZ: Ihr könntet Euch entschließen, hier zu leben,
In meinem Vaterlande mein zu sein?
O Berta, all mein Sehnen in das Weite,
Was war es, als ein Streben nur nach Euch?
Euch sucht ich einzig auf dem Weg des Ruhms,
Und all mein Ehrgeiz war nur meine Liebe.
Könnt Ihr mit mir Euch in dies stille Tal
Einschließen und der Erde Glanz entsagen –
O dann ist meines Strebens Ziel gefunden,
Dann mag der Strom der wildbewegten Welt
Ans sichre Ufer dieser Berge schlagen –
Kein flüchtiges Verlangen hab ich mehr
Hinauszusenden in des Lebens Weiten –
Dann mögen diese Felsen um uns her
Die undurchdringlich feste Mauer breiten,
Und dies verschloßne sel'ge Tal allein
Zum Himmel offen und gelichtet sein!
BERTA: Jetzt bist du ganz, wie dich mein ahnend Herz
Geträumt, mich hat mein Glaube nicht betrogen!
RUDENZ: Fahr hin, du eitler Wahn, der mich betört!
Ich soll das Glück in meiner Heimat finden.

Hier wo der Knabe fröhlich aufgeblüht,
Wo tausend Freudespuren mich umgeben,
Wo alle Quellen mir und Bäume leben,
Im Vaterland willst du die Meine werden!
Ach, wohl hab ich es stets geliebt! Ich fühl's,
Es fehlte mir zu jedem Glück der Erden.

BERTA: Wo wär die sel'ge Insel aufzufinden,
Wenn sie nicht hier ist in der Unschuld Land?
Hier, wo die alte Treue heimisch wohnt,
Wo sich die Falschheit noch nicht hingefunden,
Da trübt kein Neid die Quelle unsers Glücks,
Und ewig hell entfliehen uns die Stunden.
– Da seh ich dich im echten Männerwert,
Den Ersten von den Freien und den Gleichen,
Mit reiner freier Huldigung verehrt,
Groß wie ein König wirkt in seinen Reichen.

RUDENZ: Da seh ich dich, die Krone aller Frauen,
In weiblich reizender Geschäftigkeit,
In meinem Haus den Himmel mir erbauen,
Und, wie der Frühling seine Blumen streut,
Mit schöner Anmut mir das Leben schmücken,
Und alles rings beleben und beglücken!

BERTA: Sieh, teurer Freund, warum ich trauerte,
Als ich dies höchste Lebensglück dich selbst
Zerstören sah – Weh mir! Wie stünd's um mich,
Wenn ich dem stolzen Ritter müßte folgen,
Dem Landbedrücker auf sein finstres Schloß!
– Hier ist kein Schloß. Mich scheiden keine Mauern
Von einem Volk, das ich beglücken kann!

RUDENZ:
Doch wie mich retten – wie die Schlinge lösen,
Die ich mir töricht selbst ums Haupt gelegt?

BERTA: Zerreiße sie mit männlichem Entschluß!
Was auch draus werde – Steh zu deinem Volk,
Es ist dein angeborner Platz.

Jagdhörner in der Ferne.

Die Jagd

Kommt näher – Fort, wir müssen scheiden –
Kämpfe
Fürs Vaterland, du kämpfst für deine Liebe!
Es ist ein Feind, vor dem wir alle zittern,
Und eine Freiheit macht uns alle frei!
Gehen ab.

DRITTE SZENE

Wiese bei Altorf. Im Vordergrund Bäume, in der Tiefe der Hut auf einer Stange. Der Prospekt wird begrenzt durch den Bannberg, über welchem ein Schneegebirg emporragt.

FRIESSHARDT *und* LEUTHOLD *halten Wache.*

FRIESSHARDT:
Wir passen auf umsonst. Es will sich niemand
Heranbegeben und dem Hut sein Reverenz
Erzeigen. 's war doch sonst wie Jahrmarkt hier,
Jetzt ist der ganze Anger wie verödet,
Seitdem der Popanz auf der Stange hängt.

LEUTHOLD:
Nur schlecht Gesindel läßt sich sehn und schwingt
Uns zum Verdrieße die zerlumpten Mützen.
Was rechte Leute sind, die machen lieber
Den langen Umweg um den halben Flecken,
Eh sie den Rücken beugten vor dem Hut.

FRIESSHARDT: Sie müssen über diesen Platz, wenn sie
Vom Rathaus kommen um die Mittagstunde.
Da meint ich schon, 'nen guten Fang zu tun,
Denn keiner dachte dran, den Hut zu grüßen.
Da sieht's der Pfaff, der Rösselmann – kam just
Von einem Kranken her – und stellt sich hin

Mit dem Hochwürdigen, grad vor die Stange –
Der Sigrist mußte mit dem Glöcklein schellen,
Da fielen all aufs Knie, ich selber mit,
Und grüßten die Monstranz, doch nicht den Hut. –

LEUTHOLD: Höre Gesell, es fängt mir an zu deuchten,
Wir stehen hier am Pranger vor dem Hut,
's ist doch ein Schimpf für einen Reitersmann,
Schildwach zu stehn vor einem leeren Hut –
Und jeder rechte Kerl muß uns verachten.
– Die Reverenz zu machen einem Hut,
Es ist doch traun! ein närrischer Befehl!

FRIESSHARDT: Warum nicht einem leeren hohlen Hut?
Bückst du dich doch vor manchem hohlen Schädel.

HILDEGARD, MECHTHILD *und* ELSBETH *treten auf mit*
KINDERN *und stellen sich um die Stange.*

LEUTHOLD:

Und du bist auch so ein dienstfert'ger Schurke,
Und brächtest wackre Leute gern ins Unglück.
Mag, wer da will, am Hut vorübergehn,
Ich drück die Augen zu und seh nicht hin.

MECHTHILD:

Da hängt der Landvogt – Habt Respekt, ihr Buben.

ELSBETH:

Wollt's Gott, er ging und ließ uns seinen Hut,
Es sollte drum nicht schlechter stehn ums Land!

FRIESSHARDT *verscheucht sie*:

Wollt ihr vom Platz? Verwünschtes Volk der
Weiber!
Wer fragt nach euch? Schickt eure Männer her,
Wenn sie der Mut sticht, dem Befehl zu trotzen.

Weiber gehen.

TELL *mit der Armbrust tritt auf, den* KNABEN *an der*
Hand führend. Sie gehen an dem Hut vorbei gegen die
vordere Szene, ohne darauf zu achten.

WALTHER *zeigt nach dem Bannberg*:

Vater ist's wahr, daß auf dem Berge dort

Die Bäume bluten, wenn man einen Streich
Drauf führte mit der Axt?

TELL: Wer sagt das Knabe?

WALTHER:

Der Meister Hirt erzählt's – Die Bäume seien
Gebannt, sagt er, und wer sie schädige,
Dem wachse seine Hand heraus zum Grabe.

TELL: Die Bäume sind gebannt, das ist die Wahrheit.
– Siehst du die Firnen dort, die weißen Hörner,
Die hoch bis in den Himmel sich verlieren?

WALTHER:

Das sind die Gletscher, die des Nachts so donnern,
Und uns die Schlaglawinen niedersenden.

TELL: So ist's, und die Lawinen hätten längst
Den Flecken Altorf unter ihrer Last
Verschüttet, wenn der Wald dort oben nicht
Als eine Landwehr sich dagegenstellte.

WALTHER *nach einigem Besinnen*:

Gibt's Länder, Vater, wo nicht Berge sind?

TELL: Wenn man hinuntersteigt von unsern Höhen,
Und immer tiefer steigt, den Strömen nach,
Gelangt man in ein großes ebnes Land,
Wo die Waldwasser nicht mehr brausend
                                        schäumen,
Die Flüsse ruhig und gemächlich ziehn,
Da sieht man frei nach allen Himmelsräumen,
Das Korn wächst dort in langen schönen Auen,
Und wie ein Garten ist das Land zu schauen.

WALTHER: Ei Vater, warum steigen wir denn nicht
Geschwind hinab in dieses schöne Land,
Statt daß wir uns hier ängstigen und plagen?

TELL: Das Land ist schön und gütig wie der Himmel,
Doch die's bebauen, sie genießen nicht
Den Segen, den sie pflanzen.

WALTHER: Wohnen sie
Nicht frei wie du auf ihrem eignen Erbe?

TELL: Das Feld gehört dem Bischof und dem König.

WALTHER: So dürfen sie doch frei in Wäldern jagen?

TELL: Dem Herrn gehört das Wild und das Gefieder.

WALTHER: Sie dürfen doch frei fischen in dem Strom?

TELL:
  Der Strom, das Meer, das Salz gehört dem König.

WALTHER: Wer ist der König denn, den alle fürchten?

TELL: Es ist der eine, der sie schützt und nährt.

WALTHER:
  Sie können sich nicht mutig selbst beschützen?

TELL:
  Dort darf der Nachbar nicht dem Nachbar trauen.

WALTHER: Vater, es wird mir eng im weiten Land,
  Da wohn ich lieber unter den Lawinen.

TELL: Ja wohl ist's besser, Kind, die Gletscherberge
  Im Rücken haben, als die bösen Menschen.
         Sie wollen vorübergehen.

WALTHER: Ei Vater, sieh den Hut dort auf der Stange.

TELL:
  Was kümmert uns der Hut? Komm, laß uns gehen.
*Indem er abgehen will, tritt ihm Frießhardt mit vorge-
         haltner Pike entgegen.*

FRIESSHARDT:
  In des Kaisers Namen! Haltet an und steht!

TELL *greift in die Pike*:
  Was wollt Ihr? Warum haltet Ihr mich auf?

FRIESSHARDT:
  Ihr habt's Mandat verletzt, Ihr müßt uns folgen.

LEUTHOLD:
  Ihr habt dem Hut nicht Reverenz bewiesen.

TELL: Freund, laß mich gehen.

FRIESSHARDT: Fort, fort ins Gefängnis!

WALTHER: Den Vater ins Gefängnis! Hülfe! Hülfe!
         In die Szene rufend:
  Herbei, ihr Männer, gute Leute helft,
  Gewalt, Gewalt, sie führen ihn gefangen.

RÖSSELMANN *der Pfarrer und* PETERMANN *der Sigrist,*
    kommen herbei, mit DREI ANDERN MÄNNERN.

SIGRIST: Was gibt's?

RÖSSELMANN: Was legst du Hand an diesen Mann?

FRIESSHARDT:
    Er ist ein Feind des Kaisers, ein Verräter!

TELL *faßt ihn heftig*:
    Ein Verräter, ich!

RÖSSELMANN: Du irrst dich Freund, das ist
    Der Tell, ein Ehrenmann und guter Bürger.

WALTHER *erblickt Walther Fürsten und eilt ihm entge-*
gen: Großvater hilf, Gewalt geschieht dem Vater.

FRIESSHARDT: Ins Gefängnis, fort!

WALTHER FÜRST *herbeieilend*:
                 Ich leiste Bürgschaft, haltet!
    – Um Gottes willen, Tell, was ist geschehen?

      MELCHTAL *und* STAUFFACHER *kommen.*

FRIESSHARDT: Des Landvogts oberherrliche Gewalt
    Verachtet er, und will sie nicht erkennen.

STAUFFACHER: Das hätt der Tell getan?

MELCHTAL: Das lügst du Bube!

LEUTHOLD: Er hat dem Hut nicht Reverenz bewiesen.

WALTHER FÜRST:
    Und darum soll er ins Gefängnis? Freund,
    Nimm meine Bürgschaft an und laß ihn ledig.

FRIESSHARDT:
    Bürg du für dich und deinen eignen Leib!
    Wir tun, was unsers Amtes – Fort mit ihm!

MELCHTAL *zu den Landleuten*:
    Nein, das ist schreiende Gewalt! Ertragen wir's,
    Daß man ihn fortführt, frech, vor unsern Augen?

SIGRIST:
    Wir sind die Stärkern. Freunde, duldet's nicht,
    Wir haben einen Rücken an den andern!

FRIESSHARDT:
    Wer widersetzt sich dem Befehl des Vogts?

NOCH DREI LANDLEUTE *herbeieilend*:
> Wir helfen euch. Was gibt's? Schlagt sie zu Boden.

HILDEGARD, MECHTHILD *und* ELSBETH *kommen zurück.*

TELL: Ich helfe mir schon selbst. Geht, gute Leute,
> Meint ihr, wenn ich die Kraft gebrauchen wollte,
> Ich würde mich vor ihren Spießen fürchten?

MELCHTAL *zu Frießhardt*:
> Wag's, ihn aus unsrer Mitte wegzuführen!

WALTHER FÜRST *und* STAUFFACHER: Gelassen! Ruhig!

FRIESSHARDT *schreit*: Aufruhr und Empörung!
> > *Man hört Jagdhörner.*

WEIBER: Da kommt der Landvogt!

FRIESSHARDT *erhebt die Stimme*: Meuterei! Empörung!

STAUFFACHER:
> Schrei, bis du berstest, Schurke!

RÖSSELMANN *und* MELCHTAL: Willst du schweigen?

FRIESSHARDT *ruft noch lauter*:
> Zu Hülf, zu Hülf den Dienern des Gesetzes.

WALTHER FÜRST:
> Da ist der Vogt! Weh uns, was wird das werden!

GESSLER *zu Pferd, den Falken auf der Faust,* RUDOLF
DER HARRAS, BERTA *und* RUDENZ, *ein großes* GEFOLGE
von bewaffneten Knechten, welche einen Kreis von Pi-
ken um die ganze Szene schließen.

RUDOLF DER HARRAS:
> Platz, Platz dem Landvogt!

GESSLER: Treibt sie auseinander!
> Was läuft das Volk zusammen? Wer ruft Hilfe?
> > *Allgemeine Stille.*
> Wer war's? Ich will es wissen. *Zu Frießhardt:*
> > Du tritt vor!
> Wer bist du und was hältst du diesen Mann?
> > *Er gibt den Falken einem Diener.*

FRIESSHARDT:
> Gestrenger Herr, ich bin dein Waffenknecht
> Und wohlbestellter Wächter bei dem Hut.

Diesen Mann ergriff ich über frischer Tat,
Wie er dem Hut den Ehrengruß versagte.
Verhaften wollt ich ihn, wie du befahlst,
Und mit Gewalt will ihn das Volk entreißen.

GESSLER *nach einer Pause*:
Verachtest du so deinen Kaiser, Tell,
Und mich, der hier an seiner Statt gebietet,
Daß du die Ehr versagst dem Hut, den ich
Zur Prüfung des Gehorsams aufgehangen?
Dein böses Trachten hast du mir verraten.

TELL: Verzeiht mir lieber Herr! Aus Unbedacht,
Nicht aus Verachtung Eurer ist's geschehn,
Wär ich besonnen, hieß ich nicht der Tell,
Ich bitt um Gnad, es soll nicht mehr begegnen.

GESSLER *nach einigem Stillschweigen*:
Du bist ein Meister auf der Armbrust, Tell,
Man sagt, du nähmst es auf mit jedem Schützen?

WALTHER TELL.:
Und das muß wahr sein, Herr – 'nen Apfel schießt
Der Vater dir vom Baum auf hundert Schritte.

GESSLER: Ist das dein Knabe, Tell?

TELL: Ja, lieber Herr.

GESSLER: Hast du der Kinder mehr?

TELL: Zwei Knaben, Herr.

GESSLER: Und welcher ist's, den du am meisten liebst?

TELL: Herr, beide sind sie mir gleich liebe Kinder.

GESSLER:
Nun Tell! Weil du den Apfel triffst vom Baume
Auf hundert Schritte, so wirst du deine Kunst
Vor mir bewähren müssen – Nimm die Armbrust –
Du hast sie gleich zur Hand – und mach dich fertig,
Einen Apfel von des Knaben Kopf zu schießen –
Doch will ich raten, ziele gut, daß du
Den Apfel treffest auf den ersten Schuß,
Denn fehlst du ihn, so ist dein Kopf verloren.
Alle geben Zeichen des Schreckens.

TELL: Herr – Welches Ungeheure sinnet Ihr
Mir an – Ich soll vom Haupte meines Kindes –
– Nein, nein doch, lieber Herr, das kömmt Euch
nicht
Zu Sinn – Verhüt's der gnäd'ge Gott – das könnt Ihr
Im Ernst von einem Vater nicht begehren!

GESSLER:
Du wirst den Apfel schießen von dem Kopf
Des Knaben – Ich begehr's und will's.

TELL: Ich soll
Mit meiner Armbrust auf das liebe Haupt
Des eignen Kindes zielen – Eher sterb ich!

GESSLER:
Du schießest oder stirbst mit deinem Knaben.

TELL: Ich soll der Mörder werden meines Kinds!
Herr, Ihr habt keine Kinder – wisset nicht,
Was sich bewegt in eines Vaters Herzen.

GESSLER: Ei Tell, du bist ja plötzlich so besonnen!
Man sagte mir, daß du ein Träumer seist,
Und dich entfernst von andrer Menschen Weise.
Du liebst das Seltsame – Drum hab ich jetzt
Ein eigen Wagstück für dich ausgesucht.
Ein andrer wohl bedächte sich – Du drückst
Die Augen zu, und greifst es herzhaft an.

BERTA:
Scherzt nicht, o Herr! mit diesen armen Leuten!
Ihr seht sie bleich und zitternd stehn – So wenig
Sind sie Kurzweils gewohnt aus Eurem Munde.

GESSLER: Wer sagt Euch, daß ich scherze?
Greift nach einem Baumzweige, der über ihn herhängt.
Hier ist der Apfel.
Man mache Raum – Er nehme seine Weite,
Wie's Brauch ist – Achzig Schritte geb ich ihm –
Nicht weniger, noch mehr – Er rühmte sich,
Auf ihrer hundert seinen Mann zu treffen –
Jetzt Schütze triff, und fehle nicht das Ziel!

RUDOLF DER HARRAS:

Gott, das wird ernsthaft – Falle nieder Knabe,
Es gilt, und fleh den Landvogt um dein Leben.

WALTHER FÜRST *beiseite zu Melchtal, der kaum seine
Ungeduld bezwingt*:

Haltet an Euch, ich fleh Euch drum, bleibt ruhig.

BERTA *zum Landvogt*:

Laßt es genug sein Herr! Unmenschlich ist's,
Mit eines Vaters Angst also zu spielen.
Wenn dieser arme Mann auch Leib und Leben
Verwirkt durch seine leichte Schuld, bei Gott!
Er hätte jetzt zehnfachen Tod empfunden.
Entlaßt ihn ungekränkt in seine Hütte,
Er hat Euch kennen lernen, dieser Stunde
Wird er und seine Kindeskinder denken.

GESSLER: Öffnet die Gasse – Frisch! Was zauderst du?

Dein Leben ist verwirkt, ich kann dich töten,
Und sieh, ich lege gnädig dein Geschick
In deine eigne kunstgeübte Hand.
Der kann nicht klagen über harten Spruch,
Den man zum Meister seines Schicksals macht.
Du rühmst dich deines sichern Blicks! Wohlan!
Hier gilt es, Schütze, deine Kunst zu zeigen,
Das Ziel ist würdig und der Preis ist groß!
Das Schwarze treffen in der Scheibe, das
Kann auch ein andrer, der ist mir der Meister,
Der seiner Kunst gewiß ist überall,
Dem's Herz nicht in die Hand tritt noch ins Auge.

WALTHER FÜRST *wirft sich vor ihm nieder*:

Herr Landvogt, wir erkennen Eure Hoheit,
Doch lasset Gnad vor Recht ergehen, nehmt
Die Hälfte meiner Habe, nehmt sie ganz,
Nur dieses Gräßliche erlasset einem Vater!

WALTHER TELL:

Großvater, knie nicht vor dem falschen Mann!
Sagt, wo ich hinstehn soll, ich fürcht mich nicht,

Der Vater trifft den Vogel ja im Flug,
Er wird nicht fehlen auf das Herz des Kindes.

STAUFFACHER:

Herr Landvogt, rührt Euch nicht des Kindes
Unschuld?

RÖSSELMANN: O denket, daß ein Gott im Himmel ist,
Dem Ihr müßt Rede stehn für Eure Taten.

GESSLER *zeigt auf den Knaben*:

Man bind ihn an die Linde dort!

WALTHER TELL: Mich binden!
Nein, ich will nicht gebunden sein. Ich will
Stillhalten, wie ein Lamm und auch nicht atmen.
Wenn ihr mich bindet, nein, so kann ich's nicht,
So werd ich toben gegen meine Bande.

RUDOLF DER HARRAS:

Die Augen nur laß dir verbinden, Knabe.

WALTHER TELL:

Warum die Augen? Denket Ihr, ich fürchte
Den Pfeil von Vaters Hand? Ich will ihn fest
Erwarten, und nicht zucken mit den Wimpern.
– Frisch Vater, zeig's, daß du ein Schütze bist,
Er glaubt dir's nicht, er denkt uns zu verderben –
Dem Wütrich zum Verdrusse, schieß und triff.
Er geht an die Linde, man legt ihm den Apfel auf.

MELCHTAL *zu den Landleuten*:

Was? Soll der Frevel sich vor unsern Augen
Vollenden? Wozu haben wir geschworen?

STAUFFACHER:

Es ist umsonst. Wir haben keine Waffen,
Ihr seht den Wald von Lanzen um uns her.

MELCHTAL: O hätten wir's mit frischer Tat vollendet,
Verzeih's Gott denen, die zum Aufschub rieten!

GESSLER *zum Tell*:

Ans Werk! Man führt die Waffen nicht vergebens.
Gefährlich ist's, ein Mordgewehr zu tragen,
Und auf den Schützen springt der Pfeil zurück.

Dies stolze Recht, das sich der Bauer nimmt,
Beleidiget den höchsten Herrn des Landes.
Gewaffnet sei niemand, als wer gebietet.
Freut's Euch, den Pfeil zu führen und den Bogen,
Wohl, so will ich das Ziel Euch dazu geben.

TELL *spannt die Armbrust und legt den Pfeil auf:*
Öffnet die Gasse! Platz!

STAUFFACHER:
Was Tell? Ihr wolltet – Nimmermehr – Ihr zittert,
Die Hand erbebt Euch, Eure Kniee wanken –

TELL *läßt die Armbrust sinken:*
Mir schwimmt es vor den Augen!

WEIBER: Gott im Himmel!

TELL *zum Landvogt:*
Erlasset mir den Schuß. Hier ist mein Herz!
Er reißt die Brust auf.
Ruft Eure Reisigen und stoßt mich nieder.

GESSLER: Ich will dein Leben nicht, ich will den Schuß.
– Du kannst ja alles, Tell, an nichts verzagst du,
Das Steuerruder führst du wie den Bogen,
Dich schreckt kein Sturm, wenn es zu retten gilt,
Jetzt Retter hilf dir selbst – du rettest alle!

*Tell steht in fürchterlichem Kampf, mit den Händen
zuckend, und die rollenden Augen bald auf den Landvogt, bald zum Himmel gerichtet – Plötzlich greift er in
seinen Köcher, nimmt einen zweiten Pfeil heraus und
steckt ihn in seinen Goller. Der Landvogt bemerkt alle
diese Bewegungen.*

WALTHER TELL *unter der Linde:*
Vater schieß zu, ich fürcht mich nicht.

TELL: Es muß!
Er rafft sich zusammen und legt an.

RUDENZ *der die ganze Zeit über in der heftigsten Spannung gestanden und mit Gewalt an sich gehalten,
tritt hervor:*
Herr Landvogt, weiter werdet Ihr's nicht treiben,

357

Ihr werdet nicht – Es war nur eine Prüfung –
Den Zweck habt Ihr erreicht – Zu weit getrieben
Verfehlt die Strenge ihres weisen Zwecks,
Und allzu straff gespannt zerspringt der Bogen.

GESSLER: Ihr schweigt, bis man Euch aufruft.

RUDENZ: Ich will reden,
Ich darf's, des Königs Ehre ist mir heilig,
Doch solches Regiment muß Haß erwerben.
Das ist des Königs Wille nicht – Ich darf's
Behaupten – Solche Grausamkeit verdient
Mein Volk nicht, dazu habt Ihr keine Vollmacht.

GESSLER: Ha, Ihr erkühnt Euch!

RUDENZ: Ich hab stillgeschwiegen
Zu allen schweren Taten, die ich sah,
Mein sehend Auge hab ich zugeschlossen,
Mein überschwellend und empörtes Herz
Hab ich hinabgedrückt in meinen Busen.
Doch länger schweigen wär Verrat zugleich
An meinem Vaterland und an dem Kaiser.

BERTA *wirft sich zwischen ihn und den Landvogt*:
O Gott, Ihr reizt den Wütenden noch mehr.

RUDENZ:
Mein Volk verließ ich, meinen Blutsverwandten
Entsagt ich, alle Bande der Natur
Zerriß ich, um an Euch mich anzuschließen –
Das Beste aller glaubt ich zu befördern,
Da ich des Kaisers Macht befestigte –
Die Binde fällt von meinen Augen – Schaudernd
Seh ich an einen Abgrund mich geführt –
Mein freies Urteil habt Ihr irrgeleitet,
Mein redlich Herz verführt – Ich war daran,
Mein Volk in bester Meinung zu verderben.

GESSLER: Verwegner, diese Sprache deinem Herrn?

RUDENZ:
Der Kaiser ist mein Herr, nicht Ihr – Frei bin ich
Wie Ihr geboren, und ich messe mich

Mit Euch in jeder ritterlichen Tugend.
Und stündet Ihr nicht hier in Kaisers Namen,
Den ich verehre, selbst wo man ihn schändet,
Den Handschuh wärf ich vor Euch hin, Ihr solltet
Nach ritterlichem Brauch mir Antwort geben.
– Ja winkt nur Euren Reisigen – Ich stehe
Nicht wehrlos da, wie die – *Auf das Volk zeigend:*
                    Ich hab ein Schwert,
Und wer mir naht –

STAUFFACHER *ruft*:   Der Apfel ist gefallen!
*Indem sich alle nach dieser Seite gewendet und Berta
zwischen Rudenz und den Landvogt sich geworfen, hat
        Tell den Pfeil abgedrückt.*

RÖSSELMANN: Der Knabe lebt!

VIELE STIMMEN: Der Apfel ist getroffen!
*Walther Fürst schwankt und droht zu sinken, Berta
        hält ihn.*

GESSLER *erstaunt*:
Er hat geschossen? Wie? der Rasende!

BERTA:
Der Knabe lebt! kommt zu Euch, guter Vater!

WALTHER TELL *kommt mit dem Apfel gesprungen*:
Vater, hier ist der Apfel – Wußt ich's ja,
Du würdest deinen Knaben nicht verletzen.
*Tell stand mit vorgebognem Leib, als wollt er dem Pfeil
folgen – die Armbrust entsinkt seiner Hand – wie er den
Knaben kommen sieht, eilt er ihm mit ausgebreiteten
Armen entgegen, und hebt ihn mit heftiger Inbrunst zu
seinem Herzen hinauf, in dieser Stellung sinkt er kraft
    los zusammen. Alle stehen gerührt.*

BERTA: O güt'ger Himmel!

WALTHER FÜRST *zu Vater und Sohn*:
               Kinder! meine Kinder!

STAUFFACHER: Gott sei gelobt!

LEUTHOLD: Das war ein Schuß! Davon
Wird man noch reden in den spätsten Zeiten.

RUDOLF DER HARRAS:

Erzählen wird man von dem Schützen Tell,
Solang die Berge stehn auf ihrem Grunde.
Reicht dem Landvogt den Apfel.

GESSLER: Bei Gott! der Apfel mitten durchgeschossen!
Es war ein Meisterschuß, ich muß ihn loben.

RÖSSELMANN:

Der Schuß war gut, doch wehe dem, der ihn
Dazu getrieben, daß er Gott versuchte.

STAUFFACHER: Kommt zu Euch, Tell, steht auf, Ihr
                        habt Euch männlich
Gelöst, und frei könnt Ihr nach Hause gehen.

RÖSSELMANN:

Kommt, kommt und bringt der Mutter ihren Sohn.
Sie wollen ihn wegführen.

GESSLER: Tell, höre!

TELL *kommt zurück*: Was befehlt Ihr, Herr?

GESSLER: Du stecktest
Noch einen zweiten Pfeil zu dir – Ja, ja,
Ich sah es wohl – Was meintest du damit?

TELL *verlegen*:

Herr, das ist also bräuchlich bei den Schützen.

GESSLER:

Nein Tell, die Antwort laß ich dir nicht gelten,
Es wird was anders wohl bedeutet haben.
Sag mir die Wahrheit frisch und fröhlich, Tell,
Was es auch sei, dein Leben sichr ich dir.
Wozu der zweite Pfeil?

TELL: Wohlan, o Herr,
Weil Ihr mich meines Lebens habt gesichert,
So will ich Euch die Wahrheit gründlich sagen.
*Er zieht den Pfeil aus dem Goller und sieht den Land-
            vogt mit einem furchtbaren Blick an.*
Mit diesem zweiten Pfeil durchschoß ich – Euch,
Wenn ich mein liebes Kind getroffen hätte,
Und Eurer – wahrlich! hätt ich nicht gefehlt.

GESSLER:

Wohl, Tell! Des Lebens hab ich dich gesichert,
Ich gab mein Ritterwort, das will ich halten –
Doch weil ich deinen bösen Sinn erkannt,
Will ich dich führen lassen und verwahren,
Wo weder Mond noch Sonne dich bescheint,
Damit ich sicher sei vor deinen Pfeilen.
Ergreift ihn, Knechte! Bindet ihn!

Tell wird gebunden.

STAUFFACHER: Wie, Herr?
So könntet Ihr an einem Manne handeln,
An dem sich Gottes Hand sichtbar verkündigt?

GESSLER: Laß sehn, ob sie ihn zweimal retten wird.
– Man bring ihn auf mein Schiff, ich folge nach
Sogleich, ich selbst will ihn nach Küßnacht führen.

RÖSSELMANN:

Ihr wollt ihn außer Lands gefangen führen?

LANDLEUTE:

Das dürft Ihr nicht, das darf der Kaiser nicht,
Das widerstreitet unsern Freiheitsbriefen!

GESSLER: Wo sind sie? Hat der Kaiser sie bestätigt?
Er hat sie nicht bestätigt – Diese Gunst
Muß erst erworben werden durch Gehorsam.
Rebellen seid ihr alle gegen Kaisers
Gericht und nährt verwegene Empörung.
Ich kenn euch alle – ich durchschau euch ganz –
Den nehm ich jetzt heraus aus eurer Mitte,
Doch alle seid ihr teilhaft seiner Schuld,
Wer klug ist, lerne schweigen und gehorchen.

*Er entfernt sich, Berta, Rudenz, Harras und Knechte
folgen, Frießhardt und Leuthold bleiben zurück.*

WALTHER FÜRST *in heftigem Schmerz:*

Es ist vorbei, er hat's beschlossen, mich
Mit meinem ganzen Hause zu verderben!

STAUFFACHER *zum Tell:*

O warum mußtet Ihr den Wütrich reizen!

TELL: Bezwinge sich, wer meinen Schmerz gefühlt!

STAUFFACHER: O nun ist alles, alles hin! Mit Euch
   Sind wir gefesselt alle und gebunden!

LANDLEUTE *umringen den Tell*:
   Mit Euch geht unser letzter Trost dahin!

LEUTHOLD *nähert sich*:
   Tell, es erbarmt mich – doch ich muß gehorchen.

TELL: Lebt wohl!

WALTHER TELL *sich mit heftigem Schmerz an ihn schmie-*
   gend: O Vater! Vater! Lieber Vater!

TELL *hebt die Arme zum Himmel*:
   Dort droben ist dein Vater! den ruf an!

STAUFFACHER:
   Tell, sag ich Eurem Weibe nichts von Euch?

TELL *hebt den Knaben mit Inbrunst an seine Brust*:
   Der Knab ist unverletzt, mir wird Gott helfen.
   Reißt sich schnell los und folgt den Waffenknechten.

VIERTER AUFZUG

Erste Szene

*Östliches Ufer des Vierwaldstättensees, die seltsam ge-
stalteten schroffen Felsen im Westen schließen den Prospekt. Der See ist bewegt, heftiges Rauschen und Tosen,
dazwischen Blitze und Donnerschläge.*

Kunz von Gersau. Fischer *und* Fischerknabe.

KUNZ:
Ich sah's mit Augen an, Ihr könnt mir's glauben,
's ist alles so geschehn, wie ich Euch sagte.

FISCHER:
Der Tell gefangen abgeführt nach Küßnacht,
Der beste Mann im Land, der bravste Arm,
Wenn's einmal gelten sollte für die Freiheit.

KUNZ: Der Landvogt führt ihn selbst den See herauf,
Sie waren eben dran sich einzuschiffen,
Als ich von Flüelen abfuhr, doch der Sturm,
Der eben jetzt im Anzug ist, und der
Auch mich gezwungen, eilends hier zu landen,
Mag ihre Abfahrt wohl verhindert haben.

FISCHER: Der Tell in Fesseln, in des Vogts Gewalt!
O glaubt, er wird ihn tief genug vergraben,
Daß er des Tages Licht nicht wiedersieht!
Denn fürchten muß er die gerechte Rache
Des freien Mannes, den er schwer gereizt!

KUNZ: Der Altlandammann auch, der edle Herr
Von Attinghausen, sagt man, lieg am Tode.

FISCHER: So bricht der letzte Anker unsrer Hoffnung!
Der war es noch allein, der seine Stimme
Erheben durfte für des Volkes Rechte!

KUNZ:
Der Sturm nimmt überhand. Gehabt Euch wohl,

Ich nehme Herberg in dem Dorf, denn heut
Ist doch an keine Abfahrt mehr zu denken. *Geht ab.*

FISCHER: Der Tell gefangen und der Freiherr tot!
Erheb die freche Stirne, Tyrannei,
Wirf alle Scham hinweg, der Mund der Wahrheit
Ist stumm, das seh'nde Auge ist geblendet,
Der Arm, der retten sollte, ist gefesselt!

KNABE: Es hagelt schwer, kommt in die Hütte, Vater,
Es ist nicht kommlich, hier im Freien hausen.

FISCHER: Raset ihr Winde, flammt herab ihr Blitze,
Ihr Wolken berstet, gießt herunter, Ströme
Des Himmels und ersäuft das Land! Zerstört
Im Keim die ungeborenen Geschlechter!
Ihr wilden Elemente werdet Herr,
Ihr Bären kommt, ihr alten Wölfe wieder
Der großen Wüste, euch gehört das Land,
Wer wird hier leben wollen ohne Freiheit!

KNABE:
Hört, wie der Abgrund tost, der Wirbel brüllt,
So hat's noch nie gerast in diesem Schlunde!

FISCHER: Zu zielen auf des eignen Kindes Haupt,
Solches ward keinem Vater noch geboten!
Und die Natur soll nicht in wildem Grimm
Sich drob empören – O mich soll's nicht wundern,
Wenn sich die Felsen bücken in den See,
Wenn jene Zacken, jene Eisestürme,
Die nie auftauten seit dem Schöpfungstag,
Von ihren hohen Kulmen niederschmelzen,
Wenn die Berge brechen, wenn die alten Klüfte
Einstürzen, eine zweite Sündflut alle
Wohnstätten der Lebendigen verschlingt!
                    Man hört läuten.

KNABE: Hört Ihr, sie läuten droben auf dem Berg,
Gewiß hat man ein Schiff in Not gesehen,
Und zieht die Glocke, daß gebetet werde.
                Steigt auf eine Anhöhe.

FISCHER: Wehe dem Fahrzeug, das jetzt unterwegs,
In dieser furchtbarn Wiege wird gewiegt!
Hier ist das Steuer unnütz und der Steurer,
Der Sturm ist Meister, Wind und Welle spielen
Ball mit dem Menschen – Da ist nah und fern
Kein Busen, der ihm freundlich Schutz gewährte!
Handlos und schroff ansteigend starren ihm
Die Felsen, die unwirtlichen, entgegen,
Und weisen ihm nur ihre steinern schroffe Brust.

KNABE *deutet links*:
Vater, ein Schiff, es kommt von Flüelen her.

FISCHER:
Gott helf den armen Leuten! Wenn der Sturm
In dieser Wasserkluft sich erst verfangen,
Dann rast er um sich mit des Raubtiers Angst,
Das an des Gitters Eisenstäbe schlägt,
Die Pforte sucht er heulend sich vergebens,
Denn ringsum schränken ihn die Felsen ein,
Die himmelhoch den engen Paß vermauern.
            Er steigt auf die Anhöhe.

KNABE: Es ist das Herrenschiff von Uri, Vater,
Ich kenn's am roten Dach und an der Fahne.

FISCHER: Gerichte Gottes! Ja, er ist es selbst,
Der Landvogt, der da fährt – Dort schifft er hin,
Und führt im Schiffe sein Verbrechen mit!
Schnell hat der Arm des Rächers ihn gefunden,
Jetzt kennt er über sich den stärkern Herrn,
Diese Wellen geben nicht auf seine Stimme,
Diese Felsen bücken ihre Häupter nicht
Vor seinem Hute – Knabe, bete nicht,
Greif nicht dem Richter in den Arm!

KNABE: Ich bete für den Landvogt nicht – Ich bete
Für den Tell, der auf dem Schiff sich mit befindet.

FISCHER: O Unvernunft des blinden Elements!
Mußt du, um einen Schuldigen zu treffen,
Das Schiff mitsamt dem Steuermann verderben!

KNABE: Sieh, sieh, sie waren glücklich schon vorbei
  Am Buggisgrat, doch die Gewalt des Sturms,
  Der von dem Teufelsmünster widerprallt,
  Wirft sie zum großen Axenberg zurück.
  – Ich seh sie nicht mehr.

FISCHER: Dort ist das Hakmesser,
  Wo schon der Schiffe mehrere gebrochen.
  Wenn sie nicht weislich dort vorüberlenken,
  So wird das Schiff zerschmettert an der Fluh,
  Die sich gähstotzig absenkt in die Tiefe.
  – Sie haben einen guten Steuermann
  Am Bord, könnt einer retten, wär's der Tell,
  Doch dem sind Arm und Hände ja gefesselt.

      WILHELM TELL *mit der Armbrust.*

*Er kommt mit raschen Schritten, blickt erstaunt umher,
und zeigt die heftigste Bewegung. Wenn er mitten auf
der Szene ist, wirft er sich nieder, die Hände zu der
      Erde und dann zum Himmel ausbreitend.*

KNABE *bemerkt ihn*:
  Sieh, Vater, wer der Mann ist, der dort kniet?

FISCHER: Er faßt die Erde an mit seinen Händen,
  Und scheint wie außer sich zu sein.

KNABE *kommt vorwärts*:
  Was seh ich! Vater! Vater, kommt und seht!

FISCHER *nähert sich*:
  Wer ist es? – Gott im Himmel! Was! der Tell?
  Wie kommt Ihr hieher? Redet!

KNABE: Wart Ihr nicht
  Dort auf dem Schiff gefangen und gebunden?

FISCHER: Ihr wurdet nicht nach Küßnacht abgeführt?

TELL *steht auf*: Ich bin befreit.

FISCHER *und* KNABE: Befreit! O Wunder Gottes!

KNABE: Wo kommt Ihr her?

TELL: Dort aus dem Schiffe.

FISCHER: Was?

KNABE *zugleich*: Wo ist der Landvogt?

TELL: Auf den Wellen treibt er.

FISCHER: Ist's möglich? Aber Ihr? Wie seid Ihr hier?
   Seid Euren Banden und dem Sturm entkommen?

TELL: Durch Gottes gnäd'ge Fürsehung – Hört an!

FISCHER *und* KNABE: O redet, redet!

TELL: Was in Altorf sich
   Begeben, wißt Ihr's?

FISCHER: Alles weiß ich, redet!

TELL: Daß mich der Landvogt fahen ließ und binden,
   Nach seiner Burg zu Küßnacht wollte führen.

FISCHER: Und sich mit Euch zu Flüelen eingeschifft!
   Wir wissen alles, sprecht, wie Ihr entkommen?

TELL: Ich lag im Schiff, mit Stricken fest gebunden,
   Wehrlos, ein aufgegebner Mann – nicht hofft ich,
   Das frohe Licht der Sonne mehr zu sehn,
   Der Gattin und der Kinder liebes Antlitz,
   Und trostlos blickt ich in die Wasserwüste –

FISCHER: O armer Mann!

TELL: So fuhren wir dahin,
   Der Vogt, Rudolf der Harras und die Knechte.
   Mein Köcher aber mit der Armbrust lag
   Am hintern Gransen bei dem Steuerruder.
   Und als wir an die Ecke jetzt gelangt
   Beim kleinen Axen, da verhängt' es Gott,
   Daß solch ein grausam mördrisch Ungewitter
   Gählings herfürbrach aus des Gotthards Schlün-
   Daß allen Ruderern das Herz entsank,   [den,
   Und meinten alle, elend zu ertrinken.
   Da hört ich's, wie der Diener einer sich
   Zum Landvogt wendet' und die Worte sprach:
   »Ihr sehet Eure Not und unsre, Herr,
   Und daß wir all am Rand des Todes schweben –
   Die Steuerleute aber wissen sich
   Für großer Furcht nicht Rat und sind des Fahrens
   Nicht wohlberichtet – Nun aber ist der Tell
   Ein starker Mann und weiß ein Schiff zu steuern,

Wie, wenn wir sein jetzt brauchten in der Not?«
Da sprach der Vogt zu mir: »Tell, wenn du dir's
Getrautest, uns zu helfen aus dem Sturm,
So möcht ich dich der Bande wohl entled'gen.«
Ich aber sprach: »Ja, Herr, mit Gottes Hülfe
Getrau ich mir's, und helf uns wohl hiedannen.«
So ward ich meiner Bande los und stand
Am Steuerruder und fuhr redlich hin.
Doch schielt ich seitwärts, wo mein Schießzeug lag,
Und an dem Ufer merkt ich scharf umher,
Wo sich ein Vorteil auftät zum Entspringen.
Und wie ich eines Felsenriffs gewahre,
Das abgeplattet vorsprang in den See –

FISCHER: Ich kenn's, es ist am Fuß des großen Axen,
Doch nicht für möglich acht ich's – so gar steil
Geht's an – vom Schiff es springend abzureichen –

TELL: Schrie ich den Knechten, handlich zuzugehn,
Bis daß wir vor die Felsenplatte kämen,
Dort, rief ich, sei das Ärgste überstanden –
Und als wir sie frischrudernd bald erreicht,
Fleh ich die Gnade Gottes an, und drücke,
Mit allen Leibeskräften angestemmt,
Den hintern Gransen an die Felswand hin –
Jetzt schnell mein Schießzeug fassend, schwing ich
Hochspringend auf die Platte mich hinauf, [selbst
Und mit gewalt'gem Fußstoß hinter mich
Schleudr ich das Schifflein in den Schlund der
                             Wasser –
Dort mag's, wie Gott will, auf den Wellen treiben!
So bin ich hier, gerettet aus des Sturms
Gewalt und aus der schlimmeren der Menschen.

FISCHER: Tell, Tell, ein sichtbar Wunder hat der Herr
An Euch getan, kaum glaub ich's meinen Sinnen –
Doch saget! Wo gedenket Ihr jetzt hin,
Denn Sicherheit ist nicht für Euch, wofern
Der Landvogt lebend diesem Sturm entkommt.

TELL: Ich hört ihn sagen, da ich noch im Schiff
    Gebunden lag, er woll bei Brunnen landen,
    Und über Schwyz nach seiner Burg mich führen.
FISCHER: Will er den Weg dahin zu Lande nehmen?
TELL: Er denkt's.
FISCHER: O so verbergt Euch ohne Säumen,
    Nicht zweimal hilft Euch Gott aus seiner Hand.
TELL: Nennt mir den nächsten Weg nach Arth und
                        Küßnacht.
FISCHER: Die offne Straße zieht sich über Steinen,
    Doch einen kürzern Weg und heimlichern
    Kann Euch mein Knabe über Lowerz führen.
TELL *gibt ihm die Hana.*
    Gott lohn Euch Eure Guttat. Lebet wohl.
        Geht und kehrt wieder um.
    – Habt Ihr nicht auch im Rütli mit geschworen?
    Mir deucht, man nannt Euch mir –
FISCHER: Ich war dabei,
    Und hab den Eid des Bundes mit beschworen.
TELL: So eilt nach Bürglen, tut die Lieb mir an,
    Mein Weib verzagt um mich, verkündet ihr,
    Daß ich gerettet sei und wohlgeborgen.
FISCHER: Doch wohin sag ich ihr, daß Ihr geflohn?
TELL: Ihr werdet meinen Schwäher bei ihr finden
    Und andre, die im Rütli mit geschworen –
    Sie sollen wacker sein und gutes Muts,
    Der Tell sei frei und seines Armes mächtig,
    Bald werden sie ein Weitres von mir hören.
FISCHER: Was habt Ihr im Gemüt? Entdeckt mir's frei.
TELL: Ist es getan, wird's auch zur Rede kommen.
    Geht ab.
FISCHER: Zeig ihm den Weg, Jenni – Gott steh ihm bei!
    Er führt's zum Ziel, was er auch unternommen.
    Geht ab.

Zweite Szene

Edelhof zu Attinghausen.

Der FREIHERR, *in einem Armsessel, sterbend.* WALTHER FÜRST, STAUFFACHER, MELCHTAL *und* BAUMGARTEN *um ihn beschäftigt.* WALTHER TELL *knieend vor dem Sterbenden.*

WALTHER FÜRST: Es ist vorbei mit ihm, er ist hinüber.

STAUFFACHER: Er liegt nicht wie ein Toter – Seht, die
    Auf seinen Lippen regt sich! Ruhig ist   [Feder
    Sein Schlaf und friedlich lächeln seine Züge.

Baumgarten geht an die Türe und spricht mit jemand.

WALTHER FÜRST *zu Baumgarten*: Wer ist's?

BAUMGARTEN *kommt zurück*:
               Es ist Frau Hedwig, Eure Tochter,
  Sie will Euch sprechen, will den Knaben sehn.
        Walther Tell richtet sich auf.

WALTHER FÜRST:
  Kann ich sie trösten? Hab ich selber Trost?
  Häuft alles Leiden sich auf meinem Haupt?

HEDWIG *hereindringend*:
  Wo ist mein Kind? Laßt mich, ich muß es sehn –

STAUFFACHER:
  Faßt Euch, bedenkt, daß Ihr im Haus des Todes –

HEDWIG *stürzt auf den Knaben*:
  Mein Wälti! O er lebt mir.

WALTHER TELL *hängt an ihr*: Arme Mutter!

HEDWIG: Ist's auch gewiß? Bist du mir unverletzt?
      Betrachtet ihn mit ängstlicher Sorgfalt.
  Und ist es möglich? Konnt er auf dich zielen?
  Wie konnt er's? O er hat kein Herz – Er konnte
  Den Pfeil abdrücken auf sein eignes Kind!

WALTHER FÜRST:
  Er tat's mit Angst, mit schmerzzerrißner Seele,
  Gezwungen tat er's, denn es galt das Leben.

HEDWIG: O hätt er eines Vaters Herz, eh er's
Getan, er wäre tausendmal gestorben!

STAUFFACHER:
Ihr solltet Gottes gnäd'ge Schickung preisen,
Die es so gut gelenkt –

HEDWIG: Kann ich vergessen,
Wie's hätte kommen können – Gott des Himmels!
Und lebt ich achtzig Jahr – Ich seh den Knaben
Gebunden stehn, den Vater auf ihn zielen,   [ewig
Und ewig fliegt der Pfeil mir in das Herz.

MELCHTAL:
Frau, wüßtet Ihr, wie ihn der Vogt gereizt!

HEDWIG: O rohes Herz der Männer! Wenn ihr Stolz
Beleidigt wird, dann achten sie nichts mehr,
Sie setzen in der blinden Wut des Spiels
Das Haupt des Kindes und das Herz der Mutter!

BAUMGARTEN: Ist Eures Mannes Los nicht hart genug,
Daß Ihr mit schwerem Tadel ihn noch kränkt?
Für seine Leiden habt Ihr kein Gefühl?

HEDWIG *kehrt sich nach ihm um und sieht ihn mit einem
großen Blick an*:
Hast du nur Tränen für des Freundes Unglück?
– Wo waret ihr, da man den Trefflichen
In Bande schlug? Wo war da eure Hülfe?
Ihr sahet zu, ihr ließt das Gräßliche geschehn,
Geduldig littet ihr's, daß man den Freund
Aus eurer Mitte führte – Hat der Tell
Auch so an euch gehandelt? Stand er auch
Bedaurend da, als hinter dir die Reiter
Des Landvogts drangen, als der wüt'ge See
Vor dir erbrauste? Nicht mit müß'gen Tränen
Beklagt' er dich, in den Nachen sprang er, Weib
Und Kind vergaß er und befreite dich –

WALTHER FÜRST:
Was konnten wir zu seiner Rettung wagen,
Die kleine Zahl, die unbewaffnet war!

HEDWIG *wirft sich an seine Brust*:

> O Vater! Und auch du hast ihn verloren!
> Das Land, wir alle haben ihn verloren!
> Uns allen fehlt er, ach! wir fehlen ihm!
> Gott rette seine Seele vor Verzweiflung.
> Zu ihm hinab ins öde Burgverlies
> Dringt keines Freundes Trost – Wenn er erkrankte!
> Ach, in des Kerkers feuchter Finsternis
> Muß er erkranken – Wie die Alpenrose
> Bleicht und verkümmert in der Sumpfesluft,
> So ist für ihn kein Leben als im Licht
> Der Sonne, in dem Balsamstrom der Lüfte.
> Gefangen! Er! Sein Atem ist die Freiheit,
> Er kann nicht leben in dem Hauch der Grüfte.

STAUFFACHER:

> Beruhigt Euch. Wir alle wollen handeln,
> Um seinen Kerker aufzutun.

HEDWIG:

> Was könnt ihr schaffen ohne ihn? – Solang
> Der Tell noch frei war, ja da war noch Hoffnung,
> Da hatte noch die Unschuld einen Freund,
> Da hatte einen Helfer der Verfolgte,
> Euch alle rettete der Tell – Ihr alle
> Zusammen könnt nicht seine Fesseln lösen!

> > *Der Freiherr erwacht.*

BAUMGARTEN: Er regt sich, still!

ATTINGHAUSEN *sich aufrichtend*:

> > Wo ist er?

STAUFFACHER: Wer?

ATTINGHAUSEN: Er fehlt mir,

> Verläßt mich in dem letzten Augenblick!

STAUFFACHER:

> Er meint den Junker – Schickte man nach ihm?

WALTHER FÜRST:

> Es ist nach ihm gesendet – Tröstet Euch!
> Er hat sein Herz gefunden, er ist unser.

ATTINGHAUSEN:

Hat er gesprochen für sein Vaterland?

STAUFFACHER: Mit Heldenkühnheit.

ATTINGHAUSEN: Warum kommt er nicht,

Um meinen letzten Segen zu empfangen?
Ich fühle, daß es schleunig mit mir endet.

STAUFFACHER: Nicht also, edler Herr! Der kurze Schlaf
Hat Euch erquickt, und hell ist Euer Blick.

ATTINGHAUSEN:

Der Schmerz ist Leben, er verließ mich auch,
Das Leiden ist, so wie die Hoffnung, aus.

Er bemerkt den Knaben.

Wer ist der Knabe?

WALTHER FÜRST: Segnet ihn o Herr!
Er ist mein Enkel und ist vaterlos.

*Hedwig sinkt mit dem Knaben vor dem Sterbenden nie-
der.*

ATTINGHAUSEN: Und vaterlos laß ich euch alle, alle
Zurück – Weh mir, daß meine letzten Blicke
Den Untergang des Vaterlands gesehn!
Mußt ich des Lebens höchstes Maß erreichen,
Um ganz mit allen Hoffnungen zu sterben!

STAUFFACHER *zu Walther Fürst*:

Soll er in diesem finstern Kummer scheiden?
Erhellen wir ihm nicht die letzte Stunde
Mit schönem Strahl der Hoffnung? – Edler

Freiherr!

Erhebet Euren Geist! Wir sind nicht ganz
Verlassen, sind nicht rettungslos verloren.

ATTINGHAUSEN:

Wer soll euch retten?

WALTHER FÜRST: Wir uns selbst. Vernehmt!
Es haben die drei Lande sich das Wort
Gegeben, die Tyrannen zu verjagen.
Geschlossen ist der Bund, ein heil'ger Schwur
Verbindet uns. Es wird gehandelt werden,

Eh noch das Jahr den neuen Kreis beginnt,
Euer Staub wird ruhn in einem freien Lande.

ATTINGAUSEN: O saget mir! Geschlossen ist der Bund?

MELCHTAL: Am gleichen Tage werden alle drei
Waldstätte sich erheben. Alles ist
Bereit, und das Geheimnis wohlbewahrt
Bis jetzt, obgleich viel Hunderte es teilen.
Hohl ist der Boden unter den Tyrannen,
Die Tage ihrer Herrschaft sind gezählt,
Und bald ist ihre Spur nicht mehr zu finden.

ATTINGHAUSEN: Die festen Burgen aber in den Lan-

MELCHTAL: Sie fallen alle an dem gleichen Tag. [den?

ATTINGHAUSEN:
Und sind die Edeln dieses Bunds teilhaftig?

STAUFFACHER:
Wir harren ihres Beistands, wenn es gilt,
Jetzt aber hat der Landmann nur geschworen.

ATTINGHAUSEN *richtet sich langsam in die Höhe, mit
großem Erstaunen*:
Hat sich der Landmann solcher Tat verwogen,
Aus eignem Mittel, ohne Hülf der Edeln,
Hat er der eignen Kraft so viel vertraut –
Ja, dann bedarf es unserer nicht mehr,
Getröstet können wir zu Grabe steigen,
Es lebt nach uns – durch andre Kräfte will
Das Herrliche der Menschheit sich erhalten.

*Er legt seine Hand auf das Haupt des Kindes, das vor
ihm auf den Knieen liegt.*
Aus diesem Haupte, wo der Apfel lag,
Wird euch die neue beßre Freiheit grünen,
Das Alte stürzt, es ändert sich die Zeit,
Und neues Leben blüht aus den Ruinen.

STAUFFACHER *zu Walther Fürst*:
Seht, welcher Glanz sich um sein Aug ergießt!
Das ist nicht das Erlöschen der Natur,
Das ist der Strahl schon eines neuen Lebens.

ATTINGHAUSEN:

Der Adel steigt von seinen alten Burgen,
Und schwört den Städten seinen Bürgereid,
Im Üchtland schon, im Thurgau hat's begonnen,
Die edle Bern erhebt ihr herrschend Haupt,
Freiburg ist eine sichre Burg der Freien,
Die rege Zürich waffnet ihre Zünfte
Zum kriegerischen Heer – Es bricht die Macht
Der Könige sich an ihren ew'gen Wällen –

Er spricht das Folgende mit dem Ton eines Sehers - sei-
ne Rede steigt bis zur Begeisterung:

Die Fürsten seh ich und die edeln Herrn
In Harnischen herangezogen kommen,
Ein harmlos Volk von Hirten zu bekriegen.
Auf Tod und Leben wird gekämpft und herrlich
Wird mancher Paß durch blutige Entscheidung.
Der Landmann stürzt sich mit der nackten Brust,
Ein freies Opfer, in die Schar der Lanzen,
Er bricht sie, und des Adels Blüte fällt,
Es hebt die Freiheit siegend ihre Fahne.

Walther Fürsts und Stauffachers Hände fassend:

Drum haltet fest zusammen – fest und ewig –
Kein Ort der Freiheit sei dem andern fremd –
Hochwachten stellet aus auf euren Bergen,
Daß sich der Bund zum Bunde rasch versammle –
Seid einig – einig – einig –

Er fällt in das Kissen zurück - seine Hände halten ent-
seelt noch die andern gefaßt. Fürst und Stauffacher be-
trachten ihn noch eine Zeitlang schweigend, dann tre-
ten sie hinweg, jeder seinem Schmerz überlassen.
Unterdessen sind die Knechte still hereingedrungen, sie
nähern sich mit Zeichen eines stillern oder heftigern
Schmerzens, einige knieen bei ihm nieder und weinen
auf seine Hand, während dieser stummen Szene wird
die Burgglocke geläutet.

RUDENZ *zu den* VORIGEN.

RUDENZ *rasch eintretend*:

Lebt er? O saget, kann er mich noch hören?

WALTHER FÜRST *deutet hin mit weggewandtem Gesicht*:

Ihr seid jetzt unser Lehensherr und Schirmer,
Und dieses Schloß hat einen andern Namen.

RUDENZ *erblickt den Leichnam und steht von heftigem Schmerz ergriffen*:

O güt'ger Gott – Kommt meine Reu zu spät?
Konnt er nicht wen'ge Pulse länger leben,
Um mein geändert Herz zu sehn?
Verachtet hab ich seine treue Stimme,
Da er noch wandelte im Licht – Er ist
Dahin, ist fort auf immerdar, und läßt mir
Die schwere unbezahlte Schuld! – O saget!
Schied er dahin im Unmut gegen mich?

STAUFFACHER:

Er hörte sterbend noch was Ihr getan,
Und segnete den Mut, mit dem Ihr spracht!

RUDENZ *kniet an dem Toten nieder*:

Ja heil'ge Reste eines teuren Mannes!
Entseelter Leichnam! Hier gelob ich dir's
In deine kalte Totenhand – Zerrissen
Hab ich auf ewig alle fremden Bande,
Zurückgegeben bin ich meinem Volk,
Ein Schweizer bin ich und ich will es sein
Von ganzer Seele – – *Aufstehend.*

Trauert um den Freund,
Den Vater aller, doch verzaget nicht!
Nicht bloß sein Erbe ist mir zugefallen,
Es steigt sein Herz, sein Geist auf mich herab,
Und leisten soll euch meine frische Jugend,
Was euch sein greises Alter schuldig blieb.
– Ehrwürd'ger Vater, gebt mir Eure Hand!
Gebt mir die Eurige! Melchtal auch Ihr!
Bedenkt Euch nicht! O wendet Euch nicht weg!
Empfanget meinen Schwur und mein Gelübde.

WALTHER FÜRST:

   Gebt ihm die Hand. Sein wiederkehrend Herz
   Verdient Vertraun.

MELCHTAL: Ihr habt den Landmann nichts geachtet.

   Sprecht, wessen soll man sich zu Euch versehn?

RUDENZ: O denket nicht des Irrtums meiner Jugend!

STAUFFACHER *zu Melchtal*:

   Seid einig! war das letzte Wort des Vaters,
   Gedenket dessen!

MELCHTAL: Hier ist meine Hand!

   Des Bauern Handschlag, edler Herr, ist auch
   Ein Manneswort! Was ist der Ritter ohne uns?
   Und unser Stand ist älter als der Eure.

RUDENZ:

   Ich ehr ihn, und mein Schwert soll ihn beschützen.

MELCHTAL:

   Der Arm, Herr Freiherr, der die harte Erde
   Sich unterwirft und ihren Schoß befruchtet,
   Kann auch des Mannes Brust beschützen.

RUDENZ: Ihr

   Sollt meine Brust, ich will die eure schützen,
   So sind wir einer durch den andern stark.
   – Doch wozu reden, da das Vaterland
   Ein Raub noch ist der fremden Tyrannei?
   Wenn erst der Boden rein ist von dem Feind,
   Dann wollen wir's in Frieden schon vergleichen.

     Nachdem er einen Augenblick innegehalten.

   Ihr schweigt? Ihr habt mir nichts zu sagen? Wie!
   Verdien ich's noch nicht, daß ihr mir vertraut?
   So muß ich wider euren Willen mich
   In das Geheimnis eures Bundes drängen.
   – Ihr habt getagt – geschworen auf dem Rütli –
   Ich weiß – weiß alles, was ihr dort verhandelt,
   Und was mir nicht von euch vertrauet ward,
   Ich hab's bewahrt gleich wie ein heilig Pfand.
   Nie war ich meines Landes Feind, glaubt mir,

Und niemals hätt ich gegen euch gehandelt.
– Doch übel tatet ihr, es zu verschieben,
Die Stunde dringt und rascher Tat bedarf's –
Der Tell ward schon das Opfer eures Säumens –

STAUFFACHER:
Das Christfest abzuwarten schwuren wir.

RUDENZ:
Ich war nicht dort, ich hab nicht mit geschworen.
Wartet ihr ab, ich handle.

MELCHTAL: Was? Ihr wolltet –

RUDENZ: Des Landes Vätern zähl ich mich jetzt bei,
Und meine erste Pflicht ist, euch zu schützen.

WALTHER FÜRST:
Der Erde diesen teuren Staub zu geben,
Ist Eure nächste Pflicht und heiligste.

RUDENZ: Wenn wir das Land befreit, dann legen wir
Den frischen Kranz des Siegs ihm auf die Bahre.
– O Freunde! Eure Sache nicht allein,
Ich habe meine eigne auszufechten
Mit dem Tyrannen – Hört und wißt! Verschwun-
Ist meine Berta, heimlich weggeraubt,   [den
Mit kecker Freveltat aus unsrer Mitte!

STAUFFACHER: Solcher Gewalttat hätte der Tyrann
Wider die freie Edle sich verwogen?

RUDENZ: O meine Freunde! Euch versprach ich Hülfe,
Und ich zuerst muß sie von euch erflehn.
Geraubt, entrissen ist mir die Geliebte,
Wer weiß, wo sie der Wütende verbirgt,
Welcher Gewalt sie frevelnd sich erkühnen,
Ihr Herz zu zwingen zum verhaßten Band!
Verlaßt mich nicht, o helft mir sie erretten –
Sie liebt euch, o sie hat's verdient ums Land,
Daß alle Arme sich für sie bewaffnen –

WALTHER FÜRST: Was wollt Ihr unternehmen?

RUDENZ: Weiß ich's? Ach!
In dieser Nacht, die ihr Geschick umhüllt,

In dieses Zweifels ungeheurer Angst,
Wo ich nichts Festes zu erfassen weiß,
Ist mir nur dieses in der Seele klar:
Unter den Trümmern der Tyrannenmacht
Allein kann sie hervorgegraben werden,
Die Festen alle müssen wir bezwingen,
Ob wir vielleicht in ihren Kerker dringen.

MELCHTAL:

Kommt, führt uns an. Wir folgen Euch. Warum
Bis morgen sparen, was wir heut vermögen?
Frei war der Tell, als wir im Rütli schwuren,
Das Ungeheure war noch nicht geschehen.
Es bringt die Zeit ein anderes Gesetz,
Wer ist so feig, der jetzt noch könnte zagen!

RUDENZ *zu Stauffacher und Walther Fürst*:

Indes bewaffnet und zum Werk bereit
Erwartet ihr der Berge Feuerzeichen,
Denn schneller als ein Botensegel fliegt,
Soll euch die Botschaft unsers Siegs erreichen,
Und seht ihr leuchten die willkommnen Flammen,
Dann auf die Feinde stürzt, wie Wetters Strahl,
Und brecht den Bau der Tyrannei zusammen.
Gehen ab.

Dritte Szene

Die hohle Gasse bei Küßnacht. Man steigt von hinten zwischen Felsen herunter und die Wanderer werden, ehe sie auf der Szene erscheinen, schon von der Höhe gesehen. Felsen umschließen die ganze Szene, auf einem der vordersten ist ein Vorsprung mit Gesträuch bewachsen.

TELL *tritt auf mit der Armbrust*:

Durch diese hohle Gasse muß er kommen,
Es führt kein andrer Weg nach Küßnacht – Hier

Vollend ich's – Die Gelegenheit ist günstig.
Dort der Holunderstrauch verbirgt mich ihm,
Von dort herab kann ihn mein Pfeil erlangen,
Des Weges Enge wehret den Verfolgern.
Mach deine Rechnung mit dem Himmel Vogt,
Fort mußt du, deine Uhr ist abgelaufen.

  Ich lebte still und harmlos – Das Geschoß
War auf des Waldes Tiere nur gerichtet,
Meine Gedanken waren rein von Mord –
Du hast aus meinem Frieden mich heraus
Geschreckt, in gärend Drachengift hast du
Die Milch der frommen Denkart mir verwandelt,
Zum Ungeheuren hast du mich gewöhnt –
Wer sich des Kindes Haupt zum Ziele setzte,
Der kann auch treffen in das Herz des Feinds.

  Die armen Kindlein, die unschuldigen,
Das treue Weib muß ich vor deiner Wut
Beschützen, Landvogt – Da, als ich den Bogen-
Anzog – als mir die Hand erzitterte –   [strang
Als du mit grausam teufelischer Lust
Mich zwangst, aufs Haupt des Kindes anzulegen –
Als ich ohnmächtig flehend rang vor dir,
Damals gelobt ich mir in meinem Innern
Mit furchtbarm Eidschwur, den nur Gott gehört,
Daß meines nächsten Schusses erstes Ziel
Dein Herz sein sollte – Was ich mir gelobt
In jenes Augenblickes Höllenqualen,
Ist eine heil'ge Schuld, ich will sie zahlen.

  Du bist mein Herr und meines Kaisers Vogt,
Doch nicht der Kaiser hätte sich erlaubt
Was du – Er sandte dich in diese Lande,
Um Recht zu sprechen – strenges, denn er zürnet –
Doch nicht um mit der mörderischen Lust
Dich jedes Greuels straflos zu erfrechen,
Es lebt ein Gott zu strafen und zu rächen.

  Komm du hervor, du Bringer bittrer Schmerzen,

Mein teures Kleinod jetzt, mein höchster Schatz –
Ein Ziel will ich dir geben, das bis jetzt
Der frommen Bitte undurchdringlich war –
Doch dir soll es nicht widerstehn – Und du
Vertraute Bogensehne, die so oft
Mir treu gedient hat in der Freude Spielen,
Verlaß mich nicht im fürchterlichen Ernst.
Nur jetzt noch halte fest du treuer Strang,
Der mir so oft den herben Pfeil beflügelt –
Entränn er jetzo kraftlos meinen Händen,
Ich habe keinen zweiten zu versenden.

Wanderer gehen über die Szene.

Auf dieser Bank von Stein will ich mich setzen,
Dem Wanderer zur kurzen Ruh bereitet –
Denn hier ist keine Heimat – Jeder treibt
Sich an dem andern rasch und fremd vorüber,
Und fraget nicht nach seinem Schmerz – Hier geht
Der sorgenvolle Kaufmann und der leicht
Geschürzte Pilger – der andächt'ge Mönch,
Der düstre Räuber und der heitre Spielmann,
Der Säumer mit dem schwer beladnen Roß,
Der ferne herkommt von der Menschen Ländern,
Denn jede Straße führt ans End der Welt.
Sie alle ziehen ihres Weges fort
An ihr Geschäft – und meines ist der Mord!

Setzt sich.

Sonst wenn der Vater auszog, liebe Kinder,
Da war ein Freuen, wenn er wiederkam,
Denn niemals kehrt' er heim, er bracht euch etwas,
War's eine schöne Alpenblume, war's
Ein seltner Vogel oder Ammonshorn,
Wie es der Wandrer findet auf den Bergen –
Jetzt geht er einem andern Weidwerk nach,
Am wilden Weg sitzt er mit Mordgedanken.
Des Feindes Leben ist's, worauf er lauert.
– Und doch an euch nur denkt er, liebe Kinder,

Auch jetzt – Euch zu verteid'gen, eure holde Un-
Zu schützen vor der Rache des Tyrannen   [schuld
Will er zum Morde jetzt den Bogen spannen!

Steht auf.

Ich laure auf ein edles Wild – Läßt sich's
Der Jäger nicht verdrießen, tagelang
Umherzustreifen in des Winters Strenge,
Von Fels zu Fels den Wagesprung zu tun,
Hinanzuklimmen an den glatten Wänden,
Wo er sich anleimt mit dem eignen Blut,
– Um ein armselig Grattier zu erjagen.
Hier gilt es einen köstlicheren Preis,
Das Herz des Todfeinds, der mich will verderben.

*Man hört von ferne eine heitre Musik, welche sich
nähert.*

Mein ganzes Leben lang hab ich den Bogen
Gehandhabt, mich geübt nach Schützenregel,
Ich habe oft geschossen in das Schwarze,
Und manchen schönen Preis mir heimgebracht
Vom Freudenschießen – Aber heute will ich
Den Meisterschuß tun und das Beste mir
Im ganzen Umkreis des Gebirgs gewinnen.

*Eine Hochzeit zieht über die Szene und durch den Hohl-
weg hinauf. Tell betrachtet sie, auf seinen Bogen ge-
lehnt,* STÜSSI *der Flurschütz gesellt sich zu ihm.*

STÜSSI: Das ist der Klostermei'r von Mörlischachen,
Der hier den Brautlauf hält – Ein reicher Mann,
Er hat wohl zehen Senten auf den Alpen.
Die Braut holt er jetzt ab zu Imisee,
Und diese Nacht wird hoch geschwelgt zu
                                        Küßnacht,
Kommt mit! 's ist jeder Biedermann geladen.

TELL:
       Ein ernster Gast stimmt nicht zum Hochzeithaus.

STÜSSI: Drückt Euch ein Kummer, werft ihn frisch
                                        vom Herzen,

Nehmt mit was kommt, die Zeiten sind jetzt schwer.
Drum muß der Mensch die Freude leicht ergreifen.
Hier wird gefreit und anderswo begraben. ·

TELL: Und oft kommt gar das eine zu dem andern.

STÜSSI: So geht die Welt nun. Es gibt allerwegen
Unglücks genug – Ein Ruffi ist gegangen
Im Glarner Land und eine ganze Seite
Vom Glärnisch eingesunken.

TELL: Wanken auch
Die Berge selbst? Es steht nichts fest auf Erden.

STÜSSI: Auch anderswo vernimmt man Wunderdinge.
Da sprach ich einen, der von Baden kam.
Ein Ritter wollte zu dem König reiten,
Und unterwegs begegnet ihm ein Schwarm
Von Hornissen, die fallen auf sein Roß,
Daß es für Marter tot zu Boden sinkt,
Und er zu Fuße ankommt bei dem König.

TELL: Dem Schwachen ist sein Stachel auch gegeben.

ARMGARD *kommt mit mehreren Kindern und stellt sich
an den Eingang des Hohlwegs.*

STÜSSI: Man deutet's auf ein großes Landesunglück,
Auf schwere Taten wider die Natur.

TELL: Dergleichen Taten bringet jeder Tag,
Kein Wunderzeichen braucht sie zu verkünden.

STÜSSI: Ja, wohl dem, der sein Feld bestellt in Ruh,
Und ungekränkt daheim sitzt bei den Seinen.

TELL: Es kann der Frömmste nicht im Frieden bleiben,
Wenn es dem bösen Nachbar nicht gefällt.

*Tell sieht oft mit unruhiger Erwartung nach der Höhe
des Weges.*

STÜSSI:
Gehabt Euch wohl – Ihr wartet hier auf jemand?

TELL: Das tu ich.

STÜSSI: Frohe Heimkehr zu den Euren!
– Ihr seid aus Uri? Unser gnäd'ger Herr
Der Landvogt wird noch heut von dort erwartet.

WANDERER *kommt*:
>   Den Vogt erwartet heut nicht mehr. Die Wasser
>   Sind ausgetreten von dem großen Regen,
>   Und alle Brücken hat der Strom zerrissen.
>>   *Tell steht auf.*

ARMGARD *kommt vowärts*:
>   Der Landvogt kommt nicht!

STÜSSI: Sucht Ihr was an ihn?

ARMGARD: Ach freilich!

STÜSSI: Warum stellet Ihr Euch denn
>   In dieser hohlen Gaß ihm in den Weg?

ARMGARD:
>   Hier weicht er mir nicht aus, er muß mich hören.

FRIESSHARDT *kommt eilfertig den Hohlweg herab, und
>   ruft in die Szene*:
>   Man fahre aus dem Weg – Mein gnäd'ger Herr
>   Der Landvogt kommt dicht hinter mir geritten.
>>   *Tell geht ab.*

ARMGARD *lebhaft*:
>   Der Landvogt kommt!

Sie geht mit ihren Kindern nach der vordern Szene.
GESSLER *und* RUDOLF DER HARRAS *zeigen sich zu Pferd
>   auf der Höhe des Wegs.*

STÜSSI *zum Frießhardt*:
>   Wie kamt ihr durch das Wasser,
>   Da doch der Strom die Brücken fortgeführt?

FRIESSHARDT:
>   Wir haben mit dem See gefochten, Freund,
>   Und fürchten uns vor keinem Alpenwasser.

STÜSSI: Ihr wart zu Schiff in dem gewalt'gen Sturm?

FRIESSHARDT:
>   Das waren wir. Mein Lebtag denk ich dran –

STÜSSI: O bleibt, erzählt!

FRIESSHARDT: Laßt mich, ich muß voraus,
>   Den Landvogt muß ich in der Burg verkünden. *Ab*.

STÜSSI: Wärn gute Leute auf dem Schiff gewesen,

In Grund gesunken wär's mit Mann und Maus,
Dem Volk kann weder Wasser bei noch Feuer.
Er sieht sich um.
Wo kam der Weidmann hin, mit dem ich sprach?
Geht ab.

GESSLER *und* RUDOLF DER HARRAS *zu Pferd.*

GESSLER: Sagt was Ihr wollt, ich bin des Kaisers Diener
Und muß drauf denken, wie ich ihm gefalle.
Er hat mich nicht ins Land geschickt, dem Volk
Zu schmeicheln und ihm sanft zu tun – Gehorsam
Erwartet er, der Streit ist, ob der Bauer
Soll Herr sein in dem Lande oder der Kaiser.

ARMGARD: Jetzt ist der Augenblick! Jetzt bring ich's an!
Nähert sich furchtsam.

GESSLER: Ich hab den Hut nicht aufgesteckt zu Altorf
Des Scherzes wegen, oder um die Herzen
Des Volks zu prüfen, diese kenn ich längst.
Ich hab ihn aufgesteckt, daß sie den Nacken
Mir lernen beugen, den sie aufrecht tragen –
Das Unbequeme hab ich hingepflanzt
Auf ihren Weg, wo sie vorbeigehn müssen,
Daß sie drauf stoßen mit dem Aug, und sich
Erinnern ihres Herrn, den sie vergessen.

RUDOLF DER HARRAS: Das Volk hat aber doch gewisse

GESSLER: Die abzuwägen ist jetzt keine Zeit! [Rechte –
– Weitschicht'ge Dinge sind im Werk und Werden,
Das Kaiserhaus will wachsen, was der Vater
Glorreich begonnen, will der Sohn vollenden.
Dies kleine Volk ist uns ein Stein im Weg –
So oder so – Es muß sich unterwerfen.

*Sie wollen vorüber. Die Frau wirft sich vor dem Land-
vogt nieder.*

ARMGARD:
Barmherzigkeit, Herr Landvogt! Gnade! Gnade!

GESSLER: Was dringt Ihr Euch auf offner Straße mir
In Weg – Zurück!

ARMGARD: **Mein Mann liegt im Gefängnis,**
Die armen Waisen schrein nach Brot – Habt
                           Mitleid
Gestrenger Herr, mit unserm großen Elend.

RUDOLF DER HARRAS:
Wer seid Ihr? Wer ist Euer Mann?

ARMGARD: **Ein armer**
Wildheuer, guter Herr, vom Rigiberge,
Der überm Abgrund weg das freie Gras
Abmähet von den schroffen Felsenwänden,
Wohin das Vieh sich nicht getraut zu steigen –

RUDOLF DER HARRAS *zum Landvogt*:
Bei Gott, ein elend und erbärmlich Leben!
Ich bitt Euch, gebt ihn los den armen Mann,
Was er auch Schweres mag verschuldet haben,
Strafe genug ist sein entsetzlich Handwerk.
Zu der Frau:
Euch soll Recht werden – Drinnen auf der Burg
Nennt Eure Bitte – Hier ist nicht der Ort.

ARMGARD:
Nein, nein, ich weiche nicht von diesem Platz,
Bis mir der Vogt den Mann zurückgegeben!
Schon in den sechsten Mond liegt er im Turm,
Und harret auf den Richterspruch vergebens.

GESSLER: **Weib, wollt Ihr mir Gewalt antun, hinweg.**

ARMGARD:
Gerechtigkeit, Landvogt! Du bist der Richter
Im Lande an des Kaisers Statt und Gottes.
Tu deine Pflicht! So du Gerechtigkeit
Vom Himmel hoffest, so erzeig sie uns.

GESSLER:
Fort, schafft das freche Volk mir aus den Augen.

ARMGARD *greift in die Zügel des Pferdes*:
Nein, nein, ich habe nichts mehr zu verlieren.
– Du kommst nicht von der Stelle Vogt, bis du
Mir Recht gesprochen – Falte deine Stirne,

Rolle die Augen wie du willst – Wir sind
So grenzenlos unglücklich, daß wir nichts
Nach deinem Zorn mehr fragen –

GESSLER: Weib, mach Platz,
Oder mein Roß geht über dich hinweg.

ARMGARD: Laß es über mich dahingehn – da –
Sie reißt ihre Kinder zu Boden und wirft sich mit ihnen
ihm in den Weg.

Hier lieg ich
Mit meinen Kindern – Laß die armen Waisen
Von deines Pferdes Huf zertreten werden,
Es ist das Ärgste nicht, was du getan –

RUDOLF DER HARRAS: Weib, seid Ihr rasend?

ARMGARD *heftiger fortfahrend*: Tratest du doch längst
Das Land des Kaisers unter deine Füße!
– O ich bin nur ein Weib! Wär ich ein Mann,
Ich wüßte wohl was Besseres, als hier
Im Staub zu liegen –

Man hört die vorige Musik wieder auf der Höhe des
Wegs, aber gedämpft.

GESSLER: Wo sind meine Knechte?
Man reiße sie von hinnen oder ich
Vergesse mich und tue was mich reuet.

RUDOLF DER HARRAS:
Die Knechte können nicht hindurch, o Herr,
Der Hohlweg ist gesperrt durch eine Hochzeit.

GESSLER: Ein allzu milder Herrscher bin ich noch
Gegen dies Volk – die Zungen sind noch frei,
Es ist noch nicht ganz wie es soll gebändigt –
Doch es soll anders werden, ich gelob es,
Ich will ihn brechen diesen starren Sinn,
Den kecken Geist der Freiheit will ich beugen.
Ein neu Gesetz will ich in diesen Landen
Verkündigen – Ich will –
Ein Pfeil durchbohrt ihn, er fährt mit der Hand ans
Herz und will sinken. Mit matter Stimme:

                                   Gott sei mir gnädig!

RUDOLF DER HARRAS:

    Herr Landvogt – Gott was ist das? Woher kam das?

ARMGARD *auffahrend*:

    Mord! Mord! Er taumelt, sinkt! Er ist getroffen!
    Mitten ins Herz hat ihn der Pfeil getroffen!

RUDOLF DER HARRAS *springt vom Pferde*:

    Welch gräßliches Ereignis – Gott – Herr Ritter –
    Ruft die Erbarmung Gottes an – Ihr seid
    Ein Mann des Todes! –

GESSLER: Das ist Tells Geschoß.

Ist vom Pferde herab dem Rudolf Harras in den Arm
    gegleitet und wird auf der Bank niedergelassen.

TELL *erscheint oben auf der Höhe des Felsen*:

    Du kennst den Schützen, suche keinen andern!
    Frei sind die Hütten, sicher ist die Unschuld
    Vor dir, du wirst dem Lande nicht mehr schaden.
      Verschwindet von der Höhe. Volk stürzt herein.

STÜSSI *voran*:

    Was gibt es hier? Was hat sich zugetragen?

ARMGARD:

    Der Landvogt ist von einem Pfeil durchschossen.

VOLK *im Hereinstürzen*: Wer ist erschossen?

Indem die vordersten von dem Brautzug auf die Szene
kommen, sind die hintersten noch auf der Höhe, und die
             Musik geht fort.

RUDOLF DER HARRAS: Er verblutet sich.

    Fort, schaffet Hilfe! Setzt dem Mörder nach!
    – Verlorner Mann, so muß es mit dir enden,
    Doch meine Warnung wolltest du nicht hören!

STÜSSI: Bei Gott! da liegt er bleich und ohne Leben!

VIELE STIMMEN:

    Wer hat die Tat getan?

RUDOLF DER HARRAS: Rast dieses Volk,
    Daß es dem Mord Musik macht? Laßt sie
                             schweigen.

*Musik bricht plötzlich ab, es kommt noch mehr Volk
nach.*

Herr Landvogt, redet, wenn Ihr könnt – Habt Ihr
Mir nichts mehr zu vertraun?

*Geßler gibt Zeichen mit der Hand, die er mit Heftigkeit
wiederholt, da sie nicht gleich verstanden werden.*

Wo soll ich hin?

– Nach Küßnacht? – Ich versteh Euch nicht –
Nicht ungeduldig – Laßt das Irdische,　[O werdet
Denkt jetzt, Euch mit dem Himmel zu versöhnen.

*Die ganze Hochzeitgesellschaft umsteht den Sterbenden
mit einem fühllosen Grausen.*

STÜSSI:

Sieh wie er bleich wird – Jetzt, jetzt tritt der Tod
Ihm an das Herz – die Augen sind gebrochen.

ARMGARD *hebt ein Kind empor:*

Seht Kinder, wie ein Wüterich verscheidet!

RUDOLF DER HARRAS:

Wahnsinn'ge Weiber, habt ihr kein Gefühl,
Daß ihr den Blick an diesem Schrecknis weidet?
– Helft – Leget Hand an – Steht mir niemand bei,
Den Schmerzenspfeil ihm aus der Brust zu ziehn?

WEIBER *treten zurück:*

Wir ihn berühren, welchen Gott geschlagen!

RUDOLF DER HARRAS:

Fluch treff euch und Verdammnis!

　　　　　　Zieht das Schwert.

STÜSSI *fällt ihm in den Arm:*　　　　Wagt es Herr!

Eur Walten hat ein Ende. Der Tyrann
Des Landes ist gefallen. Wir erdulden
Keine Gewalt mehr. Wir sind freie Menschen.

ALLE *tumultuarisch:*

Das Land ist frei!

RUDOLF DER HARRAS: Ist es dahin gekommen?

Endet die Furcht so schnell und der Gehorsam?

　　　　Zu den Waffenknechten, die hereindringen:

Ihr seht die grausenvolle Tat des Mords
Die hier geschehen – Hülfe ist umsonst –
Vergeblich ist's, dem Mörder nachzusetzen.
Uns drängen andre Sorgen – Auf, nach Küßnacht,
Daß wir dem Kaiser seine Feste retten!
Denn aufgelöst in diesem Augenblick
Sind aller Ordnung, aller Pflichten Bande,
Und keines Mannes Treu ist zu vertrauen.

*Indem er mit den Waffenknechten abgeht, erscheinen
sechs Barmherzige Brüder.*

ARMGARD:

Platz! Platz! da kommen die Barmherz'gen Brüder.

STÜSSI: Das Opfer liegt – Die Raben steigen nieder.

BARMHERZIGE BRÜDER *schließen einen Halbkreis um den
Toten und singen in tiefem Ton:*

  Rasch tritt der Tod den Menschen an,
   Es ist ihm keine Frist gegeben,
  Es stürzt ihn mitten in der Bahn,
   Es reißt ihn fort vom vollen Leben,
  Bereitet oder nicht, zu gehen,
  Er muß vor seinen Richter stehen!

*Indem die letzten Zeilen wiederholt werden, fällt der
Vorhang.*

FÜNFTER AUFZUG

Erste Szene

Öffentlicher Platz bei Altorf: Im Hintergrunde rechts die Feste Zwing Uri mit dem noch stehenden Bauge-rüste, wie in der dritten Szene des ersten Aufzugs; links eine Aussicht in viele Berge hinein, auf welchen allen Signalfeuer brennen. Es ist eben Tagesanbruch, Glok-ken ertönen aus verschiedenen Fernen. -

Ruodi, Kuoni, Werni, Meister Steinmetz *und viele andere* Landleute, *auch* Weiber *und* Kinder.

Ruodi: Seht ihr die Feuersignale auf den Bergen?

Steinmetz:
  Hört ihr die Glocken drüben überm Wald?

Ruodi: Die Feinde sind verjagt.

Steinmetz: Die Burgen sind erobert.

Ruodi: Und wir im Lande Uri dulden noch
  Auf unserm Boden das Tyrannenschloß?
  Sind wir die letzten, die sich frei erklären?

Steinmetz:
  Das Joch soll stehen, das uns zwingen wollte?
  Auf, reißt es nieder!

Alle: Nieder! Nieder! Nieder!

Ruodi: Wo ist der Stier von Uri?

Stier von Uri: Hier. Was soll ich?

Ruodi:
  Steigt auf die Hochwacht, blast in Euer Horn,
  Daß es weitschmetternd in die Berge schalle,
  Und jedes Echo in den Felsenklüften
  Aufweckend, schnell die Männer des Gebirgs
  Zusammenrufe.

  Stier von Uri geht ab. Walther Fürst *kommt.*

WALTHER FÜRST: Haltet Freunde! Haltet!
Noch fehlt uns Kunde was in Unterwalden
Und Schwyz geschehen. Laßt uns Boten erst
Erwarten.

RUODI: Was erwarten? Der Tyrann
Ist tot, der Tag der Freiheit ist erschienen.

STEINMETZ: Ist's nicht genug an diesen flammenden
Boten,
Die ringsherum auf allen Bergen leuchten?

RUODI: Kommt alle, kommt, legt Hand an, Männer
                                und Weiber!
Brecht das Gerüste! Sprengt die Bogen! Reißt
Die Mauern ein! Kein Stein bleib auf dem andern.

STEINMETZ: Gesellen kommt! Wir haben's aufgebaut,
Wir wissen's zu zerstören.

ALLE: Kommt! Reißt nieder.
Sie stürzen sich von allen Seiten auf den Bau.

WALTHER FÜRST:
Es ist im Lauf. Ich kann sie nicht mehr halten.
MELCHTAL *und* BAUMGARTEN *kommen.*

MELCHTAL:
Was? Steht die Burg noch und Schloß Sarnen liegt
In Asche und der Roßberg ist gebrochen?

WALTHER FÜRST:
Seid Ihr es Melchtal? Bringt Ihr uns die Freiheit?
Sagt! Sind die Lande alle rein vom Feind?

MELCHTAL *umarmt ihn*:
Rein ist der Boden. Freut Euch, alter Vater!
In diesem Augenblicke, da wir reden,
Ist kein Tyrann mehr in der Schweizer Land.

WALTHER FÜRST:
O sprecht, wie wurdet ihr der Burgen mächtig?

MELCHTAL: Der Rudenz war es, der das Sarner Schloß
Mit mannlich kühner Wagetat gewann,
Den Roßberg hatt ich nachts zuvor erstiegen.
– Doch höret, was geschah. Als wir das Schloß

Vom Feind geleert, nun freudig angezündet,
Die Flamme prasselnd schon zum Himmel schlug,
Da stürzt der Diethelm, Geßlers Bub, hervor,
Und ruft, daß die Bruneckerin verbrenne.

WALTHER FÜRST:
Gerechter Gott!
  Man hört die Balken des Gerüstes stürzen.
MELCHTAL: Sie war es selbst, war heimlich
Hier eingeschlossen auf des Vogts Geheiß.
Rasend erhub sich Rudenz – denn wir hörten
Die Balken schon, die festen Pfosten stürzen,
Und aus dem Rauch hervor den Jammerruf
– Der Unglückseligen.
WALTHER FÜRST: Sie ist gerettet?
MELCHTAL:
Da galt Geschwindsein und Entschlossenheit!
– Wär er nur unser Edelmann gewesen,
Wir hätten unser Leben wohl geliebt,
Doch er war unser Eidgenoß und Berta
Ehrte das Volk – So setzten wir getrost
Das Leben dran, und stürzten in das Feuer.
WALTHER FÜRST: Sie ist gerettet?
MELCHTAL: Sie ist's. Rudenz und ich,
Wir trugen sie selbander aus den Flammen,
Und hinter uns fiel krachend das Gebälk.
– Und jetzt, als sie gerettet sich erkannte,
Die Augen aufschlug zu dem Himmelslicht,
Jetzt stürzte mir der Freiherr an das Herz,
Und schweigend ward ein Bündnis jetzt
Das fest gehärtet in des Feuers Glut [beschworen,
Bestehen wird in allen Schicksalsproben –
WALTHER FÜRST: Wo ist der Landenberg?
MELCHTAL: Über den Brünig.
Nicht lag's an mir, daß er das Licht der Augen
Davontrug, der den Vater mir geblendet.
Nach jagt ich ihm, erreicht ihn auf der Flucht,

Und riß ihn zu den Füßen meines Vaters.
Geschwungen über ihm war schon das Schwert,
Von der Barmherzigkeit des blinden Greises
Erhielt er flehend das Geschenk des Lebens.
Urfehde schwur er, nie zurückzukehren,
Er wird sie halten, unsern Arm hat er
Gefühlt.

WALTHER FÜRST:
    Wohl Euch, daß Ihr den reinen Sieg
Mit Blute nicht geschändet!

KINDER *eilen mit Trümmern des Gerüstes über die Szene*:
    Freiheit! Freiheit!
Das Horn von Uri wird mit Macht geblasen.

WALTHER FÜRST:
Seht, welch ein Fest! Des Tages werden sich
Die Kinder spät als Greise noch erinnern.
*Mädchen bringen den Hut auf einer Stange getragen,
die ganze Szene füllt sich mit Volk an.*

RUODI: Hier ist der Hut, dem wir uns beugen mußten.

BAUMGARTEN:
Gebt uns Bescheid, was damit werden soll.

WALTHER FÜRST:
Gott! Unter diesem Hute stand mein Enkel!

MEHRERE STIMMEN:
Zerstört das Denkmal der Tyrannenmacht!
Ins Feuer mit ihm!

WALTHER FÜRST: Nein, laßt ihn aufbewahren!
Der Tyrannei mußt er zum Werkzeug dienen,
Er soll der Freiheit ewig Zeichen sein!
*Die Landleute, Männer, Weiber und Kinder stehen und
sitzen auf den Balken des zerbrochenen Gerüstes male-
risch gruppiert in einem großen Halbkreis umher.*

MELCHTAL:
So stehen wir nun fröhlich auf den Trümmern
Der Tyrannei, und herrlich ist's erfüllt,
Was wir im Rütli schwuren, Eidgenossen.

WALTHER FÜRST:

    Das Werk ist angefangen, nicht vollendet.
    Jetzt ist uns Mut und feste Eintracht not,
    Denn seid gewiß, nicht säumen wird der König,
    Den Tod zu rächen seines Vogts, und den
    Vertriebnen mit Gewalt zurückzuführen.

MELCHTAL: Er zieh heran mit seiner Heeresmacht,
    Ist aus dem Innern doch der Feind verjagt,
    Dem Feind von außen wollen wir begegnen.

RUODI: Nur wen'ge Pässe öffnen ihm das Land,
    Die wollen wir mit unsern Leibern decken.

BAUMGARTEN: Wir sind vereinigt durch ein ewig Band,
    Und seine Heere sollen uns nicht schrecken!

    RÖSSELMANN *und* STAUFFACHER *kommen.*

RÖSSELMANN *im Eintreten:*

    Das sind des Himmels furchtbare Gerichte.

LANDLEUTE: Was gibt's?

RÖSSELMANN: In welchen Zeiten leben wir!

WALTHER FÜRST:

    Sagt an, was ist es? – Ha, seid Ihr's Herr Werner?
    Was bringt Ihr uns?

LANDLEUTE: Was gibt's?

RÖSSELMANN: Hört und erstaunet!

STAUFFACHER:

    Von einer großen Furcht sind wir befreit –

RÖSSELMANN: Der Kaiser ist ermordet.

WALTHER FÜRST: Gnäd'ger Gott!

Landleute machen einen Aufstand und umdrängen den
          Stauffacher.

ALLE: Ermordet! Was! Der Kaiser! Hört! Der Kaiser!

MELCHTAL:

    Nicht möglich! Woher kam Euch diese Kunde?

STAUFFACHER:

    Es ist gewiß. Bei Bruck fiel König Albrecht
    Durch Mördershand – ein glaubenwerter Mann,
    Johannes Müller bracht es von Schaffhausen.

WALTHER FÜRST: Wer wagte solche grauenvolle Tat?

STAUFFACHER:
Sie wird noch grauenvoller durch den Täter.
Es war sein Neffe, seines Bruders Kind,
Herzog Johann von Schwaben, der's vollbrachte.

MELCHTAL: Was trieb ihn zu der Tat des Vatermords?

STAUFFACHER: Der Kaiser hielt das väterliche Erbe
Dem ungeduldig Mahnenden zurück,
Es hieß, er denk ihn ganz darum zu kürzen,
Mit einem Bischofshut ihn abzufinden.
Wie dem auch sei – der Jüngling öffnete
Der Waffenfreunde bösem Rat sein Ohr,
Und mit den edeln Herrn von Eschenbach,
Von Tegerfelden, von der Wart und Palm,
Beschloß er, da er Recht nicht konnte finden,
Sich Rach zu holen mit der eignen Hand.

WALTHER FÜRST:
O sprecht, wie ward das Gräßliche vollendet?

STAUFFACHER:
Der König ritt herab vom Stein zu Baden,
Gen Rheinfeld, wo die Hofstatt war, zu ziehn,
Mit ihm die Fürsten, Hans und Leopold,
Und ein Gefolge hochgeborner Herren.
Und als sie kamen an die Reuß, wo man
Auf einer Fähre sich läßt übersetzen,
Da drängten sich die Mörder in das Schiff,
Daß sie den Kaiser vom Gefolge trennten.
Drauf als der Fürst durch ein geackert Feld
Hinreitet – eine alte große Stadt
Soll drunter liegen aus der Heiden Zeit –
Die alte Feste Habsburg im Gesicht,
Wo seines Stammes Hoheit ausgegangen –
Stößt Herzog Hans den Dolch ihm in die Kehle,
Rudolf von Palm durchrennt ihn mit dem Speer,
Und Eschenbach zerspaltet ihm das Haupt,
Daß er heruntersinkt in seinem Blut,

Gemordet von den Seinen, auf dem Seinen.
Am andern Ufer sahen sie die Tat,
Doch durch den Strom geschieden, konnten sie
Nur ein ohnmächtig Wehgeschrei erheben;
Am Wege aber saß ein armes Weib,
In ihrem Schoß verblutete der Kaiser.

MELCHTAL: So hat er nur sein frühes Grab gegraben,
Der unersättlich alles wollte haben!

STAUFFACHER:
Ein ungeheurer Schrecken ist im Land umher,
Gesperrt sind alle Pässe des Gebirgs,
Jedweder Stand verwahret seine Grenzen,
Die alte Zürich selbst schloß ihre Tore,
Die dreißig Jahr lang offenstanden, zu,
Die Mörder fürchtend und noch mehr – die Rä-
cher.
Denn mit des Bannes Fluch bewaffnet kommt
Der Ungarn Königin, die strenge Agnes,
Die nicht die Milde kennet ihres zarten
Geschlechts, des Vaters königliches Blut
Zu rächen an der Mörder ganzem Stamm,
An ihren Knechten, Kindern, Kindeskindern,
Ja an den Steinen ihrer Schlösser selbst.
Geschworen hat sie, ganze Zeugungen
Hinabzusenden in des Vaters Grab,
In Blut sich wie in Maientau zu baden.

MELCHTAL:
Weiß man, wo sich die Mörder hingeflüchtet?

STAUFFACHER:
Sie flohen alsbald nach vollbrachter Tat
Auf fünf verschiednen Straßen auseinander,
Und trennten sich, um nie sich mehr zu sehn –
Herzog Johann soll irren im Gebirge.

WALTHER FÜRST:
So trägt die Untat ihnen keine Frucht!
Rache trägt keine Frucht! Sich selbst ist sie

Die fürchterliche Nahrung, ihr Genuß
Ist Mord, und ihre Sättigung das Grausen.

STAUFFACHER:

Den Mördern bringt die Untat nicht Gewinn,
Wir aber brechen mit der reinen Hand
Des blut'gen Frevels segenvolle Frucht.
Denn einer großen Furcht sind wir entledigt,
Gefallen ist der Freiheit größter Feind,
Und, wie verlautet, wird das Szepter gehn
Aus Habsburgs Haus zu einem andern Stamm,
Das Reich will seine Wahlfreiheit behaupten.

WALTHER FÜRST *und* MEHRERE:

Vernahmt Ihr was?

STAUFFACHER: Der Graf von Luxemburg
Ist von den mehrsten Stimmen schon bezeichnet.

WALTHER FÜRST:

Wohl uns, daß wir beim Reiche treu gehalten,
Jetzt ist zu hoffen auf Gerechtigkeit!

STAUFFACHER:

Dem neuen Herrn tun tapfre Freunde not,
Er wird uns schirmen gegen Östreichs Rache.

> *Die Landleute umarmen einander.*
> SIGRIST *mit einem* REICHSBOTEN.

SIGRIST: Hier sind des Landes würd'ge Oberhäupter.

RÖSSELMANN *und* MEHRERE:

Sigrist, was gibt's?

SIGRIST: Ein Reichsbot bringt dies Schreiben.

ALLE *zu Walther Fürst*: Erbrecht und leset.

WALTHER FÜRST *liest*: »Den bescheidnen Männern
Von Uri, Schwyz und Unterwalden bietet
Die Königin Elsbeth Gnad und alles Gutes.«

VIELE STIMMEN:

Was will die Königin? Ihr Reich ist aus.

WALTHER FÜRST *liest*:

»In ihrem großen Schmerz und Witwenleid
Worein der blut'ge Hinscheid ihres Herrn

Die Königin versetzt, gedenkt sie noch
Der alten Treu und Lieb der Schwyzerlande.«

MELCHTAL: In ihrem Glück hat sie das nie getan.

RÖSSELMANN: Still! Lasset hören!

WALTHER FÜRST *liest*:

»Und sie versieht sich zu dem treuen Volk,
Daß es gerechten Abscheu werde tragen
Vor den verfluchten Tätern dieser Tat.
Darum erwartet sie von den drei Landen,
Daß sie den Mördern nimmer Vorschub tun,
Vielmehr getreulich dazu helfen werden,
Sie auszuliefern in des Rächers Hand,
Der Lieb gedenkend und der alten Gunst,
Die sie von Rudolfs Fürstenhaus empfangen.«
    Zeichen des Unwillens unter den Landleuten.

VIELE STIMMEN: Der Lieb und Gunst!

STAUFFACHER:

Wir haben Gunst empfangen von dem Vater,
Doch wessen rühmen wir uns von dem Sohn?
Hat er den Brief der Freiheit uns bestätigt,
Wie vor ihm alle Kaiser doch getan?
Hat er gerichtet nach gerechtem Spruch,
Und der bedrängten Unschuld Schutz verliehn?
Hat er auch nur die Boten wollen hören,
Die wir in unsrer Angst zu ihm gesendet?
Nicht eins von diesem allen hat der König
An uns getan und hätten wir nicht selbst
Uns Recht verschafft mit eigner mut'ger Hand,
Ihn rührte unsre Not nicht an – Ihm Dank?
Nicht Dank hat er gesät in diesen Tälern.
Er stand auf einem hohen Platz, er konnte
Ein Vater seiner Völker sein, doch ihm
Gefiel es, nur zu sorgen für die Seinen,
Die er gemehrt hat, mögen um ihn weinen!

WALTHER FÜRST:

Wir wollen nicht frohlocken seines Falls,

Nicht des empfangnen Bösen jetzt gedenken,
Fern sei's von uns! Doch, daß wir rächen sollten
Des Königs Tod, der nie uns Gutes tat,
Und die verfolgen, die uns nie betrübten,
Das ziemt uns nicht und will uns nicht gebühren.
Die Liebe will ein freies Opfer sein,
Der Tod entbindet von erzwungnen Pflichten,
– Ihm haben wir nichts weiter zu entrichten.

MELCHTAL: Und weint die Königin in ihrer Kammer,
Und klagt ihr wilder Schmerz den Himmel an,
So seht ihr hier ein angstbefreites Volk
Zu ebendiesem Himmel dankend flehen –
Wer Tränen ernten will, muß Liebe säen.

Reichsbote geht ab.

STAUFFACHER *zu dem Volk*:
Wo ist der Tell? Soll er allein uns fehlen,
Der unsrer Freiheit Stifter ist? Das Größte
Hat er getan, das Härteste erduldet,
Kommt alle, kommt, nach seinem Haus zu wallen,
Und rufet Heil dem Retter von uns allen.

Alle gehen ab.

ZWEITE SZENE

*Tells Hausflur. Ein Feuer brennt auf dem Herd. Die
offenstehende Türe zeigt ins Freie.*

HEDWIG. WALTHER *und* WILHELM.

HEDWIG:
Heut kommt der Vater. Kinder, liebe Kinder!
Er lebt, ist frei, und wir sind frei und alles!
Und euer Vater ist's, der's Land gerettet.

WALTHER: Und ich bin auch dabeigewesen, Mutter!
Mich muß man auch mit nennen. Vaters Pfeil

Ging mir am Leben hart vorbei und ich
Hab nicht gezittert.

HEDWIG *umarmt ihn*: Ja du bist mir wieder
Gegeben! Zweimal hab ich dich geboren!
Zweimal litt ich den Mutterschmerz um dich!
Es ist vorbei – Ich hab euch beide, beide!
Und heute kommt der liebe Vater wieder!

    Ein MÖNCH *erscheint an der Haustüre.*

WILHELM:
Sieh Mutter sieh – dort steht ein frommer Bruder,
Gewiß wird er um eine Gabe flehn.

HEDWIG: Führ ihn herein, damit wir ihn erquicken,
Er fühl's, daß er ins Freudenhaus gekommen.

Geht hinein und kommt bald mit einem Becher wieder.

WILHELM *zum Mönch*:
Kommt, guter Mann. Die Mutter will Euch laben.

WALTHER: Kommt, ruht Euch aus und geht gestärkt
                          von dannen.

MÖNCH *scheu umherblickend, mit zerstörten Zügen*:
Wo bin ich? Saget an, in welchem Lande?

WALTHER: Seid Ihr verirret, daß Ihr das nicht wißt?
Ihr seid zu Bürglen, Herr, im Lande Uri,
Wo man hineingeht in das Schächental.

MÖNCH *zur Hedwig, welche zurückkommt*:
Seid Ihr allein? Ist Euer Herr zu Hause?

HEDWIG:
Ich erwart ihn eben – doch was ist Euch, Mann?
Ihr seht nicht aus, als ob Ihr Gutes brächtet.
– Wer Ihr auch seid, Ihr seid bedürftig, nehmt!

    Reicht ihm den Becher.

MÖNCH: Wie auch mein lechzend Herz nach Labung
                         schmachtet,
Nichts rühr ich an, bis Ihr mir zugesagt –

HEDWIG:
Berührt mein Kleid nicht, tretet mir nicht nah,
Bleibt ferne stehn, wenn ich Euch hören soll.

MÖNCH: Bei diesem Feuer, das hier gastlich lodert,
Bei Eurer Kinder teurem Haupt, das ich
Umfasse – *Ergreift die Knaben.*

HEDWIG: Mann, was sinnet Ihr? Zurück
Von meinen Kindern!– Ihr seid kein Mönch! Ihr
Es nicht! Der Friede wohnt in diesem Kleide, [seid
In Euren Zügen wohnt der Friede nicht.

MÖNCH: Ich bin der unglückseligste der Menschen.

HEDWIG:

Das Unglück spricht gewaltig zu dem Herzen,
Doch Euer Blick schnürt mir das Innre zu.

WALTHER *aufspringend*:
Mutter, der Vater! *Eilt hinaus.*

HEDWIG: O mein Gott!
Will nach, zittert und hält sich an.

WILHELM *eilt nach*:   Der Vater!

WALTHER *draußen*: Da bist du wieder!

WILHELM *draußen*:   Vater, lieber Vater!

TELL *draußen*: Da bin ich wieder – Wo ist eure Mutter?
Treten herein.

WALTHER:

Da steht sie an der Tür und kann nicht weiter,
So zittert sie für Schrecken und für Freude.

TELL: O Hedwig, Hedwig! Mutter meiner Kinder!
Gott hat geholfen – Uns trennt kein Tyrann mehr.

HEDWIG *an seinem Halse*:

O Tell! Tell! Welche Angst litt ich um dich!
Mönch wird aufmerksam.

TELL: Vergiß sie jetzt und lebe nur der Freude!
Da bin ich wieder! Das ist meine Hütte!
Ich stehe wieder auf dem Meinigen!

WILHELM: Wo aber hast du deine Armbrust Vater?
Ich seh sie nicht.

TELL: Du wirst sie nie mehr sehn.
An heil'ger Stätte ist sie aufbewahrt,
Sie wird hinfort zu keiner Jagd mehr dienen

HEDWIG: O Tell! Tell!

Tritt zurück, läßt seine Hand los.

TELL: Was erschreckt dich, liebes Weib?

HEDWIG:

Wie – wie kommst du mir wieder? – Diese Hand
– Darf ich sie fassen? – Diese Hand – O Gott!

TELL *herzlich und mutig*:

Hat euch verteidigt und das Land gerettet,
Ich darf sie frei hinauf zum Himmel heben.

Mönch macht eine rasche Bewegung, er erblickt ihn.

Wer ist der Bruder hier?

HEDWIG: Ach ich vergaß ihn!

Sprich du mit ihm, mir graut in seiner Nähe.

MÖNCH *tritt näher*:

Seid Ihr der Tell, durch den der Landvogt fiel?

TELL:

Der bin ich, ich verberg es keinem Menschen.

MÖNCH:

Ihr seid der Tell! Ach es ist Gottes Hand,
Die unter Euer Dach mich hat geführt.

TELL *mißt ihn mit den Augen*:

Ihr seid kein Mönch! Wer seid Ihr?

MÖNCH: Ihr erschlugt

Den Landvogt, der Euch Böses tat – Auch ich
Hab einen Feind erschlagen, der mir Recht
Versagte – Er war Euer Feind wie meiner –
Ich hab das Land von ihm befreit.

TELL *zurückfahrend*: Ihr seid –

Entsetzen! – Kinder! Kinder geht hinein.
Geh liebes Weib! Geh! Geh! – Unglücklicher,
Ihr wäret –

HEDWIG: Gott, wer ist es?

TELL: Frage nicht!

Fort! Fort! Die Kinder dürfen es nicht hören.
Geh aus dem Hause – Weit hinweg – Du darfst
Nicht unter einem Dach mit diesem wohnen.

HEDWIG: Weh mir, was ist das? Kommt!
  Geht mit den Kindern.

TELL *zu dem Mönch*:   Ihr seid der Herzog
  Von Österreich – Ihr seid's! Ihr habt den Kaiser
  Erschlagen, Euern Ohm und Herrn.

JOHANNES PARRICIDA: Er war
  Der Räuber meines Erbes.

TELL: Euren Ohm
  Erschlagen, Euern Kaiser! Und Euch trägt
  Die Erde noch! Euch leuchtet noch die Sonne!

PARRICIDA: Tell, hört mich, eh Ihr –

TELL: Von dem Blute triefend
  Des Vatermordes und des Kaisermords,
  Wagst du zu treten in mein reines Haus,
  Du wagst's, dein Antlitz einem guten Menschen
  Zu zeigen und das Gastrecht zu begehren?

PARRICIDA:
  Bei Euch hofft ich Barmherzigkeit zu finden,
  Auch Ihr nahmt Rach an Euerm Feind.

TELL: Unglücklicher!
  Darfst du der Ehrsucht blut'ge Schuld vermengen
  Mit der gerechten Notwehr eines Vaters?
  Hast du der Kinder liebes Haupt verteidigt?
  Des Herdes Heiligtum beschützt? das Schrecklich-
  Das Letzte von den Deinen abgewehrt?   [ste,
  – Zum Himmel heb ich meine reinen Hände,
  Verfluche dich und deine Tat – Gerächt
  Hab ich die heilige Natur, die du
  Geschändet – Nichts teil ich mit dir – Gemordet
  Hast du, ich hab mein Teuerstes verteidigt.

PARRICIDA:
  Ihr stoßt mich von Euch, trostlos, in Verzweiflung?

TELL:
  Mich faßt ein Grausen, da ich mit dir rede.
  Fort! Wandle deine fürchterliche Straße,
  Laß rein die Hütte, wo die Unschuld wohnt.

PARRICIDA *wendet sich zu gehn*:

    So kann ich, und so will ich nicht mehr leben!

TELL: Und doch erbarmt mich deiner – Gott des
Himmels!

    So jung, von solchem adelichen Stamm,
    Der Enkel Rudolfs, meines Herrn und Kaisers,
    Als Mörder flüchtig, hier an meiner Schwelle,
    Des armen Mannes, flehend und verzweifelnd –
        Verhüllt sich das Gesicht.

PARRICIDA:

    O wenn Ihr weinen könnt, laßt mein Geschick
    Euch jammern, es ist fürchterlich – Ich bin
    Ein Fürst – ich war's – ich konnte glücklich werden
    Wenn ich der Wünsche Ungeduld bezwang.
    Der Neid zernagte mir das Herz – Ich sah
    Die Jugend meines Vetters Leopold
    Gekrönt mit Ehre und mit Land belohnt,
    Und mich, der gleiches Alters mit ihm war,
    In sklavischer Unmündigkeit gehalten –

TELL:

    Unglücklicher, wohl kannte dich dein Ohm,
    Da er dir Land und Leute weigerte!
    Du selbst mit rascher wilder Wahnsinnstat
    Rechtfertigst furchtbar seinen weisen Schluß.
    – Wo sind die blut'gen Helfer deines Mords?

PARRICIDA:

    Wohin die Rachegeister sie geführt,
    Ich sah sie seit der Unglückstat nicht wieder.

TELL:

    Weißt du, daß dich die Acht verfolgt, daß du
    Dem Freund verboten und dem Feind erlaubt?

PARRICIDA:

    Darum vermeid ich alle offne Straßen,
    An keine Hütte wag ich anzupochen –
    Der Wüste kehr ich meine Schritte zu,
    Mein eignes Schrecknis irr ich durch die Berge,

Und fahre schaudernd vor mir selbst zurück,
Zeigt mir ein Bach mein unglückselig Bild.
O wenn Ihr Mitleid fühlt und Menschlichkeit –
Fällt vor ihm nieder.

TELL *abgewendet*: Steht auf! Steht auf!

PARRICIDA:

Nicht bis Ihr mir die Hand gereicht zur Hülfe.

TELL: Kann ich Euch helfen? Kann's ein Mensch der
Sünde?

Doch stehet auf – Was Ihr auch Gräßliches
Verübt – Ihr seid ein Mensch – Ich bin es auch –
Vom Tell soll keiner ungetröstet scheiden –
Was ich vermag, das will ich tun.

PARRICIDA *aufspringend und seine Hand mit Heftigkeit
ergreifend*: O Tell!
Ihr rettet meine Seele von Verzweiflung.

TELL:

Laßt meine Hand los – Ihr müßt fort. Hier könnt
Ihr unentdeckt nicht bleiben, könnt entdeckt
Auf Schutz nicht rechnen – Wo gedenkt Ihr hin?
Wo hofft Ihr Ruh zu finden?

PARRICIDA: Weiß ich's? Ach!

TELL: Hört was mir Gott ins Herz gibt – Ihr müßt fort
Ins Land Italien, nach Sankt Peters Stadt,
Dort werft Ihr Euch dem Papst zu Füßen, beichtet
Ihm Eure Schuld und löset Eure Seele.

PARRICIDA:

Wird er mich nicht dem Rächer überliefern?

TELL: Was er Euch tut, das nehmet an von Gott.

PARRICIDA:

Wie komm ich in das unbekannte Land?
Ich bin des Wegs nicht kundig, wage nicht
Zu Wanderern die Schritte zu gesellen.

TELL: Den Weg will ich Euch nennen, merket wohl!
Ihr steigt hinauf, dem Strom der Reuß entgegen,
Die wildes Laufes von dem Berge stürzt –

PARRICIDA *erschrickt*:
   Seh ich die Reuß? Sie floß bei meiner Tat.

TELL: Am Abgrund geht der Weg und viele Kreuze
   Bezeichnen ihn, errichtet zum Gedächtnis
   Der Wanderer, die die Lawine begraben.

PARRICIDA: Ich fürchte nicht die Schrecken der Natur,
   Wenn ich des Herzens wilde Qualen zähme.

TELL: Vor jedem Kreuze fallet hin und büßet
   Mit heißen Reuetränen Eure Schuld –
   Und seid Ihr glücklich durch die Schreckensstraße,
   Sendet der Berg nicht seine Windeswehen
   Auf Euch herab von dem beeisten Joch,
   So kommt Ihr auf die Brücke, welche stäubet.
   Wenn sie nicht einbricht unter Eurer Schuld,
   Wenn Ihr sie glücklich hinter Euch gelassen,
   So reißt ein schwarzes Felsentor sich auf,
   Kein Tag hat's noch erhellt – da geht Ihr durch,
   Es führt Euch in ein heitres Tal der Freude –
   Doch schnellen Schritts müßt Ihr vorübereilen,
   Ihr dürft nicht weilen, wo die Ruhe wohnt.

PARRICIDA: O Rudolf! Rudolf! Königlicher Ahn!
   So zieht dein Enkel ein auf deines Reiches Boden!

TELL: So immer steigend kommt Ihr auf die Höhen
   Des Gotthards, wo die ew'gen Seen sind,
   Die von des Himmels Strömen selbst sich füllen.
   Dort nehmt Ihr Abschied von der deutschen Erde,
   Und muntern Laufs führt Euch ein andrer Strom
   Ins Land Italien hinab, Euch das gelobte –

Man hört den Kuhreihen von vielen Alphörnern ge-
blasen.

   Ich höre Stimmen. Fort.

HEDWIG *eilt herein*:   Wo bist du Tell?
   Der Vater kommt! Es nahn in frohem Zug
   Die Eidgenossen alle –

PARRICIDA *verhüllt sich*:   Wehe mir!
   Ich darf nicht weilen bei den Glücklichen.

TELL: Geh liebes Weib. Erfrische diesen Mann,
    Belad ihn reich mit Gaben, denn sein Weg
    Ist weit und keine Herberg findet er.
    Eile! Sie nahn.
HEDWIG: Wer ist es?
TELL: Forsche nicht!
    Und wenn er geht, so wende deine Augen,
    Daß sie nicht sehen, welchen Weg er wandelt!
Parricida geht auf den Tell zu mit einer raschen Bewe-
gung, dieser aber bedeutet ihn mit der Hand und geht.
Wenn beide zu verschiedenen Seiten abgegangen, ver-
ändert sich der Schauplatz, und man sieht in der

LETZTEN SZENE

den ganzen Talgrund vor Tells Wohnung, nebst den
Anhöhen, welche ihn einschließen, mit LANDLEUTEN *be-*
setzt, welche sich zu einem Ganzen gruppieren. Andere
kommen über einen hohen Steg, der über den Schächen
führt, gezogen. WALTHER FÜRST *mit den beiden Kna-*
ben, MELCHTAL *und* STAUFFACHER *kommen vorwärts,*
andre drängen nach; wie TELL *heraustritt, empfangen*
ihn alle mit lautem Frohlocken.

ALLE: Es lebe Tell! der Schütz und der Erretter!
Indem sich die vordersten um den Tell drängen und ihn
umarmen, erscheinen noch RUDENZ *und* BERTA, *jener*
die Landleute, diese die Hedwig umarmend. Die Musik
vom Berge begleitet diese stumme Szene. Wenn sie ge-
endigt, tritt Berta in die Mitte des Volks.
BERTA: Landleute! Eidgenossen! Nehmt mich auf
    In euern Bund, die erste Glückliche,
    Die Schutz gefunden in der Freiheit Land.
    In eure tapfre Hand leg ich mein Recht,
    Wollt ihr als eure Bürgerin mich schützen?

LANDLEUTE: Das wollen wir mit Gut und Blut.

BERTA: Wohlan!
   So reich ich diesem Jüngling meine Rechte,
   Die freie Schweizerin dem freien Mann!

RUDENZ: Und frei erklär ich alle meine Knechte.
   *Indem die Musik von neuem rasch einfällt, fällt der
                Vorhang.*

INHALTSVERZEICHNIS

EINLEITUNG 7

DIE RÄUBER 15

KABALE UND LIEBE 143

WILHELM TELL 279

Weiterführende Literatur

Hinderer, Walter: Schillers Dramen. Neue Interpretationen. Stuttgart 1979

Koopmann, Helmut: Schiller. Eine Einführung. München – Zürich 1988

Lahnstein, Peter: Schillers Leben. München 1981

Liewerscheidt, Dieter: Die Dramen des jungen Schiller. München 1982

Lotar, Peter: Friedrich Schiller. Leben und Werk. Stuttgart 1955

Mayer, Hans: Versuche über Schiller. Frankfurt/Main 1987

Schulte, Hans, H.: Werke der Begeisterung: Friedrich Schiller, Idee und Eigenart seines Schaffens. Bonn 1980

Wetzel, Christoph: Friedrich Schiller. Salzburg 1979

Wiese, Benno v.: Friedrich Schiller. Stuttgart 1959

Die Deutschen Klassiker

In der gleichen Reihe erscheinen:

J. W. GOETHE	0	Die Leiden des jungen Werthers
G. A. BÜRGER	1	Münchhausen
H. HEINE	2	Deutschland. Ein Wintermärchen
H. VON KLEIST	3	Die Marquise von O... Sämtliche Erzählungen
TH. FONTANE	4	Effi Briest
E. T. A. HOFFMANN	5	Die Elixiere des Teufels
GRIMMELSHAUSEN	6	Simplicissimus
G. FREYTAG	7	Soll und Haben
J. VON EICHENDORFF	8	Aus dem Leben eines Taugenichts
F. SCHILLER	9	Der Geisterseher. Sämtliche Erzählungen
J. W. GOETHE	10	Die Wahlverwandtschaften
K. PH. MORITZ	11	Anton Reiser
G. SCHWAB	12	Die schönsten Sagen des klassischen Altertums
TH. STORM	13	Der Schimmelreiter. Erzählungen
F. HÖLDERLIN	14	Hyperion
G. E. LESSING	15	Nathan der Weise, Minna von Barnhelm
W. HAUFF	16	Das Wirtshaus im Spessart
CH. MORGENSTERN	17	Alle Galgenlieder
E. MÖRIKE	18	Mozart auf der Reise nach Prag. Erzählungen
F. GERSTÄCKER	19	Die Flußpiraten des Mississippi
A. VON CHAMISSO	20	Peter Schlemihl's wundersame Geschichte
W. RAABE	21	Stopfkuchen
J. W. GOETHE	22	Faust. Der Tragödie erster und zweiter Teil
G. KELLER	23	Der grüne Heinrich
A. STIFTER	24	Der Hagestolz. Erzählungen
TH. FONTANE	25	Der Stechlin
A. V. DROSTE-HÜLSHOFF	26	Die Judenbuche. Erzählungen
E. T. A. HOFFMANN	27	Lebens-Ansichten des Katers Murr
JEAN PAUL	28	Dr. Katzenbergers Badereise
W. HAUFF	29	Märchen
F. SCHILLER	30	Die Räuber, Wilhelm Tell, Kabale und Liebe
H. LÖNS	31	Mümmelmann
C. F. MEYER	32	Der Schuß von der Kanzel. Erzählungen
P. SCHEERBART	33	Lesabéndio
JEAN PAUL	34	Flegeljahre
J. G. SCHNABEL	35	Die Insel Felsenburg

Weitere Titel folgen.